O MODERNO DIREITO EMPRESARIAL NO SÉCULO XXI

Estudos em homenagem ao centenário de Rubens Requião

MINISTRO EDSON FACHIN
DESEMBARGADOR CARLOS HENRIQUE ABRÃO
PROFESSOR RUBENS EDMUNDO REQUIÃO
COORDENADORES

O MODERNO DIREITO EMPRESARIAL NO SÉCULO XXI

Estudos em homenagem ao centenário de Rubens Requião

AUTORES

Alfredo de Assis Gonçalves Neto
Angélica Arruda Alvim
Arnaldo Rizzardo
Arnaldo Rizzardo Filho
Arnoldo Wald
Arthur Migliari Júnior
Bruno Miragem
Carine Rizzardo
Carlos Alberto Farracha de Castro
Carlos Henrique Abrão
Carlos Roberto Claro
Eduardo Aranha Ferreira
Eduardo Arruda Alvim
Eronides Aparecido Rodrigues dos Santos
Eros Roberto Grau
Jorge Lobo
Luiz Edson Fachin
Luiz Inácio Vigil Neto
Luiz Osório Moraes Panza
Marcos Wachowicz
Newton De Lucca
Rafael Campos Soares da Fonseca
Raquel Sztajn
Renata Mota Maciel Dezem
Ricardo Villas Bôas Cueva
Rubens Edmundo Requião
Ruy Rosado de Aguiar Júnior
Sandro Mansur Gibran

GZ EDITORA
Rio de Janeiro
2018

1ª edição – 2018

CIP – Brasil. Catalogação-na-fonte.
Sindicato Nacional dos Editores de Livros, RJ.

M694

O moderno direito empresarial no século XXI: estudos em homenagem ao centenário de Rubens Requião / Alfredo de Assis Gonçalves Neto ... [et al.] ; coordenação Edson Fachin, Carlos Henrique Abrão, Rubens Edmundo Requião. - 1. ed. - Rio de Janeiro : LMJ Mundo Jurídico, 2018.
382 p.; 24 cm.

Inclui índice
ISBN 978-85-9524-026-1

1. Direito empresarial - Brasil. I. Gonçalves Neto, Alfredo de Assis. II. Fachin, Edson. III. Abrão, Carlos Henrique. IV. Requião, Rubens Edmundo. IV. Título.

17-44932

CDU: 347.7(81)

Av. Erasmo Braga, 299 – sala 202
CEP: 20020-000 – Rio de Janeiro – RJ
Tels.: (0XX21) 2240-1406 / 2240-1416 – Fax: (0XX21) 2240-1511
contato@editoragz.com.br
www.editoragz.com.br

Impresso no Brasil
Printed in Brazil

APRESENTAÇÃO

13 de maio de 1918. Foz do Iguaçu, Paraná, então pequena e pobre aldeia, na barranca do Rio Paraná. Nesse dia e local nascia Rubens Requião, filho de Oswald Requião e Alayde Requião. Dois anos após, migraria para Curitiba, na companhia de seus três irmãos, para a acolhida por tios. A transferência, realizada por via terrestre e por caminhos precaríssimos, memorável no seio da família, dada a jornada de trinta dias em carroções de transporte de mate, dava-se por se considerar o grande risco que os viajantes correriam se permanecessem em Foz, insalubre.

Radicado em Curitiba, desenvolveu seus estudos, culminando por frequentar o curso de Direito, na hoje Universidade Federal do Paraná. Seus estudos universitários e início de vida profissional se deram em época adversa, durante a crise econômica de 1929, e de mudanças institucionais e sociais no Brasil. Foi à forra como advogado, professor ginasial, jornalista, consultor, político, professor universitário, autor. Desiludido com a atividade política, quando atuou como jornalista, dirigente partidário, secretário de estado e deputado estadual, encerrou esta última fase e se dedicou com empenho exclusivo, apenas ao par da advocacia, à sua carreira no magistério de Direito, tempo em que produziu seus principais trabalhos jurídicos, destacando-se o Curso de Direito Comercial e o Curso de Direito Falimentar.

Sua enorme capacidade de trabalho, entretanto, na década de 1990 foi se debilitando. O mesmo mês de maio que o vira nascer em 1918, setenta e nove anos após, assistiu seu decesso no dia 29 de 1997.

Já se passam quase vinte anos desde sua morte, e, no entanto, Rubens Requião ainda conta com estudiosos que avaliam seus trabalhos. E é graças à benevolência e solicitude destas pessoas, lideradas por Carlos Henrique Abrão, que o presente volume é editado e trazido a público, assinalando o centenário do nascimento do homenageado. É produto do esforço solidário e desinteressado de cultores do Direito Comercial, congregados na ideia de manter atual o legado intelectual do professor que se dedicou a este ramo do Direito, combinado com o desejo de contribuir para o desenvolvimento da cultura comercialista. Merecem a melhor consideração e o mais forte agradecimento.

Curitiba, na primavera de 2017.

Rubens Edmundo Requião

SOBRE OS AUTORES

Alfredo de Assis Gonçalves Neto
Prof. Titular de Direito Comercial da Faculdade de Direito da UFPR

Angélica Arruda Alvim
Professora de Direito Civil nos cursos de Bacharelado da Pontifícia Universidade Católica de São Paulo. Advogada.

Arnaldo Rizzardo
Foi juiz de direito, desembargador e professor da Escola Superior da Magistratura do RGS. É membro da Academia Brasileira de Direito Civil e do Instituto dos Advogados/RGS. Autor de 26 livros jurídicos.

Arnaldo Rizzardo Filho
Graduado em Direito pela Pontifícia Universidade Católica do Rio Grande do Sul, cursou a Escola da Defensoria Pública, é especialista em Direito Tributário pelo Instituto Nacional de Estudos Jurídicos e Empresariais e autor de artigos jurídicos publicados em revistas especializadas.

Arnoldo Wald
Advogado, Professor Catedrático de Direito Civil da Faculdade de Direito da UERJ.

Arthur Migliari Júnior
Mestre em Direito Penal pela Universidade São Francisco; Mestre em Direito Processual Penal pela PUC-SP; Extensão universitária em Recuperação de Empresas e Falências, pela FGV-Law Doutorando pela Universidade de Coimbra – Portuga; Integrou a Comissão Jurídica do Ministério Público do Estado de São Paulo, para analisar, discutir e apresentar sugestões ao Projeto de Lei nº 4376/93, da Câmara dos Deputados – atual Lei de Recuperação de Empresas e Falências; Co-Fundador do Instituto Nacional de Recuperação de Empresas (INRE); Co-Fundador do Instituto Brasileiro de Estudos de Recuperação de Empresas (IBR); Co-Fundador do Tournaround Management Association of Brazil – (TMA-Brazil); Co-Fundador da Revista Eletrônica de Direito Recuperacional e Falências; Conselheiro da Revista Jurídica Justitia, revista jurídica e acadêmica do Ministério Público do Estado de São Paulo e Associação Paulista do Ministério Público (2014-2016 e 2017-2019); Membro da Comissão de Falências e Recuperações de Empresas do IASP Instituto dos Advogados de São Paulo; Membro do Insol Internacional.

Bruno Miragem
Professor da Universidade Federal do Rio Grande do Sul / Advogado

Carine Ardissone Rizzardo
Graduada em Direito pela Pontifícia Universidade Católica do Rio Grande do Sul, cursou a Escola Superior da Magistratura, é especialista em Direito Empresarial pela Pontifícia Universidade Católica do Rio Grande do Sul e autora de artigos jurídicos publicados em revistas especializadas.

Carlos Alberto Farracha de Castro
Doutor UFPR. Advogado.

Carlos Henrique Abrão
Desembargador do Tribunal de Justiça de São Paulo. Doutor pela USP, com especialização em Paris, Professor pesquisador convidado da Universidade de Heidelberg.

Carlos Roberto Claro
Advogado em Curitiba, Especialista em Direito Empresarial, Mestre em Direito. http://lattes.cnpq.br/5264249545377944.

Eduardo Aranha Ferreira
Mestrando em Direito Processual Civil pela Pontifícia Universidade Católica de São Paulo. Graduado em Direito pela Pontifícia Universidade Católica de Campinas. Professor assistente dos cursos de Bacharelado da Pontifícia Universidade Católica de São Paulo. Membro do conselho editorial da Revista Forense. Advogado.

Eduardo Arruda Alvim
Doutor e Mestre em Direito Processual Civil pela Pontifícia Universidade Católica de São Paulo. Professor dos cursos de Doutorado, Mestrado, Especialização e Bacharelado da Pontifícia Universidade Católica de São Paulo e da FADISP. Acadêmico titular da Cadeira nº. 20 da Academia Paulista de Direito. Presidente da Comissão Permanente de Estudos de Processo Civil do Instituto dos Advogados de São Paulo. Membro do Instituto Brasileiro de Direito Processual. Advogado.

Eronides Aparecido Rodrigues dos Santos
Promotor de Justiça de São Paulo

Eros Roberto Grau
Professor. Doutor em Direito e Livre Docente pela USP, Doutor Honoris Causa da Université Cergy-Pontoise (França), da Université du Havre (França), da Universidad Siglo 21 (Córdoba, Argentina), da Unisinos - Universidade do Vale do Rio dos Sinos e da Universidade Presbiteriana Mackenzie. Membro do Comité Scientifique International do Institut d'Études Avancés – IEA, da Université de Cergy-Pontoise e da Academia Paulista de Letra. Ministro do STF de junho de 2004 a julho de 2010.

Jorge Lobo
Mestre em Direito da Empresa da UFRJ, Doutor e Livre Docente em Direito Comercial da UERJ, Procurador de Justiça (aposentado) do MP-RJ e advogado.

Luiz Edson Fachin
Doutor em Direito Civil pela Pontifícia Universidade Católica de São Paulo. Professor Titular de Direito Civil da Universidade Federal do Paraná. Ministro do Supremo Tribunal Federal.

Luiz Inácio Vigil Neto
Procurador de Justiça – MP/RS

Luiz Osório Moraes Panza
Mestre e Doutor em Direito do Estado pela UFPR; professor do UNICURITIBA e da Universidade Positivo; Desembargador da 5ª Câmara Criminal do Tribunal de Justiça do Estado do Paraná; membro presidente do Comitê de Precatórios do Estado do Paraná; membro eleito do Conselho da Magistratura do TJPR.

Marcos Wachowicz
Professor de Direito na Universidade Federal do Paraná. Professor permanente no Curso de Pós-Graduação – programas de Mestrado e Doutorado em Direito PPGD/UFPR. Doutor em Direito pela Universidade Federal do Paraná – UFPR, Mestre em Direito pela Universidade Clássica de Lisboa –

Portugal. Coordenador-lider do Grupo de Estudos de Direito Autoral e Industrial – GEDAI/UFPR. Autor da obra: Propriedade Intelectual do software e a Revolução da Tecnologia da Informação. E-mail: marcos.wachowicz@gmail.com

Newton de Lucca
Livre-docente, Doutor e Mestre pela USP. Desembargador Federal do Tribunal Regional Federal da 3ª Região. Membro da Academia Paulista de Magistrados e Membro da Academia Paulista de Direito. Vice-Presidente do Instituto de Derecho Privado Latinoamericano.

Rafael Campos Soares da Fonseca
Mestre em Direito, Estado e Constituição pela Universidade de Brasília. Professor do Instituto Brasiliense de Direito Público. Assessor de Ministro do Supremo Tribunal Federal.

Rachel Sztajn
Livre docente em direito comercial pela Faculdade de Direito da USP.

Renata Mota Maciel Dezem
Doutora em Direito Comercial pela Universidade de São Paulo. Professora do Programa de Mestrado em Direito da Universidade Nove de Julho. Juíza de Direito do TJSP.

Ricardo Villas Bôas Cueva
Ministro do Superior Tribunal de Justiça, é mestre e doutor em Direito (pela Universidade Harvard e pela Universidade de Frankfurt, respectivamente). Foi advogado, Procurador da Fazenda Nacional e Conselheiro do Conselho Administrativo de Defesa Econômica (CADE)

Rubens Edmundo Requião
Formado em Direito pela Universidade Federal do Paraná, professor, assessor em negociações coletivas do trabalho na área do comércio no Estado do Paraná. Autor do livro "Nova Regulamentação da Representação Comercial" e responsável pelas atualizações dos livros de autoria do Professor Rubens Requião.

Ruy Rosado de Aguiar Júnior
Ministro aposentado do Superior Tribunal de Justiça.

Sandro Mansur Gibran
Mestre e Doutor em Direito Econômico e Socioambiental pela PUCPR; Professor Titular da Cadeira de Direito Empresarial junto ao UniCuritiba – PR; Professor do Programa de Mestrado em Direito Empresarial e Cidadania – Unicuritiba – PR; Advogado atuante na área do Direito Empresarial.

SUMÁRIO

O DIREITO COMERCIAL NO BRASIL DE HOJE

Alfredo de Assis Gonçalves Neto

Para homenagear o Professor RUBENS REQUIÃO nada melhor do que discorrer sobre os atuais rumos do seu tão estimado direito comercial, ao qual dedicou integralmente seus estudos e suas magistrais aulas ministradas com total devoção aos seus alunos de graduação e de pós-graduação da Faculdade de Direito da Universidade Federal do Paraná. Com o peso de tê-lo sucedido na disciplina, sinto que devo externar o pensamento que, ao longo dos anos, formei a respeito da matéria, apresentando ao leitor o texto de minha exposição de abertura do 6º Congresso Brasileiro de Direito Comercial, que me honrou com a laura de comercialista do ano de 2016.

É fato incontroverso que o direito comercial coloca-se perante o direito civil como um direito especial, porque regula certa categoria de pessoas, seus bens e relações com disposições peculiares, diversas das que regem todas as demais pessoas, bens e relações no âmbito privado. Tendo essa evidência presente, procurarei investigar o âmbito do direito comercial no Brasil de nossos dias pela aproximação de duas vertentes importantes, a ele ligadas desde suas raízes.

Uma atenta observação da realidade ao longo dos tempos, como recomendam os partidários do pensamento de autores como JOAQUÍN GARRIGUES e BROSETTA PONT, faz perceber que o direito comercial, ao contrário ou em maior grau do que se dá com outros ramos do direito, é um direito cujo conteúdo está em permanente mutação, porque nasce da prática mercantil sem fronteiras e com ela se aprimora, sem prévia norma que o defina.

Efetivamente, o profissional do mercado, de antigamente e de hoje, no afã de otimizar suas relações de negócio, é um ser impulsionado pela criatividade. No trato com seus iguais e com os destinatários de sua atuação está a aprender e a apreender novas técnicas, novas maneiras de contratar, nascidas de sua permanente labuta diária, surpreendendo o legislador, que só mais tarde as consagra. Como o comércio não está jungido ao território de um determinado país, a experiência haurida em todas as partes do mundo ingressa no agir do brasileiro, dentro dos limites – e às vezes além dos limites – traçados pelo princípio da liberdade de iniciativa adotado por nossa Constituição.

O desbravar mercados faz avançar o espaço ocupado pelo direito comercial. Com o tempo, os novos modos de contratar e institutos assim nascidos provocam a **ampliação** do seu campo de abrangência e, ao se repetirem, cada vez mais se aperfeiçoam. Restritos em seu nascedouro à atividade do comerciante ou empresário, eles impõem ajustes legislativos e, posteriormente, são estendidos ao uso de qualquer cidadão (fenômeno que os autores identificam como de mercantilização do direito civil ou de civilização do direito comercial), de modo que se **generalizam** e, portanto, incorporam-se ao direito geral, ao direito comum ou, mais precisamente, ao direito do cidadão – isto é, ao direito civil. Com isso, dá-se um outro fenômeno, que é o da **redução** do âmbito do direito comercial – o que era especial, ao se generalizar, deixa de sê-lo para se tornar comum.

Essa conclusão é evidenciada pelos autores já citados e por TULLIO ASCARELLI, para quem "a unificação do direito das obrigações decorreu da conversão das instituições tradicionais de direito mercantil em instituições de alcance geral" (*Iniciação ao Estudo do Direito Mercantil*. Sorocaba: Ed. Minelli, 2007, p. 475).

Não é o direito comercial, portanto, um direito estático, destinado a regular as relações jurídicas que envolvem um determinado setor da economia ou "diversas e como que eternas categorias de economias contrapostas e simultâneas" (ASCARELLI, *Corso di Diritto Commerciale: Introduzione e Teoria dell'Impresa*. Milão: Giuffré, 1962, p. 81). É, ao contrário, um direito dinâmico que tutela situações jurídicas derivadas de um sistema econômico que, por interesse e obra dos operadores do mercado, modifica-se ao longo da evolução da própria economia.

Prova de novos institutos, ainda sujeitos a uma regulamentação adequada no Brasil, mas em uso no mercado, está na expansão do **agronegócio** com seus modos especiais de contratação, não mais isolados e dependentes de safras, porém organizados sob forma de empresa, como qualquer outra atividade econômica, na qual exsurgem problemas peculiares – o que justificou, certamente, sua inserção nos Projetos de Código Comercial que tramitam nas duas Casas do Congresso Nacional.

Um cadinho de contratações experimentais é-nos oferecido pelos meios eletrônicos, chamando-me a atenção a moeda eletrônica, a *bit coin*, como o estágio mais avançado de alcançar um novo denominador comum de valores universal. (Abrindo um parêntesis, vale recordar que, do **sal** migrou-se para o **gado** [*pecus*], em seguida para os **metais preciosos**, até se chegar à **moeda sonante** como denominador comum de valores e, posteriormente, ao **papel moeda** com valor garantido pelo tesouro nacional. A **moeda eletrônica**, em seu estágio atual, é despida de qualquer garantia, a não ser a confiança dos que a utilizam no ambiente virtual, mas está a indicar uma possível caminhada para a obtenção de uma ***bitcoin* universal**.)

Para não seguir infinitamente nessas indicações, cito outros dois exemplos: a **locação de construção ajustada** *(bilt to suit)*, timidamente regulada pela Lei 12.744/2012, e para outro ajuste, que é tema de ponta, o denominado **comércio de alta frequência** ou *high frequency trading* (mecanismo eletrônico que permite a troca quase instantânea de títulos do mercado mobiliário) – isso sem adentrar em outros modos de contratar que brotam do ambiente bursátil, onde até a aposta está oficializada.

Já como institutos que se generalizaram, pode ser apontada a relativamente recente extensão da **propriedade fiduciária**, antes privativa da atividade empresarial, que aparece como contrato típico no Código Civil vigente, suscetível de ser celebrado por qualquer pessoa. Em termos mais amplos, destaco a **unificação** de toda a matéria relativa à **teoria geral dos contratos** e, bem assim, **dos títulos de crédito**, que só se mantinham no âmbito do direito comercial – no dizer de ASCARELLI, "como tributo à tradição ou a considerações de oportunidade, dada a maior amplitude da matéria que ficaria a cargo dos cursos de direito civil" (*Iniciação...*, cit., p. 479). Especificamente quanto aos títulos de crédito, professara o inigualável autor de sua teoria geral que ela "constitui um capítulo do direito comum, já que, embora o recurso aos títulos de crédito seja mais frequente por parte dos empresários, não é certamente esse um argumento para a aplicabilidade da regulamentação respectiva" (op. cit., p. 480). Não me refiro, obviamente, aos títulos que só podem ser emitidos por empresários no exercício de sua atividade profissional, como a duplicata, o *warrant* e assim por diante.

O segundo ponto **do qual parte** esta exposição está na determinação do fio condutor responsável pela agregação da matéria tratada pelo direito comercial na sua caminhada evolutiva. E aí se observa que, surgido na Baixa Idade Média como um direito manifestamente classista (porque produzido pelos mercadores para ser por eles e entre eles aplicado), o *jus mercatorum* perdeu essa marca originária quando estendeu seus tentáculos para os destinatários de suas atividades, e, ao depois, quando passou a ser editado pelo poder político dos Estados Modernos (a exemplo das Ordenações francesas do Século XVII). O Estado, então, em pleno desfrute de sua soberania, tratou de impor as regras mercantis para que as observassem os comerciantes e, no trato com eles, os demais cidadãos. A esse tempo, se deixara de ser classista, o direito comercial não perdera, contudo, a figura do comerciante como referencial para aplicação de suas normas.

A marca objetivista, esculpida pelo Código Comercial francês, não logrou afastá-lo desse persistente personagem. O assim considerado pai de todos os Códigos Comerciais modernos – passado o clarão da Revolução de 1789, que iluminou as lições de seus primeiros comentaristas – foi considerado mais tarde por doutrinadores franceses do início do Século passado, dentre eles JEAN ESCARRA, como mentor de um sistema impreciso, que não repudiara a concepção subjetiva: definiu e regulou o comerciante, dispôs sobre sua capacidade, suas prerrogativas (direitos) e obrigações, tratou das relações dele com seus auxiliares, de sua contabilidade, da falência etc. A esse tempo, porém, a decantada objetividade já se espraiara pelos Códigos Comerciais que o seguiram, só superada a partir do Código Comercial alemão de 1897 e, com maior repercussão para nós, do Código Civil italiano de 1942.

Interessante é observar, todavia, que o codificador brasileiro de 1850 tentara evitar a então declarada perplexidade dos juristas na aplicação dos critérios objetivos que advinham do rol dos atos de comércio, tanto que não os incluiu no texto de nosso código oitocentista; eles vieram, apenas, no Regulamento 737, destinado a dar aplicação às suas disposições. Tinha esse regulamento conteúdo nitidamente processual e os atos de comércio nele figuraram com a finalidade única de definir a competência da jurisdição mercantil. Esse fato, que passou despercebido de nossos comercialistas mais antigos, foi observado por nomes da estatura de JOÃO EUNÁPIO BORGES, FÁBIO KONDER COMPARATO e outros poucos, a cuja orientação já nos meus primeiros escritos aderi, sob o entendimento de que o art. 4º do Código Comercial continha um conceito aberto de comerciante, não vinculado necessariamente a um rol que em nosso Código Comercial não se encontrava, para concluir que o direito comercial brasileiro

não seguira o objetivismo do Código Comercial francês e tinha um cunho muito mais **subjetivo** do que **objetivo**. O fato é que, sob qualquer ângulo que seja examinado, nosso Código oitocentista não abandonou o comerciante e, mais que isso, regulou-o e a matéria ao seu redor.

Com o Código Civil de 2002 tem-se reafirmada a mesma diretiva. A despeito da designação de Direito de Empresa, o Livro II, de sua Parte Especial, elegeu como sua preocupação nuclear a pessoa do empresário. Assim, se dúvida havia quanto ao sistema objetivo, subjetivo ou misto adotado pelo codificador de 1850, ela aí se desfez – e essa afirmação está nas lições de nossos mais prezados mestres, dentre os quais destaco a figura de RUBENS REQUIÃO – resgatando, como ocorreu na Alemanha e, posteriormente, na Itália, o protagonista da atividade econômica para colocá-lo no centro do sistema.

À altura é interessante observar que toda essa evolução passou-se ao largo das bases em que se assenta o Estado brasileiro, ou seja, à margem das disposições constitucionais. E havia uma razão para isso, pois os primeiros princípios e normas constitucionais a respeito de nossa ordem econômica só apareceram, no incontestável afirmar de JOSÉ AFONSO DA SILVA, com a efêmera Constituição de 1934.

A doutrina de nossos comercialistas, preocupada com a *summa divisio* (direito público *versus* direito privado) e com a polêmica da unificação do direito privado, descurou-se dos referenciais constitucionais que deviam ser tomados em conta para o balizamento e para a perfeita compreensão da legislação comercial. Como sabido, esses referenciais constitucionais, essencialmente a partir do advento da nossa Carta Política de 1988 e do desenvolvimento da chamada teoria material da Constituição – e aqui me conforto nos ensinamentos de PAULO BONAVIDES –, apontam para os valores igualitários de Justiça, ou seja, para aqueles valores que, antes desprezados pela visão marcadamente formalista do direito (no apogeu do positivismo), culminaram por se constitucionalizar em princípios que, por isso, não mais podem ficar relegados ao simples papel de preencher lacunas da legislação infraconstitucional, mas se alçam à condição de regras condutoras da aplicação e do alcance das próprias disposições constitucionais.

Toda nossa legislação ordinária, aí incluída a referente ao direito comercial, está subordinada à observância desses princípios, desses comandos contidos na Constituição, que influem decisivamente no seu alcance e na sua interpretação. É o que ensinam alguns expressivos comercialistas da nova geração, com destaque à proeminente pessoa de FÁBIO ULHOA COELHO, que muito bem os representa.

Dentre esses princípios, convém enunciar o da **livre iniciativa** (art. 1º, IV), o da **construção de uma sociedade mais justa** (art. 3º, I), o da **liberdade de trabalho, ofício e profissão** (art. 5º, XIII) e o da defesa dos **direitos do consumidor** (art. 5, XXXII). Mais à frente, na regulação a atividade econômica, é encontrado o princípio da **propriedade privada dos meios de produção**, o da **liberdade de concorrência**, o da **defesa do meio ambiente** e o da **busca do pleno emprego** (art. 170 e incisos). Do conjunto desses preceitos, extrai-se, ainda, o princípio da **preservação da empresa** que, como outros, assegura-lhes o cumprimento.

Esses são, sem dúvida, os esteios do regime capitalista e liberal por nós adotado, que culmina por assegurar a todos o **livre exercício de qualquer atividade econômica**, salvo as exceções previstas em lei (CF, art. 170, parágrafo único). No particular, a própria Constituição traz algumas condicionantes a esse veio liberalista, não só quando prescreve o monopólio da União Federal relativamente a certas atividades, mas também quando fixa os parâmetros que a conformam, ao determinar a **repressão ao poder econômico** que vise à dominação dos mercados, à eliminação da concorrência e ao aumento arbitrário de lucros. Numa prospecção mais detalhista podem ser arroladas, ainda, as normas constitucionais que determinam às empresas – e ao falar em empresas elas não estão a se referir à estrutura nem à atividade, mas à pessoa do empresário – respeito ao meio ambiente, à economia popular, aos consumidores etc.

\- § -

É necessário, agora, unir as duas pontas: de um lado, (i) o conteúdo material do direito comercial em permanente mutação e, de outro, (ii) a figura constante do agente econômico, sempre a assumir nova dimensão e a provocar revisão de normas consolidadas para lhes conferir tratamento próprio exigido por sua atuação como profissional do mercado. Se é verdade que o direito comercial cuida de novas técnicas de contratação, de novos institutos que florescem na prática mercantil ou, mais abertamente, no mercado, também parece induvidoso que essas matérias nele estão inseridas por obra do seu agente idealizador.

Dito de outro modo, a causa desses fenômenos está na ação desse operador do mercado, como sempre esteve, nas variadas denominações com que vem sendo identificado ao longo dos anos (mercador, comerciante, empresário ou, em termos mais genéricos, agente econômico).

Assim, ao menos nos dias atuais – e o disseram GUIUSEPPE ANDRETA e NICOLÒ SALANITRO –, "não existem dois sistemas normativos contrapostos ou, ainda, autônomos, que disciplinem de modo diferente a mesma matéria" (*Diritto commerciale*. 11ª. ed. Milão: Giuffré, 1998, p. 5) e – digo eu – nem há matéria inerente *ad æternum* ao objeto do direito comercial, dada a mobilidade de seu conteúdo, ainda que algumas por ele transitem ou nele figurem com maior ou menor duração.

O que justifica o direito comercial é, portanto, a pessoa do agente no trato do seu negócio, tanto que, mesmo matérias já incorporadas ao direito comum pelo fenômeno da generalização, retornam ao seu campo de abrangência em razão de particularidades que, sob nova perspectiva do tráfico mercantil, reclamam tratamento diferenciado.

Refiro-me, por exemplo, à regra contida no art. 1.268 do Código Civil, segundo o qual a tradição de coisa móvel, feita por quem não é dono, não transmite a propriedade, mas a transmite, sim, se estiver em oferta ao público, em leilão ou estabelecimento comercial, desde que o alienante se afigure como dono. Como se pode ver, ingressou na legislação nacional, *a latere* da unificação, o princípio da *possession vaut titre* – medida de saneamento para a circulação das coisas móveis, só admitida em nosso meio, contudo, para sustentar as operações de mercado.

Acrescento, ainda, **a teoria das nulidades**, que está a merecer regulação especial, diversa da de direito comum, motivada pelo dinamismo das operações comerciais que não se podem sujeitar aos mesmos efeitos.

Também os **contratos interempresariais** (de franquia, concessão mercantil, revenda exclusiva), conquanto calcados em fórmulas de contratação comuns, estão a reclamar uma teoria geral para enfrentar os efeitos de sua duração entre as partes contratantes, regular as convenções coletivas, as redes de distribuição etc.

Isso assentado, pode-se dizer, novamente com ANDRETA e SALANITRO (op. cit., p. 6), que o direito comercial tem por objeto **o estudo da disciplina particular do empresário**. É, portanto, o direito que regula a pessoa do empresário ou agente econômico e sua conduta no mercado.

As normas constitucionais foram antes mencionadas para reforçar essa conclusão, visto que se preocupam especificamente, senão exclusivamente, com **a pessoa do agente e com a conformação de seu comportamento no mercado**, seja ao fixarem o princípio da liberdade de inciativa e seus limites, seja ao definirem os fins que devem ser alcançados, seja, ainda, ao tratarem de conter os abusos da conduta desse profissional no mercado perante seus concorrentes e os destinatários de sua atividade.

Nesse contexto, encontra-se a tarefa do legislador em balizar as ações do agente econômico, que, em ampla concepção, vem a ser todo aquele que, de algum modo, contribui profissionalmente para a produção ou a circulação das riquezas. Esse agente transcende as designações anteriores, porque comprometido com a realização dos interesses da coletividade, em cumprimento das diretrizes constitucionais, para além das dimensões tradicionais da pessoa que nosso Código Civil trata como empresário (aí incluídas as sociedades empresárias), de modo a abranger as demais pessoas jurídicas e, até mesmo, entes não personificados.

É o que se vê na Lei Anticorrupção, que submete a suas normas quem quer que, tenha ou não personalidade jurídica, pratique os atos que reprime. É o que está na Lei de Defesa da Concorrência, quando diz que se aplica a quem atua no mercado, empresário ou não, com ou sem personalidade jurídica (art. 31) e quando, a igual do que ocorre na Lei Ambiental (art. 4º) e no Código de Defesa do Consumidor (art. 28), afasta a personalidade jurídica do agente, quando ela for obstáculo para a aplicação de suas determinações.

O agente econômico, assim moldado, relativiza o conceito de pessoa concebido pelo direito privado, para acolher, como tal, centros de imputação de interesses desguarnecidos dos ingredientes da personificação, aí incluídos os grupos societários de fato no mundo globalizado, conquanto sempre esteja suposta a presença de um sujeito de direito, sob seu manto encoberto.

A contribuição constitucional dá, além disso, uma feição mais aberta para o direito comercial, porque, de conformidade com o que dela advém, não se justifica o aprisionamento de nossa disciplina aos quadrantes do direito privado. Efetivamente, na visão de o direito comercial regular a pessoa do empresário ou agente econômico e sua conduta no mercado, adentra-se no campo dos princípios constitucionais relativos à sua atuação; avança-se, por igual, em outros ramos do direito público e privado, sempre quando preceituam limites ou critérios de atuação desse agente.

O agir em detrimento de concorrentes não é mais tema que interesse, apenas, ao direito econômico, posto que qualquer prejudicado pode invocar uma regra da Lei de Defesa da Concorrência para estancar a conduta daquele que a infringe. Do mesmo modo não se pode dizer que a matéria relativa às relações de consumo pertence tão-somente ao direito do consumidor, uma vez que há, aí, um microssistema no qual estão inseridas matérias dos mais variados ramos do direito, valendo mencionar, porque pertinentes a esta exposição, as referentes aos contratos e às cláusulas abusivas, à responsabilidade do fabricante etc., determinadoras e delimitadoras da atividade de quem a elas é submetido no desenvolver de sua profissão.

A identificação do direito comercial como o direito do mercado, como sustenta com maestria PAULA ANDREA FORGIONI, não deslustra, a meu ver, estas conclusões, porque o mercado é o palco no qual se apresentam as situações e questões ventiladas e porque tal entendimento traduz uma visão integrada do muito que aqui estou a dizer. Assim me parece, porque é no mercado que se movimentam as pessoas e é nele que se realizam e se aperfeiçoam as práticas mercantis. Apenas realço a perspectiva do propulsor, porque, sem o agente, não há atividade econômica e não há mercado.

Para concluir, retomo as considerações iniciais para salientar que o direito comercial não se desgarrou daquilo que os mestres apontam como suas principais características, dentre as quais o costume e o cosmopolitismo, que o impulsionam para merecer a qualificação que lhe deu OSCAR BARRETO FILHO, quando o chamou de direito bandeirante. A prática mercantil, voltada para a eficiência, ao criar novos modos de contratar, provoca um incansável trabalho doutrinário e jurisprudencial para a compreensão do novo e cobra do legislador o abandono sua inércia.

Sob essa perspectiva, o direito comercial pode ser chamado de direito das novidades, mas é preciso render tributo ao imprescindível (como cada época o compreende) personagem responsável pela sua originação.

O DIREITO DAS REDES EMPRESARIAIS
Um novo formato econômico e sua repercussão jurídica

Arnaldo Rizzardo
Arnaldo Rizzardo Filho
Carine Rizzardo

Resumo: A sociedade e sua economia se desenvolvem sistematicamente por relações em formato de rede. Redes empresariais ou redes contratuais são eventos econômicos novos, que surgem a partir do último quartel do século passado decorrentes de um movimento social de globalização. Dentro desse panorama contextual, será tratada a relação entre o direito e as redes empresariais. O negócio jurídico em rede tem-se tornado um conceito essencial para o direito comercial e empresarial. Redes constituem a morfologia da sociedade contemporânea, e sua lógica modifica substancialmente a ação social e, por conseguinte, o direito relacionado.

Palavras-chave: economia, redes empresariais, relação contratual, cooperação.

1. INTRODUÇÃO

Tradicionalmente os negócios econômicos são pautados pelos institutos da competição e do individualismo. Contemporaneamente, nova demandas, como aquelas representadas pelas redes empresariais, inserem na teoria e na prática os institutos do coletivismo, da cooperação e da coordenação.

Contemporaneamente, o sistema jurídico pátrio (jurisprudência, lei e contrato), no que tange ao direito privado, em especial o direito obrigacional, contratual, empresarial, comercial e responsabilidade civil, segue os padrões individualistas dominantes desde o antigo Código Civil.

Quando esses antigos padrões são aplicados aos contratos e conflitos envolvendo redes empresariais, resulta num direito sociologicamente incongruente[1], pois desconectado dos pressupostos econômicos, técnicos e sociais das estratégicas ações em rede (pergunta-se até que ponto definições, interpretações e qualificações jurídicas poderiam contrariar uma essência fática?).

É preciso demonstrar como as relações interorganizacionais ainda não são compreendidas pelo direito brasileiro. Especificamente, é necessário denunciar a defasagem da teoria da empresa e da unificação das obrigações privadas no Brasil.

---

1 Está-se voltado para Niklas Luhmann quando se fala de direito incongruente.

A estrutura do artigo será a seguinte: após o primeiro capítulo introdutório, discorrer-se-á sobre o surgimento das redes empresariais no cenário econômico, seus pressupostos lógicos e sua caraterização enquanto técnica de administração. O terceiro capítulo analisará as redes empresariais sob a perspectiva da teoria sistêmica, identificando-as como subsistemas que emergem de uma diferenciação evolutiva do ambiente econômico, e como eventos autopoiéticos. O quarto capítulo tratará do instituto jurídico da imputação e sua diferenciada lógica nas ações em rede. O quinto capítulo mostrará como o campo jurídico (lei, jurisprudência e doutrina) afeto às redes ainda está calcado em um direito preponderantemente individualista. Finalmente, a conclusão estará na evidência de que os institutos da cooperação, da governança e do coletivismo não estão presente na racionalidade do campo jurídico pátrio afeto às redes empresariais, o que resulta em um direito pátrio correspondente totalmente incongruente.

2. COLETIVISMO E COOPERAÇÃO COMO NOVOS PARADIGMAS DA ECONOMIA QUE SE DESENVOLVE A PARTIR DE REDE EMPRESARIAIS

Castells (2011, p. 119) aponta que uma nova economia surgiu em escala global no último quarto do século XX. Trata-se de uma economia informacional, global e em rede.

Informacional porque a produtividade e a competitividade de unidades ou agentes passam a depender basicamente de sua capacidade de gerar, processar e aplicar de forma eficiente a informação baseada em conhecimentos.

Global porque as principais atividades produtivas, o consumo e a circulação, assim como seus componentes (capital, trabalho, matéria prima, administração, informação, tecnologia e mercados) estão organizados em escala globalizada, diretamente ou mediante uma rede de conexões entre agentes econômicos.

Em rede porque nas novas condições históricas, a produtividade é gerada e a concorrência é feita em uma rede global de interação entre redes empresariais.

A questão nova afasta-se da diminuição de custos propriamente dita, aproximando-se para sua repartição com outras empresas que, em contrapartida, teriam maiores benefícios decorrentes da chamada "força do grupo".

Esse período é comumente chamado de pós-fordismo, e põe em cheque os fundamentos do capitalismo gerencial e suas grandes estruturas empresariais hierárquico-burocráticas. Trata-se do novo capitalismo de aliança, calcado no coletivismo e na cooperação empresarial em busca de lucro.

Conforme observam Balestrin e Verschoore (2008, p. 34) esse conjunto de modificações abalou os fundamentos do capitalismo gerencial e das estruturas hierárquicas e burocráticas.

Um novo padrão competitivo despontou, sendo marcado pela flexibilidade produtiva, pela adaptabilidade das fronteiras organizacionais e pela busca constante de inovações. Best (1990) afirma estar aí o paradigma denominado nova competição. A co-opetição (Nalebuff e Brandenburger, 2011) aparece no cenário econômico como novo conceito a ser aplicado.

Essa nova forma de competição se baseia em empreendimentos que traçam suas estratégias a partir de parcerias com fornecedores, clientes e concorrentes. Os limites organizacionais tornam-se maleáveis e imprecisos.

Evidencia-se a incapacidade das grandes estruturas em incorporar todas as competências necessárias para atender a demanda. Consequentemente, a administração das relações entre organizações transformou-se no fator chave da nova economia.

A estratégia coletiva é, na explicação de Balestrin e Verschoore (2008, p. 57) um conjunto de políticas e implementações de ações coordenada pelos membros que compõem uma coletividade organizacional. As estratégias coletivas refletem a necessidade das organizações cooperarem no seu ambiente econômico organizado estruturalmente fechado.

A partir da estratégia coletiva, altamente cooperativa, surge forte no cenário econômico, nos termos de Balestrin e Verschoore (2008), as redes de cooperação, das quais fazem partes as redes que atuam no setor do varejo, estruturadas por contratos de franquia, de representação comercial, de distribuição, dentre outros.

A cooperação passa a ser considerada um dos paradigmas do sistema econômico. No campo empresarial, a cooperação obviamente não é altruísta; visa um ganho que só pode ser alcançado, ou pode ser alcançado de forma muito mais efetiva, quando se atua em conjunto.

Balestrin e Verschoore (2008, p. 40) entendem que "[...] a cooperação interorganizacional decorre do desenvolvimento deliberado de relações entre organizações autônomas para a consecução de objetivos individuais e coletivos [...]". A cooperação entre empresas torna-as mais fortes e competitivas em relação àquelas que não fazem parte do grupo.

As redes de cooperação surgem da necessidade de se criar novas estratégias competitivas. A partir das redes há articulação de várias empresas com forte relação de reciprocidade, formando um verdadeiro grupo que passa a agir de forma coordenada.

São importantes duas breves observações antes de prosseguir:

a) em primeiro lugar, as redes empresariais aqui estudadas diferem-se dos grupos empresariais que, no Brasil, são definidos pela Lei nº 6.404/76. Segundo essa lei, a partir do controle administrativo e confusão acionária, empresas podem constituir "grupos" de sociedades para combinar recursos ou esforços na realização de objetivos ou na participação de atividades ou empreendimentos comuns. Nas "redes" entre firmas (redes de cooperação, conforme Balestrin e Verschoore; empresas em rede, segundo Castells) não há confusão societária ou acionária, tampouco controle administrativo. Ademais, a propriedade é compartilhada. Essas são, reputa-se, as distinções básicas mais adequadas entre as "redes" e os "grupos" empresariais, capaz de evidenciar a novidade que aquelas representam no cenário econômico.

b) em segundo lugar, é salutar, para fins didáticos, identificar alguns contratos comerciais previstos na legislação brasileira que possibilitam a formação de redes empresariais, em especial as do setor varejista: a Lei nº 8.955/94 prevê o contrato de franquia empresarial (*franchising*); a Lei nº 4.866/65, a atividade dos representantes comerciais; e o Código Civil (Lei nº 10.406/2002) traz os contratos de agência e distribuição. O Projeto do novo Código Comercial, por sua vez, prevê em um título especial alguns contratos de colaboração entre empresários: mandato comercial, comissão mercantil, agência, distribuição, concessão mercantil e franquia empresarial.

Além desses contratos previstos em lei, outros instrumentos atípicos formam redes comerciais. Vige nas redes, assim como na teoria geral dos contratos, o princípio da atipicidade das formas. Como exemplo, citam-se as redes estruturadas a partir de contratos de consignação, de contratos de cessão de *know how*, de contrato de fornecimento com uso de marca, e outros mais. Como se pode notar, as redes entre firmas estão muito identificadas com o setor varejista.

3. A AUTOPOIESE DO SISTEMA JURÍDICO E DAS REDES EMPRESARIAIS

Segundo Teubner (1989), o direito tem tido um papel modesto no contexto econômico atual em que organizações empresarias se desenvolvem contemporaneamente. Ao passo que as organizações em rede de empresas representam verdadeiros sistemas econômicos coletivos e cooperados, é preciso que o direito entenda a sua lógica operacional, altamente complexa, que busca justamente a diferenciação em relação ao seu ambiente, o livre mercado.

Desde o tradicional ambiente de mercado livre, regido por institutos que firmam o individualismo e a competição, desenvolvem-se subsistemas econômicos (sistemas interempresariais) cujo norte aponta pata o coletivismo, a cooperação e a coordenação. É sobre essa mudança que surge a questão sobre a capacidade do atual direito entender a diferença entre o antigo modelo e o novo.

A partir da teoria autopoiética essa diferença pode ser captada. Autopoiese, em termos gerais, significa reprodução a partir das próprias operação, ou seja, autoreprodução (Maturana e Varela, 1991).

Na ciência das organizações, Magalhães e Sanchez (2009, p. 5) tratam as organizações empresariais segundo os conceitos de "organização" e "estrutura". Sob a perspectiva autopoiética, "organização" significa rede de regras que governam relações entre os componentes do sistema. "Estrutura" significa as relações propriamente ditas entre os componentes do sistema na prática e a resolução dos constrangimentos surgidos na operação.

Zenely (2005) vai na mesma direção, entendendo as organizações como redes de interações, reações e processos identificados por uma organização e diferenciada por uma estrutura. Trata-se da organização de regras de coordenação para um determinado evento, cujas manifestações espaço-temporais ocorrem em sua estrutura. As regras de coordenação definem a natureza da execução recorrente da ação. A organização dirige a estrutura; a estrutura segue a organização.

As redes empresariais representam sistemas autopoiéticos porque as regras de interação estabelecidas pela organização e executadas na estrutura formam uma ligação recursiva, que se repete no tempo e no espaço determinando sua existência prática, diferenciando-se do seu ambiente econômico geral. O paradoxo autopoiético (fechamento e abertura, repetição e diferença), está definitivamente presente nas redes, pois eles se fecham para criar contingências, resultando complexidades.

Magalhães e Sanchez (2009, pp. 6 e 7) arguem que fechamento operacional e autorreferencialidade são critérios que definem um sistema social autopoiético. As instituições que se organizam em sistemas ou subsistemas sociais estruturam-se em domínios fechados de comunicação. Autonomia e interdependência coexistem em uma mesma relação. Todos participantes dependem da ação coletiva para que sua própria organização individualizada tenha existência.

Por outro lado, no direito, para operação jurídica ocorrer, tem papel central a decisão judicial. Contratos e leis possuem posições periféricas no sistema. Tais posicionamentos não conferem à jurisprudência o caráter unificador do sistema jurídico, pois centro não existe sem a periferia, e vice-versa. A unificação ocorre pela operação total do sistema. Mas realmente, o que diferencia internamente o sistema jurídico são os tribunais e suas decisões (Luhmann, 2016, pp. 397 e ss). Somente os tribunais decidem; leis ou contratos nada decidem, muito embora decisões sejam tomadas a partir deles.

Os tribunais, por estarem no centro do sistema jurídico, precisam da periferia para entrar em contato com os demais sistemas sociais, dentre eles os sistemas que constituem as redes empresarias (Luhmann, 2016, pp. 408 e ss). Leis, os contratos e outros instrumentos particulares da periferia do sistema jurídico são capazes de conectar os tribunais com o mundo real.

E é pela operação do direito, onde há ciclos operativos envolvendo leis, contratos e decisões, que a autopoiese se faz evidente. Ao final de cada ciclo do processo operacional, o direito vigente afirma-se, ao mesmo tempo que vira paradigma para evolução (que, nos termos de Luhmann (2016), é simplesmente mudança). Ou seja, reduz-se complexidade para geral complexidade (paradoxo autopoiético).

A questão é saber como ocorre a operação (acoplamento) entre dois subsistemas sociais: os subsistemas econômicos de cada rede empresarial e o subsistema do direito. Qual elemento (expectativa comportamental) da operação das redes empresariais é normatizado pelo direito?

Enquanto as tradicionais teorias focam nas perspectivas da troca e da concorrência, a teoria autopoiética centra-se na questão da cooperação. A cooperação é a novidade que o paradigma sistêmico da dupla contingência revela.

Sob a perspectiva da cooperação, a decisão no âmbito das organizações deve visar o interesse organizacional. Isso traz à tona temas como "adaptação dos contratos ao fim da organização", "participação organizacional", "fronteiras organizacionais", "mediação nas organizações", "formas de coordenação", "relacionamento cooperativo", dentre outros.

Ao passo que a ação no livre mercado visa o lucro, a ação no âmbito das organizações visa, primeiramente, a cooperação entre elementos, que é operada internamente pela coordenação, gestão, governança do grupo, que por sua vez se orienta a partir expectativas internas dos atores envolvidos na ação.

Além do mais, a decisão no âmbito das redes não está concentrada no topo da relação (hierarquia); pelo contrário, expande-se para a base da relação, de forma que cada ator tem o poder de decidir com base na sua autonomia administrativa. E é justamente aí que a coordenação da cooperação exige observância.

4. O INSTITUTO DA IMPUTAÇÃO JURÍDICA NO ÂMBITO DAS REDES EMPRESARIAIS

Quando se fala em responsabilidade civil envolvendo redes empresariais pensa-se, preponderantemente, na responsabilidade da rede perante quem está fora da rede. Responsabilidade civil perante fornecedores e consumerista perante consumidores, responsabilidade trabalhista e responsabilidade tributária. A "responsabilidade exógena" centra-se, preponderantemente, na configuração ou não da solidariedade na responsabilidade.

A proposta que aqui se faz é de pensar sobre o que ocorre dentro das redes, ou seja, a "imputação endógena" nas redes. Na imputação endógena não se está preocupado com quem está fora da rede (terceiros), mas sim com que está dentro da rede. Macedo Junior (1998, p. 240) indica justamente que nos contratos relacionais (como são as redes) a cooperação emerge como princípio "de nível interno" (além do tradicional "nível externo").

Essa questão não emerge de forma tão intensa nos grupos empresariais, justamente porque, conforme referido acima, a propriedade segue sendo sempre dos mesmos. É por essa razão que os grupos são (muitas vezes) utilizados e combatidos como forma de burlar a responsabilidade jurídica "exógena" de suas ações econômicas.

Ao revés, nas redes, a propriedade é disseminada, no sentido de que cada empresário segue sendo proprietário de sua empresa, sem qualquer aproximação societária com os demais participantes, mormente com aquele empresário que dirige as redes.

Sendo vários os interesses autônomos existentes nas redes, sendo que esses vários interesses formam um ente coletivo, sendo que a ação desse ente coletivo se pauta na cooperação de seus constituintes, e sendo necessário que haja coordenação dessa ação coletiva e cooperada, é preciso entender quais direitos e obrigações compõem o arquétipo de expectativas internas que mapeiam a existência das redes enquanto parte fenômeno social.

A imputação endógena traz à tona a responsabilidade da governança das redes empresariais para o alcance de seus objetivos, que são coletivos. Esse é o ponto chave deste argumento, que entende as redes enquanto relações cooperativas autopoiéticas.

A imputação endógena é o que dá significado interno para as redes nas operações jurídicas, sendo fruto da irritação que a coordenação (governança) da rede causa no sistema jurídico. Em contrapartida, é a partir das expectativas normativas geradas no interior das redes que seus subsistemas econômicos são irritados pelo direito em direção à evolução enquanto forma de organização econômica.

Conforme Kickert (Termeer, 2012, p. 193), sob o argumento autopoiético, o conceito de governança vem sendo revisto tanto na esfera privada quanto na pública. O papel de direção, que naturalmente emerge no conceito de governança, está deixando de ser direta, vertical, hierárquica, para ser horizontal, indireta, heteráquica, resultando em autorreflexão.

A autonomia das instituições que formam os sistemas sociais é ressaltada no movimento em rede. Significa que a governança também está dissipada na rede, emergindo então a questão da autonomia nos formatos contemporâneos de sistemas político e econômico. A cooperação é a nova forma de ação que sustenta os sistemas tal qual se apresentam hoje.

Kickert (Termeer, 2012, p. 204) afirma, sob o aspecto autopoiético, que a ideia de controle direito de todos os setores de um empreendimento está ultrapassada; não se mostra realista. Chega-se ao momento em que cresce a certeza de que as instituições sociais controlam a si mesma. O ponto chave está na coordenação dessa autonomia, que visa finalisticamente o ente coletivo.

Sistemas autônomos têm alto grau de liberdade e autogoverno, que implica em uma responsabilidade jurídica diversa da tradicional. Trata-se de uma responsabilidade de segunda ordem, na mesma sorte em que a observação das organizações de organizações é de segunda ordem. A governança entre entes autônomos requer uma leitura de segunda ordem, que consiga compreender as expectativas normativas afetas às relações em rede.

5. E "COMO DECIDEM AS CORTES"[2] OS LITÍGIOS ENVOLVENDO REDES EMPRESARIAIS?

Um caso paradigmático em termos da relação entre direito e redes empresariais está representado pelo acórdão que julgou a apelação cível nº 0136444-51.2011.8.26.0100[3]. Trata-se de litígio envolvendo uma rede franquia de locação de veículos. A franqueada alegou que operava com frota terceirizada de propriedade da franqueadora. Que, de forma contratualmente conexa ou coligada, a franqueadora locava para a franqueada os automóveis para operação de locação aos consumidores (clientes). Esses contratos de locação tinham prazo de doze meses. Findo os prazos contratuais das locações dos veículos, não havia prorrogação, e sim sucessivas celebrações de novos contratos, pelo mesmo período, com a fixação de novos valores de locação. A reclamação da franqueada é justamente em face da variação dos valores entre cada contrato de locação dos veículos. Os sucessivos aumentos tornaram inviável a operação da franqueada.

Segundo o tribunal, os aumentos são regulares, pois, como não havia prorrogação dos contratos de locação, mas sim celebração de novos contratos, não havia, portanto, cláusula prevendo reajustes que pudessem ser revisados. Como havia nova contratação a cada doze meses, com livre manifestação de vontade das partes, o novo preço de locação para cada novo contrato não poderia ser considerado abusivo.

---

2 Parafraseando o título da obra Como as Cortes Decidem (2013), de José Rodrigo Rodriguez.

3 BRASIL. Tribunal de Justiça do Estado de São Paulo. Apelação cível nº 0136444-51.2011.8.26.0100, da 6ª Câmara Cível do Tribunal de Justiça do Estado de São Paulo, SP, 16 dez. 2015. Disponível em: https://esaj.tjsp.jus.br/cjsg/resultadoCompleta.do;jsessionid=453ACA8589AECE783FDCF8675A6277E9.cjsg3. Acesso em: 01 abr. 2017.

Pois bem, uma das formas de se averiguar se há cooperação no interior das redes empresariais é questionando sobre o equilíbrio contratual. Como argumentado nos capítulos anteriores, as redes empresariais se desenvolvem em torno do chamado capitalismo de aliança. Nesse contexto, a cooperação passa a ser considerada um dos baluartes do sistema econômico. A cooperação decorre do desenvolvimento de relações entre organizações autônomas para a consecução de objetivos individuais e coletivos. A cooperação entre empresas as tornam mais fortes e mais competitivas em relação àquelas que atuam de forma isolada.

Na relação empresarial cooperativa, o modelo vertical de organização produtiva cedeu espaço para o crescimento e afirmação de um modelo mais horizontal, flexível. A formação de uma rede depende de objetivos comuns que atendam os interesses (benefícios) de todos envolvidos. Castells (2011) refere-se à coerência das redes, no sentido de servirem aos objetivos de todos que as formam. A lógica das redes, conforme Wegner (2011), está na união de pessoas para fazer frente às pressões do ambiente econômico, como concorrência, preços de insumos, custos de logística, investimento em marketing, dentre outros.

Assim, as redes se fecham em sistemas (subsistemas do sistema econômico), formando um todo coletivo maior que os concorrentes, angariando barganhas pela maior quantidade de insumo adquirida, repartindo custos (como logística), dividindo os investimentos (como ações de marketing), ou seja, tornando-se mais eficiente. É na clausura da construção de seu específico sistema que cada rede se identifica e define seus objetivos.

Jarillo (1993, p. 7) argumenta que a rede torna a competição mais forte para quem está em seu interior em relação a quem está no seu exterior. Eficiência econômica é o motivo final da ação em formato de rede. Da Cunha (2011) afirma ser importante entender que as alianças entre organizações geram trocas e que essas trocas não trazem ganhos isolados, mas sim coletivos. Há geração de ganhos sinérgicos (Albino et al., 2016) que podem ser tanto de caráter tangível quanto intangível.

O propósito central das redes, segundo Locke (2001), é reunir atributos que permitam uma ação mais forte no ambiente competitivo, em uma estrutura dinâmica. Essa ação é uniforme entre os participantes, porém descentralizada e flexível, possibilitando o ganho de escala a partir união. A lógica está no estabelecimento de relações cooperativas que resultem ganhos para todos que as compõem (JARILLO, 1993, p. 7). O enfoque individualista da empresa dá lugar ao enfoque coletivista, causando uma verdadeira revolução em termos mercadológicos e administrativos. Os ganhos e os benefícios que as redes geram mostram que esse novo modelo, coletivo, é, efetivamente, a nova tendência da economia.

No caso em análise, a abusividade é latente, e o que mais impressiona é que o tribunal justifica a abusividade justamente através da artimanha que a franqueadora criou para levar vantagem sobre sua franqueada. Na gênese da questão, entende-se não haver opção entre renovar o contrato e celebrar um contrato novo. Se um contrato é celebrado uma vez e repetida outra, na sequência, significa que houve renovação, continuidade contratual. Observa-se que as partes são as mesmas, o objeto é o mesmo, e provavelmente todas as demais cláusulas são as mesmas, salvo a cláusula do preço. Se a franqueadora fizesse o que juridicamente se pensa correto, ou seja, a renovação, a cláusula de preço viria acompanhada de uma cláusula de reajuste.

No caso, só haveria possibilidade de se celebrar novos contratos a cada ano se o objeto mudasse (houvesse troca ou renovação de automóvel) ou houvesse interrupção entre o primeiro contrato e os subsequentes (exemplo: locação do veículo X ano de 2013 e depois novamente no ano de 2015), pois teria havido interrupção do negócio.

No contexto das redes, essa situação é ainda mais grave porque fomenta a competição em um ambiente onde deve prevalecer a cooperação.

6. CONCLUSÃO

Questões como a analisada no acórdão acima, bem como outras envolvendo cláusulas abusivas, dos tipos que fixam piso de *royalties*, que não estabelecem prazo contratual permitindo a denúncia vazia a qualquer momento, ou que subordinam a continuidade de um contrato ao adimplemento de um contrato conexo, dentro outras tantas, invariavelmente beneficiam unicamente a própria franqueadora.

Obviamente não se veem ações de franqueadoras questionando a abusividade de cláusulas contratuais, pois são elas quem formatam a organização da rede com os instrumentos contratuais adequados.

Ocorre que a decisão analisada não conseguiu entender a abusividade da questão suscitada, e esta "cegueira" é oriunda da falta da visão operacional do negócio. Entendendo-se as redes como organizações de organizações a partir de uma visão de segunda ordem (Luhmann), é possível concluir que a prática analisada na decisão paradigma nega a natureza autopoiética das redes empresariais, simplesmente por fomentar relações de competição em um ambiente preponderantemente cooperativo.

REFERÊNCIAS BIBLIOGRÁFICAS

ALBINO, Vito; FRACCASCIA, Luca; GIANNOCCARO, Ilaria. Exploring the role of contracts to support the emergence of self-organized industrial symbiosis networks: an agent-based simulation study. Journal of Cleaner Production, v. 112, p. 4353-4366, 2016.

BALESTRIN, Alsones; VERSCHOORE, Jorge. Redes de Cooperação Empresarial-: Estratégias de Gestão na Nova Economia. Bookman Editora, 2008.

BEST, Michael H. The new competition: institutions of industrial restructuring. Harvard University Press, 1990.

BRANDENBURGER, Adam M.; NALEBUFF, Barry J. Co-opetition. Crown Business, 2011.

BROWN, Kerry; OSBORNE, Stephen P. Managing change and innovation in public service organizations. Routledge, 2012.

CASTELLS, Manuel. A sociedade em rede. São Paulo: Paz e Terra, 2011.

CASTELLS, Manuel. Fim de milênio. São Paulo: Paz e Terra, 2000.

DA CUNHA, Julio Araujo Carneiro; PASSADOR, João Luiz; PASSADOR, Cláudia Souza. Recomendações e apontamentos para categorizações em pesquisas sobre redes interorganizacionais. Cadernos ebape. br, p. 505-529, 2011.

JARILLO, J. Carlos. Strategic networks: creating the borderless organization. Routledge, 1993.

LOCKE, Richard M. Construindo confiança. Econômica, v. 3, nº 2, p. 253-281, 2001.

LUHMANN, Niklas. O direito da sociedade; tradução Saulo Krieger; tradução das citações em latim Alexandre Agnolon. São Paulo: Martins Fontes – selo Martins, 2016.

LUHMANN, Niklas. Sociologia do Direito I. Rio de Janeiro: Edições Tempo Brasileiro, 1983.

MACEDO JUNIOR, Ronaldo Porto. Posner e a análise econômica do direito: da rigidez neoclássica ao pragmatismo frouxo. Direito e economia, v. 30, p. 260-281, 2012.

MACEDO JÚNIOR, Ronaldo Porto. Contratos relacionais e proteção do consumidor. São Paulo: Max Limonad, 1998.

MAGALHÃES, Rodrigo; SANCHEZ, Ron. Autopoiesis in organization theory and practice. Emerald Group Publishing, 2009.

MATURANA, Humberto e VARELA, Francisco (1984). A árvore do conhecimento - As bases biológicas do conhecimento humano. Campinas: Ed. Psy, 1995. São Paulo: Ed. Palas Athena, 2004. Original em espanhol traduzido por Humberto Mariotti e Lia Diskin.

MATURANA, Humberto e VARELA, Francisco. Autopoiesis and Cognition: The Realization of the Living Boston Studies in the Philosophy of Science. Paperback, 1991.

MATURANA, Humberto e VARELA, Francisco. De máquinas e seres vivos. Autopoiese, a Organização do Vivo. Porto Alegre: Artes Médicas, 1997.

MATURANA, Humberto R.; VARELA, Francisco J. Autopoiesis and cognition: The realization of the living. Springer Science & Business Media, 1991.

RODRIGUEZ, José Rodrigo. Como decidem as cortes?: para uma crítica do direito (brasileiro). FGV Editora, 2013.

WEGNER, D. Aprendizagem interorganizacional: um estudo das redes horizontais de pequenas empresas. ANTONELLO, CS et al. Aprendizagem organizacional no Brasil. Porto Alegre: Bookman, p. 537-564, 2011.

TEUBNER, G. C. M. Autopoiesis and steering: how politics profit from the normative surplus of capital. In: Autopoiesis and configuration theory: new approaches to societal steering. Springer Netherlands, 1991. p. 127-141.

TEUBNER, Gunther. "Unitas Multiplex": a organização do grupo de empresas como exemplo. Revista Direito GV, v. 1, nº 2, p. 77-109, 2005.

TEUBNER, Gunther. A Bukowina global sobre a emergência de um pluralismo jurídico transnacional. Impulso: Revista de Ciências Sociais e Humanas, v. 14, nº 33, p. 9-31, 2003.

TEUBNER, Gunther. Direito, sistema e policontexturalidade. Piracicaba: Unimep, 2005.

ZELENY, Milan. Human systems management: integrating knowledge, management and systems. World Scientific, 2005.

WEGNER, D. Aprendizagem interorganizacional: um estudo das redes horizontais de pequenas empresas. ANTONELLO, CS et al. Aprendizagem organizacional no Brasil. Porto Alegre: Bookman, p. 537-564, 2011.

RUBENS REQUIÃO E A EVOLUÇÃO DO DIREITO SOCIETÁRIO

Arnoldo Wald

"O novo direito comercial será um dos instrumentos da transição histórica em que o País se acha empenhado". (SAN TIANGO DANTAS)[1]

"Na verdade, a legislação empresarial brasileira reclama urgente modernização, como medida destinada a melhorar o ambiente de negócios, atrair investimentos, reduzir custos, ampliar a competitividade e baratear os preços dos produtos e serviços. Por isso, no Anteprojeto de Código Comercial, todos os temas de direito comercial foram examinados e repensados, com o objetivo de ajustar a disciplina jurídica em vigor às necessidades da dinâmica economia brasileira da atualidade". (FÁBIO ULHOA COELHO[2])

"Jamais houve tantas leis e jamais o homem teve uma sensação tão forte de incerteza perante o Direito" (GEORGES RIPERT[3])

SUMÁRIO: I. Agradecimento; **II.** A vida e a obra de Rubens Requião; **III.** A evolução da Sociedade Anônima; **IV.** A lei societária; **V.** O Código Civil e o Código Comercial; **VI.** Conclusões.

1. AGRADECIMENTO

Agradeço o convite para participar desta homenagem que o Instituto Nacional de Recuperação Empresarial (INRE) e o eminente magistrado professor CARLOS HENRIQUE ABRÃO, prestam ao professor RUBENS REQUIÃO. Na realidade, ela é relevante porque, como dizia RUI BARBOSA, mais do que levantar estátuas, é preciso republicar os livros dos autores que já faleceram, lembrar as suas lições e manter vivo o seu espírito. As editoras estão publicando novas edições dos livros de Direito Comercial do professor RUBENS REQUIÃO que chegaram a sua 34ª edição[4]. As Faculdades de Direito e os Institutos, têm uma outra função, que consiste em manter sua mensagem jurídica,

---

1 "Direito Privado Brasileiro. Aspectos gerais de sua evolução nos últimos cinquenta anos". *Revista de Direito Bancário, do Mercado de Capitais e da Arbitragem*, São Paulo, nº 22, p. 323, out./dez. 2003. Este artigo foi publicado inicialmente no *Correio da Manhã* em 15.06.1951.

2 *Os Desafios do Direito Comercial*. São Paulo: Saraiva, 2014, p. 51.

3 GEORGES RIPERT no prefácio da 4ª edição *de La Regle Morale dans les Obligations Civiles*. 4ª ed. Paris: LGDJ, 1949.

4 *Curso de Direito Comercial*, 34ª ed. São Paulo: Saraiva, 2015, 3 vol.; *Do Representante Comercial*. 9ª ed. Rio de Janeiro: Forense, 2005, atualizado pelo seu filho RUBENS EDMUNDO REQUIÃO.

não só sob os aspectos material e didático, mas no sentido de avivar a discussão das ideias do mestre, que fez do ambiente universitário e profissional a sua casa virtual.

A iniciativa do INRE é tanto mais oportuna que se trata de entidade que tem as preocupações que dominaram a obra do professor RUBENS REQUIÃO e com as quais comunga o Desembargador CARLOS HENRIQUE ABRÃO[5], como também o fazia seu ilustre pai, o saudoso professor NELSON ABRÃO[6] que tive o o ensejo de examinar e de aprovar em brilhante concurso que fez na Faculdade de Direito da USP.

II. A VIDA E A OBRA DE RUBENS REQUIÃO

O professor REQUIÃO desenvolveu ideias novas, com uma visão pioneira do Direito Comercial, e são estas ideias que vou evocar e comentar.

Ao lado da imortalidade formal dos acadêmicos, existe uma imortalidade subjetiva daqueles que nos deixaram uma mensagem. E é esta mensagem às novas gerações que devemos manter, e que vamos evocar e desenvolver no nosso artigo.

No caso do professor REQUIÃO, a mensagem não é tão-somente a do professor, mas também a do jurista, do homem, do advogado combativo, do cidadão idealista, que passou uma parte de sua existência na vida política e outra na luta pelo Direito, pelo aprimoramento da Ciência Jurídica, tanto na Faculdade quanto na vida profissional e, ainda, como parecerista inovador e autor de livros. Talvez se deva dizer que o Direito Comercial, para RUBENS REQUIÃO, não era apenas o direito que trata da venda de mercadorias, mas o direito referente ao *commercium*, no sentido romano, que atualmente queria dizer "as relações entre os homens", as relações patrimoniais humanizadas, que devem ter um cunho de democracia e de liberdade, de atendimento das necessidades da sociedade civil.

A nossa tradição de comercialistas vem do XIX, desde SILVA LISBOA, tendo adquirido a sua maturidade na primeira fase da nossa vida industrial, com CARVALHO DE MENDONÇA e, em seguida, desenvolveu-se com os autores que escreveram as suas obras na primeira metade do século XX, como WALDEMAR FERREIRA e TRAJANO DE MIRANDA VALVERDE.

---

5 CARLOS HENRIQUE ABRÃO é autor de várias obras, entre elas: *Do consórcio.* São Paulo: Almedina, 2016; *Empresa individual.* São Paulo: Atlas, 2015; *Penhora de Quotas das Sociedades Anônimas.* São Paulo: Malheiros, 2013; *Protesto. Caracterização de mora. – inadimplemento obrigacional.* São Paulo: Atlas, 2011; *A responsabilidade empresarial no processo judicial.* São Paulo: Conceito, 2011; *Contraordem e oposição do cheque.* São Paulo: Atlas, 2011; *Cédula de Crédito Bancário.* São Paulo: Juarez de Oliveira, 2005, entre outras.

6 NELSON ABRÃO escreveu várias monografias e teses, entre as quais se destacam *Direito Bancário.* 16.ed. São Paulo: Saraiva, 2016, *Sociedades limitadas.* 10.ed. São Paulo: Saraiva, 2012; *O síndico na falência.* 2ª ed. São Paulo: Leud, 1999 [atualizadas pelo seu filho CARLOS HENRIQUE ABRÃO]; *Curso de Direito Falimentar.* São Paulo: Leud, 1997; *Da ação revocatória.* São Paulo: Leud, 1980; *Temas de direito empresarial.* São Paulo: Saraiva, 1979; *Os credores na falência.* São Paulo: Saraiva, 1979; *Transformação da sociedade anônima em sociedade por quotas de responsabilidade limitada.* São Paulo: Saraiva, 1977; *Duplicata sem aceite.* São Paulo: Leud, 1975; *Continuação do negócio na falência.* São Paulo: Símbolo, 1975; *Sociedade simples: novo tipo societário*? São Paulo: Leud, 1975.

Coube, a Rubens Requião reposicionar o Direito Comercial, diante do capitalismo em fase de sedimentação e renovação, que conhecemos a partir das décadas de 1950 e 1970 e que foi objeto de seus estudos. Previa-se até uma nova fase do nosso direito societário e do mercado de capitais, que se iniciaria no fim do século XX e está agora em pleno desenvolvimento.

Em 1951, escrevendo a respeito da evolução do Direito brasileiro, San Tiago Dantas dizia que o Direito do futuro seria o Direito Comercial, o Direito que deveria, daí em diante, desenvolver-se em bases diferentes daquelas existentes no período do pré-capitalismo.[7] Não há dúvida que Rubens Requião foi um dos criadores do novo Direito Comercial, que caracterizou a segunda metade século passado, abrindo perspectivas para o novo milênio, em virtude de uma transformação completa da vida no mundo, decorrentes da globalização e da Terceira Revolução Industrial. Cabe salientar, aliás, que, para o Brasil, a globalização ocorreu simultaneamente com a nova revolução tecnológica decorrente da abertura de mercado, da democratização e da reforma política e econômica, que ainda estão ocorrendo agora, na segunda década do século XXI.

Podemos dizer que, tanto na sua obra doutrinária como em seus pareceres e na contribuição muito importante que deu, em vários momentos ao legislador, a posição de Rubens Requião sempre foi a de um liberal, mas de um jurista que fazia prevalecer os princípios morais sobre a prática e a técnica jurídica, tentando compatibilizá-los. Ocorre que, algumas vezes, os comercialistas são técnicos, homens que se limitam à definição e à análise dos institutos, sem perceber que, atrás destes, há uma finalidade, que é a busca da melhor condição do homem, pois, como já diziam os filósofos gregos, "o homem é a medida de todas as coisas".

Rubens Requião foi certamente um comercialista que via no Direito Comercial um instrumento para garantir maior dignidade às relações humanas, dar-lhes maior liberdade e flexibilidade, e torná-las mais equitativas, considerando que não deveriam ser apenas relações de poder, mas relações comutativas e justas. E o fez numa fase difícil, inclusive na vigência do regime militar, no qual alguns dos nossos economistas diziam que a economia era aética.

Foi, então, preciso que os juristas tivessem a coragem de explicar e defender a tese de que a economia era necessariamente subordinada ao ideal de justiça, sendo esse o grande papel que o Direito deveria desenvolver na sociedade, ou seja, submeter a economia à ética. É assim o Professor Requião um legítimo sucessor dos grandes comercialistas que, ao mesmo tempo, eram filósofos do direito, como Georges Ripert e Tullio Ascarelli.

Revendo a obra de Rubens Requião, verificamos que ele condenou todos os abusos e distorções daquela época. No primeiro volume do livro de comentários à Lei das Sociedades Anônimas que organizamos, inicia seu estudo condenando o regime político, implantado com a Revolução de 1964 e agravado pelo Ato Institucional nº 5,

---

7 "Direito Privado Brasileiro. Aspectos gerais de sua evolução nos últimos cinquenta anos", *op. cit.*, p. 323.

de 1968.[8] Era o jurista, era o homem, era o cidadão REQUIÃO que lembrava que ensinar Direito era também defender a liberdade e a justiça. Do mesmo modo insurgiu-se contra o Governo que pretendia transformar os institutos jurídicos, sem previamente ouvir a opinião pública. Em artigo publicado na *Revista do Instituto dos Advogados*, referia-se à "rápida e suspeita tramitação" do Projeto de Código Civil[9], afirmando que o Projeto não poderia ser esotérico, mas devia ser democrático, ou seja, discutido pela sociedade.[10]

Do mesmo modo, estudioso das sociedades anônimas, RUBENS REQUIÃO condenava as fraudes e os abusos do poder, entendendo que a teoria da desconsideração deveria ter um papel importante, embora limitada, a desempenhar, porque seria um meio de evitar determinadas fraudes. Ao mesmo tempo, não queria admitir o Direito alternativo, porque entendia que o que é direito não é alternativo e o que é alternativo não é Direito. Assim, por exemplo, falando da desconsideração, dizia que devia ser aplicada com muita prudência e cautela pelos juízes. Somente nos casos de fraude e abusos é que se deveria utilizá-la.[11]

Tudo isto revela uma posição construtiva na qual o professor RUBENS REQUIÃO sempre entendeu que a liberdade individual não deveria ficar apenas no plano político e que a Sociedade Anônima constitui um instrumento da vida comercial que tem uma finalidade específica. Para tanto, lembrava a frase de ADOLF A. BERLE dizendo que a Sociedade Anônima era uma instituição "quase pública", porque tinha uma função pública e não apenas a finalidade egoísta dos seus acionistas majoritários.[12]

Também desenvolveu, com muita arte e precisão, a distinção entre o Direito Civil e o Direito Comercial, ressaltando as características de cada um, para que não se misturassem determinadas regras importantes da estrutura da vida do cidadão com aquelas que devem reger as relações comerciais, exigindo maior flexibilidade e caracterizando o comerciante. Ao pensar no Direito Comercial, não se limitou a estudar

---

8 REQUIÃO, Rubens. *Comentários à Lei das Sociedades Anônimas*. São Paulo: Saraiva, 1980, v. 1, p. 1.

9 REQUIÃO, Rubens. "Certos antagonismos entre preceitos do Projeto de Código Civil e a nova Lei das Sociedades Anônimas", *Revista do Instituto dos Advogados Brasileiros*, Rio de Janeiro, nº 63, p. 11-21, jul./dez. 1984.

10 Posição idêntica assumiu o Conselho Federal da Ordem dos Advogados do Brasil, que aprovou parecer neste sentido que fizemos em coautoria com o saudoso professor LAMARTINE CORRÊA DE OLIVEIRA, In: WALD, Arnoldo; OLIVEIRA, José Lamartine Corrêa de. *O Projeto de Código Civil e a Ordem dos Advogados do Brasil*, parecer aprovado pelo plenário do Conselho Federal da Ordem dos Advogados do Brasil, na sessão de 14 de fevereiro de 1984, com apresentação do Presidente da OAB Dr. MÁRIO SÉRGIO DUARTE GARCIA, Rio de Janeiro: MEC Editora, 1984. Também tratamos da matéria em vários artigos publicados na imprensa desde 1969 (*O Globo*, 09.11.1969; *Jornal do Brasil*, 15.06.1975).

11 O professor RUBENS REQUIÃO trata da sociedade anônima como "empresa quase pública", faz sugestões ao Projeto de Código Civil e propõe que a teoria de desconsideração seja aplicada com moderação no v.1 dos seus *Aspectos Modernos de Direito Comercial,* 2ª ed. São Paulo: Saraiva, 1988, p. 83, 96 e 206 respectivamente.

12 BERLE, Adolf A. *Le Capital Américain et la Conscience du Roi. Le néo-capitalisme aux Etats-Unis*. Paris: Armand Colin, 1957, *passim* e em particular, p. 86-87.

as grandes empresas, e a ver as nobrezas e mazelas das multinacionais privadas ou públicas, mas pensou também nos direitos dos minoritários, na Sociedade por Quotas de Responsabilidade Limitada, na média empresa, nos direitos do representante comercial,[13] na repercussão da insolvência e na possibilidade de recuperação das empresas em dificuldade, no equilíbrio que o Direito Comercial deveria garantir entre os mais fortes e os menos favorecidos, fazendo do direito justamente um contrapeso ao poder exercido por aqueles que o detinham.

Na realidade, na nossa geração, o professor REQUIÃO e eu convivemos na mesma fase da história do nosso Direito. Fizemos concursos sucessivamente para a docência e a cátedra, na mesma época, e havia entre nós, além de uma profunda e fraterna amizade e simpatia mútua, uma escala de valores comuns, uma compreensão do Direito e da vida que nos aproximou, dele fazendo um dos meus mestres. Também trabalhamos juntos convivendo com nossos problemas profissionais, combatendo no *"front"* da advocacia empresarial. Partilhamos as mesmas lutas e lembro-me que, passando um fim de semana conosco na minha casa então recém construída, em Petrópolis, comentou como devia ter sido adquirida com muito trabalho, brincando, *"Pois é, Wald, para construir uma casa... haja pareceres"*...

Sentimos, ambos, um dos grandes problemas da nossa época, dos anos 50 e 60, que foi a necessária conciliação entre a Economia e o Direito, pois, durante muitos anos, viveram em mundos e ritmos diferentes e não havia, entre eles, uma linguagem comum, como se o mercado pudesse viver fora da área jurídica e o Direito não reconhecer a existência do mercado.

Num certo momento, entendemos que era preciso criar, em nosso País, o diálogo entre o economista e o jurista e construir as pontes entre o direito e a economia, que vieram a ser estabelecidas algumas décadas depois quando MARIO HENRIQUE SIMONSEN, JULIAN CHACEL e eu escrevemos em conjunto um livro sobre correção monetária.[14] Mais recentemente, JAIRO SADDI e ARMANDO CASTELAR PINHEIRO trataram juntos de *"Direito, Economia e Mercados"* em obra que prefaciei.[15] Mas, em meados do século XX, a convivência e a colaboração entre advogados e economistas não eram consideradas oportunas nem mesmo aceitáveis.

Havia até uma profunda ignorância em relação aos problemas do mercado por parte de alguns juristas que ensinavam a economia política do século XIX – em vez de lecionar a do nosso tempo – além de existir um desconhecimento do vocabulário dos economistas denominado o "economês".[16]

---

13 Trata-se de assunto que sempre o preocupou, como se verifica na sua excelente monografia, *Do Representante Comercial.* 2ª ed. Rio de Janeiro: Forense, 1977.

14 WALD, Arnoldo; CHACEL, Julian Magalhães; SIMONSEN, Mário Henrique. *A correção monetária.* Prefácio do Ministro Roberto de Oliveira Campos. Rio de Janeiro: Apec, 1970.

15 PINHEIRO, Armando Castelar; SADDI, Jairo. *Direito, Economia e Mercados.* Rio de Janeiro: Campus, 2005.

16 Denominação dada por CARLOS LACERDA à linguagem técnica dos economistas.

O professor REQUIÃO começou a sua vida de professor ensinando Economia e, depois, trouxe sua vivência para o Direito Comercial, entendendo que a Economia deveria estar submetida ao Direito, mas que, para submetê-la, era preciso conhecê-la e compreender todos os mecanismos econômicos. Eu, do meu lado, iniciei a minha vida acadêmica examinando o direito monetário, área tangente entre o Direito e a Economia, com uma tese sobre a correção monetária[17] que, na época, foi considerada um tanto quanto esotérica, pois parecia um instituto fora do Direito e que, na realidade, teve suas grandezas e suas misérias. Talvez mais misérias do que grandezas, mas, do mesmo modo que o antibiótico, era o remédio eficiente para uma fase perigosa e difícil da vida brasileira que hoje, felizmente, podemos considerar superada. Posteriormente, coube-me coordenar a publicação de *"Comentários à Lei das Sociedades Anônimas[18]"* cujo primeiro volume foi da autoria do professor REQUIÃO. Sempre estivemos, pois, juntos, no ensino, na construção do direito, na ideologia e no trabalho intelectual.

Ambos convivemos nessa fase do capitalismo industrial incipiente que surgiu no Brasil, após a Segunda Guerra Mundial, seguida do período desenvolvimentista de JUSCELINO KUBITSCHEK, com a política de substituição das importações, em virtude da qual a indústria de base se desenvolveu e começou a surgir o mercado de capitais do Brasil. Foi um período de grande interferência do Estado na economia, sem que houvesse uma estrutura bem montada da empresa brasileira para a abertura do seu capital. Nessa fase, quando o xerife ainda não tinha aparecido, RUBENS REQUIÃO defendeu o fortalecimento da empresa privada, no sentido de incentivar a participação de um maior número de investidores no mercado acionário, numa época em que este mercado era essencialmente elitista. Pelas suas lições e pareceres, tentou impedir e punir as fraudes no Direito Societário, tanto no grupo societário, nas sociedades isoladas, bem como nas próprias bolsas de valores, com uma pregação cívica que começou naquela época, mas ainda não deu todos os resultados e continua sendo da maior atualidade.[19]

No momento em que já pressentíamos a abertura econômica, que viria e que ocorreu durante o governo de FERNANDO HENRIQUE CARDOSO, com as privatizações, e que está ressurgindo agora, o professor REQUIÃO defendeu a criação de institutos e de instrumentos para substituir o endividamento das empresas pela participação acionária. Pensou numa sociedade na qual haveria a possibilidade de termos uma participação acionária de pequenos acionistas e de empregados, superando-se, na Sociedade

---

17 WALD, Arnoldo. *A cláusula de escala móvel.* São Paulo: Max Limonad, 1956. Posteriormente reincidi no estudo da matéria em obra escrita em parceria com dois economistas – MARIO HENRIQUE SIMONSEN e JULIAN CHACEL, *A correção monetária, op. cit.* Ver a respeito meu artigo sobre o assunto, no recentemente publicado livro sobre ROBERTO CAMPOS, (WALD, Arnoldo. "A inflação e a correção monetário", publicado em: MARTINS, Ives Gandra da Silva; CASTRO, Paulo Rabello de (Org.). *Lanterna na proa. Roberto Campos, ano 100.* São Luiz: Resistência Cultural, 2017, p. 89-95).

18 *Comentários à Lei das Sociedades Anônimas.* São Paulo: Saraiva, 1980, 5 volumes. Coordenação de ARNOLDO WALD.

19 Ver especialmente os seus estudos e pareceres publicados na sua obra *Aspectos Modernos de Direito Comercial.* São Paulo: Saraiva, 1980-1986. 3 v.

Anônima, o conflito de interesses, pela composição dos mesmos numa verdadeira parceria entre os diversos "*starkeholders*". Assim, teríamos o desenvolvimento – e não apenas o progresso ou o crescimento econômico – com estabilidade, ao invés da estagnação com inflação, com a qual convivíamos na época. Na linguagem leiga, os dois termos "progresso" e "desenvolvimento" foram confundidos em determinados momentos, mas, na realidade, o progresso foi sempre visto como quantitativo, como um aumento tão-somente do PIB, enquanto o desenvolvimento tem uma finalidade humana e social. Pretende garantir um melhor nível de vida, uma legislação coerente, um ensino acessível e a possibilidade de proporcionar a todos os participantes da sociedade um determinado tipo de vida, ensejando-lhes a perspectiva real – e não apenas formal – da busca da felicidade.[20]

III. A EVOLUÇÃO DA SOCIEDADE ANÔNIMA

Quando pensamos na Sociedade Anônima e verificamos o que aconteceu até mais recentemente, vemos que há uma espécie de paradoxo. Efetivamente, se alguém for examinar a jurisprudência existente no século XX até agora, chega-se à conclusão de que fora alguns casos especiais, quase não havia conflitos na Sociedade Anônima, ou seja, que os seus dirigentes eram todos virtuosos e que inexistiam litígios e discussões no seio da empresa. Não havia divergências nas Assembleias Gerais, já que elas eram realizadas com muita simplicidade: havia uma ata e, depois, eram colhidas as assinaturas dos vários signatários, como ainda se faz hoje em algumas sociedades. Mas pergunta-se: era realmente um clima de virtude e seriedade que imperava naquela época? Não haveria nenhuma ilegalidade ou irregularidade praticada por administradores e diretores e todas as divergências estariam sendo superadas mediante soluções consensuais? Na realidade, não era o que acontecia. Resolviam-se os problemas mediante as chamadas "soluções domésticas"[21], ou seja, de acordo com a decisão do "coronel", do chefe da empresa, do "dono do poder", para utilizar a terminologia consagrada por RAYMUNDO FAORO.[22]

No entanto, chegou um momento em que essa fase devia acabar e seria, então, preciso criar os instrumentos para que as decisões pudessem ser tomadas de forma

---

20 Examinamos a matéria em várias ocasiões e especialmente nos seguintes trabalhos: WALD, Arnoldo, "O direito do desenvolvimento", *Revista dos Tribunais*, São Paulo, nº 383, p. 7-18, set. 1967; *Desenvolvimento, Revolução e Democracia.* Prefácio do Dr. Povina Cavalcânti. Rio de Janeiro: Fundo de Cultura, 1966, p. 78; "Direito Econômico e o Direito do Desenvolvimento no Brasil", *Revista dos Tribunais*, São Paulo, nº 693, p. 18-27, jul. 1993 e "Il Diritto Dell'Economia e il Diritto Dello Sviluppo in Brasile", In: *Il Diritto Dei Nuovi Mondi.* Atti del Convegno promosso dall'Istituto di Diritto Privato delle Facoltà di Giurisprudenza, 5/7 nov. 1992. Genova: CEDAM, 1994, p. 176-191.

21 ORLANDO GOMES, fala no "privatismo doméstico", In: *Direito Privado: novos aspectos.* Rio de Janeiro: Freitas Bastos, 1961, p. 90.

22 FAORO, Raymundo. *Os Donos do Poder.* Rio de Janeiro: Globo, 1958. O título "*Donos do Poder*" lhe teria sido sugerido por ÉRICO VERÍSSIMO.

legal e de modo equitativo. Cabia superar a legalidade formal e instituir a legalidade material. A ideia tradicional, que existiu no direito estrangeiro, até o fim do século XIX, mas dominou o direito brasileiro até um momento relativamente recente – e, em parte, continua a prevalecer em certos casos – era a de que o minoritário não tinha qualquer direito. Um banqueiro alemão dizia que o acionista é um tolo e um arrogante: é tolo porque entrega o seu dinheiro à sociedade, ou seja, ao controlador, e é um arrogante porque ainda quer receber dividendos[23] e prestação de contas. Essa ideia dominou o Direito Comercial brasileiro até os anos 1960 – e talvez, na maioria dos casos, até o ano 2000. Assim, era preciso fazer uma verdadeira revolução cultural. E teria que ser o trabalho dos juristas. Não poderia ser apenas trabalho do advogado da empresa. Era preciso que as ideias surgissem não partindo tão-somente dos acionistas minoritários, mas da doutrina e da jurisprudência. E é aí que acredito que o esforço tenha vindo, em grande parte, das lições do professor RUBENS REQUIÃO.

A revolução devia ser simultaneamente econômica e cultural. Econômica consistindo em substituir o endividamento pela participação acionária e uma parte relevante da poupança pelo investimento nas empresas. Cultural para assegurar, de modo eficiente, um mínimo de direitos ao acionista minoritário, acabando com a mentalidade coronelista dos controladores e ensejando a *"full disclosure"* de todos os aspectos relevantes da gestão societária e a responsabilidade da empresa pela informação do acionista.

Não digo que todos os titulares de caderneta de poupança vão se transformar em acionistas de empresas, embora talvez fosse o ideal a longo prazo, mas certamente podemos modificar a estrutura da empresa. Alguma coisa foi feita no campo das privatizações e, por mais discutível que possa ter sido a sua forma, passamos a contar com uma certa presença dos empregados, uma presença mais importante dos executivos e também surgiu o controle partilhado, e agora pulverizado, que já nos oferece soluções distintas daquelas que tínhamos no passado.

Partindo das lições de RUBENS REQUIÃO há, assim, duas facetas que poderíamos desenvolver nesta homenagem que lhe estamos prestando.

IV. A LEI SOCIETÁRIA

A primeira se refere à lei societária: há necessidade de uma lei societária atualizada que não deve constar necessariamente do Código Civil. É matéria da qual ele tratou em palestra realizada em 1983, no IIº Seminário sobre Mercado de Capitais, numa época em que dizia não estar mais interessado em fazer palestras, mas achava que o Projeto de Código Civil merecia ser discutido. A existência de um Código Comercial que está hoje, sendo definido no Congresso Nacional, merecia amadurecer e as intenções do projeto nos fazem vislumbrar uma modernização que já aguardamos há longo tempo.

23 *Apud* LEÃES, Luiz Gastão Paes de Barros. *Do direito do acionista ao dividendo*. São Paulo: Obelisco, 1969, p. 7.

Poderíamos até cogitar de um Código das Sociedades, abrangendo os princípios básicos, a anônima e as demais formas empresariais. Foi uma proposta que fiz há quase meio século e que continua parecendo-me oportuna[24].

A segunda faceta se refere ao tema central deste meu artigo, que é realmente o núcleo da transformação da sociedade anônima atual, com o desenvolvimento da média empresa, a proteção dos minoritários e a organização da governança da empresa, para que seja pluralista, mais democrático, menos dependente de um homem único ou de um grupo dominante, havendo mais consenso entre todos os participantes da empresa.

Trata-se de superar a ideia dominante na Alemanha, na fase de 1930, de acordo com a qual devia ser seguido, nas sociedades anônimas, o sistema político, fazendo sempre prevalecer o FÜHRERPRINZIP, a vontade do chefe (o chefe manda e os outros obedecem), quando na realidade a concepção moderna da Sociedade Anônima não admite tal solução. Devemos pensar mais na parceria, que é democrática e pluralista, sem ser anárquica.

A Sociedade Anônima é um conjunto de pessoas com finalidades e propósitos comuns, devendo-se substituir o capitalismo selvagem do passado por um capitalismo humanizado, com uma visão não apenas de curto prazo, mas também de médio e longo prazos, compatibilizando-se os interesses individuais e coletivos.

Há um século, surgiram, nos Estados Unidos, vários estudos jurídicos afirmando que a Sociedade Anônima deveria ter para uma dimensão mais social e a informação do acionista ser a mais completa possível. Defendia-se a tese do que se poderia chamar de despotismo esclarecido, ou seja, o chefe, o controlador, continua a mandar, mas presume-se que o chefe deve saber e deve prever. Os próprios interesses do chefe, a longo prazo, não devem ser egoístas e, assim, desenvolveu-se um certo equilíbrio baseado em grande parte na *"full disclosure"* das decisões societárias. Após uma fase de prevalência da tecnocracia, evoluiu-se para a concepção amplamente democrática da *"corporate governance"*, que, no Brasil, ainda está em busca de sua estrutura jurídica definitiva.

Quando se pensa na legislação brasileira, devemos lembrar o velho Código Comercial de 1850 e o Código Civil de 1916 e, passando pela legislação de Sociedades por Quotas e a referente à Sociedades Anônimas, chegamos ao Código Civil de 2002, que abrange também a parte referente à empresa. Afirma RUBENS REQUIÃO que houve, em relação ao Projeto de Código Civil, alguma coisa de estranho, que foi o fato de, no meio do caminho, o Ministério da Fazenda retirar a Sociedade Anônima do Projeto de Código Civil, elaborando-se a Lei das Sociedades Anônimas, seguindo o Código seu caminho com a sua estrutura anterior, abrangente de parte do direito societário, como se nada tivesse acontecido.

Na realidade, falou-se sempre na unificação do Direito Privado, especialmente do Direito das Obrigações. Mas, em relação ao Direito Societário, a ideia de colocá-lo

---

24 WALD, Arnoldo. "Código das Sociedades Comerciais". *Digesto Econômica*, São Paulo, nº 211, p. 59-61, jan./fev. 1970.

in totum no Código Civil, embora tenha ocorrido no *Codice Civile* italiano, é questão que mereceria ser novamente debatida porque a sociedade comercial deve ter regime próprio. Pessoalmente, defendemos até a elaboração de um Código de Direito Societário, abrangendo todas as estruturas sociais no plano mercantil, tanto mais que pode haver elementos comuns entre a Sociedade Anônima e a Sociedade Limitada.

E Tullio Ascarelli, que defendia a unificação do Direito privado na Itália, chegou a ponderar que talvez não fosse o regime jurídico ideal para os países em desenvolvimento. Vivendo, no Brasil, reconheceu que para o desenvolvimento do País, seria recomendável que mantivéssemos um Código Comercial separado do Código Civil[25].

Embora haja repercussões e interações entre os vários ramos do Direito privado, a sociedade comercial tem realmente uma unidade própria, que exige uma legislação específica, que se impõe ainda mais quando atravessamos uma fase de mudança, na qual a empresa deixou de ser tão somente o que era no passado. Efetivamente, chegamos hoje ao chamado pós-capitalismo[26], numa sociedade na qual o saber e a tecnologia, como também as marcas e as patentes, passaram a ter um valor imenso e em que a organização se tornou muito importante. Define-se, hoje, a sociedade comercial não mais como a propriedade dos acionistas – e muito menos do controlador – mas como uma organização de trabalho e capital, contando com equipes e equipamentos próprios, e que pode existir e se desenvolver até sem ter finalidade puramente lucrativa. Não é mais exclusivamente uma forma de produzir ou comercializar bens, mas também a estrutura adotada por entidades esportivas, como os clubes de futebol, certas entidades assistenciais, como os hospitais e até, eventualmente, em determinados países, pelos escritórios de advocacia. A empresa do século XXI tem, pois, forma e conteúdo distintos daqueles que existiam anteriormente.

No passado e durante muito tempo, toda a sociedade vivia em um regime quase militar, numa espécie de pirâmide na qual havia um comando, que pensava e determinava, e um conjunto de soldados que obedecia. Essa ideia, que se manteve na concepção fordista da empresa, dominada pela organização da esteira de produção constituída pelos trabalhadores, está sendo ultrapassada, porque na sociedade do saber e da tecnologia, há necessidade de um diálogo contínuo, de um certo consenso em que as ideias devem surgir da base para o comando e do comando para a base numa interação constante[27]. Estamos, pois, concebendo hoje, uma empresa consensual na qual o empregador quer ter o empregado com os melhores conhecimentos

---

25 "(...) *quanto le tendenze attuali dell'unificazione che pur hanno avuto una recente (seppure non completa) consacrazione nel nuovo codice civile italiano, quanto infine permettetemi di aggiungere, uscendo fuori dal campo dellla mia competenza, l'opportunità di conservare ela bipartizione in quei paesi dell'America latina ove la preparazione e la publicazione di nuovi cdici di commercio possa avere una funzione di stimolo e aiuto nell'evoluzione economica.*" In: ASCARELLI, Tullio. *Ensaios e pareceres.* Campinas: Red Livros, 2000, p. 590-591.

26 DRUCKER, Peter. *Post-capitalist society.* New York: Harper Business, 1994, p. 19 e segs.

27 OST, François; KERCHOVE, Michel van de. *De la pyramide au réseau? Pour une théorie dialectique du droit.* Bruxelles: Facultés Universitaires Saint-Louis, 2002.

técnicos, reciclá-lo, dar-lhe todas as condições de uma formação profissional contínua e cada vez mais ampla e nela faz um investimento importante. No fundo, trata-se de fazer da empresa uma grande parceria. Parceria externa que começa a surgir entre o fabricante e o consumidor, porque o fabricante não manda mais no consumidor, como acontecia no passado, como também o consumidor não pode mandar no fabricante, sendo, ao contrário, preciso encontrar fórmulas aceitáveis por ambos. Há, também, uma parceria entre o capital nacional e o estrangeiro, entre majoritários e minoritários, entre empregados e empregadores, entre o próprio Estado e a iniciativa privada, como ocorre nas PPPs.

No novo conceito de empresa, há necessidade de normas específicas, muitas das quais encontramos nas lições de RUBENS REQUIÃO. É o que ocorre quando ele vê na empresa não mais um bem, uma propriedade, mas sim um conjunto de pessoas e equipamentos organizados para alcançar determinadas finalidades, com uma abrangência muito mais ampla e que pressupõe a ruptura com a cultura do passado, para se estabelecer e sedimentar o capitalismo humano, com o fortalecimento e a democratização da empresa, a criação de empregos e a contínua renovação tecnológica.

V. O CÓDIGO CIVIL E O CÓDIGO COMERCIAL

O Código Civil vigente tratou do direito da empresa e das sociedades em 229 artigos (do art. 966 ao 1195), abrangendo todo o Direito Societário, excluindo, a Sociedade Anônima. Regulou, todavia, a Sociedade Limitada, cujo regime tem uma certa analogia com a Anônima. Pode haver um Código Civil que trate de todo o Direito Societário sem tratar da Sociedade Anônima? Um Código Civil ensejando eventuais conflitos entre o seu texto e uma Lei da Sociedade Anônima que está em vigor? Especialmente quando esta Lei teve uma visão prospectiva do futuro e merece certamente ser revista, mas criou determinados conceitos importantes que não devem ser abandonados. Como conviver com uma parte geral do Direito Societário, que nada tem a ver com a Lei das Sociedades Anônimas, e uma legislação das Sociedades Anônimas em apartado? Por que criar mais uma causa de instabilidade no já complicado sistema legislativo brasileiro?

A insegurança jurídica decorrente da falta de coerência do sistema legislativo, ensejando divergências nas decisões da jurisprudência, é certamente, hoje, um dos mais sérios problemas que o País tem, ao entrar no novo milênio, agravando o chamado "Custo Brasil"[28]. Cabe, pois, indagar: até que ponto se pode ter um diploma legal regulando o Direito Societário sem que nele esteja incluída a Sociedade Anônima?

O problema se reproduz no Projeto de Código Comercial que tramita no Congresso Nacional e que também não trata da Sociedade Anônima, por motivos pragmáticos. Defendemos na Comissão a sua inclusão no Projeto, mas concluímos que o Projeto não seria aprovado se ocorresse tal inclusão.

28 FURTADO, Marcus Vinícius Coelho. *Garantias constitucionais e segurança jurídica*. Belo Horizonte: Fórum, 2015. Com Apresentação de ARNOLDO WALD.

RUBENS REQUIÃO, em palestra que proferiu[29], chegou até a mostrar que havia a formulação de concepções diferentes entre os dois diplomas como, por exemplo, o conceito da Sociedade Anônima. Esclarecia que, enquanto a Lei nº 6.404/76 admitia ações com e sem valor nominal, o Projeto de Código Civil, nos seus dois únicos artigos referentes a Sociedade Anônima pressupunha sempre a existência do valor nominal.[30] Esclarecia ainda o saudoso professor que os conceitos de ligação e coligação eram diferentes no Projeto e na Lei societária e que não existia tratamento da ligação na Lei das Sociedades Anônimas, que era uma nova conceituação do Projeto de Código Civil[31]. Também o conceito de controle não era o mesmo no Projeto de Código Civil e na Lei das Sociedades Anônimas[32]. O Projeto de Código Civil não tratava da cisão e regulava a transformação de sociedades de outro modo que a Lei das S.A. Acresce que o Projeto também não regulava os grupos de sociedades e a subsidiária integral.

Alguns dos conflitos foram resolvidos, mas outros continuam a existir senão na forma, ao menos no espírito das duas leis, que não é exatamente o mesmo.

Se não unificamos o direito societário, teríamos, assim, para o professor REQUIÃO, uma superposição de leis com conflitos técnicos e ideológicos. Já não temos no Direito brasileiro um número suficiente de contradições entre leis antigas e leis mais modernas? Não seria preciso, ao contrário, fazer um esforço para evitar as incoerências?

Na fase dos planos econômicos, um ilustre jurista disse que iria erguer uma estátua ao "economista desconhecido". Mas não queremos mais estátua nenhuma à incoerência jurídica. Queremos criar um clima em que o Direito Societário seja um direito sistemático e coerente. E é necessário que assim seja, porque realmente o Direito Societário, como o Direito Bancário, destacou-se hoje do Direito Comercial, e tem a necessidade de uma compreensão própria.

Certamente o professor REQUIÃO, se vivo estivesse, saudaria com entusiasmado a concepção do Projeto de Código Comercial e teria grande alegria em ver surgir no Brasil uma lei cujas principais inovações propostas foram as do Projeto em curso, abrangendo a ampliação da segurança jurídica, a modernização da legislação empresarial, e o fortalecimento do consensualíssimo, das normas consuetudinárias e da autorregulação, a simplificação e desburocratização da vida empresarial e a melhoria do ambiente de negócios no Brasil, conforme consta da Exposição de Motivos da Comissão, que foi presidida pelo Ministro JOÃO OTÁVIO DE NORONHA e da qual partici-

29 REQUIÃO, Rubens. "Certos antagonismos entre preceitos do Projeto de Código Civil e a nova Lei das Sociedades Anônimas", *Revista do Instituto dos Advogados Brasileiros*, Rio de Janeiro, nº 63, p. 11-21, jul./dez. 1984.

30 Compare-se o art. 1.088 do Projeto de Código Civil com os art. 1º e 11 da Lei nº 6.404/76.

31 Compare-se o art. 1.097 a 2.000 do Projeto, que se aplicam, inclusive, às sociedades por quotas de responsabilidade limitada, com os artigos 243 e 244 da Lei nº 6.404/76, que atualmente podem incidir, por aplicação analógica, sobre as sociedades por quotas de responsabilidade limitada.

32 Compare-se o art. 1.098 do Projeto e o art. 116 da Lei nº 6.404/76.

pei com vários outros eminentes professores e advogados. Na mesma Exposição de 19.11.2013 foi esclarecido que:

> *"Afora esses eixos principais, também se preocupou a Comissão de Juristas com a atualização da legislação empresarial brasileira em diversos aspectos, dos quais se destacam o comércio eletrônico empresarial (plataformas B2B), a coibição ao parasitismo, redução dos prazos de prescrição, repressão ao registro de sociedades fraudulentas, duplicata mercantil e de prestação de serviços, exercício da empresa em regime fiduciário, desconsideração da personalidade jurídica de sociedades, liquidação da quota em razão de falecimento, expulsão ou retirada de sócio, apuração de haveres, responsabilidade civil do empresário, agronegócio, direito marítimo e processo empresarial. Ademais, introduziu-se a disciplina jurídica de contratos que, malgrado sua grande importância para a economia, eram desconhecidos da lei, como o contrato fiduciário (trust), logística, distribuição, fomento mercantil (factoring) e shopping center.*
> *Na verdade, a legislação empresarial brasileira reclama urgente modernização, como medida destinada a melhorar o ambiente de negócios, atrair investimentos, reduzir custos, ampliar a competitividade e baratear os preços dos produtos e serviços. Por isso, no Anteprojeto de Código Comercial, todos os temas de direito comercial foram examinados e repensados, com o objetivo de ajustar a disciplina jurídica em vigor às necessidades da dinâmica economia brasileira da atualidade. Sempre que identificada uma exigência burocrática desnecessária, propôs-se sua eliminação; encontrada uma norma anacrônica, vencida pelo tempo, projetou -se sua atualização; revelada uma lacuna, preencheu-se com regra adequada"*[33].

Lembro me que, há alguns anos atrás, numa discussão sobre recesso, um ilustre juiz que, por longo tempo, tinha exercido as suas funções no interior e só recentemente fora transferido para a capital do Estado, pediu-me que lhe desse algumas explicações sobre o Direito Societário, e depois de me ouvir, por três ou quatro horas, o magistrado me disse que não iria julgar o meu caso. Fiquei frustrado por não ter conseguido fazê-lo entender melhor o assunto e ele me esclareceu que, como a Lei das S.A. era nova, ele ainda não a tinha lido com a devida atenção, não tendo experiência na sua aplicação, e não queria que meu cliente fosse seu "bode expiatório". O fato é sintomático. Há um espírito do Direito Societário que deve ser ensinado, divulgado, conhecido e assimilado e nem sempre o foi.

O Direito Societário é hoje uma especialidade. Fiquei muito feliz ao saber que, em algumas Faculdades, existe senão uma disciplina, ao menos o ensino de Direito Societário ministrado separadamente do Direito Comercial. Penso que o Direito

33 COELHO, Fábio Ulhoa. *Os Desafios do Direito Comercial*. São Paulo: Saraiva, 2014, p. 51.

Societário é uma disciplina que tem uma regulamentação própria, espírito próprio, finalidades próprias e necessita de uma lei própria, de um Código de Direito Societário.

Assim, talvez tenhamos que chegar a pensar no Brasil, senão numa lei das sociedades comerciais, ao menos numa espécie de consolidação das leis das sociedades comerciais e transformá-la depois num verdadeiro Código das Sociedades Comerciais. Chegou o momento de pensarmos numa nova estrutura empresarial que pressupõe uma lei dinâmica e moderna.

No Código Civil vigente ainda se fala em "fichas de contabilidade" (art. 1.180), mas ficha de contabilidade não é matéria para entrar num Código Civil, na época do computador e da internet, cabendo desburocratizar o sistema, abrangendo a lei e o próprio regime das juntas comerciais.

Acredito também que os problemas das bases de um balanço devem ser matérias de decretos e de resolução das autoridades competentes, porque um Código tem um mínimo de estabilidade, e nossas vidas têm sido constantemente modificadas pela tecnologia. Estamos na idade da incerteza[34] e da descontinuidade[35], de forma que precisamos repensar as coisas e ao mesmo tempo ter uma legislação dinâmica e flexível.

Cabe incentivar não só a democratização do capital das empresas, como também uma certa desburocratização e a democratização da sua gestão, que precisa de maior transparência, que tem seu custo, mas é necessária, cabendo, todavia, algumas cautelas na divulgação dos atos e fatos. Há um sigilo profissional que é importante, mas a sociedade anônima tem que ser transparente e democrática, na sua composição acionária e na sua gestão, com uma proteção adequada ao acionista minoritário e aos investidores.

O acionista minoritário é diferente daquele que existia antigamente, o qual vendia suas ações, caso a empresa não desse bons resultados, ou seja, votava "com os pés"[36] vendendo as suas ações quando não era bem tratado. Hoje temos, ao lado dos pequenos acionistas, os grandes acionistas minoritários que são as fundações, os fundos mútuos e os Fundos de Pensão, com investimentos relevantes dos quais não se podem desfazer em prazos curtos sob pena de grande baixa do valor dos seus títulos. Temos, outrossim, toda uma estrutura de controle partilhado e até pulverizado, que o legislador não imaginou que viesse surgir tão rapidamente com toda a sua problemática.

É preciso que a sociedade dê segurança jurídica[37] ao investidor, ao minoritário, ao executivo, ao empregado, e encontre uma fórmula na qual não se atenda simul-

34 GALBRAITH, John. *A era da incerteza*. 3. ed. São Paulo: Pioneira, 1982.

35 DRUCKER, Peter. *Uma era de descontinuidade*. Rio de Janeiro: Zahar, 1970.

36 A expressão é de André Tunc, « Le Gouvernement des sociétés anonymes le mouvement de réforme aux États-Unis et au Royaume-Uni », *Revue Internationale de Droit Comparé*, nº 1, p. 65, janv./mars 1994.

37 Ver a obra clássica do saudoso professor Atílio Aníbal Alterini, *La inseguridad juridica*. Buenos Aires: Abeledo-Perrot, 1993, *passim*.

taneamente ao mercado e às normas legais e éticas. O mercado é muito importante, pois não podemos revogar a lei da oferta e procura; mas, ao lado do mercado, há a regulamentação jurídica, que também se impõe.

É função do Estado elaborar uma regulamentação adequada para corrigir os abusos e as distorções do mercado e fiscalizar e sua aplicação. Por outro lado, o mercado não pode ter um poder ilimitado, arbitrário, exercido de qualquer modo, o que não deixa de ser uma ditadura. Ou seja, estamos querendo um Direito Societário que corresponda à democracia política, à democracia na qual vivemos hoje. É, aliás, o que sempre defendemos. Se admitirmos que a empresa é hoje o centro da sociedade moderna, ela tem que ter, no campo jurídico societário, uma regulamentação flexível, que sem ser excessiva seja coerente.

Estamos repensando o Direito vigente. O Código Civil que, no início, teve no Congresso Nacional um andamento rápido e depois passou vinte anos hibernando, parece já não atender plenamente a todas as necessidades e aspirações da sociedade do século XXI. Se o Código tem 15 anos, o seu Projeto é de 1975, tendo pois, 40 anos. Em quatro décadas, o Brasil mudou.

No fim do século passado, o Ministério da Justiça resolveu consolidar o Direito de Família e Sucessões[38], e o Direito Societário[39]. Os projetos elaborados no fim do século passado, no entanto, não frutificaram.

Acredito que, se o professor RUBENS REQUIÃO estivesse vivo, diria que está na hora de fazer um Código de Direito das Sociedades, que não precisa ser necessariamente um livro do Código Civil, nem integrá-lo sob qualquer forma.

Os próprios autores do Projeto que se converteu na Lei das Sociedades Anônimas, como, ALFREDO LAMY, reconheceram a necessidade de rever o seu texto, que já sofreu algumas modificações oportunas, sem que houvesse uma preocupação de plena coerência do sistema. A feitura de uma lei é coisa muito séria, que exige um trabalho paciente e deve atender não apenas aos interesses do momento, como ainda ter em vista o futuro da sociedade.

Chegou o momento desta transformação que o professor LAMY justificava, num artigo, relembrando, com o juiz BENJAMIN CARDOZO, da Suprema Corte Americana, que nenhuma lei mercantil é um ponto de repouso. Para o jurista, como para o viajante, o abrigo da noite é apenas o preparo para a retomada da luta de amanhã.[40]

---

38 Para este fim foi nomeada comissão presidida pelo professor SILVIO RODRIGUES, que já está concluindo os seus trabalhos.

39 Foi constituída para este fim uma Comissão que presido composta pelo professor ALFREDO LAMY FILHO, pelo Ministro CESAR ASFOR ROCHA, pelo advogado EGBERTO LACERDA TEIXEIRA e pelo professor JORGE LOBO.

40 Escreve a este respeito o professor LAMY que:
"A conclusão do quanto dissemos até aqui pode ser resumida:- toda Lei de S.A. constitui, ou deve constituir, um sistema, que não comporta emendas setoriais que a desfigurem, e comprometam seu objetivo maior que é assegurar o bom funcionamento da empresa, a célula de base da economia moderna; mas não há lei mercantil eterna ou perfeita porque a economia é um processo em

VI. CONCLUSÕES

Verificamos, assim, que não podemos continuar a conviver com a revolta dos fatos contra o Direito, pois o papel do jurista não é estar atrás dos fatos, mas de acompanhá-los dia a dia e, na medida do possível, prevê-los e incentivar ou reprimir os comportamentos, conforme atendam ou não ao interesse social e à ética.[41]

É neste sentido que me pareceu uma grande oportunidade a realização da homenagem ao professor RUBENS REQUIÃO, bem como suas ideias, para que se possa discutir o futuro do Direito Societário brasileiro.

O papel da juventude é de liderar os grandes movimentos culturais e as revoluções jurídicas são as mais importantes, porque os seus efeitos perduram e consolidam as grandes transformações da sociedade, especialmente quando estabelecem normas legais, leis e códigos que devem encaminhar o País ao futuro. Como já dizia GEORGES RIPERT, em frase que se aplica ao professor RUBENS REQUIÃO:

> *"A obra do jurista é a única que fica quando o tumulto das revoluções se aplaca"*[42].

permanente transformação. Há por isso que estar atento ao funcionamento do mercado, às suas exigências, às suas novas criações, para atender aos seus justos reclamos, ou, pelo menos, para remover os empecilhos ao seu bom funcionamento. Parodiando o Juiz Cardozo, da Suprema Corte Americana, nenhuma lei mercantil é o ponto de repouso nessa jornada sem fim: – como o viajante, o abrigo da noite é apenas a preparação para a retomada da lida do amanhã 'The inn that shelters for the night is not the journey's end. The law, like the traveller, must be ready for the morrow.'" (LAMY FILHO, Alfredo, "Considerações sobre a elaboração da Lei de S.A. e de sua necessária atualização", *Revista de Direito Renovar*, Rio de Janeiro, nº 6, p. 47-48, set./dez. 1996).

41 WALD, Arnoldo. "A Crescente Importância da Ética nos Contratos e nos Negócios Societários", na obra coordenada por IVES GANDRA DA SILVA MARTINS, *Ética no Direito e na Economia*. São Paulo: Pioneira, 1999, p. 20-37.

42 RIPERT, Georges. *Aspectos jurídicos do capitalismo moderno*. Rio de Janeiro: Freitas Bastos, 1947, p. 360.

A AUTOFALÊNCIA COM CONTINUAÇÃO DOS NEGÓCIOS E A RECUPERAÇÃO JUDICIAL SUSPENSIVA DA FALÊNCIA, USADA COMO FORMA DE PRESERVAR A EMPRESA

Arthur Migliari Júnior

SUMÁRIO: **1.** Introdução. **2.** Autofalência. **3.** Continuação dos Negócios. **4.** A situação do devedor no processo falencial. **5.** A possibilidade de recuperação judicial da empresa. **6.** O levantamento da falência e a retomada dos negócios pelo devedor. **7.** Conclusão.

1. INTRODUÇÃO

O empresário endividado deve observar a qualidade de seus débitos e trilhar um caminho para tentar a empresa do atoleiro em que se encontra. Essa é a regra básica da administração de uma empresa. Em determinadas situações não é possível que o mesmo consiga resolver seus problemas financeiros com a recuperação de empresas, mecanismo apropriado para a crise, em face do enorme passivo tributário e de crédito que não pagos na recuperação judicial. É lícito ao mesmo pugnar pela sua *autofalência*, visando organizar todos os débitos, organizá-los e desenvolver um plano organizado de pagamento dos mesmos, dentro de uma recuperação judicial suspensiva da falência. Com o advento da aplaudida e reverenciada Lei de Recuperação de Empresas e Falências (LRE) – *mercê de pontuais repúdios e necessárias correções apontadas tanto pela doutrina como pela jurisprudência que vendo construída ao longo destes anos* – houve expressa reprovação das chamadas "*concordatas suspensivas*" do anterior Decreto-Lei 7.661, de 1945, nos termos do art. 192 e seus parágrafos da Lei 11.101, de 2005, isto porque muitos processos falenciais, com a continuação de negócios geravam muitos dissabores e desencontros de opiniões entre síndicos e/ou falidos ou comissários e/ou concordatários, principalmente na forma de condução dos negócios dentro do processo da concordata suspensiva da falência. Em que pese essa revogação expressa e a falta de regulamentação da recuperação judicial suspensiva da falência pela LRE, não podemos simplesmente deixar de considerar que é possível sua existência, como forma de levantar a falência em andamento, trazendo o empresário de volta para o pleno exercício da sua atividade empresarial.

2. AUTOFALÊNCIA

Embora tecnicamente dever-se-ia chamar de *pedido de declaração de insolvência e insolvabilidade de seu passivo ante a falta considerável e momentânea de ativo*, no Brasil ganhou o epíteto e a denominação de ***autofalência***, que é uma modalidade pouco usual de quebra, já que mais de 99% dos casos de falência no país decorrem de pleitos requeridos pelos credores, contrariamente ao que acontece em outros países.

O fato é que deve ser considerada uma obrigação do devedor pleitear a autofalência quando tornar-se inadimplente e insolvente, pois dessa maneira evita que os credores criem expectativas de recebimento duvidoso, e, ainda, evita gastos desnecessários com uma série de protestos, ajuizamentos de ações, etc., acionado a máquina judiciária seguidamente e elevando os custos de recebimento de valores duvidosos.

Na lei anterior era possível que o devedor confessasse seus débitos e sua insolvência e, posteriormente, desde que não fosse condenado por crimes falenciais, poderia pleitear a chamada *concordata suspensiva* – expressamente revogada na lei atual – mas que pensamos possível a *recuperação judicial suspensiva da falência*, como discutiremos em capitulo próprio.

A autofalência pode ser pleiteada pelo devedor, pelos seus sucessores, pelo inventariante e deve ser fundamentadamente exposta ao juízo competente a opção pela quebra, demonstrando sua necessidade, apresentando os balanços anuais anteriores ao pleito, a relação completa dos credores, indicando endereço, importância, natureza e classificação dos respectivos créditos, inventário dos bens existentes, e principalmente demonstrando a impossibilidade de gerar recursos suficientes para arcar com os débitos existentes, nos termos do art. 105 da LRE.

É importante salientar que embora o Código Civil estabeleça a responsabilidade dos ex-administradores da empresa pelo prazo de 2 (dois) anos a LRE faz uma exigência especial, ou seja, deverá informar que foram seus administradores nos últimos 5 (cinco) anos anteriores ao pedido de falência. O fundamento principal para esta exigência especial se prende ao fato de que os efeitos da decretação da falência poderão retroagir até o período anterior a esses dois anos, devendo ser observado o primeiro protesto válido para a fixação do *termo legal da falência*.

A LRE também exige que se junte as demonstrações contábeis referentes aos 3 (três) últimos exercícios sociais, os quais não precisarão demonstrar que a empresa vinha uma *debacle* vertiginosamente, mas que a mesma foi se endividando ao longo do tempo, até o momento da quebra, cujo último levantamento dar-se-á exatamente no período que for necessário para instruir o pedido de autofalência, sendo que todos eles devem ser confeccionados com estrita observância da legislação societária aplicável e contendo, *obrigatoriamente*, o balanço patrimonial, a demonstração de resultados acumulados, a demonstração do resultado desde o último exercício social e o relatório do fluxo de caixa.

Também é obrigatório apresentar a relação dos bens e direitos que fazem parte do ativo, com a respectiva estimativa de valor e documentos comprobatórios de propriedade, ou de posse sobre os mesmos, bem como os *livros obrigatórios* e *documentos contábeis* que lhe forem exigidos por lei, como aqueles necessários para a composição dos balanços e balancetes que foram apresentados.

Estes são os *requisitos mínimos* da LRE para o pedido de autofalência, sendo que a sua falta, nos termos do art. 106 da LRE, deverá o mesmo ser emendado, sob pena de indeferimento do pedido inicial[1].

A doutrina informa que o pedido de autofalência é algo que deve ser pesado pelo empresário, não pelo juízo, de acordo com a visão empresarial do negócio. Nesse sentido, podemos observar o que dizem alguns autores contemporâneos, como **AMADOR PAES DE ALMEIDA**[2] e **FREDERICO AUGUSTO MONTE SIMIONATO.**[3]

Como se percebe, quem julga que não tem condições de arcar com os seus débitos é o devedor, o empresário, não o juiz, isto porque, quando o empresário se decide pela autofalência e não pela recuperação judicial é porque já analisou as várias hipóteses possíveis de levantar a empresa, sendo que nenhuma delas se tornou possível. Daí a necessidade de se declarar falido.

Aliás, **ADALBERTO SIMÃO FILHO** sustenta que é o *"instituto da autofalência apropriado àquele empresário ou à sociedade empresária que não assistem condições operacionais, econômico-financeiras ou de gestão de vencer a crise que se instalou sobre si e nem tampouco aufere condições e pressupostos para se reorganizar através da recuperação extrajudicial ou do procedimento de recuperação judicial."*[4].

Com inteira razão o nobre doutrinador. Esgotaram-se todos os meios suasórios possíveis de levantamento da empresa. No entanto, verificando o cipoal de opções que a Lei 11.101, de 2005 lhe ofereceu, chegou a inafastável conclusão de que se torna impossível continuar com os negócios da forma como se encontra, devendo optar pela autofalência quando ainda existem meios de manter a unidade produtiva, como veremos mais adiante.

---

1 *Art. 106. Não estando o pedido regularmente instruído, o juiz determinará que seja emendado.*

2 ALMEIDA, Amador Paes de. *Curso de falência e Recuperação de empresa*. São Paulo: Editora Saraiva, 2005, 21ª ed., reformulada, p. 60: *"...o pedido de autofalência independe de títulos vencidos e protestados – verificada a condição de insolvente e, em consequência, a total impossibilidade de preencher os requisitos fundamentais para a obtenção da recuperação judicial (sucedânea da concordata preventiva), pode o devedor antecipar-se aos credores querendo, como já se observou, sua própria falência."*

3 SIMIONATO, Frederico Augusto Monte. *Tratado de Direito Falimentar.* Rio de Janeiro: Forense, 2008, p. 429: *"Se o devedor acredita não ser viável de recuperação a sua atividade empresarial, não resta outra saída que pedir a decretação da sua própria falência. ... Nem mesmo a unanimidade dos credores pode obstar a decretação da autofalência. Esta sempre foi a doutrina dominante. Entretanto, como diz o art. 105, o devedor em crise econômico-financeira que* ***julgue*** *não atender aos requisitos para pleitear sua recuperação judicial deverá requerer ao juízo a sua falência. Portanto, é um julgamento de valor, uma apreciação subjetiva, algo que habita a esfera particular da noção de viabilidade econômica da parte do próprio devedor".*

4 DE LUCCA, Newton e Simão Filho, Adalberto (coordenação) – *Comentários à Nova Lei de Recuperação de Empresas e de Falências* – São Paulo: Quartier Latin, 2005, p. 467.

JOSÉ DA SILVA PACHECO, com a natural desenvoltura de sempre estabelece que se trata de um direito do devedor[5], secundado por **RICARDO TEPEDINO**[6], **WALDO FAZZIO JÚNIOR**[7], **JOSÉ NADI NERI**[8] e **JOSÉ FRANCELINO DE ARAÚJO**[9].

---

5 PACHECO, José da Silva. *Processo de Recuperação Judicial, Extrajudicial e Falência.* Rio de Janeiro: Forense, 2009, p. 326: *"embora a lei atual não imponha prazo para o devedor requerer a própria falência, como o fazia a lei anterior, em seu art. 8º, usa aquela como esta, o verbo* ***dever****, o que levanta, desde logo, a questão: está o devedor obrigado a requerer a falência ou tem apenas o direito de fazê-lo, ou, resumidamente, deve ou pode requerê-la? Para a fiel resposta, parte-se do princípio de que se a lei coloca à disposição do devedor em crise as vias da recuperação judicial e, até mesmo, a da recuperação extrajudicial, e delas não lança mão por supor não poder atender aos requisitos para pleiteá-las, é normal que deve requerer a falência. Não há, todavia, qualquer sanção pela omissão, se não o fizer."*

6 TEPEDINO, Ricardo, *in Comentários à Lei de Recuperação de Empresas e Falências,* coordenadores Carlos Henrique Abrão e Paulo F.C. Salles de Toledo, São Paulo: Saraiva, 6ª ed., pp. 425-426: *"A abertura do concurso universal por iniciativa do devedor (autofalência, ou confissão de falência) sempre constituiu, no Brasil, uma exceção, inclusive pelas dificuldades expostas no item 6 (resistência dos empresários).... A interpretação da regra deflagrou longas controvérsias, terminando a jurisprudência por simplesmente ignorar a draconiana consequência cominada para a sua inobservância, como se lê no verbete da Súmula 190 do STF. Já o legislador de 2005, não obstante tenha também empregado o verbo* ***dever*** *na redação do caput do art. 105, deixou de impor qualquer sanção para o desatendimento do preceito nele contido, confirmando a orientação pretoriana e o moderno entendimento doutrinário de que a confissão é uma faculdade do devedor. Por meio dela, o empresário manifesta seu entendimento de que a liquidação falimentar, malgrado amarga, é a melhor forma de tutelar o interesse tanto dos credores e de outros que gravitam em torna da empresa como o de seus empregados".*

7 FAZZIO JÚNIOR, Waldo. Lei de Falências e Recuperação de Empresas. São Paulo: Editora Atlas, 2008, 4ª ed., pp. 242-243: "*Faculta-se ao devedor a solicitação da abertura de um procedimento falitário se estão presentes os sinais de uma* ***iminente insolvência*** *ou de* ***falta previsível de liquidez****. Claro que só o fará em último caso, no momento em que se sentir realmente inapto para solver suas obrigações. O pedido, por isso, será fundado na suspensão de pagamentos ou* ***mediante mera confissão de insolvabilidade acompanhada de que cessará de pagar, no vencimento, seus encargos****. Admitida a viabilidade de iniciativa do próprio agente econômico devedor, há que resolver a questão sobre tratar-se de ônus ou faculdade. Alguns sistemas jurídicos impõem ao devedor em situação de isquemia financeira a obrigação de fazê-lo dentro de determinados prazos, a partir do instante e, que suspensa o pagamento de seus débitos, tornando público seu estado de endividamento excessivo. Outros deixam ao alvedrio do agente econômico a assunção dessa grave disposição. O fato é que a adoção dessa providência, pelo devedor, pode servir como salvaguarda dos interesses dos credores, no sentido de evitar a desagregação patrimonial e a dispersão prematura de ativos, às vésperas da liquidação. (grifos e negritos nossos).*".

8 NERI, José Naldi. *Comentários à Nova Lei de Recuperação de Empresas e Falências*, Rio de Janeiro: Forense, 2009, Osmar Brina Corrêa-Lima e Sérgio Mourão Corrêa-Lima, coordenadores, p. 802: *"A legislação falimentar atual abandonou os sistemas tradicionais antes exigidos para o requerimento de autofalência, a impontualidade e a insolvência. Aliás, Miranda Valverde, observando, na época, a impropriedade desses critérios para a* ***caracterização do estado de insolvência do devedor, já se insurgia contra eles, arguindo que, ainda que não impontual, não estava o devedor proibido de confessar a sua falência, desde que verificasse o estado precário ou de iminente ruína de seu patrimônio****. Na as percepção, o devedor deveria ser sempre o melhor juiz para apreciar as disponibilidades com que contava para continuar regularmente a exploração de seu comércio. Por isso, a legislação em vigor procurou adotar critério mais abrangente para caracterizar esse estado até então designado como insolvência, preferindo o da crise econômico-financeira do devedor* (grifos e negritos nossos)."

9 ARAÚJO, José Francelino de. *Comentários à Lei de Falências e Recuperação de Empresas.* São Paulo: Editora Saraiva, 2009, p. 236: "*Há um limite que deve ser observado pelo devedor. Se sua empresa não tem as condições favoráveis ao pedido de recuperação, exigido no art. 51, deve ele requerer a*

Colocadas essas premissas iniciais, podemos perceber que compete ao devedor em situação econômica crítica lançar mão do expediente menos gravoso para si, para os devedores e para a sociedade em geral. Impossível que um empresário observe a natureza de seus débitos e continue a tentar escavar areia na praia tentando impedir que o mar arrebente na sua trincheira.

Na verdade, o pedido de autofalência é um dever moral e ético do empresário, não esperando que terceiros credores se aventurem em ações individuais para fins de cobrança, mesmo porque o credor individual deseja resolver exclusivamente o *seu problema*, ao passo que no pleito de autofalência, o devedor procura resolver o *problema global*, incluído aí todos os credores que não participam de eventuais recuperações judiciais.

O devedor deverá observar a natureza dos créditos que possui. Não encontrando solução para aqueles créditos que não são incluídos nas recuperações judiciais, como os créditos tributários, as alienações fiduciárias e os adiantamentos de créditos – *que geralmente compõem a principal parte dos débitos* – não há outra alternativa senão o pedido de autofalência.

A autofalência, ao contrário do que está no imaginário popular, é uma solução adequada para a solução dos problemas insolúveis de débitos empresariais impagáveis, além de preservar o todo do parque industrial, da empresa em si, contemplando a todos os credores, agora em conjunto, ao contrário do que costumeiramente acontece, com os credores mais ávidos e cercados de profissionais do Direito mais aguerridos, que partem para as execuções individuais da mesma forma que as aves de rapina capturam os pequenos roedores no campo: levam tudo.

Exatamente para proteger a empresa contra as ações individuais, a autofalência é um mecanismo de defesa do conjunto empresarial, um mecanismo de defesa do patrimônio individual do devedor, eis que impede a execução individual daqueles credores que não participariam das recuperações judiciais, em face do secular princípio da *pars conditio creditorum*.

Analisando detalhadamente seus débitos, o empresário deverá se certificar da impossibilidade de obter êxito em uma recuperação judicial, eis que aqueles créditos tributários e os descritos no art. 49, §§ 3º e 4º da Lei 11.101, de 2005, ficarão de fora da recuperação judicial, podendo ser excutidos normalmente – *o que não deixa de ser um absurdo, sendo que já nos posicionamos contrariamente a essa cobrança indevida e espúria noutras ocasiões* – razão pela qual a opção pela autofalência é uma forma de estabelecer um parâmetro único de cobrança para ***todos os credores*** e não apenas para aqueles que estão na recuperação judicial.

Com essa estratégia, o devedor impede que os credores tributários, por exemplo, ou os credores de alienações fiduciárias, executem diretamente seus créditos, sendo que, com a quebra, todos os credores são obrigados a correr para a falência, que terá

autofalência. Aliás, é preferível ao devedor confessar a autofalência e requerê-la ao juiz do que ter a falência requerida pelo credor insatisfeito."

então um parâmetro único e uma forma única de ajustamento das contas devidas, que é a data da decretação da falência. Este é termo final de cobrança de juros, multas, correção monetária e outros encargos discutidos. Com a quebra, todos ficam iguais em obrigações e, principalmente, em direitos.

Enquanto na recuperação judicial vige o princípio da *pars conditio creditorum* mitigada, eis que todos os credores são iguais, no entanto, alguns podem ter mais direitos que outros, na falência vige o princípio secular do *pars conditio creditorum* puro, límpido, onde todos ficam exatamente iguais, mesmo! Sem que um credor possa ter mais direitos que outros.

Daí porque a autofalência, como forma de preservação da empresa, por vezes é mais interessante e melhor para um devedor com muitas dívidas fiscais e muitos débitos com as instituições financeiras, previstas no art. 49, §§ 3º e 4º da Lei 11.101, de 2005, pois igualam todos com a quebra.

3. CONTINUAÇÃO DOS NEGÓCIOS

Nos termos do artigo 107 da LRE o juiz deve seguir exatamente o que descreve o art. 99 da LRE, ou seja, se pronunciar sobre todos os elementos que compõe a decretação normal de uma falência, quando requerida pelo credor.

Como já explicamos linhas atrás, o devedor empresário deverá verificar se os bens, seu faturamento mensal, se o seu capital consegue pagar todos os débitos existentes da empresa, ou seja, deverá verificar se possui condições de honrar tais compromissos. Não sendo possível, deverá pleitear sua autofalência.

Porém, nada, absolutamente nada, impede que seja também pleiteada a continuação dos seus negócios, nos termos do que dispõe o art. 99, inciso XI, *in verbis*:
Art. 99. A sentença que decretar a falência do devedor, dentre outras determinações: XI – pronunciar-se-á a respeito da continuação provisória das atividades do falido com o administrador judicial ou da lacração dos estabelecimentos, observado o disposto no art. 109 desta Lei;

Lembremos que a atual LRE modificou o pronunciamento a respeito da continuação dos negócios do devedor, agora falido. No Decreto Lei 7.661 de 1945 o ***momento*** de apreciação da continuação dos negócios se dava somente após a realização a arrecadação de todos os bens do devedor. Na legislação atual, o momento da apreciação da continuação dos negócios é na própria sentença de quebra, ou se for ao Tribunal, perante a Câmara que decretou a falência, *verbi gratia*, quando nega a recuperação judicial por força de recurso de sentença homologatória de primeiro grau.

Com efeito, dispõe o referido dispositivo que é *matéria essencial da sentença que decreta a falência o pronunciamento específico sobre a continuação provisória dos negócios da empresa cuja falência se decreta*, eis que desejou o legislador tal postura judicial ao instituir referido inciso XI: *"pronunciar-se-á a respeito da continuação provisória das atividades do falido..."* (*ipsis litteris*).

Seguindo essa linha de raciocínio, a doutrina não tergiversa sobre a necessidade de constar expressamente da sentença ou do acórdão o pronunciamento específico sobre a continuação dos negócios do falido.

Para **JULIO KAHAN MANDEL** houve um grande avanço no sistema jurídico falencial, inclusive com a possibilidade dos credores deliberarem pela continuação dos negócios do falido, sendo que o lembrou de um importante caso em que não se continuou os negócios de uma grande loja de eletrônicos, faltando ao Ministério Público e ao Tribunal de Justiça a sensibilidade para a manutenção dos empregos e trabalho, sendo que ao final, houve prejuízo generalizado. Termina o festejado autor dizendo: *"Espera-se que, na vigência da nova, prejuízos como esses, impostos aos credores, não se repitam"*.[10]

É exatamente este o cerne da compreensão do problema da autofalência e a continuação dos negócios: o empresário tem a sensibilidade de que manter a empresa com enorme passivo acabará por levar todos os bens da empresa, **individualmente**, de acordo com a ferocidade do credor, que apenas se preocupa com o seu crédito individual, ao passo que o devedor tem conhecimento da existência do todo, de **todos os seus credores**, sendo importante optar pela quebra, como forma de preservar o patrimônio total da empresa, trazendo para o centro da discussão **todos os credores**.

De outro lado, a questão de preservação da empresa, mesmo que falida, sempre foi alvo de discussões, eis que tal medida é amplamente conhecida no direito estrangeiro, pois verberam que o mais importante de tudo, dentro de uma falência, não é o fechamento dos postos de trabalho, mas, ao revés, o afastamento do devedor da empresa, mantendo-o funcionando, na medida do possível, desde que existam elementos suficientes para tal, por meio de um gestor judicial.

Devemos observar que a preservação da empresa é fundamental também na finalidade essencial da falência, nos termos do art. 75 da Lei 11.101, de 2005, que prevê **apenas** o *afastamento do devedor de suas atividades*, pois visa ***preservar*** e ***otimizar a utilização produtiva dos bens***, *ativos* e *recursos produtivos*... e o mais importante, ...***os intangíveis, da empresa***. (grifos e negritos nossos).

É da essência da falência otimizar a produção dos bens, preservar ao máximo a empresa, os ativos e meios de produção, inclusive com os bens intangíveis da mesma, como o seu nome no mercado, que é um patrimônio indissociável da empresa.

Em face dessas condições, mesmo havendo a decretação de falência, os funcionários da empresa podem perfeitamente continuar a trabalhar na mesma empresa, produzindo, mantendo a atividade produtora, os postos de trabalho, os empregos, evitando a demissão repentina de todos os funcionários, causando maiores danos à economia nacional, já tão cambaleante e deficitária.

Desse modo, vejamos os ensinamentos dos doutrinários.

---

10 MANDEL, Julio Kahan. *Nova Lei de Falências e Recuperação de Empresas anotada; Lei n. 11.101, de 09 de fevereiro de 2005*. São Paulo: Editora Saraiva, 2005, pp. 192-193 e 247.

CARLOS HENRIQUE ABRÃO acena para a possibilidade de danos irreparáveis para o patrimônio da massa falida, quando não se autorizar a continuidade dos negócios, gerando problemas gigantescos.[11]

Do mesmo modo pensa **WALDO FAZZIO JUNIOR**[12] e **MÁRCIA DE PAOLI BALBINO** ao asseverar que o disposto no inciso XI, do artigo 99 da Lei 11.101, de 2005 é um dispositivo novo, devendo o magistrado se posicionar diretamente e sem provocação sobre a continuação dos negócios da então falida, mas sempre observando o interesse social e a preservação da empresa ínsitos no conteúdo da falência após a Lei 11.101, de 2005.[13]

Para **ADALBERTO SIMÃO FILHO** a continuação dos negócios do falido é uma clara evolução do instituto e que deve ser tido como um benefício aos credores.[14]

De outro lado, lúcidas são as colocações do eminente jurista **JOSÉ DA SILVA**

---

11 SALLES DE TOLEDO. Paulo Fernando Campos. *Comentários à Lei de Recuperação de Empresas e Falência.* Coordenadores Paulo Fernando Campos Salles de Toledo e Carlos Henrique Abrão. São Paulo: Saraiva, 2016, 6ª. ed., p. 401: *"Não é desimportante afirmar que o surto de violência, sem a menor dúvida, lança sérias dificuldades aos estabelecimentos comerciais falidos, provocando invasões, deteriorando o patrimônio, e escasseando a possibilidade de conservação e manutenção dos bens, sem que haja recurso para vigilância e segurança devido aos custos que oneram a massa falida."*

12 FAZZIO JÚNIOR, Waldo. *Lei de Falência e Recuperação de Empresas.* São Paulo: Editora Atlas S.A., 2008, 4ª edição, p. 271: *"**A medida de lacrar o estabelecimento nada mais é que o resquício dos tempos em que a liquidação tinha caráter infamante**; serve como cientificação ao próprio devedor e a qualquer do povo de que, daquele momento em diante estão sob a administração jurisdicional".*

13 Márcia de Paoli Balbino, *in* CORREA-LIMA, Osmar Brina e Sergio Mourão Corrêa Lima – *Comentários à nova lei de falência e recuperação de empresas.* Rio de Janeiro: Forense, 2009, p. 745: *"O dispositivo trata da possibilidade de o julgador, na sentença declaratória de falência, autorizar desde já e de ofício, a continuação provisória do negócio... A nova lei adotou paradigma diverso, de interesse social, que é o da preservação da empresa. A continuação provisória do negócio, autorizada pelo juiz de ofício, já na sentença declaratória da falência, é medida concreta que permite a preservação da empresa. O dispositivo, mesmo contendo a ressalva do art. 109, deve ser interpretado segundo a função social da empresa, a ser mantida em atividade sempre que possível, paradigma que prevalecerá sobre o interesse individual dos credores."*

14 DE LUCCA, Newton e Simão Filho, Adalberto (coordenação) – *Comentários à Nova Lei de Recuperação de Empresas e de Falências* – São Paulo: Quartier Latin, 2005, p. 445: *"O instituto da continuação do negócio previsto no direito anterior através do art. 74 estava eivado de burocracias e procedimentos que, por vezes, afastava a sua própria possibilidade econômica... **Desta feita demonstra-se a evolução do instituto de falência para assumir uma feição de caráter recuperatório e não liquidatório onde a lacração que era medida imediata a ser tomada pelo juiz, passa agora a ser uma opção após a verificação do juízo de admissibilidade da continuação provisória das atividades**. Finalmente, **não há impeditivos para que o pedido de continuação provisória de atividades se faça por parte do próprio devedor**, após a sentença de quebra e o procedimento da lacração do estabelecimento, observando-se, contudo, o caráter temporal desta medida que não se pode perenizar para que os interesses do processo possam ser também atendidos e, ainda, o fato de que a continuação será efetivada sob gestão do administrador judicial na forma da lei."* (grifos e negritos nossos).

PACHECO ao comentar os efeitos deletérios da quebra de uma empresa e, muito mais que isso, o fechamento do estabelecimento comercial, mormente para a economia de uma cidade, de uma região, em prejuízo dos próprios credores.[15]

Em obra de fôlego e em sua tese de doutoramento da professora **ADRIANA VALÉRIA PUGLIESI** atacou diretamente o problema da decretação da falência e preservação da empresa, destacando as situações aflitivas do sistema anterior e a profunda modificação do sistema atual, afirmando: *"É inegável, portanto, a atuação da massa falida como agente econômico e a* ***atividade econômica*** *na qual deverá atuar* ***terá a finalidade de manter ativa a organização****, que caracteriza a unidade de destinação econômica do* ***estabelecimento****, enquanto* ***unidade produtiva****, viabilizando a sua futura alienação como preservação deste valor agregado."*[16] (grifos originais).

Feitas tais colações, adotando uma postura muito semelhante ao que os demais doutrinadores pensaram sobre a continuação dos negócios, entendemos que não podem os magistrados se manterem insensíveis aos anseios da sociedade, nomeadamente dos funcionários diretos e indiretos das empresas em dificuldades financeiras.

O pedido de autofalência em si já é um motivo de grande anomalia da situação real do devedor, o qual, com hombridade e honradez se declara insolvente, não obstante possua um patrimônio.

Pensamos que apenas lacrar um estabelecimento empresarial, retirando o mesmo da esfera comercial é um grande dano ao próprio mercado, eis que lança a esmo dezenas ou centenas ou milhares de empregados às ruas, sem empregos, sem rumo, sem norte, gerando grave dano à economia nacional, não recepcionado pelo atual direito falencial.

Ao contrário, pensou-se exatamente na continuidade dos negócios, embora em momentos distintos da atual legislação. Se fizermos o exercício correto de intelecção da lei juntando-se os artigos 75, 99 e 105, a conclusão lógica seria esta: *a falência serve apenas para afastar o devedor da administração momentânea da empresa, pre-*

---

15 PACHECO, José da Silva. Processo de Recuperação Judicial, Extrajudicial e Falência, Rio de Janeiro: Forense, 2009, 3ª. edição, p. 141: *"No direito anterior, previa o art. 74 do Decreto-Lei n. 7.661/45 a possibilidade de requerer o falido a continuação do seu negócio, que só poderia ser deferida após a arrecadação, salvo caso excepcional. Atualmente, se o fechamento completo da atividade empresária implicar em agravamento: a) da produção na cidade, no Estado ou na região; b) do prejuízo dos credores; c) da economia regional. Atualmente, pode o juiz determinar a continuação provisória da atividade empresarial, se o seu brusco e imediato fechamento implicar: a) agravamento local ou nacional; b) agravamento da produção na cidade, no Estado, na região; c) afastamento de prováveis pretendentes da sua aquisição; d) não atender ao objetivo de preservar e otimizar a utilização produtiva dos bens, ativos e recursos produtivos, inclusive intangíveis, da empresa; e) desvalorizar marcas, patentes, nome, ou tradição da empresa; f) prejuízo de credores e da comunidade em geral. Como salientávamos no exame do art. 74 da lei anterior, o contido nesse artigo tinha o germe de soluções razoáveis que bem poderiam ser adotadas à luz das novas ideias de recuperação econômica da empresa."*

16 PUGLIESI, Adriana Valéria. *Direito Falimentar e preservação da empresa.* São Paulo: Quartier Latin, 2013, p. 184.

servando a unidade produtiva como um todo, sendo que o devedor que declara sua autofalência exerce um direito e uma obrigação natural de preservação da unidade produtiva.

Destarte, embora o falido seja afastado da administração dos seus bens e de sua empresa, sendo substituído por um *gestor judicial* nomeado pelo juízo, sob sua fiscalização e do administrador judicial e também do Ministério Público, poderá o falido analisar a forma como os mesmos cuidam do seu patrimônio, verificando exatamente se os negócios estão sendo tocados da forma adequada, menos onerosamente possível para o falido.

4. A SITUAÇÃO DO DEVEDOR NO PROCESSO FALENCIAL

Seguindo nessa mesma linha de raciocínio, lembramos que o devedor não é afastado totalmente da empresa, quando decretada a falência, eis que, nos termos do art. 103 da LRE tem o mesmo o direito de fiscalizar a atividade produtiva, produzindo provas, requerendo o que for mais interessante aos interesses da sociedade em geral.

Ora, o devedor, agora falido, não perde totalmente o seu direito de reaver sua empresa no futuro próximo, como explicaremos a seguir e já defendemos noutras publicações, pois o mesmo não é um *ator sem papel* no processo falencial, eis que, nos termos do referido art. 103 poderá pleitear tudo que for do seu interesse e da massa falida.

Ao contrário, do mesmo modo que se manteve altivo em pleitear sua autofalência poderá, dentro de determinados critérios objetivos, ***levantar a falência***, como veremos mais adiante.

Conforme a visão de **AMADOR PAES DE ALMEIDA** a decretação da falência faz com que o falido perca apenas a administração de seus bens.[17] Do mesmo modo é a visão de **JOSÉ DA SILVA PACHECO** para quem, com a quebra ou desde o sequestro prévio.[18]

---

17 ALMEIDA, Amador Paes de. *Curso de falência e Recuperação de empresa.* São Paulo: Editora Saraiva, 2009, 25ª ed., reformulada, p. 152-153: *"A perda da administração dos bens é uma decorrência natural da falência, realizando-se de pleno direito, como bem observou CARVALHO DE MENDONÇA. 'independentemente de qualquer intimação ou outra formalidade, menção expressa ou ato judicial investindo os representantes da massa falida nessa administração'."*

18 PACHECO, José da Silva. Processo de Recuperação Judicial, Extrajudicial e Falência, Rio de Janeiro: Forense, 2009, 3ª. edição, pp. 317-318: "*Perdendo o poder de dispor de seus bens, não perde a propriedade deles. Continua com o domínio, permanecendo como proprietário, mas não pode dispor deles, ou seja, não pode aliená-los nem gravá-los (cf. p.ex. Micheli, Esecuioni forzata, p. 437). A falência torna os bens indisponíveis pelo falido. Não há, com isso, transferência da propriedade, nem tampouco ficção de transferência, como a alguns autores ingleses e argentinos parece ocorrer." ... "A propriedade dos bens continua sendo do falido. O seu patrimônio, porém, está sujeito à apreensão judicial definitiva e satisfativa, como os bens, particularmente considerados, são apreendidos pela penhora, na execução singular comum. Como assinala, com acerto, provincial, "os efeitos da falência, nem mais nem menos, os mesmos da penhora, como se verifica na execução singular" (Renzo Provinciali, Manuale di Diritto Fallimentare, vol. I, n. 152).*"

Idênticas posições encontramos em **MARCELO ANDRADRE FERES**[19] e **VERA HELENA DE MELLO FRANCO,**[20] **MANOEL JUSTINO BEZERRA FILHO**[21], **ADALBERTO SIMÃO FILHO**[22]

Para **FREDERICO AUGUSTO MONTE SIMIONATO** a perda da posse dos bens do falido é uma medida natural da decretação da falência, pois: *"o verdadeiro efeito da perda da posse e administração dos bens não seria apenas um efeito, mas, acima de tudo, uma finalidade, ou seja, permitir que o administrador judicial possa arrecadar esses bens e efetuar a sua liquidação, auferindo os respectivos valores, para o posterior e competente pagamento aos credores. Desde a decretação da falência, ou do sequestro, o falido perde a administração dos seus bens, bem como fica impedido deles dispor (art. 103)."*[23]

A decretação da falência impede a *administração dos bens*, não a sua propriedade, que será excutida na medida da *necessidade* dos credores em receber seus créditos, sendo gerido pelo administrador judicial até chegar o momento do pagamento dos credores.

No entanto, na forma do parágrafo único do artigo 103 da LRE tem o devedor o direito de requerer o que entender que é melhor para a massa falida, como um todo, sendo que o legislador dispôs expressamente: *O falido poderá, contudo, fiscalizar a administração da falência,* ***requerer as providências*** *necessárias para a conservação*

---

19 *Comentários à Nova Lei de Recuperação de Empresas e Falências*, Rio de Janeiro: Forense, 2009, Osmar Brina Corrêa-Lima e Sérgio Mourão Corrêa-Lima, coordenadores, p. 775.

20 *in* SOUZA JÚNIOR, Francisco Satiro – Pitombo, Antonio Sérgio Altieri de Moraes (org). Comentários à Lei de Recuperação de Empresas e Falência: Lei 11.101/2005. São Paulo: Revista dos Tribunais, 2005, p. 414.

21 BEZERRA FILHO, Manuel Justino, *Nova Lei de Recuperação e Falências Comentada.* São Paulo: Editora Revista dos Tribunais, 3ª edição, 2005, p. 261: *"Este art. 103 repte a determinação contida no art. 40 da Lei anterior. O empresário individual ou administrador de sociedade empresária perder a administração da empresa; os sócios perdem o poder de nomear administradores (sócios ou não sócios) no momento em que é decretada a falência ou o sequestro, passando a administração ao administrador judicial, que é nomeado na forma do art. 99, inciso IX, na mesma sentença que decreta a falência. Qualquer ato de administração praticado pelo devedor após o momento em que foi decretada a falência, é nulo, nulidade que será declarada de ofício pelo juiz da falência, independentemente de prova de prejuízo."*

22 *In Comentários à Nova Lei de Recuperação de Empresas e Falências,* coordenadores NEWTON DE LUCCA e ADALBERTO SIMÃO FILHO, São Paulo: Quartier Latin, 2005, p. 458: *"O devedor perde o direito de dispor e de administrar os bens, dos quais é desapossado desde o momento da decretação da falência. A titularidade dos bens não se transfere automaticamente para a massa, só muda com a alienação do bem, para a realização do ativo. Explica-se o desapossamento, entre outras teorias, em razão do separar patrimonial – porque o patrimônio é destinado à satisfação dos credores existentes no momento da declaração da quebra. Assim, o devedor não pode dele dispor nem afetá-lo com novas obrigações enquanto durar o vínculo."* ... *"Os atos praticados pelo falido depois de decretada a quebra ou determinado o sequestro são nulos de pleno direito, cabendo da nulidade declaração de ofício. A lei italiana confere ineficácia a esses atos."*

23 SIMIONATO, Frederico Augusto Monte. *Tratado de Direito Falimentar.* Rio de Janeiro: Forense, 2008, p. 482.

de seus direitos *ou dos* ***bens arrecadados*** *e intervir nos processos em que a massa falida seja parte ou interessada,* ***requerendo o que for de direito*** *e interpondo os recursos cabíveis.* (grifos nossos).

Em todos os momentos do processo falencial continua o devedor, agora falido, autorizado a postular tudo o que for necessário para que os seus direitos e os seus bens arrecadados sejam administrados da melhor maneira possível, podendo intervir em todas as fases do processo. Não é o *convidado de pedra* que assiste a tudo impassível.

5. A POSSIBILIDADE DE RECUPERAÇÃO JUDICIAL DA EMPRESA

Como já observamos o devedor que não se encontrar em condições de saldar os seus débitos em uma recuperação judicial deverá lançar mão do pedido de autofalência, exatamente porque não possui condições *momentâneas* de fazer frente ao passivo, *principalmente com aqueles débitos que não são arrolados na recuperação judicial*, como já dissemos, que são os débitos tributários e aqueles arrolados no art. 49, §§ 3º e 4º, da Lei 11.101/2005.

Com a falência há a equanimidade dos débitos. Logo, haverá um momento no processo falencial em que o falido poderá apresentar um plano de recuperação para solvência do passivo, dentro de um planejamento adequado.

A Lei 11.101/2005 prevê algumas situações da recuperação judicial, mas que podem ser perfeitamente utilizadas na autofalência, como veremos a seguir.

No art. 145 da Lei 11.101/2005, que repete o antigo art. 123 do Decreto-Lei 7.661/45, permite que a ***maioria qualificada dos credores (2/3)*** *possa* ***deliberar a respeito da realização do ativo da massa falida****, desde que aprovada pela assembleia-geral de credores, inclusive com a constituição de sociedade de credores ou dos empregados do próprio devedor, com a participação, se necessária, dos atuais sócios ou de terceiros.* (grifos e negritos nossos).

Identicamente, foi a colocação do artigo 46 da Lei 11.101/2005, dispondo: "*Art. 46.* ***A aprovação de forma alternativa de realização do ativo na falência****, prevista no art. 145 desta Lei, dependerá do voto favorável de credores que representem 2/3 (dois terços) dos créditos presentes à assembleia.*" (grifos nossos).

Observando essa situação, podemos concluir que os credores podem deliberar o que melhor lhes aprouveram, *na falência*, assim como o fazem *na recuperação judicial,* conforme previsão legal do art. 46, LRE.

No entanto, LRE possui apenas a solução, não esclarecendo a quem pertence à iniciativa de provocação da situação.

Pelo que pudemos sentir da LRE, a iniciativa do pleito de Assembleia Geral de Credores poderá partir de qualquer credor, do administrador judicial e também do próprio falido ou dos administradores da empresa falida, na forma do art. 103, parágrafo único da LRE, eis que não há limitação legal e, onde a lei não distingue, não poderá o exegeta fazê-lo.

Como já exposto, o falido é afastado da *administração* de seus bens, quando do sequestro prévio ou da quebra. Entretanto, permanece no direito de se defender na falência, assim como defender seu patrimônio.

Quando o falido verificar a possibilidade de resolver a sua falência, dentro do menor espaço de tempo possível, que é um dos princípios do processo falencial, *ex vi* art. 75, parágrafo único da LRE, nada o impede de encontrar meio alternativo para solver seus débitos e solucionar o processo falencial, dentro de uma linha negocial do novo processo falencial, que atualmente despreza a falência antiga, que chamo de '*tradicional*' vincada apenas no prisma: arrecadar, avaliar, vender, pagar, prestar contas e encerrar.

O art. 145 fala em constituição de sociedade com os atuais sócios, *rectius*: falidos, ou com terceiros. Nos parece que o princípio elencado nesse art. 145 nada mais é que a antiga *concordata suspensiva da falência*, agora com nova roupagem, modernizada, arrojada, pujante, despertando novo sentimento no legislador de 2005, que não afastou a possibilidade de um retorno à vida empresarial através da empresa falida, agora não mais dentro de uma empresa falida, mas, sim, dentro de uma empresa em ***recuperação judicial suspensiva da falência***.

Urge asseverar, por outro lado, que apesar da proscrição formal da *concordata suspensiva*, não nos parece totalmente fora de propósito a possibilidade de se resolver o problema da quebra com a *recuperação suspensiva da falência*, dentro de outros critérios, muito mais práticos e pragmáticos, principalmente porque a *negociação* é o alvo principal da legislação recuperacional brasileira. O legislador de 2005 rompeu amarras de 1945!

Evidentemente que, quando colocados em assembleia-geral poderiam os credores contornar os entraves causados pela quebra, mesmo porque a sequência natural do processo falencial é a demora no recebimento dos valores a que julgam terem direitos, com a inesgotável necessidade de ter um ingrediente pouco esperado: paciência para o recebimento de seus créditos, quando e se virão um dia, efetivamente, a receber.

Será na assembleia-geral que se deliberará sobre o *quantum* devido, o deságio, o número de parcelas, os eventuais juros a receber, cláusulas de fixação de responsabilidades, etc. cumprindo dessa maneira muito mais ampla os princípios elencados na recuperação da empresa, agora na falência, inclusive com a possibilidade de ***levantamento*** da quebra.

Volvendo o empresário aos seus negócios poderia surtir efeitos e benefícios sociais a todos os envolvidos, evitando-se o dissabor de se perder tempo e dinheiro para o recebimento daquilo que lhes é devido, abstraindo-se do tormentoso procedimento judicial da falência, por anos a fio.

Enfim, uma deliberação em assembleia-geral seria muito mais útil, cumprindo a função social do processo falencial, o esgotamento da tutela jurisdicional no menor espaço de tempo possível, evitar-se-ia recursos às superiores instâncias, sendo que a deliberação sobre os assuntos da empresa falida seria decidido pelos credores, em conjunto com o empresário, ora falido.

Na modalidade prevista no art. 46 da LRE não há impedimento algum para que seja proposta a recuperação judicial suspensiva da falência, como forma de deliberação dos débitos da empresa falida. Ao revés, nos parece que há um permissivo desta situação, em consonância com o art. 145 da LRE.

Em confronto com o art. 50 da Lei 11.101/2005, verificamos que o legislador não fechou a porta para o pedido de recuperação judicial suspensiva da falência, eis que o mesmo começa dizendo: *"Constituem meios de recuperação judicial, observada a legislação pertinente a cada caso,* ***dentre outros****."* (*sic!*)

Ora, é nesta última colocação, *"dentre outros"*, que julgamos possível a recuperação judicial suspensiva da falência, que se encaixa com a forma preclusiva: *"observada a legislação pertinente a cada caso"*, constante do art. 145, da própria Lei 11.101/2005.

Lúcida é a explicação de **VICENTE DE PAULO VICENTE DE AZEVEDO**: "Na lei não há palavras inúteis." ... Cumpre, pois, aprofundar a pesquisa, mesmo porque inadmissível seria o legislador se tivesse utilizado da sinonímia, apenas para dar mais ênfase à frase.[24]"

Assim, os quarto artigos, a nosso ver, se completam, mesmo porque o *todo legislado* é constituído de *partes estanques*, mas que *não estão dispersas dentro do sistema*. Assim, vislumbra-se que se possa resolver a falência com uma *solução inovadora, criativa*, que agrade pelo menos *a maioria dos credores*, mesmo porque serão eles que irão deliberar em assembleia geral o que fazer da empresa falida, dentro daquilo que se chamou *"democracia monetária"*.

A questão da chamada democracia monetária ganhou grandes contornos nos processos falenciais e recuperacionais modernos, a partir da Lei 11.101, de 2005, eis que podemos sentir que a intenção do legislador foi a de *desjudicializar* ao máximo a intervenção estatal-judicial, com todo o seu poder de império e sua estruturação rígida. Ao revés, o legislador de 2005 procurou buscar no novo processo falencial uma solução mais rápida, barata e segura da falência, evitando-se o processamento demasiado de atos 'sem sentido prático', permitindo que os credores encontrem uma solução em sintonia com o devedor, colocando-os para dialogar e chegar ao consenso, dentro da moderna linha de pensamento da *recuperação social da empresa*.

Qualquer um que seja falido poderá resolver sua pendência judicial falencial no menor espaço de tempo, inclusive pleiteando tal benesse, eis que baseada na Constituição Federal e na lei, ambas mandando resolver o problema da falência de maneira rápida e, sejamos francos, ninguém é mais interessado na solução rápida da falência do que o próprio falido, procurando se livrar da pecha de '*empresário falido*', imposto na sentença de quebra.

Em que pese a magnitude do tema, já observei que a qualificada doutrina que surgiu a partir da novel legislação pouco se preocupou com tal assunto, motivo pelo qual trouxe este novo viés para estudo e fomentação de discussão, até chegar aos tribunais superiores, que haverão de se posicionar sobre o assunto. Apenas para anotar: a lei anterior, que durou 59 anos e 11 meses, no seu final, ainda, não havia chegado a consenso sobre alguns temas.

24 VICENTE DE AZEVEDO, Vicente de Paulo. *Curso de direito judiciário penal.* São Paulo: Saraiva, 1958, p. 369.

ADALBERTO SIMÃO FILHO chegou a cogitar da mudança, mas facultou o pedido apenas ao administrador judicial e ao Comitê de Credores, procurando considerar, ainda, que em cada caso concreto, diante das dificuldades especiais que cada um apresenta, há a possibilidade de uma visão macro para a solução do problema.[25]

O inestimável professor **MANOEL JUSTINO BEZERRA FILHO**, com sua vasta experiência acadêmica e profissional na área falencial, sustentou que muitas vezes soluções não ortodoxas são mais proveitosas que aquelas hermeticamente fechadas.[26]

Também concordamos com o nobre falencista, principalmente porque vivenciamos na prática essas experiências em vários procedimentos em que atuamos como Promotor de Justiça de Falências, inclusive propondo essa formação de sociedade entre credores empregados e o falido, ex-patrão.

Para outro grande falencista **JULIO KAHAN MANDEL** houve um grande avanço no sistema jurídico falencial, inclusive com a possibilidade dos credores deliberarem pela continuação dos negócios do falido, que é exatamente o ponto de vista que ora defendemos.[27]

Do mesmo modo é a visão de **RICARDO BERNARDI** ao comentar o presente instituto, dizendo sobre o poder ilimitado dos credores deliberarem na assembleia geral.[28]

O falencista **WALDO FAZZIO JUNIOR** explica o caráter da atual lei falencial, fazendo referência expressa à otimização do papel dos credores na realização do ativo do devedor e, em seguida, expõe com a sua clareza habitual a ampla possibilidade que se abre aos credores atualmente.[29]

---

25 SIMÃO FILHO, Adalberto. Fases falencial e Pós-Falencial – uma Visão Generalista, Direito Falimentar e a Nova Lei de Falências e Recuperação de Empresas, coordenação LUIZ FERNANDO VALENTE DE PAIVA. São Paulo: Quartier Latin, 2005, p. 536: *"A lei atual, sem qualquer entrave ou burocracia, permite que o administrador ou o Comitê de Credores pleiteiem uma forma alternativa de alienação de ativos desde que devidamente fundamentado o requerimento". ... "Esta gama de possibilidades é importante, porque em muitos casos, o que se faz mais lógico e viável, em razão da análise profunda das questões jurídicas, contábeis, financeiras e trabalhistas, é a continuação dos negócios, podem, através de outra pessoa jurídica."*

26 BEZERRA FILHO, Manoel Justino. *Nova Lei de Recuperação e Falências comentada.* São Paulo. Editora Revista dos Tribunais, 3ª edição: *"A possibilidade de formação de sociedade de empregados deve ser prestigiada, pois, mesmo no regime da lei anterior, diversos casos ocorreram-nos quais os próprios empregados, normalmente agregados em cooperativa, passaram a cuidar da empresa, propiciando o regular prosseguimento das atividades."*

27 MANDEL, Julio Kahan. Nova Lei de Falências e Recuperação de Empresas anotada; Lei n. 11.101, de 09 de fevereiro de 2005. São Paulo: Editora Saraiva, 2005.

28 BERNARDI, Ricardo. *Da realização do ativo, in Comentários à Nova Lei de Falências e Recuperação de Empresas*, coordenação Francisco Satiro de Souza Junior e Antônio Sérgio A. De Moraes Pitombo. São Paulo: Editora Revista dos Tribunais, 2005: *"Assim como a lei anterior, os credores também poderão tomar para si o poder de decisão quanto ao modo de realização do ativo, desde que reunidos em assembleia de credores para deliberar nesse sentido. A Lei 11.101/2005 não limita os poderes dos credores, desde que haja consenso entre eles, acerca de formas alternativas para realização do ativo na falência".*

29 FAZZIO JUNIOR, Waldo. Lei de falência e recuperação de empresas. São Paulo: Editora Atlas S.A., 2008: *"... é intuitivo, com base no exame contextual da LRE, que não existe uma estipulação rígida dos meios destinados a realizar o ativo arrecadado do devedor, uma vez que o voluma e a situação dos bens podem recomendar soluções alternativas. Nesse sentido o regramento da LRE é bastante liberal."*

De outro lado, creio que o pedido de convocação de assembleia não é de exclusiva atribuição do administrador judicial, contrariando a abalizada opinião de outros doutrinadores, eis que o falido tem o maior interesse em solucionar sua falência, visando decidir os destinos do seu patrimônio, que está arrecadado, e é ele, primeiramente e principalmente, do próprio falido, pois embora não possa dispor deles, desde o momento da decretação da quebra, até o seu encerramento, tem a visão global dos problemas que a empresa enfrentou e tem a possibilidade real de propor a forma alternativa de composição dos seus débitos.

6. O LEVANTAMENTO DA FALÊNCIA E A RETOMADA DOS NEGÓCIOS PELO DEVEDOR

A proliferação de empresas falidas que não tem nada a servir à sociedade. A atual legislação falencial/recuperacional segue a tendência mundial de evitar ao máximo as quebras, procurando minimizar os efeitos dos débitos, mesmo porque uma empresa falida não produz, não emprega, não paga tributos, onera a sociedade, etc.

Dentro desse quadro desgastante, é necessário que o exegeta observe que, antes do rigorismo legal, há uma unidade produtiva paralisada, pronta para voltar a funcionar, seja através de terceiros seja através do próprio falido, eis que o artigo 50, *caput*, da Lei 11.101/2005 tem essa finalidade explícita.

Se só isso não fosse o suficiente, ainda, poderíamos observar que uma empresa funcionando sob a supervisão judicial é muito melhor para o mercado do que uma empresa eternamente paralisada. Levantemos os olhos ao nosso derredor e vejamos a enorme quantidade de problemas que assolam o Judiciário como um todo, onde centenas, milhares de processos falenciais se arrastam diariamente para cima e para baixo, sem solução.

Por isso, é possível que o falido volte ao exercício do comércio.

Observando todos os momentos do processo, como já alinhavamos anteriormente, o devedor consegue visualizar o *quantum* devido e poderá apresentar um plano de *reerguimento* da empresa falida, dentro dos seus exclusivos meios para tal finalidade, buscando os recursos adequados para tanto, oriundos, obviamente de local lícito, mesmo porque não seria crível permitir-se encerrar um procedimento falencial com algo ilegal.

Este plano de recuperação de empresas deverá ser submetido ao conhecimento prévio dos credores, exatamente como na recuperação judicial das empresas, numa assembleia geral de credores, sendo que, como em todo plano de recuperação de empresas, está sujeito à alteração por parte dos credores, os quais poderiam propor ao falido a aprovação do "plano B" ao invés do plano inicialmente sugerido, dentro da linha de discussão tendente à aprovação do reerguimento da sociedade falida.

Além disso, situações especiais do plano de recuperação de empresas poderiam ser debatidas entre os credores e o devedor, estabelecendo critérios específicos, para casos específicos, dentro da assembleia-geral, desde que os demais credores estivessem de acordo.

A experiência demonstrou que em inúmeras assembleias de credores chegaram a consenso estabelecendo situações distintas para determinadas classes de credores, ou até mesmo para credores específicos, em face das condições pessoais e específicas de alguns credores. Esta é a importância da chamada democracia monetária.

É claro que a opção por um modelo pré-determinado pelo devedor ou pelo administrador, ou pelo Comitê de Credores, ou por credores isoladamente considerados, tem o ingrediente primário de que cada um tem um interesse próprio diante do problema existente.

No entanto, em assembleia-geral esse problema e interesse próprio tendem a serem absorvido pelos demais problemas e interesses gerais formando uma coesão, que, diante do decidido em assembleia poderá ou não ser sublevado, considerando a decisão da maioria.

O estado de direito conhece os problemas individuais, mas se submete ao clamor coletivo de uma assembleia geral, sendo essa a essência da democracia monetária prevista na Lei 11.101/2005. O problema pessoal se rende diante do problema coletivo. A não aceitação será tratada mais adiante.

Creio que o amadurecimento da democracia monetária da presente legislação falencial-recuperacional é a pedra de toque do sucesso do modelo adotado pelo Brasil, rompendo com o passado e seu processamento antiquado, com a confecção de 'relatórios' inúteis, em sua maioria, sem praticidade alguma, sendo tudo substituído por assembleias-gerais, muito mais práticas, amplas, democráticas e, principalmente, eficazes, já saindo com soluções e não mais problemas.

Poderá haver alguns credores dissidentes, mesmo porque ninguém é obrigado a se associar ou permanecer associado. Assim, deliberado que a melhor maneira é a constituição de sociedade de propósitos específicos ou outra maneira de realização do ativo, em existindo minoria dissidente, a solução é a mesma da lei revogada, segundo **RICARDO NEGRÃO**[30] e **JOSÉ FRANCELINO DE ARAÚJO**[31]

A toda evidência, os dissidentes poderão receber seus créditos, após a realização do ativo dessa maneira alternativa, mas com os devidos descontos mencionados por **RICARDO NEGRÃO**, mesmo que não tenham concordado com os termos, eis que se assim não o fosse estariam se tornando superiores aos demais, eis que teria direito a receber integralmente enquanto os demais receberiam apenas proporcionalmente aos seus créditos, com descontos. Porém, tudo isso, dentro do poder de negociação que o falido possui com os seus credores dissidentes.

---

30 NEGRÃO, Ricardo. Aspectos objetivos da Lei de Recuperação de Empresas e de Falências. São Paulo: Editora Saraiva, 2005 e 3ª edição, 2009: *"Na lei revogada, a minoria dissidente era paga em dinheiro pela maioria que assim deliberou, respeitadas as seguintes condições: a) considerava-se, inicialmente, o valor total do acervo arrecadado e sua avaliação; b) desse total descontava-se o valor devido aos encargos e dívidas da massa; e, finalmente, c) atribuía-se aos credores dissidentes a porcentagem a eles devida sobre aquele resultado (LFA, art. 123, § 1º). Na ausência de solução legislativa, é perfeitamente adequado dar essa mesma solução aos casos futuros, sobretudo porque respeita a liberdade de o credor associar-se ou não e a paridade de tratamento concursal."*

31 ARAÚJO, José Francelino de. Comentários à Lei de Falências e Recuperação de Empresas. São Paulo: Editora Saraiva, 2009: *"...que não se poderia obrigar esses credores a tomar parte da empresa nem a receber preço inferior ao da avaliação."*

Além disso, penso que poderiam os credores dissidentes formar outros grupos de credores, recebendo seus créditos diretamente dos empresários que volveriam ao mercado, buscando soluções para os problemas causados pelos empresários-falidos, dentro do poder de discernimento e convencimento de lado a lado, sem deixar os credores desamparados.

Com a negociação dentro do processo falencial poderia o falido conseguir o ***levantamento da falência***, visando retomar os negócios normalmente, suprindo a grave deficiência legislativa, até agora.

Nessa mesma forma de pensar é ensinamento do **MAXIMILIANUS CLÁUDIO AMÉRICO FÜHRER** ao expor: *"Se o requerimento (da extinção das obrigações)* ***for anterior ao encerramento da falência****, o juiz,* ***ao declarar extintas as obrigações, encerrará a falência*** *(art. 137, § 3º, LF). A esse encerramento antecipado dá-se o nome de "****levantamento da falência****."*[32] (grifos nossos).

Importante salientar um ponto fulcral: O processo de falência é balizado por duas sentenças: a que decreta a falência, estabelecendo o *termo a quo* do estado falencial; e a que encerra a falência, estabelecendo o *termo ad quem* do estado falencial. A primeira gera a certeza da impossibilidade de exercer quaisquer atividades empresariais. A segunda, nem sempre, eis que é preciso que a empresa falida obtenha a sentença de extinção das obrigações.

Regra geral, a extinção das obrigações pode ser obtida após o encerramento da falência, como sói acontecer.

Porém, a extinção das obrigações ***no curso do processo falencial*** é um fenômeno raro no foro brasileiro, embora não totalmente desconhecida, ***sendo que sua obtenção gera a imediata e automática liberação para o exercício da atividade mercantil da ex-falida.***

Qualquer empresa só poderá voltar ao exercício mercantil se obtiver a extinção da obrigação, não pelo simples encerrar da falência, mas, sim, pelo levantamento da falência, obtido num acordo formal com seus credores, num escalonamento das dívidas passadas, anteriores ao processo falencial, posto que equalizadas quando da decretação da falência.

Como houve a decretação da falência todos os credores tornaram-se *iguais* na cobrança dos juros, multas, correção monetária, sendo que os pagamentos previstos na LRE deve seguir o regramento ali instituído formalmente. Porém, nada impede que, dentro de um plano de recuperação e reorganização judicial da empresa possa o falido, assim como os credores, estabelecer regras próprias para os pagamentos devidos, principalmente objetivando o *levantamento da falência da empresa*.

Levantada a falência da empresa, volta o falido ao exercício do comércio, agora considerado apenas como devedor, devendo o juízo *homologar* plano de recuperação judicial que foi aprovado pelos seus credores em assembleia-geral, *julgando extinta*

---

32 FÜHRER, Maximilianus Cláudio Américo, *Roteiro das falências e concordatas*. São Paulo: Editora Revista dos Tribunais, 14ª ed. rev. e atual., 1996, pp. 81-82.

as obrigações do devedor, permitindo que o mesmo volte ao *status quo ante* do seu pedido de autofalência.

7. CONCLUSÃO

Nem sempre a autofalência é um *meio* de perder a empresa ou decretar o fim de um período para o empresário, mas, ao contrário, é um *processo necessário* inclusive para que o empresário-devedor possa ganhar o tempo necessário para que todos os seus débitos sejam equalizados, inclusive aqueles débitos que não estão sujeitos aos efeitos da recuperação judicial, como os débitos tributários, aqueles débitos constantes dos artigos 49 parágrafos 3º e 4º da Lei 11.101/2005, que não entrariam na recuperação judicial, mas que são obrigados a se submeter na falência.

Na própria decisão que decretar a falência haverá a necessidade do juízo decidir também sobre a continuação dos negócios do falido, agora com um *gestor judicial*, que deverá ser pessoa séria e digna, dentro de sua esfera de confiança, conhecedora dos negócios do falido, a fim de que a empresa não deixe de funcionar, mantendo os empregos, os negócios, os contratos firmados anteriormente, assim como os recolhimentos de tributos, agora pela massa falida, inclusive com a pacificação da sociedade ao se manter os postos de trabalho.

Dessa forma de pensar, o devedor poderá propor a autofalência, com o pedido de continuação dos negócios, como forma de formatação de todos os seus débitos, sujeitando todos os credores a esse processo falencial, sem direito de continuar com suas execuções individuais, longe do processo recuperacional.

Ao contrário, na falência, todos os credores são ali chamados e dificilmente escapam do princípio da *pars conditio creditorum* pura.

A forma de pagamento, a formatação de todos os débitos, deve ser rigidamente previsto, dentro da rígida regra falencial.

Porém, tem o falido a possibilidade real de obter o levantamento da falência, por meio de uma *recuperação judicial suspensiva da falência*, permitindo que o processo falencial se encerre no menor espaço de tempo possível, com o *levantamento da falência*, visando à *extinção das obrigações*.

Cremos que a *recuperação judicial suspensiva da falência* daria uma nova opção ao empresariado que, mesmo falindo, teria ainda ânimo em ajudar o Judiciário a solucionar os problemas decorrentes da quebra, eis que teria condições de retornar à sua atividade produtiva, resgatando sua dignidade pessoal e moral como ser humano, pois o reerguimento dos negócios demonstraria que o mal da falência foi passageiro, tornando agora ao ponto onde estagnou seus negócios, volvendo ao exercício do comércio normalmente.

Afinal, a *autofalência* não pode ser considerada o *fim* de uma empresa ou empresário, mas, também, pode ser considerada um *meio* para que os *negócios* da empresa sejam revistos, os contratos renegociados, os *tributos* sejam equacionados na falência, permitindo que o falido possa reerguer seus negócios por meio de um *plano de recuperação judicial* que venha a *levantar a falência*, visando a *extinção das obrigações* do falido.

7. BIBLIOGRAFIA UTILIZADA

ALMEIDA, Amador Paes de. *Curso de falência e Recuperação de empresa.* São Paulo: Editora Saraiva, 2009, 25ª ed., reformulada.

ARAÚJO, José Francelino de. *Comentários à Lei de Falências e Recuperação de Empresas.* São Paulo: Editora Saraiva, 2009.

BERNARDI, Ricardo. *Da realização do ativo, in Comentários à Nova Lei de Falências e Recuperação de Empresas*, coordenação Francisco Satiro de Souza Junior e Antônio Sérgio A. De Moraes Pitombo. São Paulo: Editora Revista dos Tribunais, 2005.

BEZERRA FILHO, Manoel Justino. *Nova Lei de Recuperação e Falências comentada.* São Paulo: Editora Revista dos Tribunais, 3ª edição, 2005.

CORRÊA-LIMA, Osmar Brina. *Comentários à Nova Lei de Recuperação de Empresas e Falências*, Rio de Janeiro: Forense, 2009, Osmar Brina Corrêa-Lima e Sérgio Mourão Corrêa-Lima, coordenadores.

FAZZIO JUNIOR, Waldo. *Lei de falência e recuperação de empresas.* São Paulo: Editora Atlas S.A., 2008

FÜHRER, Maximilianus Cláudio Américo, *Roteiro das falências e concordatas.* São Paulo: Editora Revista dos Tribunais, 14ª ed. rev. e atual., 1996, pp. 81-82.

LUCCA, Newton de, e Adalberto Simão Filho. *Comentários à Nova Lei de Recuperação de Empresas e Falências,* coordenadores NEWTON DE LUCCA e ADALBERTO SIMÃO FILHO, São Paulo: Quartier Latin, 2005.

MANDEL, Julio Kahan. *Nova Lei de Falências e Recuperação de Empresas anotada; Lei n. 11.101, de 09 de fevereiro de 2005.* São Paulo: Editora Saraiva, 2005.

NEGRÃO, Ricardo. *Aspectos objetivos da Lei de Recuperação de Empresas e de Falências.* São Paulo: Editora Saraiva, 2005 e 3ª edição, 2009.

NERI, José Naldi. *Comentários à Nova Lei de Recuperação de Empresas e Falências*, Rio de Janeiro: Forense, 2009, Osmar Brina Corrêa-Lima e Sérgio Mourão Corrêa-Lima, coordenadores.

PACHECO, José da Silva. *Processo de Recuperação Judicial, Extrajudicial e Falência*, Rio de Janeiro: Forense, 2009, 3ª. edição.

PUGLIESI, Adriana Valéria. *Direito Falimentar e preservação da empresa.* São Paulo: Quartier Latin, 2013.

SALLES DE TOLEDO. Paulo Fernando Campos. *Comentários à Lei de Recuperação de Empresas e Falência.* Coordenadores Paulo Fernando Campos Salles de Toledo e Carlos Henrique Abrão. São Paulo: Saraiva, 2016, 6ª. edição.

SIMÃO FILHO, Adalberto. *Fases falencial e Pós-Falencial – uma Visão Generalista, Direito Falimentar e a Nova Lei de Falências e Recuperação de Empresas*, coordenação Luiz Fernando Valente de Paiva. São Paulo: Quartier Latin, 2005.

SIMIONATO, Frederico Augusto Monte. *Tratado de Direito Falimentar.* Rio de Janeiro: Forense, 2008.

SOUZA JÚNIOR, Francisco Satiro – Pitombo, Antonio Sérgio Altieri de Moraes (org). *Comentários à Lei de Recuperação de Empresas e Falência: Lei 11.101/2005.* São Paulo: Revista dos Tribunais, 2005.

TEPEDINO, Ricardo, *in Comentários à Lei de Recuperação de Empresas e Falências,* coordenadores Carlos Henrique Abrão e Paulo F.C. Salles de Toledo, São Paulo: Saraiva, 6ª ed., 2016.

VICENTE DE AZEVEDO, Vicente de Paulo. *Curso de direito judiciário penal.* São Paulo: Saraiva, 1958.

AS GARANTIAS DAS OBRIGAÇÕES NO DIREITO BRASILEIRO E A CONVENIÊNCIA DE SUA SISTEMATIZAÇÃO[1]

Bruno Miragem

1. INTRODUÇÃO

Um dos temas fundamentais das obrigações civis e comerciais diz respeito às consequências de seu inadimplemento. Neste caso, não se está propriamente aos efeitos jurídicos do inadimplemento, objeto de estudos clássicos em nosso direito, mas da efetividade do direito em assegurar o interesse patrimonial do credor, seja em vista da execução coativa da prestação objeto da obrigação, seja a reparação devida pelo devedor inadimplente. É tema de interesse comum, assim, nos vários ramos do direito privado, e repercute decisivamente na estimação dos custos e riscos dos negócios em geral. Daí a oportunidade de tratar-se o tema em obra coletiva que homenageia um dos grandes cultore do direito comercial brasileiro, o eminente Professor Rubens Requião.

A disciplina jurídica das obrigações e sua compreensão dualista, mediante a relação estrutural entre débito (Schuld) e responsabilidade (Haftung), coloca em destaque a função das garantias para o caso de inadimplemento.[2] A disciplina do vínculo obrigacional e sua eficácia, que é a possibilidade de exigir determinado comportamento do devedor, sob a ameaça de, no caso de descumprimento, avançar sobre certo patrimônio para satisfazer o interesse do credor, em nosso sistema também deve ser examinado a luz da mesma compreensão dualista. Neste sentido, ao exame da constituição da obrigação, suas características fundamentais, modos e efeitos do adimplemento e do inadimplemento, deve se somar a sistematização das garantias oferecidas ao credor, que sofre os efeitos do inadimplemento da obrigação.

Em que pese esta estrutura das obrigações, seu exame sistemático não constitui característica da tradição jurídica brasileira. Do ponto de vista legislativo, tanto o Código Civil de 1916, quanto o Código Civil de 2002 dispõem de modo esparso sobre o tema, disciplinando as várias espécies de garantias conforme critérios que considera determinantes. Deste modo, as garantias reais serão disciplinadas no âmbito dos direi-

---

1 Artigo em homenagem ao grande comercialista brasileiro, Professor Rubens Requião, em obra coletiva coordenada pelo Prof. Carlos Henrique Abrão.

2 Sustentamos a conveniência de um exame sistemático das garantias das obrigações em nosso: Bruno Miragem, Direito civil: Direito das obrigações. São Paulo: Saraiva, 2017, p. 617 e ss.

tos reais, assim como algumas garantias estabelecidas por contrato estarão tratadas como o tipo contratual que representam (caso da fiança, por exemplo).

Da mesma forma a doutrina nacional opta por não endereçar um exame sistemático das garantias. Em outros sistemas, varia o tratamento da matéria. Na Itália, o tema é tratado, segundo opção metodológica do Código Civil de 1942, a partir da noção de uma disciplina de direito material à tutela dos direitos (arts. 2740 e ss). No direito português, as garantias das obrigações são objeto de tratamento sistemático pelo Código Civil de 1966 (art. 601 e ss), o que se refletiu, igualmente, na opção de parte da doutrina em desenvolver, nestes termos, um direito das garantias.[3] No direito francês, embora não se tenha a opção legislativa original pelo tratamento sistemático, alterações posteriores[4] vieram a consagrar esta visão, do que resulta, na doutrina, esforço no sentido de definir também o estudo de um direito das garantias (*droit des sûretés*).[5]

É de questionar se, no direito brasileiro, justifica-se a mesma opção sistemática, alterando substancialmente o modo como se visualiza o tema das garantias das obrigações. A importância das garantias para a dinâmica e efetividade das relações obrigacionais no Brasil parece recomendar opção por um exame sistemático. A rigor, a segurança jurídica no cumprimento das obrigações, seja em vista da recuperação do crédito (em especial nas obrigações pecuniárias), seja a recomposição do patrimônio do devedor em face das perdas e danos sofridas em razão do inadimplemento, é aspecto dos mais relevantes em termos teóricos e práticos no direito das obrigações. O sentido prático de haver a disciplina jurídica das relações obrigacionais é o de conferir exigibilidade aos comportamentos humanos definidos como devidos.

Neste contexto, o exame sistemático das garantias contribui tanto para sua melhor compreensão – estabelecendo-se padrões de comparação entre as várias formas de garantia existentes –, quanto para o reforço de sua função de assegurar a própria efetividade da relação obrigacional, tutelando o interesse legítimo do credor.

A noção de garantia em uma obrigação observa uma noção ampla e uma noção estrita (geralmente associada às denominadas garantias especiais).[6] Em sentido amplo, compreende a própria eficácia jurídica decorrente do vínculo obrigacional, a exigibilidade da prestação pelo credor e os meios para o fim de alcançar o patrimônio do devedor para satisfação do crédito. Estabelece o art. 391 do Código Civil: "Pelo inadimplemento das obrigações respondem todos os bens do devedor". Segue a tra-

---

3 L. Miguel Pestana de Vasconcellos. Direito das garantias. Coimbra: Almedina, 2011; Luis Manoel Teles de Menezes Leitão. Garantia das obrigações. Coimbra: Almedina, 2012; Pedro Romano Martinez e Pedro Fuzeta Ponte. Garantias de cumprimento. Coimbra: Almedina, 2006.

4 Neste sentido, no direito francês, a Ordonnance 2006-346, de 23 de março, alterou a disciplina legal prevista em livro próprio (Livro IV) pelo Code Civil para as garantias das obrigações.

5 A título de exemplo: Pascal Ancel. Droit des sûretés. 4 ed. Paris: Litec, 2006; Jean-Baptiste Seube. Droit des sûretés. 6ª ed. Paris: Dalloz, 2012; Philippe Simler e Philippe Delebecque. Droit civil. Les sûretes. La publicite foncière. 6ª ed. Paris: Dalloz, 2012; Yves Picot. Droit des sûretés. 2ª ed. Paris: PUF, 2011; Dominique Legeais. Sûretés et garanties du crédit. Paris: LGDJ, 2011.

6 Mário Julio Almeida Costa. Direito das obrigações. 12ª ed. Coimbra: Almedina, 2009. p. 783.

dição de outros sistemas, como o direito italiano, cujo artigo 2.740 do Código Civil refere: "O devedor responde pelo adimplemento das obrigações com todos os seus bens presentes e futuros. A limitação da responsabilidade não é admitida a não ser nas hipóteses definidas em lei". O art. 601 do Código Civil português, de sua vez refere: "Pelo cumprimento da obrigação, respondem todos os bens do devedor susceptíveis de penhora, sem prejuízo dos regimes especialmente estabelecidos em consequência da separação de patrimónios."

Por outro lado, em sentido estrito, associa-se a modalidades de garantias especiais, decorrentes da vinculação de um determinado patrimônio, o qual deverá ser utilizado para satisfação da obrigação, geralmente em caráter acessório, na hipótese de inadimplemento do devedor principal (ou originário). A garantia serve para suportar o risco de inadimplemento do devedor principal. Implica na afetação de um bem (garantia real) ou o patrimônio de um terceiro (garantia pessoal) à satisfação da dívida. Daí a importância decisiva para o direito das obrigações, considerando sua função de reforço da tutela dos créditos.[7]

A garantia da obrigação é constituída como espécie de relação jurídica obrigacional, geralmente de caráter acessório a uma obrigação principal, tendo parte de sua eficácia subordinada a uma condição suspensiva, que é o inadimplemento do devedor. Ou seja, será exigível a prestação que caracteriza a garantia, apenas na hipótese do devedor ser inadimplente, total ou parcialmente. Bem se adverte que a relação jurídica que surge da constituição de garantia "é atributiva de um direito expectativo ao sujeito outorgado e de uma responsabilidade ao sujeito outorgante. O direito expectativo permitirá ao outorgado obter a compensação do que perder se advier a concretização do risco com lesão ao seu interesse. A responsabilidade põe o sujeito outorgado em posição passiva, tendo de responder de modo objetivo se o fato previsto acontecer".[8]

Daí parecer ser de todo conveniente que os melhores esforços da doutrina nacional se inclinem ao esforço de sistematização das garantias das obrigações.[9] Recomenda-o razões de ordem científica e prática. A boa compreensão dos vários institutos que formam, a partir da lei e dos usos negociais as garantias de cumprimento das obrigações, devem ser compreendidos a partir de um sistema ordenado, em consideração, sobretudo, da função que desempenham na relação obrigacional. Por outro lado, a efetividade das garantias como meios para preservação do interesse útil do credor exigem que se vislumbre sua operação na prática negocial.

7 L. Miguel Pestana de Vasconcellos, Direito das garantias, p. 16.

8 Adalberto Pasqualotto, Garantias no direito das obrigações: um ensaio de sistematização, Porto Alegre: UFRGS, 2008, p. 4.

9 Registre-se o pioneirismo, no direito brasileiro, da proposta de um modelo de sistematização das garantias, presente na primeira parte da tese de doutoramento de Adalberto Pasqualotto. Garantias no direito das obrigações: um ensaio de sistematização, Porto Alegre: UFRGS, 2008.

2. GARANTIA OBRIGACIONAL E TUTELA DO INTERESSE DO CREDOR

A existência de direito de crédito resultante de uma relação jurídica obrigacional confere ao credor diversidade de meios para sua tutela. A tutela dos créditos, deste modo, se dá mediante instrumentos que visem tanto providências acautelatórias do interesse do credor, assim como os que tenham o propósito de conservar o interesse prático ou os bens compreendidos como garantias em relação ao risco de inadimplemento. Da mesma forma, observam as medidas coercitivas e coativas visando à satisfação do interesse do credor.[10]

2.1. Meios conservatórios de tutela do interesse do credor

Os meios conservatórios visam à preservação do patrimônio do devedor em relação a quaisquer atos que possam importar no seu desfalque, e que venha a comprometer sua função de garantia geral das obrigações.[11] Tais medidas conservatórias são estabelecidas mediante iniciativas de natureza processual, exigindo a intervenção de autoridade judicial.[12] Orlando Gomes relaciona, fundamentalmente, duas hipóteses de medidas conservatórias: o arresto e a ação pauliana.

Será o *arresto* espécie de tutela de urgência, de natureza cautelar (art. 301 do Código de Processo Civil), consistente na apreensão judicial de bens do devedor impedindo que este proceda sua alienação, nas hipóteses em que esteja caracterizado perigo real de perda da garantia. A *ação pauliana*, de sua vez, revela pretensão anulatória do negócio jurídico de alienação de bens, no caso de quem o pratique seja devedor já insolvente ou reduzido à insolvência em razão deste negócio, característico de fraude a credores (arts. 158 e 159 do Código Civil). São pressupostos da ação pauliana a existência de prejuízo efetivo para o credor em razão do negócio de alienação que se pretenda anular (eventus damni, que é seu pressuposto objetivo), e a intenção do devedor, ou deste em acordo com o terceiro adquirente, em frustrar o interesse do credor em relação à execução da garantia representada pelo bem alienado (*consilium fraudis*, que é seu pressuposto subjetivo). A exigência de demonstração do *consilium fraudis* (pressuposto subjetivo) se dá apenas em relação às alienações a título oneroso, bastando para a anulação por fraude a credores, nas alienações a título gratuito, da demonstração do prejuízo ao credor em razão do negócio (pressuposto objetivo).

Neste caso, em relação ao terceiro adquirente entende-se que não será necessário demonstrar que está em acordo manifesto/expresso com o devedor. Basta que, de acordo com as circunstâncias do caso, se possa identificar que a pessoa sabia ou devesse saber resultar da alienação a frustração do interesse legítimo do credor. Não

---

10 Orlando Gomes, Obrigações. 16ª ed. Rio de Janeiro: Forense, 2004. p. 265.

11 Mario Julio de Almeida Costa prefere referir-se aos meios conservatórios da garantia patrimonial. Direito das obrigações, p. 788.

12 Orlando Gomes, Obrigações, p. 269.

se exige, deste modo, *animus nocendi* (dolo) do terceiro adquirente, mas apenas que esteja em posição, de acordo com as circunstâncias, para estar consciente do prejuízo aos credores do alienante, em razão do negócio jurídico celebrado. A interpretação destas circunstâncias fáticas se dá em acordo com a boa-fé objetiva.

2.2. Meios coercitivos de tutela do interesse do credor

Por medidas coercitivas tenham-se aquelas que visam constranger o devedor ao cumprimento da prestação. Constituem medidas coercitivas o exercício do direito de retenção pelo credor, assim como a exceção oposta por um dos contratantes ao outro, visando se precaver da diminuição do patrimônio que torne duvidosa o cumprimento da prestação – exceção de inseguridade (art. 477 do Código Civil).

No caso do direito de retenção, de origem romana, trata-se da "faculdade assegurada ao credor, independente de qualquer convenção, de continuar a deter a coisa a outrem devida até ser satisfeita, ou ficar extinta, uma obrigação existente para com ele".[13] Favorece, indiretamente, a satisfação do crédito, sem a necessidade de intervenção judicial, o que apresenta inegáveis vantagens práticas.[14] O direito de retenção é reconhecido em situações nas quais o credor já detenha consigo bem alheio, de modo que possa retê-lo em garantia de crédito certo e já exigível, relativo à relação obrigacional a qual este bem se vincule. O exercício do direito de retenção se dá regularmente pelo credor que se recusa a devolver a coisa sob sua posse. O direito de retenção é previsto, no direito brasileiro, em diversas disposições.

Há direito de retenção da coisa locada pelo locatário, até que lhe sejam ressarcidas as perdas e danos decorrentes da denúncia do contrato pelo locador, antes do vencimento (art. 571 do Código Civil), assim como para ressarcimento do custo que tiver despendido para realização de benfeitorias necessárias ou, com a autorização expressa do locador, de benfeitorias úteis (art. 578 do Código Civil). Igualmente, tem direito o depositário, no contrato de depósito oneroso, à retenção da coisa depositada, até que lhe seja paga a remuneração ajustada (art. 644 do Código Civil). O mesmo direito é reconhecido ao mandatário que tenha coisa em razão do exercício de mandato remunerado, até que lhe seja paga a retribuição (art. 681 do Código Civil). O comissário tem direito à retenção de bens e valores em seu poder, em virtude do contrato de comissão, até que lhe sejam reebolsadas as despesas, e pagas as comissões devidas. O transportador tem direito à retenção da bagagem do passageiro para garantir o pagamento do valor da passagem (art. 742 do Código Civil). O possuidor de boa-fé tem direito à retenção da coisa, visando à indenização das benfeitorias necessárias e úteis que tenha executado (art. 1219 do Código Civil). Também o credor pignoratício

13 Arnoldo Medeiros da Fonseca, Direito de retenção. 2ª ed. Rio de Janeiro: Forense, 1944, p. 100-101.

14 Arnoldo Medeiros da Fonseca, Direito de retenção, p. 308.

tem direito à retenção da coisa até o pagamento da dívida garantida (art. 1433, II, do Código Civil), assim como o credor anticrético (art. 1507, §2º, do Código Civil).

A outra espécie de medida coercitiva caracteriza-se pela denominada exceção de inseguridade, em contratos bilaterais. Por ela, um dos contratantes, em vista da diminuição do patrimônio da contraparte, que seja capaz de comprometer ou tornar duvidosa o cumprimento da prestação, recusa-se a realizar a que lhe incumbe até que o outro antecipe o adimplemento da sua, ou preste garantia suficiente. Está prevista no art. 477 do Código Civil. Neste caso, o contratante, que é ao mesmo tempo credor da prestação devida pelo outro que tem seu patrimônio diminuído, e devedor de contraprestação, condiciona o cumprimento que lhe incumbe a determinado comportamento da contraparte. Caberá a esta, então, escolher antecipar a execução da prestação que lhe incumbe, ou oferecer garantia de que vai realizá-la. É preciso, neste caso, a demonstração de que a diminuição do patrimônio do contratante é de tal ordem a colocar em risco o cumprimento da prestação, importando para isso a possibilidade de realização do ativo, dos meios para isso e o tempo do vencimento das dívidas.[15]

2.3. Meios acautelatórios de tutela do interesse do credor

As medidas acautelatórias compreendem a constituição de garantias especiais, visando obter maior facilidade na execução do crédito.

A garantia geral das obrigações abrange todo o patrimônio do devedor, com exceção dos bens definidos como impenhoráveis. Sua função é a de assegurar ao credor que sofra o inadimplemento, que obtenha, por meio coativo, a satisfação, ainda que parcial, do seu interesse (quando se trate de obrigações pecuniárias). Ou ainda a recomposição do patrimônio, em vista das perdas e danos decorrentes do descumprimento do dever de prestação pelo devedor. É possível reconhecer-se também, uma função de estímulo ao cumprimento pelo devedor, se considerado a expectativa de constrição patrimonial, mediante utilização de todos os meios coativos por parte do credor. Neste ponto, são relevantes – inclusive para exame do eficiente cumprimento da função da garantia – o tempo e o custo necessário para sua execução. O retardamento da execução no tempo, ou um elevado custo para execução das garantias, são fatores que comprometem sua função de tutela do interesse legítimo do credor, e sua utilidade no domínio do direito obrigacional. O tema da execução das garantias envolve institutos de direito substantivo e de direito processual. Neste sentido, tanto será relevante o exame específico das diversas espécies típicas de garantia, quanto os procedimentos necessários à sua execução.

Para além dos instrumentos de garantia estabelecidos na legislação civil, contudo, se podem definir, no domínio da autonomia privada, o desenvolvimento de outros modelos negociais com a mesma função. É o que ocorre, por exemplo, em relação às garantias decorrentes de negócios bancários, nos quais bancos figurem como cre-

15 Pontes de Miranda, Tratado de direito privado, t. 26. São Paulo: RT, 2012, p. 225-226.

dores.[16] Neste caso, podem configurar garantias específicas, acessórias ao contrato principal de crédito, ou autônomas, embora com ele se relacionem, como é o caso do seguro de crédito. Contudo, também ao cliente bancário servem garantias. Nesse sentido, a garantia pode surgir como uma prestação do banco em contrato próprio (fiança bancária, p. ex.), ou garantia que, embora não esteja vinculada a uma relação contratual específica, abrange uma série de obrigações com as mesmas características, mesmo no interesse institucional de proteção da confiança no sistema de depósitos (assim as obrigações de garantia confiadas ao Fundo Garantidor de Créditos).

Não observam as garantias bancárias especialização em relação às garantias das obrigações em geral, ainda que disso resulte crítica quanto a uma certa inadequação.[17] Admite-se, contudo, associação a uma função de garantia a contratos que não tenham essa função original, como é o caso da conta vinculada, de que tratam normas regulatórias bancárias (Res. 2.525/1998, do Conselho Monetário Nacional) pela qual se faculta "às instituições financeiras a manutenção de contas vinculadas às suas operações de crédito, em nome dos clientes, não movimentáveis por esses e remuneradas com os mesmos encargos incidentes em cada operação" (art. 1.º). Admite-se sua constituição apenas para que sirvam de garantia de operação de crédito específica.

2.4. *Meios coativos de tutela do interesse do credor*

Medidas coativas, segunda a classificação da melhor doutrina, são aquelas que resultam, em termos gerais, do exercício do direito de crédito e da responsabilidade patrimonial do devedor.[18] Neste sentido, tem lugar a responsabilidade do devedor no caso de inadimplemento, permitindo que o devedor avance sobre o conjunto dos bens que integram seu patrimônio, visando a satisfação do seu interesse. Trata-se dos efeitos da responsabilidade patrimonial do devedor (Haftung), espécie de garantia geral das obrigações.

A execução da dívida pelo credor, neste caso, se dá mediante recurso a medidas de natureza processual, para o que tem predomínio as normas do Código de Processo Civil. Estabelece o art. 789 do Código de Processo Civil: "O devedor responde com todos os seus bens presentes e futuros para o cumprimento de suas obrigações, salvo as restrições estabelecidas em lei." Dito isso, nota-se que, no direito processual, adquirem protagonismo soluções que pretendem a tutela específica do interesse do credor. Assim, no cumprimento de sentença relativa a obrigações da dar, fazer e não fazer, em que prioriza-se a *efetivação da tutela específica ou a obtenção de tutela pelo resultado prático equivalente* (art. 536 do CPC), ou ainda no caso da obrigação de entregar coisa, com expedição de mandado de busca e apreensão ou de imissão na posse, conforme o caso (art. 538 do CPC).

16 Bruno Miragem, . Direito bancário. São Paulo: RT, 2013, p. 453 e ss.

17 Frédéric Georges, Le saisie de la monnaie scripturale. Bruxelles: Larcier, 2006. p. 135.

18 Orlando Gomes, Obrigações, cit.

A ausência de patrimônio do devedor para responder pela dívida, de sua vez, dará causa ao reconhecimento de sua insolvência, para o que são definidos distintos procedimentos conforme se trate de pessoa natural ou jurídica disciplinadas pelo Código Civil, ou sociedades empresárias, submetidas à Lei de Recuperação Judicial e Falência (Lei 11.101/2005). Ou ainda, certas sociedades, tais como bancos, seguradoras, corretoras de valores, etc., que serão submetidas à liquidação extrajudicial, sob o controle de entidades governamentais de supervisão e fiscalização da atividade (Banco Central do Brasil, Superintendência dos Seguros Privados, Comissão de Valores Mobiliários, entre outras).

3. IGUALDADE ENTRE OS CREDORES: *PAR CONDITIO CREDITORUM*

Em regra, a sendo vários os credores de um mesmo devedor, não há entre eles preferência pelo patrimônio, ao qual todos concorrem, mediante princípio do *par conditio creditorum*. Trata-se de reconhecer, na ausência de preferências ou privilégios especiais, definidos por lei ou por convenção das partes, a ideia de que todos os credores tem igual direito ao patrimônio do devedor, independente da data de constituição do direito, de seu montante, ou sua fonte.

O art. 957 do Código Civil refere: "Não havendo título legal à preferência, terão os credores igual direito sobre os bens do devedor comum." Deste modo, na hipótese dos bens do devedor serem insuficientes para satisfazer a integralidade de suas obrigações, a regra é de que se submeta a um rateio dentre os credores comuns, em posição de igualdade.

Na hipótese de insuficiência dos bens do devedor para satisfação de todos os seus credores, se estará frente a situação de insolvência do devedor, a ensejar procedimento específico, caso se trate de pessoa natural (insolvência civil), ou pessoa jurídica de fins não econômicos ou sociedade empresarial, aos quais, conforme o caso, se definirão procedimentos de extinção. No caso das sociedades empresárias, como regra deverão ser submetidas a procedimento de recuperação judicial ou falência, em acordo com o disposto na Lei 11.101/2005. No processo falimentar, o princípio do *par conditio creditorum* é relativizado em vista dos privilégios e preferências legais definidos por lei para as diferentes classes de credores (art. 83 da Lei 11.101/2005).

Daí a técnica legal definir situações nas quais a regra de igualdade entre os diversos credores possa ser excetuada, seja em vista do reconhecimento de preferências e privilégios especiais definidos pela própria lei, seja, no domínio da autonomia privada, a possibilidade de se definir certas garantias especiais, vinculadas ao adimplemento de determinadas obrigações.

4. PREFERÊNCIAS E PRIVILÉGIOS CREDITÓRIOS

Constituem as preferências e privilégios creditórios em exceção ao princípio à igualdade dos credores quanto a exequibilidade do seu crédito (*par conditio creditorum*). Preferência creditória compreende a vantagem de determinado credor de receber seu crédito, quando em concurso com outros credores, antes dos demais ou mesmo preterindo aqueles que com ele concorram. Resultam de privilégios definidos em lei, ou ainda de direitos reais de garantia que guarnecem o crédito (art. 958 do Código Civil).

Os privilégios creditórios constituem-se em vamtagens conferidas por lei a determinados créditos, cuja eficácia fica submetida à insuficiência de patrimônio do devedor para adimplemento da obrigação, de modo a se manifestar apenas na hipótese de haver a concorrência de vários credores pelos bens de um mesmo devedor. Os direitos reais de garantia (garantias reais), recaem sobre certos bens, que no caso de inadimplemento, devem ser alienados, sendo o produto da venda revertido em favor do credor titular do crédito garantido.

Pode ocorrer de haver, entre os vários credores, distintos títulos de preferência, razão pela qual cumpre à lei definir também a prevalência entre eles. Nestes termos, o art. 961 do Código Civil refere que "o crédito real prefere ao pessoal de qualquer espécie; o crédito pessoal privilegiado, ao simples; e o privilégio especial, ao geral." É da tradição do direito brasileiro o reconhecimento da prevalência do crédito real – e no caso, das garantias reais, que recaem sobre uma determinada coisa – em relação aos créditos pessoais, resultado do direito do credor advindo, exclusivamente, de relação jurídica obrigacional. Da mesma forma, o crédito ao qual seja conferido determinado privilégio especial, relativo a um determinado bem, terá preferência em relação aos créditos dotados de privilégio geral, sobre todos os bens do devedor.

Os privilégios podem ser gerais ou especiais. Ainda no direito romano, os privilégios podiam ser reconhecidos para determinadas pessoas. Atualmente, é a natureza do direito critério que determina o reconhecimento ou não de privilégio, que será definido em lei, segundo razões de interesse público ou de ordem moral. Os privilégios serão *gerais* quando determinarem a preferência do credor privilegiado em relação ao todos os bens do devedor insolvente. Serão privilégios *especiais* quando se dirijam a apenas alguns dos bens do devedor. É entendimento também contido em norma do direito italiano, que ao defini-los refere, de modo didático: "O privilégio é geral ou especial. O primeiro se exerce sobre todos os bens móveis do devedor, o segundo sobre determinados bens móveis ou imóveis" (art. 2.746 do *Codice Civile*).

No direito brasileiro, os privilégios especiais são previstos no art. 964 do Código Civil, que relaciona os bens do devedor e dívidas às quais poderão servir, com preferência, para pagamento. Já os privilégios gerais são os definidos em razão da causa da dívida, sendo relacionados no art. 965 do Código Civil, bem como na legislação especial.

Conforme já foi mencionado, a expressão "garantia" define em sentido amplo a responsabilidade do devedor. Todavia, no uso comum, há classificação que resulta útil na identificação do modelo sobre o qual se estrutura esta responsabilidade, desde quando decorra da lei, ou que resulte do exercício da autonomia privada. A distinção precisa das diversas categorias auxilia o estudo e exata compreensão dos vários modelos de garantia. E o contrário é verdadeiro. O uso indiscriminado do termo pode conduzir a confusões que prejudicam a interpretação e aplicação das normas que disciplina sua constituição e execução.

Daí porque se examina a seguir, as principais espécies de garantia, segundo classificação dominante. Distingue-se, assim entre: a) garantia geral e garantias especiais; b) garantias reais e garantias pessoais; e c) garantias acessórias e garantias autônomas.

5. GARANTIA GERAL E GARANTIAS ESPECIAIS

Usa-se denominar garantia das obrigações, ou garantia geral, como expressão sinônima de responsabilidade patrimonial do devedor. Ou seja, constitui garantia geral das obrigações o patrimônio do devedor que possa ser alcançado pelo credor, mediante procedimentos executivos, para o fim de obter a satisfação indireta do crédito. Conforme já foi exposto mais acima, nem todo o patrimônio do devedor está ao alcance do credor, considerando, especialmente, a reserva dos bens que se considerem impenhoráveis, ou seja, insuscetíveis de utilização para satisfazer a dívida de seu proprietário ou de terceiro.

As garantias especiais, de sua vez, são aquelas que resultam da especialização de certos bens do devedor, ou de terceiro, sobre os quais deverá recair a execução, ou ainda, um modelo distinto para esta execução, na hipótese de inadimplemento. Caracteriza um reforço qualitativo da possibilidade de satisfação do crédito. Resulta, assim, em conferir responsabilidade a outro patrimônio, pelo cumprimento da obrigação, ou ainda a atribuição, para o credor, de certos direitos sobre bens determinados do próprio devedor ou de terceiro.[19] A constituição de garantias especiais resulta da lei ou da vontade das partes, e constitui-se por modelos específicos pelos quais se definem a preferência do crédito garantido a determinados bens, assim como, em certos casos, a um determinado procedimento para satisfação indireta do interesse do credor, no caso de inadimplemento do devedor.

6. GARANTIAS PESSOAIS, GARANTIAS REAIS E GARANTIAS FIDUCIÁRIAS

As garantias especiais se distinguem tradicionalmente em garantias pessoais e garantias reais. Garantias pessoais são aquelas em que se atribui a outra pessoa, além do próprio devedor, a responsabilidade patrimonial em razão do inadimplemento. O fundamento da garantia pessoal é a fidúcia, ou seja, a confiança de que na hipótese de inadimplemento do devedor, além dele próprio, outra pessoa também responderá com seu patrimônio, pela satisfação indireta do interesse do credor. Daí porque se denominam as garantias pessoais, também, como garantias fidejussórias.

As garantias reais são aquelas que vinculam a um determinado bem integrante do patrimônio do próprio devedor, ou de terceiro, a satisfação indireta do interesse do credor, no caso de inadimplemento. Tradicionalmente, desde suas origens romanas, as garantias reais outorgavam ao credor o direito a obter os rendimentos do bem gravado como garantia, ou ainda, o resultado de sua alienação para o adimplemento

19 Mario Júlio de Almeida Costa, Direito das obrigações, p. 819.

do crédito, caso dos direitos reais de garantia típicos, como a anticrese, o penhor e a hipoteca.

Os desafios de qualificação das garantias no âmbito do direito das obrigações, frente à complexidade da vida negocial, deu causa ao desenvolvimento de novos modelos de garantia pelo exercício da autonomia privada, a partir da cisão dos poderes inerentes ao domínio de determinados bens, e que resultam da concepção clássica de propriedade (poderes de usar, fruir, dispor e reivindicar a coisa). Exemplo destes modelos que resultaram previstos em lei é a propriedade fiduciária – que separa o poder de disposição, dos poderes de uso e fruição do bem, de modo que conserva o credor o primeiro, e tem direito à consolidação do domínio no caso de inadimplemento do devedor. Da mesma forma, na cessão fiduciária de direitos isso ocorre, com a separação entre a titularidade e a fruição dos direitos, e a possibilidade de sua consolidação pelo credor na hipótese de inadimplemento. Refira-se, ainda, que a legislação brasileira designa como *patrimônio de afetação*, espécie de patrimônio separado dos demais bens de titularidade de um mesmo devedor, o qual se vincula ao pagamento apenas de certas e determinadas dívidas relacionadas com aquele próprio patrimônio (assim, por exemplo, o art. 31-A da Lei de Incorporações Imobiliárias (Lei 4.591/1964).[20]

Estas e outras formas de garantia que resultem da criatividade e necessidade da vida negocial não podem, sem as devidas reservas e explicitações, serem classificadas como garantias pessoais ou reais, ainda que se aproximam significativamente desta última categoria, a ponto de boa doutrina designá-la como espécie de garantias reais impróprias.[21] Deve-se ter o cuidado para não se tornar escravo de esforços excessivamente formalistas do uso de classificações antigas para institutos novos – ou ao menos com nova formatação jurídica. Deste modo, até para fins didáticos, de modo a destacar o que de essencial distingue esta espécie de garantia – seu elemento fiduciário – é que se opta por distingui-las das garantias pessoais e reais, tomando-se de modo separado, sob a categoria própria de garantias fiduciárias.

7. GARANTIAS ACESSÓRIAS E GARANTIAS AUTÔNOMAS

Outra distinção útil é a existente entre garantias acessórias e autônomas. As garantias especiais normalmente se apresentam como espécies de garantias acessórias, uma vez que supõe a existência da obrigação principal cuja dívida visa garantir. Neste sentido, só há sentido na obrigação de garantia uma vez que se suponha a existência de uma obrigação a que se refira diretamente. Consequência prática disso, é que a obrigação de garantia ao supor a existência do principal, segue-lhe no destino, o

20 Assim, o art. 31-A da Lei 4.591/1964: "A critério do incorporador, a incorporação poderá ser submetida ao regime da afetação, pelo qual o terreno e as acessões objeto de incorporação imobiliária, bem como os demais bens e direitos a ela vinculados, manter-se-ão apartados do patrimônio do incorporador e constituirão patrimônio de afetação, destinado à consecução da incorporação correspondente e à entrega das unidades imobiliárias aos respectivos adquirentes."

21 Fernando Noronha, Direito das obrigações, p. 221 e ss.

acessório segue o principal (*acessorium sequitur principale*). Daí que a nulidade da obrigação principal induz a invalidade da obrigação de garantia de adimplemento, que se torna sem objeto.

Algumas garantias, contudo, não guardam esta relação de dependência do crédito garantido, objeto da obrigação principal, razão pela qual são denominadas garantias autônomas. A autonomia resulta da própria desvinculação com o direito a que ela se refere, como é o caso do aval e de modelos de garantia utilizados no comércio internacional.[22] Tem em comum o fato de guardarem autonomia em relação ao crédito que visam garantir, tornando-se espécie de negócios jurídicos abstratos. Em razão disso, a responsabilidade do garante poderá sobreviver à própria invalidade da obrigação objeto da garantia, como ocorre com o aval, em que, havendo a equiparação do garante ao devedor "subsiste a responsabilidade do avalista, ainda que nula a obrigação daquele a quem se equipara, a menos que a nulidade decorra de vício de forma." (art. 899, §2º, do Código Civil).

Da mesma forma, as garantias do comércio internacional, que são, sobretudo, garantias bancárias. Exemplo destas serão as cartas de conforto (Patronatserklärung;[23] Comfort letters),[24] espécie de crédito documentário cuja eficácia e exigibilidade perante o credor não dependem da obrigação principal, em relação ao qual cumprem a função de garantia do pagamento.

Realiza-se o exame, agora, das várias espécies de garantias especiais. Advirta-se, contudo, que neste volume relativo à teoria geral das obrigações a finalidade do exame é apenas revelar as características principais de cada uma das principais espécies de garantia. Maior detalhamento será deixado quando se tratar especificamente de cada uma delas, conforme sua natureza. As garantias que se estruturam como contrato típico – caso da fiança, por exemplo – tem seu exame detalhado no volume relativo aos contratos. Do mesmo modo, as garantias reais são tratadas com maior detalhamento, no volume relativo aos direitos reais, e assim por diante. Há outras garantias, cuja especialidade e aplicação recomenda que sejam examinadas com maior profundidade em estudos específicos, como já se fez, por exemplo, em outra obra, no tocante às garantias bancárias.[25]

O que é essencial para exame das várias garantias especiais, no plano da teoria geral das obrigações, compreende suas características principais e sua aptidão para oferecer ao credor instrumento de mitigação dos riscos do inadimplemento, visando à satisfação, ainda que indireta, de seu interesse útil na relação obrigacional.

Os modos de classificar as diversas garantias especiais são variados. Interessa aqui, sobretudo, a finalidade didática, e neste propósito orienta-se a opção adotada.

---

22 Adotamos no ponto, a classificação de Adalberto Pasqualotto, Garantias no direito das obrigações, p. 142.

23 Jens Koch, Die Patronatserklärung. Tübingen: Mohr Siebeck, 2005, p. 11 e ss.

24 Matti Kurkela, Letters of credit and bank guarantees under international trade law. New York: Oxford University Press, 2008, p. 7.

25 Bruno Miragem, Direito bancário, p. 453 e ss.

Daí que a estrutura da análise das garantias especiais parte da distinção entre garantias acessórias e garantias autônomas. A partir daí, distinguem-se as garantias pessoais das garantias reais e das garantias fiduciárias. Seria possível indicar estas últimas, como propõe boa doutrina, de garantias reais impróprias. Isso, todavia, faz pouco evidente sua característica essencial, que é o caráter fiduciário, por isso mesmo objeto de viva atenção e utilidade na vida negocial contemporânea. Daí a opção metodológica aqui adotada.

7.1. Garantias acessórias

Denominam-se as garantias como acessórias porque supõem na constituição e ao longo do desenvolvimento da relação obrigacional, a existência e validade da obrigação principal, cuja dívida de prestação resulta de seu objeto. Em termos práticos, conforme já foi visto, subordina-se ao clássico critério de pertinência, pelo qual o acessório segue o principal (*acessorium sequitur principale*).

Distingue-se o exame entre garantias pessoais, representada pela fiança, das garantias reais, representadas por a) hipoteca; b) penhor; e c) anticrese; e as garantias fiduciárias, representadas por a) propriedade fiduciária; b) alienação fiduciária; e c) cessão fiduciária de direitos.

7.1.1. Garantias pessoais

As garantias pessoais têm por eficácia a vinculação de uma terceira pessoa e seu patrimônio à obrigação de satisfação do crédito. Obriga o terceiro a uma prestação, como regra pecuniária, visando à satisfação do crédito. Ou como ensina a doutrina, ao distinguir que, "nas garantias pessoais, não se constitui direito real sobre coisa alheia em favor do credor. O garante responde com base num princípio de confiança. Daí a garantia chamar-se fidejussória, apesar de não persistir no mundo dos negócios atualmente a base de fidúcia que deu origem à fiança romana".[26] Distinguem-se em fiança e aval. O aval, contudo, por não se configurar como garantia acessória, uma vez que sua autonomia em relação à obrigação cuja prestação garante, incorporando-se no título, faz com que se qualifique como espécie de garantia autônoma, será examinado mais a frente, nesta qualidade.

7.1.2. Garantias reais

As garantias reais vinculam um determinado bem à satisfação da obrigação garantida. Daí por que só quem tem poder de disposição sobre o bem pode oferecê-lo para constituir garantia de uma determinada obrigação. Nesse sentido, cumpre distinguir que podem exercer a função de garantia de uma obrigação tanto direitos reais

26 Adalberto Pasqualotto, Contratos nominados II... cit., p. 224.

especificamente previstos para realizar este fim (os direitos reais de garantia), quanto direitos reais que, embora não tenham esta função específica, podem ser exercidos por seu titular de modo que passem a constituir garantia de uma determinada obrigação, como é o caso da propriedade, na qual se admite a alienação do domínio em garantia da satisfação de uma obrigação. Ou mesmo, por ocasião da aquisição da coisa para a qual o adquirente recorra a financiamento, reserve o concedente do crédito o domínio da coisa até o pagamento da dívida pelo adquirente, que para logo poderá adquirir a posse.

No que diz respeito aos direitos reais de garantia, submetem-se ao princípio da tipicidade, de modo que devem estar previstos em lei. Trata-se de direitos que conferem ao credor garantido um direito de prelação ou preferência sobre o bem em relação a outros credores (art. 1.422 do CC). Essa preferência, contudo, não se confunde com os privilégios creditórios a que se refere o art. 961 do CC, que trata de hipótese em que o direito do credor refere-se a todo o patrimônio do devedor. Os direitos reais de garantia também são indivisíveis, ou seja, dizem respeito à coisa toda, assim como suas partes e acessórios (*sicut anima in corpore*).[27]

Submetem-se as garantias reais ao princípio da tipicidade, de modo que devem estar previstas em lei.

A constituição da garantia real que envolva penhor, hipoteca ou anticrese deve observar os requisitos legais de sua constituição, entre os quais refere o art. 1.424 do CC: "Os contratos de penhor, anticrese ou hipoteca declararão, sob pena de não terem eficácia: I – o valor do crédito, sua estimação, ou valor máximo; II – o prazo fixado para pagamento; III – a taxa dos juros, se houver; IV – o bem dado em garantia com as suas especificações". Nessas modalidades de garantia, contudo, o bem serve à garantia para ser alienado e o valor obtido daí serva à satisfação do crédito. Não pode dispor o contrato sobre direito de adjudicação do bem pelo credor (cláusula comissória), sendo nula cláusula contratual que contenha esta previsão (art. 1.428 do CC). Admite-se, contudo, que possa o devedor dar a coisa em pagamento da dívida após o vencimento (art. 1.428, parágrafo único, do CC).

7.2. Garantias autônomas

Garantias autônomas, conforme já foi mencionado, são aquelas cuja obrigação de garantia não guarda relação de dependência com a obrigação cujo crédito visa garantir. São autônomas porque as vicissitudes da obrigação sobre a qual recai a garantia não atinge a obrigação que a institui.

São garantias autônomas mais comuns o aval e série de garantias bancárias no comércio internacional.

27 Gustavo Tepedino; Maria Celina Bodin de Moraes; Heloísa Helena Barboza. Código Civil interpretado conforme a Constituição da República, t. III. Rio de Janeiro: Renovar, 2011, p. 855.

8. CONSIDERAÇÕES FINAIS

O exame sistemático das garantias das obrigações, já desenvolvido em muitos sistemas jurídicos objeto de tradicional comparação jurídica pela doutrina especializada, apresenta inegável vantagem não apenas para a compreensão, mas também para sua efetividade no direito brasileiro. O estudo atomístico das garantias, como realizado pela doutrina até o presente, se naturalmente não é causa, é possível afirmar – com segurança – que não contribuiu com o cumprimento de seu propósito essencial de estímulo ao adimplemento.

A resposta tradicional do direito das obrigações, neste sentido, vem sendo a de descartar, na prática, determinadas modalidades de garantia em vista de suas dificuldades de aplicação concreta, estruturando outros modelos, conforme características da obrigação cujo adimplemento se visa assegurar, sem atenção à sua situação e repercussão no patrimônio do garante.

O estudo sistemático das garantias, como aqui se propõe, ao mesmo tempo em que admite o reconhecimento de similitudes e distinções, pressupõe sua identidade funcional como critério para determinação dos requisitos dos negócios jurídicos que a constituam e seus efeitos. A diversidade de modelos não se confunde com multiplicidade de efeitos, senão com sua apresentação concreta segundo sua melhor exigibilidade para o credor. Nestes termos é que, antes de consagrar um determinado modelo de sistematização em detrimento de outros que, de acordo com critérios diversos, venham a ser propostos, o que destaca é a necessidade e conveniência de um tratamento sistemático das garantias das obrigações, conforme sua utilidade concreta.

O AMBIENTE DE NEGÓCIOS E A DIGNIDADE DO DIREITO EMPRESARIAL

Carlos Henrique Abrão

INTRODUÇÃO

A justa homenagem feita à memória do professor e jurista Rubens Requião, pela ocasião do centenário do seu nascimento no ano de 2018, revela-se oportuna e principalmente essencial para que dentro do ambiente dos negócios possamos encontrar aspectos consentâneos no exercício da atividade empresarial e notadamente a conotação da dignidade, tão escassa contemporaneamente.

O Professor Rubens Requião, um dos maiores comercialistas do Brasil, deixou relevante legado atrelado ao Curso de Direito comercial, o Curso de Direito Falimentar e o pioneiro estudo a respeito do representante comercial, e já alcançado todo esse intervalo de tempo, o centenário transcorrido traz à lembrança a cultura, envergadura e estudos realizados no Brasil e no exterior, os quais serviram de ponto de apoio para o desenvolvimento do moderno Direito Empresarial.

Não é tradição fazer uma homenagem à memória dos nossos juristas, porém esse comportamento tem sido paulatinamente modificado, pelo volume de obras que hoje estimulam notadamente professores que deixaram o magistério, além de outros profissionais que puderam contribuir de modo relevante para o aprimoramento e o aperfeiçoamento desse intrincado campo de Direito Privado.

A revogação da Parte Primeira do Código Comercial e a unificação acontecida no bojo do Código Civil demonstraram um certo vazio, lacuna fazendo com que as interpretações jurisprudenciais carecessem do padrão típico do Direito dos Negócios e de toda a dinamicidade evolutiva presente.

A infindável e inócua discussão entre a autonomia dos ramos jurídicos da obrigação civil e da obrigação comercial nos conduziu à extirpação de um Código Comercial moderno: aquele que possuímos é do Século XIX, datado de 1850, ao passo que o atual Código Civil, ao tempo de completar 15 anos de vigência, não identificou precisamente elementos e circunstâncias comuns do Direito Empresarial.

Não é sem razão que o escrito coletivo envolto no trabalho traz luzes para uma nova legislação empresarial e visa evidenciar que o microssistema tem pertencimento duradouro, de maior factibilidade, em comparação com a preocupação de princípios relacionados à codificação.

Aplaude-se a memória inolvidável do desbravador do Direito Comercial, o professor Rubens Requião, e ao mesmo tempo parabeniza-se aqueles que se dispuseram a elaborar as suas contribuições no propósito de pensarmos no Direito Empresarial do amanhã.

1. O PAPEL DO ESTADO NA ECONOMIA

O Brasil conviveu por longos anos com o autoritarismo e a intervenção desmedida do Estado na ordem econômica, acarretando inúmeras consequências, notadamente no regime específico de empresas públicas e sociedades de economia mista. O reflexo dessa situação alcançou a redemocratização do país e o acanhamento da classe empresarial em se submeter ao risco do negócio.

Consequentemente, esse compadrio, vinculação espúria entre o privado e o público, ficou transparente e muito presente quando sucedeu o combate à corrupção, calafetando estruturas antigas, enraizadas e estigmatizadas no modelo de representação política e no tamanho do papel estatal.

O Estado sempre foi um mau gestor, e na maioria das vezes não sabe manter em dia suas finanças, levando ao completo desarranjo da máquina. A dívida pública, apenas para que se tenha uma ideia, ultrapassa hoje o valor de R$ 3 trilhões, aproximando-se a passos largos do valor do Produto Interno Bruto.

Somado a esse aspecto, mais uma vicissitude pode ser encontrada na fenomenologia da globalização quando grandes grupos econômicos passaram a dar as cartas, transformando o Estado de Bem-Estar Social (*Welfare State*) no Estado Mínimo, mero regulador do mercado.

Todos acreditávamos que essa repaginação do papel estatal fosse se acelerar a partir da privatização acontecida ao longo da década de 1990 e até o ano 2000. Porém, o que vimos foi uma verdadeira disfunção e um ambiente de negócios extremamente impactante, fazendo com que o empresário se tornasse refém do Estado, sob uma série de exigências burocráticas, desde a constituição da empresa, a sua demora em relação às obrigações fiscais e de natureza tributária, sem falar na carga e a complexidade dos benefícios sociais decorrentes de um vínculo trabalhista retrógrado, o qual na atualidade encontra-se flexibilizado.

Contemporaneamente, pois, a crise que se abateu no País, em parte fruto daquela ocorrida nos EUA em 2008 e espalhada depois para o continente europeu, não veio a ser absolutamente absorvida, mas sim agudizada pelo desencontro do horror político, somado ao horror econômico.

É precisamente sobre tais fundações que recai a revisão do modelo para o ressurgimento de um ambiente de negócios no qual a função do Estado se limite à regulação soberana, independente e autônoma, livre das amarras de das benesses contaminando a livre concorrência e também as regras estabelecidas na Carta Política.

O verdadeiro *apartheid* social – calcula-se que são mais de 100 milhões de marginalizados, abaixo da linha de pobreza – somente se fez por estar a economia contraída e submetida a regras de incerteza e insegurança, provocando o afugentamento dos investimentos externos e uma excessiva concentração de empresas, sem que o Estado realizasse basicamente o seu papel de catalisador e também de distribuidor de oportunidades.

Não faz o menor sentido o elenco de empresas estatais agora aglutinadas sob o pálio da disciplina da Lei 13.303/2016, considerando, antes de mais nada, os atos ilícitos praticados em várias sociedades de economia mista, deflagrando a maior operação já realizada no país envolvendo processos criminais, acordos de leniência e vultosas multas administrativas, congregando os papéis da Advocacia Geral da União, da Controladoria, do Tribunal de Contas da União e notadamente a Polícia Federal, Ministério Público, a Justiça e a Corte Suprema.

Um ambiente sadio para os negócios se propõe ao reencontro da dignidade do Direito Empresarial, fazendo com que o papel do Estado seja de incremento à atividade e não de agente de punição ou repressão, fatos esses também que respingaram naquela que se denominou "Operação Carne Fraca", transmitindo a impressão de que agentes públicos federais estariam mancomunados com empresas responsáveis pela fabricação de produtos para o mercado externo e comercialização no mercado interno.

Tal anomalia repleta de inconsistências demonstra a leniência do Estado brasileiro em termos da realização do seu papel constitucionalmente assegurado, fazendo com que os agentes públicos, no mais das vezes, se permitam obter vantagens indevidas com a atividade privada na esfera empresarial, abalando a normalidade do mercado e trazendo a conta final para ser paga pelo consumidor.

Definir o papel estatal na ordem econômica não consiste em liberá-lo total e integralmente de sua macrorresponsabilidade em setores norteadores da atividade. Mas sem uma injeção de recursos, o capitalismo encerrado na globalização ambiciona retrocesso, não avanço, no cenário econômico brasileiro.

Essa deletéria situação, gerada pelo Estado brasileiro, tem sido o principal fator inibidor do empreendedorismo, do encontro de um ambiente de negócios sadio e da purificação do relacionamento público-privado.

Essa categorização tem sido perniciosa e nos afugenta do mercado externo. Nossa participação é insignificante, e todos esses custos indiretos são obrigatoriamente repassados ao consumidor final, notadamente os malsinados reflexos da corrupção, fazendo com que os preços praticados sejam elevados e distantes dos mercados desenvolvidos.

Chegamos a integrar o quadro de respeitabilidade do G7, porém decaímos, em razão de erros próprios. E não conseguimos distinguir basicamente qual atividade o Estado teria na modernização diante da tecnologia, do comércio eletrônico e de novas plataformas solapando as distâncias e derrubando muros entre os países desenvolvidos e aqueles emergentes.

2. REDUÇÃO DO ESTADO EMPRESARIAL

A intervenção do Estado na ordem econômica partiu do equivocado conceito atrelado à segurança nacional. A privatização, quando da redemocratização do País, também não alcançou os acalentados sonhos da normalidade, eficiência e eficácia do mercado.

Quando nos deparamos com a falência das contas públicas e a total inadequação do gestor à Lei de Responsabilidade Civil, por certo analisamos que a redução do Estado empresarial é a forma mais consentânea de aprimorar o desenvolvimento do negócio sem prejudicar a livre concorrência.

Estados da Federação sem recursos financeiros e submetidos à legislação de organização das finanças públicas passam por um delicado momento, no qual sequer conseguem fazer face à folha de pagamento, comprometendo os setores de pesquisa e investimento e praticando demissões e fechamento de empresas.

Essa irracionalidade do Estado empresarial somente aperfeiçoa e consolida o raciocínio no sentido da própria percepção de se manterem atividades essenciais e as demais passarem ao regime organicamente da regulação mediante técnicas que permitam que diversas empresas sejam consolidadas e rompam com o vezo da ineficiência e da concentração de grupos econômicos.

A crise que abala o cenário nacional, para a desabrida corrupção, carreia responsabilidade estatal e também permite descortinar que o gigantismo de alguns setores econômicos, considerado essencial para a infraestrutura, veio a ser deletério, haja vista que, sem a sombra da concorrência ou margens de competição, referidas empresas cartelizaram seus serviços, quando não monopolizaram suas atividades, praticando verdadeiro caixa único em conjunto com o Estado.

Fixado esse juízo prudencial, o papel catalisador do Estado traz como corolário a redução de sua função empresarial, por três aspectos nitidamente compreensíveis.

O primeiro é a inóspita situação financeira encontrada quando, segundo o entendimento predominante, as empresas públicas e sociedades de economia mistas não estão sujeitas ao procedimento de recuperação judicial ou falimentar.

O segundo ponto se refere ao mercado de livre concorrência não estabelecido quando assume o papel empresarial, tanto na forma de monopólio quanto de competição.

Finalmente, a escassez de recurso público, a falta de investimento e a miopia de uma visão global permeiam uma revolução para a intervenção mínima e venda máxima de empresas sem resultados econômicos. Talvez uma das poucas exceções situa-se em atenção à Embrapa, a qual tem conseguido, no País e no exterior, realizar pesquisas e trabalhos, inclusive com a livre iniciativa, auspiciosos para a sedimentação e o crescimento do agronegócio.

3. O EXCESSO DE INTERVENCIONISMO E A MÁ REGULAÇÃO

A última década brasileira foi capaz de trazer uma típica plasticidade do excesso de intervencionismo hospedado na má regulação, fazendo com que, definitivamente, as esferas pública e privada entrassem em rota de colisão, fomentando o colapso e aumentando o descontentamento do consumidor.

O papel intervencionista do Estado fora materializado em diversos setores, como os da construção de casas populares, energia, óleo e gás. Porém, desprovidos de um estudo ou análise técnica prudencial, a falta de racionalidade levou – e não poderia ser diferente – ao aumento de preços e à má qualidade dos serviços, na descontinuidade notadamente daqueles considerados essenciais: saúde, transporte e educação.

A ausência de um denominador comum confere excesso, quando poderia ocorrer a delegação, concessão ou parcerias público-privadas para minimizar a desestruturação e melhorar o ambiente dos negócios.

Não bastasse o intervencionismo amiúde errático e dissociado da globalização e dos aspectos negativos trazidos, a má regulação encerrou omissão, quando vários setores e diversas empresas privatizadas não conseguiam dar vazão ou foram atingidas pela *débâcle*.

Empresas privadas concessionárias de serviços públicos vieram a pleitear recuperação judicial, e a má regulação tornou-se a principal causa de não se fazer um prévio saneamento e disseminar os serviços sem a concentração que implica no grave reflexo da insolvabilidade.

Dentro desse espírito que norteou o papel estatal na última década, consolidando amargo ambiente de negócios e de trevas, a dignidade do Direito Empresarial fora abalada e solapada nas suas fundações, criando um sentimento para o homem médio no sentido de que todas ou a maioria das atividades realizadas pelo setor econômico estão necessariamente atreladas aos desvios, desmandos e cometimento de atos ilícitos.

Desconhecendo o gestor o seu real papel, alimentando o mercado com sonhos e esperanças inócuas, as agências reguladoras de forma geral não desempenham a contento e satisfatoriamente os seus papéis, fazendo com que as sanções pecuniárias se transformem em uma quimera de infindáveis discussões judiciais, porquanto os infratores não desembolsam os valores, preferindo a via litigiosa, mesmo sabendo que deixaram de cumprir normas peculiares à prestação, concessão ou delegação dos serviços.

Tipificado o excesso de intervencionismo que se incorporou à última década de uma jornada descompromissada com os valores de um ambiente propício aos negócios, sepultou-se a dignidade do Direito Empresarial, uma vez que, na interface entre o público e o privado, ambos os lados levavam vantagens, colocando em risco a população ou minimizando os impactos negativos da falta de regras claras relacionadas ao funcionamento da competição e da concorrência.

Essa abrasiva forma de agir do Estado Brasileiro também trouxe riscos exponenciais ao mercado de capitais, considerando os prejuízos experimentados por investidores e o deslocamento de companhias da função primordial da atividade empresarial para o patamar censurável da distribuição de propinas.

4. REFLEXO DA PRIVATIZAÇÃO NA ÁREA EMPRESARIAL

Ao repesar o Estado brasileiro, concluiu-se naquela oportunidade que a mudança de rumo somente poderia abarcar um leque de privatizações nas três esferas de poder. Foi assim que o Estado brasileiro se comportou para melhorar a infraestrutura e reenergizar diversos setores, a maioria deles encontrando forte respaldo na injeção de recursos externos.

À vol d'oiseau, a privatização obedece ao mecanismo da globalização, encampa a ideia de livre concorrência, permite redução de preços e invariavelmente se submete à área de regulação para interferências pontuais em prol do serviço público.

Notadamente, se estabeleceu uma ei quadro para viabilizar as privatizações, reduzindo o peso paquidérmico da Federação e transferindo a responsabilidade para a inciativa privada, quando então o setor empresarial experimentou uma alavancagem considerável, não apenas pelo volume de negócios mas também pela abertura de capital na Bolsa de Valores.

A par disso, os recursos ingressados serviram para reduzir o endividamento público e colocar o Estado nas funções de coordenação, fiscalização e supervisão, pontuando regras de transparência e exigências nos setores de portos, aeroportos, energia e transporte – enfim, numa gama universal que a cada dia mostra mais sua importância, em função da globalização dos mercados.

O Estado empresário fora substituído pelo Estado regulador, embora ainda fosse elevado o número de empresas estatais nas três esferas de poder. Porém, o contato direto entre o consumidor e o prestador do serviço concessionário muitas vezes encontra uma barreira quase intransponível, na medida em que o órgão regulador não dispõe de infraestrutura para responder ao nível de reclamação e colocar em contato ambas as partes, as quais trazem suas pretensões de maneira desencontrada.

O ambiente propiciado pela privatização fora amplamente favorável, mas não houve da parte do governo, e muito menos das empresas, um ganho de eficiência, mas sim a concentração em várias regiões do País, sem tecnologia de ponta, alimentando o aumento de preços e colocando a concorrência em xeque.

Ao contrário do que aconteceu no Século XX na Europa, onde foram feitas primeiro as reformas e depois sucedeu a privatização, no Brasil, pelo contrário, mesmo já tendo se livrado de dezenas de empresas, o Estado nacional permanece deficitário, endividado e completamente incapaz de realizar serviços públicos dentro do princípio da dignidade inerente ao consumidor.

Não se desconhece que um número bastante expressivo de empresas vindas do exterior se interessou pelos programas de privatização, compras de participação e controle das antigas estatais. Porém, na década seguinte à privatização, diversos reflexos se espalharam, consubstanciando assim uma falta de modulação, calibragem e adaptação do modelo, principalmente nos serviços de concessionárias de rodovias na forma de cobranças pedagiada, em descompasso com os modelos desenvolvidos norte-americano, europeu e asiático.

Não bastaria pura e simplesmente privatizar, principalmente quando a plataforma previa prazos longos, os quais refletem o quase abandono do serviço ou a falta de preocupação com a sua implementação eficiente.

Concessões, delegações e parcerias público-privadas com duração de décadas acarretam o aprisionamento do Estado em mãos da inciativa privada e reverberam a forma de remuneração, trazendo atualmente diversos litígios, não apenas na esfera judicial, mas também na da arbitragem.

Pulverizaram-se os efeitos positivos privatizantes, os quais foram sendo diluídos paulatinamente ao longo do tempo, refreando os ganhos absorvidos pela sociedade civil e criando um embaraço, isto porque, com a globalização e o aumento do porte da empresa, difícil e raramente serão encontrados, nas mesmas condições, outros prestadores dos serviços.

5. O AMBIENTE DOS NEGÓCIOS E O CLIENTELISMO

Não havendo uma agência de fomento revestida de imparcialidade e neutralidade, mas sujeita à ingerência do Estado controlador, o ambiente dos negócios, deveras delicado, passou a ser ruinoso, quando determinados setores da economia foram privilegiados e acarretaram concentração, desnivelando a simetria necessária para a concorrência e o livre mercado.

O saudoso professor das *Arcadas* Oscar Barreto Filho já pontificava, em escrito numa revista de Direito Mercantil, a respeito da dignidade do próprio Direito mercantil, matéria hoje assaz em voga. Com efeito, a indignidade dos negócios provoca a indignidade em maior escala, relacionada ao Direito Empresarial, na medida em que, sem compromisso com o consumidor, com a qualidade dos serviços ou com o papel social, as empresas mergulham de cabeça numa verdadeira bola de neve, no aprisionamento do lucro, invertendo a polaridade da atividade produtiva para aquela de simples resultado, o que não é salutar nem condizente com o estágio de desenvolvimento da economia brasileira.

Regrada assim essa ordem, preconizada pela disfunção do ambiente dos negócios e impactada pela tecnologia do Século XXI, vários estágios atingiu a evolução do Direito Comercial, em suas inúmeras etapas, para que alcançasse posição sobranceira, nacional e internacionalmente.

É certo que, em termos de legislação, de codificação, não evoluímos: ficamos parados no ano de 1850, inspirados no Código de Comércio francês de 1807. No entanto, se não alteramos a posição normativa estática de conotação jurídica, sob o prisma estritamente funcional houve uma inexorável fenomenologia involutiva, provocada pela promiscuidade entre o público e o privado e levada às últimas consequências pelo *establishment*.

Frisava George Ripaire que o espírito de lucro não é o valor monetário que preserva a atividade empresarial, mas sim a causa que forja a criação de bens incorpóreos e intangíveis, sucedendo o fortalecimento daquilo que o comercialista italiano Alberto Asquini chamou de perfil poliédrico da empresa.

Formatada assim essa interpretação, cumpre registrar que o clientelismo somente tomou corpo pela disfunção do papel estatal na formatação de um inadequado e viciado ambiente de negócios.

A complexidade do Direito Empresarial não pode ser resumida na promiscuidade que pautou as relações entre o público e o privado, residualmente, isso porque precisamos conviver com uma política de lucros ambicionados, mas que criem no consumidor polos capazes de oferta democrática.

Não seria, portanto, o Direito Empresarial, na visão de Joaquín Garrigues, mero produto do capitalismo; intencionar essa razoabilidade não compreenderia a sua acelerada transformação no moderno Direito global, cujas macroempresas investem pesada e maciçamente em tecnologia, lançando uma cartilha sem precedentes para que a nova geração perca de vista o conceito do empreendedor individual e passe a enxergar a riqueza do ambiente dos negócios como fator fundamental do fim da assimetria entre o Estado moderno e a pujança do maior capital, qual seja, a solidez empresarial.

Os comercialistas, sem sombra de dúvida, perderam muito tempo com teses e conceitos que foram praticamente varridos dessa análise acessória pela interferência da dinâmica dos negócios e o conceito substancial da economicidade. Não há mais aquela referência à empresa, a exemplo do estabelecimento comercial, mas sim a esferas compartilhadas, a partir do comércio eletrônico e da função social encerrada na propriedade empresarial.

Ao ser publicizada a atividade empresarial, vários participantes ingressam na sua seara na qualidade de colaboradores, fornecedores e prestadores de serviços, transformando aquele núcleo numa integração coletiva de vontades para a unificação da produção em série destinada ao produto da dignidade ética e vivamente tecnológica do novo Direito Empresarial.

O reposicionamento do Estado moderno encerra a repaginação do clientelismo, a expulsão do compadrio, a exclusão de um capitalismo de favores e notadamente de uma globalização periférica. Isto porque, concentrados os esforços, não há ambiente de negócios sem livre concorrência e o incremento de uma agência de fomento, principalmente quando a poupança interna é tímida e desconectada dos reflexos da globalização.

O questionamento pede passagem para o envolvimento dos papéis dos bancos públicos, mais propriamente o BNDES, considerando que a nossa economia está amparada fortemente na micro, pequena e média empresa, as quais são aquelas que contratam e recolhem seus tributos, ao contrário da economia norte-americana, na qual existe um emparelhamento de grandes negócios, produzindo um Produto Interno Bruto aproximadamente 6 vezes superior ao do Brasil, na casa dos R$ 18 trilhões.

Bem divisada essa realidade, também assistimos, tempos atrás, a bancos particulares sendo atingidos pela má administração e ao desconforto estatizante para se evitar a quebra, encarregando-se bancos públicos de apagar os incêndios e repartir responsabilidades. Incredulidade essa que marginaliza a concorrência e se torna fonte inesgotável de um clientelismo amargo, cujos reflexos serão sentidos pelo contribuinte, que mais uma vez pagará essa conta.

6. A DISFUNCIONALIDADE ENTRE O PÚBLICO E O PRIVADO

Desde tempos imemoriais assentes há mais de 5 séculos, quando do Descobrimento, infelizmente não estabelecemos as pilastras dissociando o público do privado, o que inegavelmente afeta a construção de uma atividade empresarial livre e independente.

Nessa toada, sem a menor dúvida, o conflito encerra entrechoque de interesses municiando duplo prejuízo, pois a disfuncionalidade enfraquece o Estado e aumenta a sua irresponsabilidade com o comprometimento do nível de solvabilidade das empresas privadas.

O compartilhamento da atividade pública somente remanesce em termos de regulação ou por intermédio de parcerias capazes de distinguir a proveniência dos recursos ingressados e o nível de responsabilidade na formatação do empreendimento empresarial.

É bem verdade que o ente público, tomado em sentido genérico, não tem disponibilidade de recursos financeiros; realiza contratos administrativos imperfeitos, cuja duração supera as expectativas e interfere no bem comum, porquanto a própria burocracia, que emperra a constituição de uma sociedade empresária, acaba por tornar em código de ética e liturgia entre os participantes o "molhar as mãos". Daí que a involução do ambiente dos negócios pressupõe a indignidade do moderno Direito Empresarial.

Simplesmente a abertura dos mercados participou distanciamento do ente público, conferindo às sociedades empresárias maior flexibilidade e musculatura na feitura de suas atividades. Porém se percebeu, com nítida clareza e inegável transparência, que as regras inseridas pelo poder público transgridem, na maioria das vezes, a legislação concorrencial, fazendo com que a meritocracia dos cargos seja substituída pela avassaladora onda dos favores.

Recuamos na última década na formatação não apenas de uma legislação padronizada, tendo em mira o Código Comercial de 1850, mas no conjunto de medidas que alargassem o mercado, propiciassem o fortalecimento da empresa e ao mesmo tempo dispusessem de ferramentas redutoras do nível de endividamento das empresas brasileiras.

E aqui chama a atenção, dentro de milhões de empresas nacionais – repita-se uma vez mais – desenhadas no conjunto por médias e microempresas, que mais da metade apresenta problemas de pagamento, de inadimplemento ou de registro no cadastro de maus pagadores.

Infelizmente – e talvez seja esse o nosso calcanhar-de-aquiles – os juros bancários extrapolam o nível de compreensão aceitável em nações desenvolvidas, fazendo com que as empresas sejam capitalizadas mediante fundos de investimento, empresas de faturização ou por fatores externos para a superação do estado de crise.

Fundamentalmente, pois, a disfuncionalidade recrudesceu por diversos fatores que emparedam e acantonam o empresário, diluindo a competição, armazenando mais e mais contas a serem pagas, de uma insana tributação, de uma legislação trabalhista que demorou mais de meio século para ser reformada.

O binômio público-privado no Brasil mereceria um opúsculo, por se tratar, muito provavelmente, da maior visão que corresponde à separação do joio e do trigo, mesclando a mitigação de princípios; isso porque quando os bancos públicos resolvem injetar recursos financeiros, tornando-se parceiros e acionistas de empresas privadas, não assumem os riscos de suas operações e transbordam consequências detrimentosas, provocando um gargalo e deixando de fomentar – por razões que não vêm à baila – o núcleo sedimentado pelo empreendedorismo, distante de macrocompanhias e de empresas de porte, na medida em que o capitalismo predatório entre o público e o privado conduziu à irracionalidade da globalização, tornando em uma verdadeira loteria a permanência da empresa ao longo dos anos na continuidade dos seus negócios.

7. LEI GERAL EMPRESARIAL

A falta de uma legislação empresarial específica e uniforme, que mantenha princípios gerais concernentes ao exercício da atividade econômica, demonstra uma quebra em relação à interpretação de aplicação de preceitos relacionados ao nascimento, desenvolvimento, extinção e dissolução da sociedade empresária.

A sistemática voltada para a codificação, além de ser obsoleta, não compreende mais o tempo contemporâneo, que exige mudanças e adaptação ao elemento de microssistemas, capacitando o empreendedor e desburocratizando o acesso, facilitando o crédito e permitindo no menor tempo possível os registros dos atos empresariais.

Catalogada uma legislação empresarial que disciplinasse a atividade econômica, o comércio eletrônico, as sociedades empresárias, os títulos de crédito e ainda o Direito Industrial envolvendo marcas e patentes, teríamos um retrato completo e fiel de um sistema moderno que atendesse à função disciplinadora, retirando do Código Civil as regras que interferem na interpretação de contratos empresariais.

Convivemos – isso é fato notório – com um ambiente de negócios extremamente inóspito, de uma confusão generalizada entre público e privado, desaguando na fratura dos deveres e responsabilidades dos administradores de companhias, notadamente aquelas intituladas sociedades de economia mista.

O crescimento desenfreado da globalização permitiu um arrebatamento do Estado, o qual se tornou fragilizado e refletiu o caos das finanças públicas, contrapondo-se o resultado inacreditável de Estado e empresas igualmente insolventes pela total falta de análise, de estrutura ética, de fiscalização e de conteúdo programático, sem nenhum perfil de eticidade.

O saudoso professor Rubens Requião, ao enfrentar o tema (*Aspectos Modernos de Direito Comercial,* 2º vol., Saraiva, 1980, páginas 46 e seguintes), com bastante propriedade, referiu-se à necessidade da moralização dos negócios. É fundamentalmente esse preceito aquele do qual mais carecemos e não empunhamos com envergadura, isso porque, por mais que a lei tente disciplinar, não logrou êxito em estabelecer parâmetros de comportamento dos dirigentes.

Essa total anomalia acontece não apenas em relação ao Primeiro Mundo, mas basicamente em países em vias de desenvolvimento, quando a resposta ditada pela Justiça é mais demorada e os recursos canalizados, provenientes de uma corrupção sistêmica, são internados em paraísos fiscais.

Nota-se, com base na lição de Fábio Konder Comparato, que os fatos reservados inerentes à vida empresarial podem advir em proveito ou prejuízo do mercado, e um "jogo de cartas marcadas" sempre atenta contra a moralidade e o dever de lealdade dos administradores.

Convivemos com um gritante conflito de interesses, nos quais autoridades governamentais votam e fingem ser minoritárias, drenam recursos de fundos de pensão, realizam contratos administrativos de valores vultosos e exuberantes, colocando em risco a própria sobrevivência da sociedade e a dignidade humana.

Esta inadiável necessidade da moralização dos negócios deve ser integralmente atingida por uma legislação empresarial categórica, que ao mesmo tempo induza tal empreendedorismo, mas também permita o controle, a transparência e a responsabilização de dirigentes de empresas lenientes e comprometidos com ganhos fáceis e lucros ilícitos.

8. O MICROSSISTEMA E O MACROEMPRENDEDORISMO

Oportunizar uma legislação empresarial significa, antes de mais nada, priorizar microssistemas na toada das regras constitucionais da livre iniciativa e do mercado concorrencial.

A respeito, Eros Roberto Grau (*A Ordem Econômica na Constituição de 1988,* 18ª ed., Malheiros, São Paulo, 2017) analisa que a Constituição representa um dinamismo: consubstancia o significado válido de princípios incorporados no tempo e no espaço, histórica e culturalmente.

A Constituição representa o envelope, e seu conteúdo traduz o dinamismo de uma sociedade para alimentar, no plano da realidade, uma dimensão textual e também de conotação normativa.

Nota-se que somente por intermédio da iniciativa privada, da abertura de mercados e pela livre concorrência, poderemos, nos dizeres de Fábio Konder Comparato (*Para Viver a Democracia*, páginas 103 e 104), superar o estado de subdesenvolvimento pela falta de políticas públicas a longo prazo.

A concentração empresarial tem sido um viés equivocadamente anômalo ao centro de atenção, considerando-se que 90% do tecido empresarial é formado por empresas de pequeno e médio porte, as quais não participam como deveriam em uma integração com políticas de facilitação do acesso ao crédito, simplificação tributária e uma legislação trabalhista mais enxuta.

Essa disfuncionalidade, ao longo de uma década, fez com que as empresas, as quais dispunham da benesse governamental, mobilizassem recursos financeiros vultosos e ao mesmo tempo se tornassem parceiros de um modelo empresarial falido.

De conseguinte, na lição de Humberto Bergmann Ávila (*Teoria dos Princípios,* 17ª ed., Malheiros, São Paulo, 2016), baseando-se em Ronald Dworkin e Robert Alexy, a necessidade de se estabelecer um plano dos fatos para a consequência normativa e sua direta implementação.

Indaga-se, portanto: a ausência de uma legislação empresarial teria sido fator preponderante na total desmoralização dos negócios?

Os fatos não são respondíveis sem uma retrospectiva histórica, a qual nos leva à passagem de uma fase colonialista e exploratória, seguida de uma independência não absoluta, ressabiada pela República Velha, agigantada por uma nova, e um longo período convivido de autoritarismo estatal, sem que as regras de mercado pudessem ser disponibilizadas entre o macro e o micro, na separação entre o joio e do trigo, entre o público e o privado.

Ressentimo-nos de macroempreendorismo concorrencial, cujo fator de privatização alargou a concentração e culminou no abuso do poder econômico.

Defendemos, portanto, um prisma de visão peculiar ao microssistema, de vasos comunicantes, com uma legislação geral empresarial, dando praticidade e maleabilidade para flexibilizar as relações empresariais.

9. O AMANHÃ DO DIREITO EMPRESARIAL

Nuvens pesadas e carregadas encontram-se alojadas no horizonte do dificultoso cenário econômico, considerando as alianças espúrias entre o público e o privado, trazendo impactante efeito no porvir do Direito Empresarial.

O sistema se retroalimenta de facilidades, promiscuidades e uma série de vantagens, as quais se revestem de plataformas político-eleitorais, asfixiando o consumidor e debilitando o funcionamento do mercado.

A extirpação desses vícios e defeitos comumente corriqueiros, além da famigerada corrupção, tenderão à abertura efetiva do mercado, não mais refém dos aprisionamentos, além de uma sistemática que preserve a empresa e mentalize, pela reforma havida, um novo relacionamento entre o empresário e a classe laborativa.

A efetiva desmoralização dos negócios se prende ao ambiente corroído e corrompido, à ausência de legislação e a uma desatenção permanente ao pequeno e médio empresários, e uma insana carga tributária cujo sustentáculo da recuperação judicial ou de parcelamentos fiscais mostram-se insuficientes, à destruição de um modelo econômico incipiente e quase primário no aspecto de seu funcionamento.

A defesa do consumidor é outro ponto relevante. Porém, enquanto o mercado não atingir índices de eticidade e moralização, permanecerão os negócios em mãos de poucos – aliás, os "bons" negócios –, respondendo a maioria por regras preconizadas em prol do viés econômico e do uso abusivo do poder.

A tendência dualista da obrigação, braço-de-ferro entre comercialistas e civilistas, caiu por terra quando da entrada em vigor do atual Código Civil, fazendo com que não houvesse uma legislação empresarial pertinente.

E sem esse guarda-chuva, essa cobertura estratégica e estruturante, específica da disciplina empresarial, corremos o sério risco de não desenvolvermos o desejado direito dos negócios no intercâmbio e na interface do jurídico com o mercado.

Somente despertará o Direito Empresarial para um futuro promissor e alvissareiro se conseguir um salutar ambiente de negócios, rompendo o vezo do relacionamento entre público e privado, aumentando o leque de ofertas, democratizando o mercado e favorecendo o empreendedorismo.

10. REFORMAS ESTRUTURANTES E O IMPACTO NO DESENVOLVIMENTO DOS NEGÓCIOS

A apatia relacionada com a conjuntura econômica e seguidos Produtos Internos Brutos negativos fizeram com que as reformas estruturantes fossem deixadas de lado, sem a participação maciça do capital estrangeiro e dos fundos de investimento.

Representa a infraestrutura um ponto nodal da atividade negocial, repercutindo na contratação de milhares de trabalhadores, abrindo espaço para o empreendedorismo e melhorando a integração da malha, principalmente no que se refere a aeroportos, portos, rodovias e ferrovias, dentro de uma conjuntura que o direito empresarial pode considerar revolucionária.

O ambiente de negócios ruim está vinculado à instabilidade institucional, notadamente política, baseada na propalada Constituição de 1988, a qual ao invés de ser enxuta e proclamar capítulos inerentes à ordem econômica, procurou selecionar princípios gerais, não refreando o abuso do poder econômico e sem delimitar precisamente a livre iniciativa para alcançarmos o desenvolvimento e o crescimento econômicos.

Nessa conjuntura, Eros Grau (*A Ordem Econômica na Constituição de 1988,* 18ª ed., Malheiros, São Paulo, 2017) afirma que a Constituição não é apenas uma ideologia, mas sim está forrada de princípios inerentes à ordem jurídica, referindo-se a Washington Peluso Albino de Souza no seu trabalho sobre Direito Econômico.

É preciso compreender que a fenomenologia da globalização enfraqueceu o Estado, catapultada por grandes empresas cujos empresários visavam seus próprios interesses, tomando para si e fazendo do Estado mero refém do capitalismo, e agora tentando ascender aos cargos políticos.

Nessa visão, assegurar o desenvolvimento nacional significa construir uma sociedade livre, justa e solidária. Fundamental apontar o papel que o Estado tem a desempenhar na perseguição do fim comum, verdadeira aliança que sela com o setor privado, de conteúdo programático, intencionando justiça social e a distribuição da riqueza.

Existe uma ordem normativa econômica. Ocorreu a constitucionalidade do Direito Econômico na Lei Maior de 1988, a serviço da própria ordem econômica, de tal sorte que vem sendo deixado de lado o prisma de visão protetivo da empresa brasileira de capital nacional, conferindo ao capital estrangeiro participação similar, inclusive em diversos negócios que espalham seus efeitos para a propriedade rural.

Fato é que as grandes empresas brasileiras que adquiriram hegemonia e vieram a se tornar transnacionais assim o fizeram com maciça participação do capital público, engenharias de investimentos ou reengenharias de participações.

A importância do capital estrangeiro transcende a simples imposição de tecnologia e o verdadeiro *know-how,* mas nada impede que as parcerias sejam transpostas mundo afora e que aproveitemos essas janelas de oportunidade para lançar raízes importantes, tais quais foram realizadas pela Embrapa e Embraer nos mercados internacionais.

Fortalecidos esses aspectos primordiais da livre iniciativa, sem o cuidado específico atinente à realização e à infraestrutura, ficaremos apartados dos grandes negócios e a economia solapará, face à exiguidade do capital estrangeiro, das prioridades do BNDES e das metas a serem alcançadas no propósito do crescimento econômico.

11. ASPECTOS CONSTITUCIONAIS EMPRESARIAIS

Uma economia fortemente fechada no passado, passando por reformas estruturais, sempre tem por objetivo adequar sua lei constitucional ao desenvolvimento e à função social das empresas.

São muito caros os preceitos da preservação e da função social da empresa, cumprindo finalidades de conteúdo constitucional. Porém o papel do Estado fomenta, por intermédio de agências reguladoras, técnica voltada para separar estruturas cartelizadas e monopólios e recriar, por intermédio de fatores indutores, empresas que presidam os princípios da moralidade, da eticidade e dos bons negócios.

Consequência dessa percepção, a Constituição de 1988 teve o escopo de proteger o pequeno empreendedor e as microempresas, alavancando mais e melhor os seus negócios.

Constituindo massa expressiva do tecido empresarial, as pequenas e médias empresas dependem fundamentalmente de tecnologia, pesquisa e investimentos, cujos juros bancários não flexibilizam a melhoria dos negócios, até em virtude incapacitante da capitalização e da legislação sobre a cédula de crédito bancário.

Nesse aspecto, fora um pecado capital do modelo constitucional não estimular e incrementar a formação dos grandes negócios numa espécie de democracia da oferta, ficando assim cada vez mais espremidos e asfixiados.

Alguns setores da economia se privilegiaram na última década, fortalecendo seus negócios nas áreas de gás, química, celulose e agronegócio, sempre com a mão visível do Estado em prejuízo do crescimento de empresas que poderiam desenvolver tecnologia e reduzir o índice desnorteador entre as participações do Estado em macroempresas e microempresas.

A consciência constitucional não fora capaz de trazer investimentos para drenar a assimetria e o desnivelamento da competição e da concorrência.

Tornaram-se cada vez mais rotina na globalização processos societários de fusão e incorporação, criando verdadeiros nichos que abastecem os caixas dessas grandes empresas, sem que o mercado possa optar por exercer uma democracia da oferta.

12. CONCORRÊNCIA E A CARTELIZAÇÃO DOS MERCADOS

Embora a legislação concorrencial tenha evoluído dentro da perspectiva de uma prévia análise de procedimentos societários, a crise econômico-social que abalou o País permitiu uma reviravolta, obrigando a uma repaginação dos conceitos e providências administrativas, além da esfera judicial, para a redução dos mercados cartelizados.

Paula Forgioni (*Os Fundamentos do Antitruste,* 9ª ed., RT, São Paulo, 2016), com bastante propriedade, defende o papel do órgão regulador da concorrência e a disciplina da Lei 12.529/2011, verdadeiro tribunal administrativo, configurando sua real finalidade de proteger a livre iniciativa e a livre concorrência, enraizando-se no preceito constitucional do artigo 170, *caput* e inciso IV, da Constituição Federal.

Não se trata de defender uma política do *laissez-faire*, isto porque o papel do Estado, a par de ser institucional, também se apresenta regulatório.

O saudoso e inolvidável Tullio Ascarelli, ao dedicar-se ao tema, falava na superação do liberalismo econômico para uma livre concorrência dotada de finalidade, dentro de um equilíbrio que transmitisse regras e transparência, permitindo a pontual intervenção do Estado na economia a fim de se alcançar o intuito da Lei Maior.

Santiago Dantas (em *Problemas do Direito Positivo*) destacava que as leis anticoncorrenciais demonstram que a concepção de liberdade econômica não alcança princípio absoluto, mas sim social e econômico, a ser defendido mesmo contra a liberdade individual, se esta o ameaçar.

O Ministro do Supremo Tribunal Federal Carlos Velloso, no julgamento da ADIN 1094-8-DF, deixou bastante nítido que a ordem econômica está hospedada na valorização do trabalho e na livre iniciativa, para se alcançar uma justiça social por intermédio dos conceitos do artigo 170, incisos I a IX, da Constituição Federal.

Noutras palavras, tudo aquilo que possa impedir ou obstaculizar o livre exercício da concorrência ofende a própria Constituição Federal.

Têm sido vitais para a sobrevivência econômica do Brasil a triagem, o filtro da regra de concorrência e a dissipação da cartelização dos mercados – formas emblemáticas e extremamente singulares de contenção do abuso do poder econômico e dos malsinados efeitos de lucros e vantagens facilitados.

13. COMÉRCIO ELETRÔNICO

A tecnologia implantada no início do Século XXI emprestou relevo, em razão de vários motivos, ao desenvolvimento do comércio eletrônico, cujo faturamento ultrapassa bilhões e coloca o consumidor na direção do mundo globalizado e no acesso aos portais de serviços e produtos do mundo empresarial.

A regulação do comércio eletrônico atende a etapas, principalmente a pauta fiscal e de origem tributária; porém apresenta vantagens, inclusive pelas parcerias e concentração de propósitos, evitando deslocamentos e facilitando a entrega do produto diretamente ao consumidor, ou a quem ele vier a indicar.

O surgimento do comércio eletrônico permite ainda que o empreendedorismo se revista de uma nova roupagem, possibilitando a exportação dos produtos, inclusive mediante a plataforma dos Correios, elevando as receitas e reduzindo as barreiras alfandegárias e as limitações territoriais presentes.

E para tanto, é fundamental que o Brasil se alinhe aos acordos e tratados internacionais, na abertura de mercados e para evitar custos adicionais ou bitributação; não apenas em atenção ao Mercosul, mas essencialmente em termos da Comunidade Econômica Europeia e das grandes potências econômicas.

Não fosse o comércio eletrônico, nossa situação seria ainda mais preocupante, isto porque com a crise diversos estabelecimentos comerciais tiveram que fechar suas portas, demitindo comerciários e prestadores de serviços. A situação dos *shopping centers* não é muito distinta, em razão dos preços praticados e dos custos incorridos, além do fator segurança e de estarem os investimentos em mãos de fundos, na maioria das vezes estrangeiros.

14. CONFLITOS EMPRESARIAIS E ARBITRAGEM

Ressente-se a legislação brasileira de caminhos alternativos que promovam conciliação, mediação e, fundamentalmente, a arbitragem, na consecução dos negócios e na redução do tempo destinado à solução dos conflitos.

Reclama-se com veemência de critérios não padronizados da Justiça Trabalhista, das demandas fiscais, sem que se encontre um denominador comum em termos da definição da responsabilidade empresarial.

No mercado globalizado, os conflitos empresariais internos e externos, entre os próprios sócios, além de problemas de controle e disputas, têm sido bastante comuns, o que aumenta a procura pela arbitragem, mas esta não atenua a solução notadamente quando se envolvem interesses coletivos ou difusos.

A plataforma de criação e instalação de Varas Empresariais tem sido apenas paliativa, porquanto não tem condições de atender o volume da demanda, escasseando-se os orçamentos para que as Justiças Estaduais desencadeiam a uniformização da jurisprudência e uma padronização interpretativa.

O Superior Tribunal de Justiça também apresenta especificidade à matéria empresarial, contornando conceitos jurídicos sem enfrentamento da matéria fática. O que tem preocupado ainda é a inexistência de uma legislação empresarial própria, independente, autônoma, soberana.

A vala comum do Código Civil não nos habilita a um grau maior de otimismo, principalmente quando nos deparamos frequentemente com as adversidades de contratos empresariais e a sistemática de conhecimento plural, o que implica na preparação avançada de magistrados com conhecimentos em diversas áreas, respingando naquelas econômicas, contábeis, atuariais e de administração.

A arbitragem tem sido uma válvula de escape bastante oportuna para as empresas que, nos seus estatutos sociais, assim se permitem resolver os litígios e evitar as agruras de uma lentidão notadamente proveniente da falta de infraestrutura e de um planejamento inteligente da condução e da solução dos litígios.

Acontece, porém, que a maioria das empresas radicadas no Brasil tem o viés de micro e médias e não estão suficientemente aparelhadas ou financeiramente ambientadas para tomar esse caminho, criando-se uma zona reservada seletiva e também eletiva para as macroempresas, o que não resolve em absoluto o problema consolidado nas relações empresariais.

Necessitamos, antes de mais nada, remodelar a atividade judicial às exigências das atividades empresariais, dando-lhes completa solução mediante técnica e discernimento correlato.

Essa falta de confiança e de credibilidade faz avançar as Câmaras de Arbitragem em cláusulas de foro de eleição, justamente para se evitar a via litigiosa, determinando-se alternativa específica para repercutir em termos da capacidade operacional dos negócios.

Nos Estados Unidos, apenas para que se tenha uma ideia, existe a Corte especializada de Delaware, perante a qual são resolvidas costumeiramente a maioria das causas empresariais, valendo registrar que as empresas procuram ter sede naquela localidade exatamente para poderem absorver a jurisprudência de uma Corte especializada, aí se incluindo grandes empresas de tecnologia, laboratórios e até empresas do setor financeiro.

15. A LITIGIOSIDADE JUDICIAL EMPRESARIAL

As questões empresariais submetidas ao ponto nevrálgico dos litígios também descortina uma situação de especificidade, na medida em que são colocados em jogo os aspectos do conhecimento, da boa técnica e do tempo razoável de duração do processo.

Não há uma tendência, ao contrário de outros países, da solução por via judicial envolvendo grandes empresas, ou menos ainda aquelas estrangeiras, refletindo-se assim casos esporádicos de insolvência ou de situação falimentar quando grandes conglomerados, asfixiados pelo elevado patamar de suas dívidas, buscam blindagens ou medidas judiciais paralelas.

Nessa sinalização, se a Justiça Federal brasileira tem sido operante para debelar falhas estruturais no ambiente dos negócios, de modo igual a Justiça Estadual deve examinar procedimentos envolvendo as relações lícitas nos negócios empresariais.

E para tanto, não basta atomizar ou molecularizar a criação de Varas Especializadas sem padrões de competência ou treinamentos constantes dos magistrados, sob pena de criarmos um hiato entre o exercício da atividade jurisdicional e a necessidade premente das empresas que litigam.

Ademais, a carteira de clientela do Judiciário faz anotações consubstanciando que a maioria das grandes empresas ocupa posições de rés e requeridas, em razão da má prestação de serviços, desatenção ao consumidor ou falta de informação e transparência em relação aos seus próprios negócios.

A amplitude da especialização da área empresarial traria bons frutos para o ambiente dos negócios e traria a uma posição privilegiada s micro e médias empresas, as quais reclamam dos custos e da demora judicial.

A radiografia, pois, preconiza um estágio de maior investimento, no qual as empresas saibam e tenham quase certeza de que os negócios empresariais serão corretamente enfrentados e solucionados no âmbito da Justiça, prestigiando-se assim a natureza do litígio, sua circunstância e a matéria envolvida.

A preparação de magistrados cercados de conhecimento passa por treinamentos periódicos e constantes, isso porque pouco ou nada adianta criarmos Câmaras Empresariais se não nos preocuparmos também, em primeiro grau, com o desenvolvimento de nichos específicos relacionados à solução dos litígios empresariais.

A revolução empresarial brasileira depende de diversos fatores, dentre os quais a confiança e a credibilidade do próprio mercado, na concatenação de uma Justiça que resolva os impasses e lhes dê uma solução dentro de suas expectativas e naquilo que se denomina "em tempo real".

16. CONCLUSÕES ANALÍTICAS E PRAGMÁTICAS

Convivemos com um ambiente de negócios adverso, com repercussão gritante na própria dignidade do Direito Empresarial, pela situação de compadrio e notadamente de clientelismo, de um entrelaçamento promíscuo entre o público e o privado, refletindo na ordem econômica e desenvolvendo verdadeiras vicissitudes que emperram o crescimento e o afogam por sepultarem a atividade econômica empresarial.

A tentativa frustrada de codificação no Projeto de Lei 1572/11 se, por um lado, depois de longos anos caiu no insucesso, teve a grande virtude de atrair a atenção de especialistas para a necessidade de uma Lei Geral Empresarial, com a redução do intervencionismo estatal e da má regulação das agências existentes.

Afora tudo isso, a disfuncionalidade assente desregula o mercado e inibe fatores empresariais positivos, sendo elementos inibidores a legislação trabalhista, presentemente revista, a carga tributária e a burocracia, além de obrigações fiscais as quais, ao lado da dificuldade de acesso ao crédito, não permitem plasticidade ao Direito Empresarial.

Seguramente, os próximos anos estão a indicar essa tendência: teremos que rever inúmeros aspectos a fim de propiciar melhores condições inerentes à atividade empresarial, sob pena de não encontrarmos ponto de equilíbrio no sentido do desenvolvimento econômico e da própria descaracterização marginal do desemprego e das injustiças sociais provenientes.

Não existe, diga-se de passagem, solução fora do ambiente empresarial salutar. Qualquer outra tentativa será inócua e teratológica, isso porque diversos países avançados conseguiram introduzir regras voltadas ao ambiente dos negócios, tecnologia e investimentos, principalmente por intermédio da educação e cultura.

Faltam-nos ainda muitos atributos para que consigamos atingir um patamar propício, sem que o Estado intervenha ou provoque relações espúrias, principalmente na famigerada corrupção existente.

Essa anomalia provocou a fratura do Estado de Direito, levou a um robusto endividamento público e naturalmente, ao fragilizar as empresas, deflagrou acentuado grau de insolvabilidade.

Bem assim, temos de um lado o Estado brasileiro insolvente, e do outro as empresas em estado pré-falimentar ou mesmo falimentar. Isto porque, ao serem privilegiados uns poucos grupos econômicos, eventualmente amigos do rei ou da rainha, foram criados vários gargalos e fossos subtraindo investimentos e polarizando áreas que depois foram infectadas pela forma como o Estado brasileiro, na última década, resolveu – ao invés de avançar – alcançar seu maior retrocesso.

Benefícios e isenções fiscais macularam a livre iniciativa, com impacto acentuado na construção civil em grandes obras, fazendo com que o empresariado se voluntariasse em benefícios de bancos públicos ou de recursos financeiros capitalizados pelo BNDES a juros palatáveis.

A próxima quadra será decisiva, depois de uma higienização e limpeza total para criarmos estabilidade institucional, gerando um sadio ambiente dos negócios – a propalada moralização –, intencionando com isso sairmos do marasmo interno e da nossa posição irrisória em termos de exportação para o mercado do Primeiro Mundo.

Não há dúvida, nesse sentido, de que resta muito a fazer, a começar por uma legislação moderna e eficiente que cuide do microssistema estabelecendo importantes vasos comunicantes, implementando reformas nos órgãos regulatórios, solucionando o grave problema da concorrência, eliminando ou reduzindo os cartéis, revendo pautas de privatização e abrindo a concorrência entre o capital nacional e o estrangeiro. O papel do Estado, em hipótese alguma, poderá ser tendencioso, intencional ou visando favorecimentos políticos: sempre no viés do interesse coletivo e na junção de forças para melhorar e democratizar a oferta de bens e serviços.

Oxalá a crítica e sofrível década que atravessamos possa ser um sinaleiro que nos indique um caminho de avanço, de prosperidade, eliminando ou reduzindo drasticamente a corrupção, participando um renovado e salutar ambiente dos negócios, estancando a hemorragia dos deslizes e deslizes do dinheiro público e favorecimentos, para que a assimetria de hoje se transforme na isonomia do mercado e no renascer da ética e da dignidade essenciais para ditar os rumos do mais avançado, significativo e exponencial Direito Empresarial.

Aqueles que mergulharam o País no lodaçal, no mais lúgubre pântano da promiscuidade entre as alianças público-privadas, perdendo-se a confiança e a credibilidade dos investimentos, saibam, antes de mais nada, que sem um ambiente de negócios promissor ficam ameaçadas as empresas, cujo custo social gerado, além de incalculável, tornar-se-á imprevisível.

Que os nossos destinos sejam retirados das mãos sujas daqueles que somente enxergam interesses particulares, os próprios umbigos, para que mergulhemos definitivamente numa legislação empresarial de ponta, reluzente, atrativa, capaz de produzir um ambiente dos negócios apto a se harmonizar com toda a disciplina normativa constitucional.

A CONTINUIDADE DOS NEGÓCIOS NA FALÊNCIA À LUZ DA LEI Nº 11.101/2005

Carlos Alberto Farracha de Castro

INTRODUÇÃO

Com efeito,[1] a falência a ninguém deve beneficiar. Pelo contrário. Entretanto, indispensável regulamenta-la de modo (i) a minorar os prejuízos à sociedade em geral, (ii) preservar o crédito e (iii) evitar fraudes. Afinal, caso inexistisse a tutela da falência, inexoravelmente, alguns credores se beneficiaram em detrimento de outros, uma vez que o patrimônio remanescente do falido serviria tão somente para honrar alguns credores com maior poderio econômico, a exemplo dos bancos e grandes empresários; deixando os demais credores desabrigados. Dentre esses, em especial, os trabalhadores, geralmente os mais necessitados. De outro lado, caso o empresário insolvente permanecesse indefinidamente em atividade, sem qualquer possibilidade de reversão de sua crise econômica, por óbvio, estenderia efeitos de sua crise aos demais agentes econômicos, nada impedindo a instauração de uma crise sistêmica.

Esse malsinado cenário exige que o legislador tutele a falência, sem olvidar que a consolidação da empresa, como fonte de geração de empregos e arrecadação de impostos, dentre outros atributos, propiciou que a legislação da insolvência anteriormente pautada em um caráter eminentemente liquidatário e punitivo fosse substituída para um viés de preservação de empresa[2].

Inegável, mesmo assim, que os credores são os destinatários do processo de falência. Afinal, por intermédio da liquidação do ativo, pagar-se-á todos os credores, ainda que proporcionalmente. Portanto, nada impede que buscando a otimização dos ativos e, por via de consequência, uma maior satisfação dos credores, observado o

---

1 Esse texto, escrito em homenagem – justa e merecida – ao professor Rubens Requião, é uma versão inédita, porém, acompanhada da revisão e atualização de alguns pontos da dissertação de mestrado na UFPR, denominada o Regime Jurídico das Empresas em dificuldades financeiras.

2 Sobre o desenvolvimento histórico da falência, ver, dentre outros: REQUIÃO, Rubens. *Curso de Direito Falimentar.* v. 1. 17ª ed. São Paulo: Editora Saraiva, 1998; LACERDA, José Candido Sampaio de. *Manual de Direito Falimentar*. 14 ed.. Rio de Janeiro: Freitas Bastos, 1999; CORDEIRO, António Menezes. Introdução ao Direito da Insolvência. *O Direito*, Lisboa, v. III, ano 137, III, p. 465-506, 2005; CLARO, Carlos Roberto. *Recuperação judicial: sustentabilidade e função social da empresa*. São Paulo: LTr, 2009, p. 79 e ss.

caso concreto, se torne indispensável a continuidade dos negócios, em que pese a decretação da falência.

Aqui, pois, reside a preocupação e desafio do presente estudo, sem olvidar que o Professor Rubens Requião, em sua trajetória acadêmica e profissional, não só se preocupou com a temática[3] como trouxe subsídios de grande valia com o intuito de solucionar os conflitos e duvidas derivados prática forense. Aliás, nesse particular, não se pode deixar de consignar que o legislador brasileiro, por ocasião do advento da Lei nº 11.101/2005, embora no artigo 99, parágrafo XI[4], autorize excepcionalmente essa prática, deixou de regulamentar o procedimento de continuidade dos negócios da falida, a exemplo do que sucedia no artigo 74 e seguintes do revogado Decreto-lei n.7.611/45. Assim procedeu, *quiçá* pelo fato que o procedimento anterior embora lacônico, paradoxalmente era burocrático[5], chegando ao exagero de exigir prestação de contas semanal nos autos (os quais eram físicos) sem qualquer razoabilidade para tanto, de tal sorte, que os processos se avolumavam em milhares de folhas e documentos desconexos, sem qualquer controle efetivo e real da atividade desempenhada pela falida, afastando-se, pois, de sua finalidade.

Destarte, essa aparente omissão da Lei n.11.101/2005 não impede a utilização do instituto com o intuito de otimizar a preservação dos ativos, minorando os efeitos da crise. Para Henrique Vaz Duarte, "é insofismável que a ideia de manutenção da atividade da empresa falida está diretamente conectada com o propósito de venda global, na expectativa da busca do melhor preço de venda e do maior reembolso aos credores concursais"[6]. Em outras palavras,

---

3 Nesse particular, registre-se que a Lei nº 11.101/2005 revogou o Decreto-lei nº 7.661/45 e, por conseguinte positivou em definitivo o princípio da preservação da empresa, a separação dos conceitos de empresa e de empresário, a recuperação das sociedades e empresários recuperáveis, separação da sorte do empresário da empresa, participação ativa dos credores, maximização do valor dos ativos do falido, dentre outros. Para se ter uma ideia do pioneirismo dos estudos do saudoso Professor Rubens Requião, em 08/03/1974 (isso mesmo, trinta e um anos antes do advento da atual lei de falências), em memorável palestra proferida no Instituto dos Advogados do Brasil, sobre a temática em questão, já sustentava que, "o tema da recuperação econômica da empresa insolvente, sob controle judicial contraposta à álgida e insensível liquidação falimentar à outrance, constitui, sem dúvida, o mais fascinante tema do Direito Falimentar" (in RDM 14/25, Nova Séria)

4 "Art. 99. Parágrafo XI: pronunciar-se-á a respeito da continuação provisória das atividades do falido com o administrador ou da lacração do estabelecimento, observado o disposto no art. 109 desta Lei".

5 Nesse sentido a opinião de Adalberto SIMÃO FILHO: " O instituto da continuação do negócio previsto no direito anterior através do art.. 74 estava eivado de burocracia e procedimentos que, por vezes, afastava a sua própria possibilidade econômica" (SIMÃO FILHO, Adalberto. Comentários aos Artigos 94 ao 101. In: DE LUCCA, Newton; SIMÃO FILHO, Adalberto (coord.). *Comentários à Nova Lei de Recuperação de Empresas e de Falências*. São Paulo: Quartier Latin, 2005, p. 445).

6 DUARTE, Henrique Vaz. A continuidade produtiva na falência. In:______. *Questões sobre Recuperação e Falência*. 2ª ed. Coimbra: Livraria Almeida, 2004, p. 111.

> a continuação provisória das atividades do falido pode ser justificada por razões de várias ordens, dentre as quais: (i) finalizar algum empreendimento ou operação em curso, cujo término possa aliviar as perdas do falido; (ii) exercer atividade socialmente relevante, como as relacionadas à área de saúde; ou, ainda, (iii) facilitar a venda do estabelecimento empresarial em funcionamento, evitando a perda completa do chamado *going concern value* que rapidamente se esvai com a paralisação das atividades, preservando o que sobrou do valor de mercado da marca ou do nome empresarial do falido.[7]

Esse texto pretende contribuir para a concretização adequada e justa da continuidade dos negócios na falência, tratada em um isolado inciso da atual legislação (Art.99, XI da LREF). Em que pese a dificuldade da temática eleita, no mínimo, acredita-se que propiciará o debate e, por via de consequência, realçar a importância desse assunto, mesmo porque habitual na prática forense, embora tímido em nossa doutrina[8].

FINALIDADE DA CONTINUIDADE DOS NEGÓCIOS NA FALÊNCIA

Com efeito, o artigo 74 do revogado Decreto-lei nº7.661/45[9], possibilitava a continuidade dos negócios do empresário falido. Essa permissão foi mantida pelo artigo 99, XI da atual Lei nº 11.101/2005, embora agora sem descrever um procedimento específico.

Em primeiro lugar é preciso esclarecer, que não se pretende aqui discutir a natureza jurídica da continuidade dos negócios do falido[10], ou seja, (i) de liquidação, (ii) de escopo meramente conservatório ou (iii) de atos de administração. Na verdade, procura-se analisar a função da continuidade dos negócios na falência.

Com efeito, em regra, a falência acarreta a imediata paralisação das atividades. Entretanto, a

> interrupção brusca do giro comercial da casa pode, porém, trazer ao falido, como à própria massa, irreparável prejuízo, especialmente se se trata de estabelecimento em que a freguesia constitui a parte mais importante, e tais são as casas de venda a retalho, cafés, espetáculos públicos, etc., etc.

---

7 SCALZILLI, João Pedro; SPINELLI, Luis Felipe; TELLECHEA, Rodrigo. *Recuperação de empresas e falência: teoria e prática na Lei nº 11.101/2005*. São Paulo: Almedina, 2016, p. 471.

8 Nesse particular, exceção à regra foi a monografia apresentada ao concurso de livre docência na USP do Professor Nelson Abrão, denominada a "A Continuação do Negócio na Falência", posteriormente revisada, ampliada e atualizada por Carlos Henrique ABRÃO, a saber: ABRÃO, Nelson. *A Continuação do Negócio na Falência*. 2ª ed.. São Paulo: Leud Editora, 1998.

9 Art. 74 do revogado Decreto-lei n.7.661/1945: "O falido pode requerer a continuação do seu negócio; ouvidos o síndico e o representante do Ministério Público sobre a conveniência do pedido, o juiz, se deferir, nomeará, para geri-lo, pessoa idônea, proposta pelo síndico".

10 A respeito da natureza jurídica da continuidade na falência consultar: ABRÃO, *op. cit.*, capítulo III.

> Para garantir a permanência da freguesia, (....), a lei, como medida conservatória, permite-lhe a continuação do negócio mediante certas cautelas. [11]

Inegável, destarte, a função da preservação da empresa extraída da continuidade dos negócios da falida. Nesse sentido era a opinião de Nelson Abrão, no sentido que

> o prosseguimento da atividade na falência tem como escopo possibilitar a preservação da empresa e evitar a desintegração do estabelecimento. Reveste-se o assunto de grande importância, a ponto de se constituir na preocupação prevalecente do moderno Direito Falimentar. [12]

Não se pode deixar de registrar que dentre os objetivos da continuidade dos negócios na falência encontra-se a manutenção dos empregos, resultado da efetivação material do princípio constitucional da busca do pleno emprego, o que também se coaduna com os interesses dos credores. Afinal, caso os credores não recebem seus créditos, enfrentarão dificuldades, o que pode ocasionar a demissão de funcionários, em verdadeira cadeia sucessiva. Portanto, nessa hipótese, em tese, também, existirá duplo prejuízo aos funcionários, ou seja, não só aqueles que laboraram para o falido, como para os que trabalham para os credores, os quais não recebendo os seus créditos junto ao falido, também, serão obrigados a demitir seus funcionários.

Destarte, a continuidade dos negócios na falência, também, deve pautar-se no interesse dos credores. Ou seja, deve visar o pagamento dos credores, e não apenas a simples continuidade dos negócios. Logo, o desenvolvimento das atividades, além da manutenção dos empregos, deve destinar-se a liquidação dos débitos anteriormente, existentes, nada autorizando o aumento do passivo.

Percebe-se, pois, que a continuidade dos negócios na falência, de um lado, pode possibilitar uma leitura no sentido de concretização do princípio constitucional da preservação da empresa[13] e, de outro lado, a maximização dos ativos, de modo a diminuir o prejuízo causado aos credores, inclusive funcionários, com a insolvência do empresário falido.

Inegável, no entanto, que a condição essencial para o deferimento da continuidade dos negócios na falência é o interesse e a proteção dos credores em geral, de modo que possibilite a preservação e valoração dos ativos, mesmo que não venha a ser possível a reversão da crise econômico ou financeira[14] enfrentada pelo falido. Nessa linha é o posicionamento de Rubens Requião:

---

11 CARVALHO DE MENDONÇA, José Xavier. *Tratado de Direito Comercial*. v. VIII. 7ª ed.. Rio de Janeiro: Livraria Freitas Bastos, 1962, p. 94.

12 ABRÃO, Nelson. *Curso de Direito Falimentar.* 5ª ed.. São Paulo: Leud Editora, 1997, p. 212.

13 Sobre o princípio constitucional da preservação da empresa, dentre outros, ver: FARRACHA DE CASTRO, Carlos Alberto, *A preservação da empresa no Código Civil.* Curitiba: Juruá Editora, 2008.

14 Importante aqui destacar a diferença entre crise econômica e crise financeira, sendo que para tanto, fazemos nossas as palavras de Fábio Ulhoa COELHO: "Por crise *econômica* deve-se entender

> Em muitos casos, dadas as peculiaridades do negócio do falido, a sua completa paralisação importa em maiores prejuízos para os credores. A inatividade da maquinária de um estabelecimento industrial, por longo tempo, requer grandes despesas de conservação, e sua improdutividade agrava as despesas da massa, com seu enfraquecimento econômico. Outras vezes, tendo a falência atingido a empresa em normal atividade, é desaconselhável a suspensão da sua atividade inopinadamente, tendo um volume de produtos a acabar. A lei, por isso, admite a continuação do negócio do falido, consideradas as circunstâncias e admitida sua conveniência, pelo juiz. [15]

A continuidade dos negócios na falência, portanto, deve ser aplicada em caráter excepcional e sempre obrigatoriamente por um curto espaço temporal, de modo que os ativos do falido sejam preservados e otimizados, com a alienação dos bens auferindo valores superiores ao que seria alcançado, caso imediatamente encerrada as atividades. Contudo, não se pode deixar de registrar que o deferimento da continuidade dos negócios não implica em suspensão dos atos e procedimentos inerentes ao processo falimentar, muito menos a alienação dos ativos.[16] O que se deve avaliar, caso

---

a retração considerável negócios desenvolvidos pela sociedade empresária. Se os consumidores não mais adquirem igual quantidade de produtos ou serviços oferecidos, o empresário varejista pode sofrer queda de faturamento (não sofre, a rigor, só no caso de majorar seus preços). Em igual situação está o atacadista, o industrial ou o fornecedor de insumos que vêem reduzidos os pedidos dos outros empresários. A crise econômica pode ser generalizada, segmentada ou atingir especificamente uma empresa; o diagnóstico preciso do alcance do problema é indispensável para a definição das medidas de superação do estado crítico. Se o empreendedor avalia estar ocorrendo retração geral da economia, quando, na verdade, o motivo da queda das vendas está no atraso tecnológico do seu estabelecimento, na incapacidade de sua empresa competir, as providências que adotar (ou que deixar de adotar) podem ter o efeito de ampliar a crise em vez de combatê-la. A crise *financeira* revela-se quando a sociedade empresária não tem caixa para honrar seus compromissos. É a crise de liquidez. As vendas podem estar crescendo e o faturamento satisfatório – e, portanto, não existir crise econômica -, mas a sociedade empresária ter dificuldades de pagar suas obrigações, porque ainda não amortizou o capital investido nos produtos mais novos, está endividada em moeda estrangeira e foi surpreendida por uma crise cambial ou o nível de inadimplência na economia está acima das expectativas. A exteriorização jurídica da crise financeira é a impontualidade. Em geral, se a sociedade empresária não está também em crise econômica e patrimonial, ela pode superar as dificuldades financeiras por meio de operações de desconto em bancos das duplicatas ou outros títulos representativos de créditos derivados das vendas ou contraindo mútuo bancário mediante a outorga da garantia real sobre bens do ativo. Se estiver elevado o custo do dinheiro, contudo, essas medidas podem acentuar a crise financeira, vindo a comprometer todo os esforços de ampliação de venda e sacrificar reservas imobilizadas." (COELHO, Fábio Ulhoa. *Curso de Direito Comercial*. v. 3. São Paulo: Saraiva, 2000, p. 211).

15 REQUIÃO, Rubens. *Curso de Direito Falimentar*. v. 1. São Paulo: Editora Saraiva, 1975, p. 229.

16 Nesse sentido a opinião de Alexandre de Soveral MARTINS, ainda que sob a égide da legislação portuguesa: "a administração da massa insolvente pelo devedor não afasta todo o regime do processo de insolvência e não impede o seu andamento. Pelo contrário. Haverá, por exemplo,

a caso, é o momento e a forma ideal de liquidação dos ativos, isto é, maior otimização dos ativos com a paralisação das atividades e venda imediata dos bens ou continuidade dos negócios na falência com a preservação da clientela, ponto comercial e ativos, para posterior alienação da empresa, com a venda de seus estabelecimentos em bloco. Nessa segunda hipótese, a alienação do ativo alienação deve ser realizada quando o processo falimentar exaurir todas as suas demais fases, como finalização do quadro geral de credores e avaliação dos ativos.

AS OMISSÕES NA CONTINUIDADE DOS NEGÓCIOS

Com efeito a atual legislação (Lei nº 11.101/2005), nada estabelece quanto ao procedimento de continuidade dos negócios, *quiçá* para não burocratizar, de modo a engessá-lo. Simplesmente reconhece a possibilidade de continuidade dos negócios da falida em caráter excepcional. Nada mais. Todavia, existe omissões quanto ao procedimento, dentre as quais:

> (i) Não regulamenta o prazo de funcionamento da empresa falida, deixando-o ao arbítrio do Juiz;
> (ii) Não distingue diretamente a responsabilidade do Administrador Judicial e eventual Gestor de Negócios;
> (iii) Não confere nenhuma garantia aos credores, em caso de insucesso da continuidade dos negócios;
> (iv) Não estabelece os poderes e limites aos gestores dos negócios da massa falida;
> (v) Não dispõe como requisito específico a apresentação prévia de um plano de reorganização e preservação da empresa;

Logo, incumbe aos operadores do direito colmatarem as lacunas legislativas existentes. Nesse mister, destaca-se o papel do Juiz. A respeito Jair Eduardo Santana esclarece que

> o preenchimento das lacunas pela via da atividade do magistrado, em especial pela tópica, deve se guiar – é importante deixar em relevo – pelos dados que suportam e informam o sistema jurídico. Daí migra-se para a idéia de que a função judicante assume por esse caminho, estando imersa num Estado Democrático de Direito, vastíssimas proporções diante das incontáveis possibilidades argumentativas que poderão ser tomadas em conta para a qualificação deôntica de uma determinada questão controvertida. Esses

lugar à reclamação, verificação e graduação de créditos. E a finalidade do processo de insolvência mantém-se: a satisfação dos credores" (MARTINS, Alexandre Soveral. *Um Curso de Direito da Insolvência*. 2ª ed.. Coimbra: Edições Almedina, 2016, p. 346).

> dados aos quais nos referimos são de ordem social ou de valores e integram a própria idéia de direito e de justiça; são também mutantes e dinâmicos porque andam parelho com a evolução do ser social. Essa transformação é constante necessária para a corporificação do Direito vivo.[17]

É preciso esclarecer que quando nos reportamos a lacunas, aludimos as lacunas legislativas derivadas da vida social, produzidas pelo progresso da sociedade, ou seja, concernente ao caso concreto, e não lacunas do direito, porque o direito é sem lacunas[18]

Nesse cenário, buscar-se-á algumas alternativas, com o intuito de contribuir para a efetividade da continuidade dos negócios na falência.

DESENVOLVIMENTO DAS ATIVIDADES DA EMPRESA FALIDA

A continuação provisória na falência previsto no artigo 99, IX da Lei nº 11.101/2005, encontra referência legislativa no artigo 74 do revogado Decreto-lei nº 7.661/45. Aliás, por intermédio de uma interpretação gramatical[19] desse revogado dispositivo, concluía-se que somente o falido detêm legitimidade para requerer a continuidade dos negócios da empresa falida[20]. Esse posicionamento simplista, no entanto, encontrava crítica na abalizada doutrina, notadamente do Professor Rubens Requião, o qual sustentava que

---

17 SANTANA, Jair Eduardo. *Limites da Decisão Judicial na Colmatação de Lacunas*. Belo Horizonte: Editora Del Rey, 1998, p. 44.

18 Sobre a matéria Maria Helena DINIZ observa que "é lacunoso o direito porque, como salientamos, a vida social apresenta nuanças infinitas na conduta compartidas, problemas surgem constantemente, mudam-se as necessidades com os progressos, de maneira que impossível seria que as normas jurídicas regulamentassem toda a sorte de comportamento, mas é, concomitantemente, sem lacunas porque o próprio dinamismo do Direito mobiliza soluções que serviriam de base para qualquer decisão, seja ela do órgão jurisdicional, seja ela do Poder Legislativo, assim sendo sempre haverá um direito para quaisquer relações que se instaurarem no convívio social, por mais intrincadas, heterogêneas ou excêntricas" (DINIZ, Maria Helena. *As Lacunas do Direito*. São Paulo: Editora Revista dos Tribunais, 1981, p. 100-101).

19 A respeito da interpretação gramatical LUÍS ROBERTO BARROSO adverte que: "Embora o espírito da norma deva ser pesquisado a partir de sua letra, cumpre evitar o excesso de apego, que pode conduzir à injustiça, à fraude e até ao ridículo" (BARROSO, Luís Roberto. *Interpretação e Aplicação da Constituição: fundamentos de uma dogmática constitucional transformadora*. São Paulo: Editora Saraiva, 1996, p. 120). E acrescenta, com apoio em julgado do Supremo Tribunal Federal: "Em passagem deliciosamente espirituosa o ex-Ministro Luiz Gallotti, do Supremo Tribunal Federal, ao julgar um recurso extraordinário naquela eg. Corte, assinalou: "De todas, a interpretação literal é a pior. Foi por ela que Clélia, na Chartreuse de Parme, de Stendhal, havendo feito um voto a Nossa Senhora de que não mais veria seu amante Fabrício, passou a recebê-lo na mais absoluta escuridão, supondo que assim estaria cumprindo o compromisso" "(*Idem*).

20 Nesse sentido, dentre outros: LOPES, Renan Kfury. *Roteiro do Síndico da Falência – Doutrina, Prática e Legislação*. Belo Horizonte: Editora Del Rey, 1999, p. 58;

> tal individualismo é retrógrado, e não condiz com a evolução do direito, quando se depara com interesses coletivos que integram o conceito moderno de empresa. Reagindo contra esse critério exclusivista que atribui unicamente ao falido essa iniciativa, o direito falimentar moderno, em outros países, transfere ao síndico ou aos credores a iniciativa de solicitá-la ao juiz.

Coincidência ou não com o pensamento de Rubens Requião, a atual legislação, isto é, o parágrafo IX, do artigo 99, da Lei nº 11.101/2005, não confere legitimidade exclusiva ao falido para a pleitear a continuidade dos negócios. Pelo contrário, reza o aludido dispositivo que "a sentença que decretar a falência do devedor, dentre outras determinações, pronunciar-se-á a respeito da continuação provisória das atividades do falido com o administrador judicial ou da lacração dos estabelecimentos".

Percebe-se, pois, que aludido dispositivo confere poderes ao Juiz de deliberar sobre a continuidade provisória das atividades na falência ou lacração dos estabelecimentos[21], o que, contudo, não afasta a legitimidade ativa do falido postular a continuidade dos negócios, ainda que sob a supervisão do administrador judicial.

Nada impede, outrossim, que tal pretensão seja exercida pelos empregados e demais credores, vez que se constituem os maiores prejudicados com a declaração de falência. Do mesmo modo, são os maiores interessados na reorganização e recuperação da empresa falida, como forma de receberem seus créditos, o mais breve possível, quando senão de forma integral. Portanto, nada justifica a proibição de impedi-los de solicitar a continuidade do negócio da empresa falida. Aliás, a possibilidade dos credores postularem a continuidade das atividades da falida, ainda que por intermédio da constituição de uma nova sociedade e, consequente arrendamento do estabelecimento comercial encontra respaldo no artigo 145 da Lei nº 11.101/45[22], razão pela qual, deve ser prestigiada, pois como bem esclarece Manoel Justino Bezerra Filho, "em diversos casos os próprios empregados, normalmente agregados em cooperativa, passaram a cuidar da empresa, propiciando o regular prosseguimento das atividades"[23]

---

21 Nesse sentido a opinião de Ricardo NEGRÃO, o qual sustenta que "não há vedação a que o magistrado, antevendo a necessidade de prosseguimento das atividades empresariais ou a consolidação de certo negócio, permita ao administrador judicial que prossiga com os atos necessários à sobrevida da empresa" (NEGRÃO, Ricardo. *Manual de direito comercial e de empresa*. 3 ed.. São Paulo: Saraiva, 2008, p. 318).

22 Art. 145 da Lei nº 11.101/2005. O Juiz homologará qualquer outra modalidade de realização do ativo, desde que aprovada pela assembleia-geral de credores, inclusive com a constituição de sociedade de credores ou dos empregados do próprio devedor, com a participação, se necessária, dos atuais sócios ou de terceiros. (..) Parágrafo 2º. No caso de constituição da sociedade formada por empregados do próprio devedor, estes poderão utilizar créditos derivados da legislação do trabalho para a aquisição ou arrendamento da empresa.

23 BEZERRA FILHO, Manoel Justino. *Lei de recuperação de empresas e falência: Lei nº 11.101/2005: comentada, artigo por artigo*. 10 ed.. São Paulo: Editora Revista dos Tribunais, 2014, p. 324.

ADMINISTRAÇÃO DA MASSA FALIDA

Com efeito, na Lei nº 11.101/2005, a administração da falência é exercida pelo administrador judicial, muito embora faculte a constituição do comitê de credores (art.26 e 27 da LREF) e da assembleia de credores (art.35 da LREF) para colaborar e fiscalizar à administração judicial, tudo sob a supervisão do Juiz. Interpretando esses dispositivos, verifica-se que incumbe ao administrado judicial[24] conduzir a continuação provisória dos negócios na falência.

Nada impede que o administrador judicial, mediante prévia autorização judicial, monte uma equipe para conduzir a continuidade provisória dos negócios na falência, inclusive indicando um gestor para permanecer diuturnamente no estabelecimento, enquanto realiza outros atos de gestão e de condução do processo falimentar, como análise do ativo e passivo da massa falida , reuniões com os credores e demais interessados, participações em audiências, elaboração das defesas e recursos processuais, dentre outros.

A lei anterior, isto é, o artigo 74 e seguintes do revogado Decreto-lei nº 7.661/1945 exigia a nomeação de um gestor judicial, além de prestação de contas semanais nos autos, acompanhada de toda a documentação contábil. Tratava-se de exigências e procedimentos burocrático que na maioria dos casos, inviabilizava a possibilidade de recuperação do negócio. Agora não. Incumbe ao administrador constituir sua equipe, inclusive indicando gestor judicial, sem prejuízo da colaboração do falido, desde que não exerça a gestão imediata e direta do negócio. Quanto ao falido é possível simples auxílio e colaboração.

A remuneração do gestor e demais colaboradores será fixada pelo Juiz, observadas as condições e peculiaridades da massa. Em outras palavras,

> os contratos são de emprego, e estarão sujeitos às normas da Consolidação das Leis do Trabalho. Serão firmados em nome da massa falida, que é a entidade empregadora. Esse contato, tratando-se de antigo empregado da empresa falida, não constitui novo contrato de trabalho, mas prosseguimento das relações empregatícias anteriores. [25]

---

24 O administrador judicial não é representante do falido, e tampouco dos credores. Na verdade, como ensina Trajano MIRANDA VALVERDE, o administrador judicial é "o órgão criado pela lei para auxiliar a justiça na realização do seu objetivo. Ele integra-se na organização judiciária da falência, desempenha função ou ofício peculiar a essa organização. Não representa quem quer que seja, mas cumpre os deveres inerentes ao cargo" (MIRANDA VALVERDE, Trajano. *Comentários à lei de falências (Decreto-lei nº 7.661/45, de 21 de junho de 1.945)*. 4 ed.. Rio de Janeiro: Editora Forense, 1999, p. 446-447). No mesmo sentido o entendimento de PONTES DE MIRANDA, embora denomine a função do administrador judicial de parte de ofício: "É órgão da execução forçada; parte de ofício, no processo falencial e nos processos em que figura, por haver interesse da massa. A relação de órgão, em que ele está, é com o Estado. Na relação jurídica processual é parte de ofício" (PONTES DE MIRANDA, Francisco Cavalcanti. *Tratado de Direito Privado*. v. 29. 2ª ed.. Rio de Janeiro: Editor Borsoi, 1960, p. 4-5).

25 REQUIÃO, 1975, p. 231.

Não obstante, o Juiz possui inegável importância para o êxito da continuação provisória dos negócios na falência e sua consequente recuperação ou otimização dos ativos. Afinal, com a declaração da falência, o Estado, por intermédio do Poder Judiciário, retira do empresário, agora falido, a administração dos seus bens (art.103 da Lei n.11.101/2005 – LREF)[26]. Instaura-se, portanto, uma organização judicial administrativa da falência, através da "existência de pessoas encarregadas por lei de conservar o patrimônio falido, liquidar o ativo e distribuir o resultado pelos credores"[27].

Ainda que a figura do juiz, integre a organização judiciária, bem como preceda a falência, posto que preside o processo de pedido de falência[28], inexoravelmente, possui papel de fundamental importância (quiçá o mais importante), cuja atividade na falência compreende atos jurisdicionais e atos administrativos [29].

Portanto, o Juiz é a base estrutural do processo falimentar, principalmente na continuação provisória dos negócios, cujo resultado depende diretamente do papel a ser desempenhado pelo Magistrado, pena de se tornar uma processo moroso e inso-

---

26 Art. 103 da LREF: "Desde a decretação da falência ou do sequestro, o devedor perde o direito de administrar os seus bens e deles dispor".

27 MIRANDA VALVERDE, 1999, p. 432.

28 A respeito do pedido de falência, Anco Márcio VALLE, com muito propriedade, assevera que "A falência é execução coletiva, concursal, universal, para mencionar alguns dos nomes da nomenclatura doutrinária. Mas, para que se abra esse concurso de credores, ou se instaure a execução coletiva, é preciso que o órgão judiciário competente para processar a execução declare, por sentença, a abertura da falência. Qualquer credor (..) pode pedir a falência do devedor comerciante. Uma vez ajuizado o requerimento, ao devedor está assegurado o exercício de ampla defesa – podendo até pagar o débito em alguns casos -, e somente à vista dos pressupostos da caracterização do estado falimentar, e da insubsistência da defesa acaso apresentada pelo devedor, é que decretará a quebra, dando início ao processo falimentar propriamente dito. (....) Antes da sentença de quebra, na chamada fase pré-falencial, temos somente um requerimento de falência, um pedido endereçado ao órgão judiciário para que se abra a execução concursal. É uma ação, é evidente, um processo de jurisdição contenciosa, mas a sua natureza jurídica é de cognição. A execução forçada virá com a prolação de sentença" (VALLE, Anco Márcio. *Processo Falimentar – Fase Pré-Falencial*. Rio de Janeiro: Editora Idéia Jurídica, 1998, p. 10-11).

29 Nesse particular, Trajano MIRANDA VALVERDE ensina que "A atividade do juiz no curso da falência compreende atos jurisdicionais e atos administrativos. Os primeiros, executa-os ele quando resolve as questões de direito que surgem no desenrolar do processo, cabendo, normalmente, de suas decisões, recurso para o Tribunal Superior. (...) Exercita o Juiz a atividade administrativa, dirigindo e superintendendo os trabalhos, do administrador da massa falida. Aqui, a sua liberdade de ação é bem mais ampla, competindo-lhe a iniciativa de qualquer ato, com o qual julgue acautelar os interesses em jogo. Deve providenciar para a boa guarda e conservação dos bens arrecadados, autorizando a venda dos bens da massa ou de alguns deles pelo síndico, quando forem objetos de fácil deterioração ou de guarda dispendiosa; conceder, em benefícios da massa, a remissão de penhores e objetos legalmente retidos; aprovar os salários dos peritos, contadores, avaliadores e demais auxiliares da administração, inclusive os honorários do advogado do síndico; deferir ou não o pedido de continuação do negócio do falido e nomear o gerente proposto pelo síndico; chamar o síndico ao cumprimento dos seus deveres, tomar-lhe as contas, aplicando-lhe as penas que no caso de infração desses deveres couberem" (MIRANDA VALVERDE, *op. cit.*, p. 434-435).

lúvel, prejudicando todos os envolvidos (funcionários, credores, Estado, etc...), mesmo porque se trata de uma medida provisória[30], razão pela qual, "não se pode perenizar para que os demais interesses do processo possam ser também atendidos"[31].

No que diz respeito aos credores e trabalhadores são os efetivos destinatários do processo falimentar, razão pela qual, devem acompanhar diretamente o desenvolvimento das atividades na continuidade dos negócios do falido, pena de afastar qualquer impugnação pelo insucesso da mesma, face a omissão no momento oportuno.

Destarte, incumbe aos credores impugnar o pedido de continuidade quando julgarem impertinente e protelatório. Do mesmo modo, devem fiscalizar as atividades desenvolvidas pelo gestor e síndico. Apresentar sugestões. Acompanhar o plano de recuperação. Opinar nas prestações de contas. Em síntese, devem participar de forma efetiva e concreto do desenvolvimento das atividades da empresa falida.

Somente assim, podem os credores e funcionários salvaguardar seus interesses em caso de insucesso da atividade, exigindo a apuração de responsabilidade dos administradores envolvidos, caso existam indícios de dolo ou culpa, pena de suportarem, ainda que indiretamente, os efeitos decorrentes do insucesso da gestão. Afinal, como ensina Carvalho de Mendonça, com insuperável propriedade e pertinência, "os lucros ou prejuízos do negócio correm por conta da massa dos credores; esta é a responsável por tôdas as obrigações contraídas"[32]. Em síntese: indispensável a participação e fiscalização efetiva dos credores na continuidade dos negócios na falência.

CONSEQUÊNCIAS E PERSPECTIVAS NA CONTINUIDADE DOS NEGÓCIOS NA FALÊNCIA

Por óbvio, o sucesso da continuidade possibilitará a otimização dos ativos ou a recuperação do negócio acarretando benefícios aos credores e demais envolvidos, uma vez que receberão seus créditos na totalidade, quando senão em valores superiores ao que receberiam caso o ativo fosse lacrado e liquidado pelo modo tradicional, isto é, leilão dos bens, por lances orais, propostas fechadas ou pregão (art.142 da LREF).

A questão que permanece diz respeito a apuração das responsabilidades em caso de insucesso da continuação dos negócios da falida. Pois bem. Caso a atividade da massa falida não possibilite a geração de caixa ou mesmo otimização dos ativos, pode o juiz a qualquer momento, cassar ou revogar a autorização dada para continua-

30 Nesse particular, em sentido diverso o registro de Manoel Justino BEZERRA FILHO: "Alguns doutrinadores afirmam que tal continuação não deve se estender por tempo muito longo, observação que parece não se justificar, pois se a continuação estiver trazendo resultados positivos, não há razão para sua interrupção. No Estado de São Paulo, na cidade de Botucatu, houve caso emblemático, no qual a sociedade empresária falida "Carrocerias Caio", permaneceu em continuação "provisória" por quase dez anos, encerrando-se posteriormente com a venda para grupo financeiro interessado, com resultado positivo para os credores" (BEZERRA FILHO, 2014, p. 324).

31 SIMÃO FILHO, 2005, p. 445.

32 CARVALHO DE MENDONÇA, 1962, p. 96.

ção, com a lacração do estabelecimento e realização dos demais atos expropriatórios. Recomenda-se, porém, salvo casos emergenciais de perecimento de direito, que por força do princípio constitucional do devido processo legal (art.5º.LIV e LV da CF/88), antes cassação das atividades, ouça-se o falido, administrador judicial e credores.

A cassação, portanto, resulta do insucesso das atividades, impondo destarte, a imediata lacração do estabelecimento com a arrecadação e conferência dos bens existentes, além da obrigatoriedade do gestor de negócios, caso exista, prestar contas dos seus atos, enquanto o administrador judicial deve prestar um relatório sobre os fatos.

Segue-se, então, a liquidação do ativo, sem prejuízo da apuração das responsabilidades.

APURAÇÃO DAS RESPONSABILIDADES

O risco é inerente a qualquer atividade que vise o lucro. A continuidade dos negócios não foge a regra, basta o governo alterar a política econômica ou cambial, ou mesmo os fornecedores reduzirem o prazo de pagamento, ou ainda os consumidores deixarem de adquirir o produto, para que o resultado da continuidade seja um fracasso.

De outro passo, o sucesso das atividades não beneficia apenas o falido, e sim os credores, funcionários, clientes, bem como a economia em geral.

Destarte, "a continuação da empresa produz uma responsabilidade direta da massa pelas obrigações assumidas em tal atividade. Débitos e créditos corrente entre administração falimentar e os terceiros"[33]. Assim, assiste razão a Carvalho de Mendonça, quando assevera que "os lucros ou prejuízos do negócio correm por conta da massa dos credores; esta é a responsável por todas as obrigações contraídas"[34].

Já que o estado e os credores detêm interesse direito na continuidade dos negócios na falência, inexoravelmente, devem participar diretamente das atividades, seja fiscalizando, seja solicitando esclarecimentos e prestações de contas.

A omissão ou inércia do estado e dos credores afasta a possibilidade de responsabilização de outros envolvidos como o administrador judicial ou gestor, pena de inviabilizar o exercício dessas funções. Afinal, não é justo que o Estado e os credores somente participem dos lucros, atribuindo os prejuízos e responsabilidades a terceiros, ressalvado a hipótese, logicamente, de culpa ou dolo desses.

Compete, pois, aos credores e ao Estado, por intermédio do próprio juiz, analisar as prestações de contas, inclusive designando perícias contábeis, solicitar esclarecimentos, exigir a apresentação de um plano de recuperação com metas a serem atingidas, dentre outros atos.

---

33 ABRÃO, 1998, p. 154.

34 CARVALHO DE MENDONÇA, 1962, p. 96.

A RESPONSABILIDADE DO ADMINISTRADOR JUDICIAL

Com efeito, enfatiza Rubens Requião, "a massa falida será, necessariamente, responsável pelos prejuízos causados a terceiros, sem culpa do síndico" [35]. A situação, todavia, se modifica nos casos de responsabilidade ou dolo do administrador judicial e do gestor, com ora será examinado.

Antes de adentrar no exame das responsabilidades, é preciso distinguir as atividades exercidas pelo administrador judicial e pelo gestor de negócios, casa exista, na continuidade de negócios na falência. Não na falência em geral, apenas na continuidade.

Ao administrador judicial incumbe a administração da massa falida, sob a supervisão e fiscalização do juiz e dos credores, notadamente quando constituído o comitê de credores. Ao optar em confiar a administração da continuidade dos negócios na falência a terceiro, é fato que todos os interessados nesse processo, assumem o risco por essa medida. Afinal, o gestor embora indicado pelo administrador judicial será nomeado pelo Juiz, nada impedindo que o Juiz indique um terceiro. Percebe-se, pois, que a nomeação do gestor é ato próprio e exclusivo do Juiz, o qual pode recusar a indicação realizada pelo administrador judicial.[36]

Pois bem.

A doutrina predominante sustenta que o gestor é preposto do administrador judicial, motivo pelo qual, "pelos excessos praticados na gestão da coisa, sob a ressonância do plano civil, torna-se inarredável a co-responsabilidade do síndico, uma vez que surgirá a figura da culpa *in eligendo*"[37]. Essa posição merece reflexões, uma vez que a figura do gestor de negócios não se confunde com a de mandatário, ainda que se assemelhe, como esclarece Plácido e Silva:

> GESTOR DE NEGÓCIOS. Assim se diz da pessoa que, voluntariamente, sem ter recebido de outro mandato prévio para administrar negócio ou interesse dela, intervém em negócio alheio, age, estipula, ou promete em interesse alheio ou de terceiro.
>
> Embora assemelhado ao mandatário, o gestor não tem a autoridade que a este é conferida, pois que, no mandato, há ciência ou autorização, tácita ou expressa, do dono do negócio, enquanto que na gestão não há essa autorização, nem ciência, da qual se inferissem poderes de representação, regularmente conferidos.

35 REQUIÃO, 1975, p. 231.

36 Sob a égide do revogado Decreto-lei n.7.661/1945, PONTES DE MIRANDA, ensinava que "esse gerente não é parte de ofício; nem é, rigorosamente, órgão da execução forçada coletiva. É gestor de negócios alheios, com poderes outorgados pelo juízo, por proposta do síndico. Não representa o falido, nem o síndico; é encarregado de venda, ou de venda e de compra, com a posição jurídica de depositário. A relação jurídica entre ele e o juízo é a de administrador de certos interesses da massa" (PONTES DE MIRANDA, 1960, v. 29, p. 73).

37 ABRÃO, 1998, p. 146.

Entanto, o gestor está obrigado a prestar contas ao dono do negócio. E, se este depois ratifica a sua gestão, fica equiparado ao mandatário.[38]

Ora, o gestor não é nomeado pelo administrador judicial, e sim pelo juiz. Logo deve prestar contas ao juízo. Ao administrador judicial incumbe a fiscalização dos atos praticados pelo gestor, inclusive como ensina Pontes de Miranda,

> que chame atenção do gerente para fatos, positivos ou negativos, que estão a passar no estabelecimento, ou para o que pode vir a ocorrer. O gerente não tem de cumprir a ordem ilegal, ou que lhe pareça nociva aos interesses da massa. O acesso ao juiz é inegável. [39]

Portanto, ao administrador judicial incumbe comunicar o juízo o que se passa, solicitando providências, inclusive a substituição do gestor, ressalvando, dessa forma, sua responsabilidade.[40]

De todo o exposto, demonstrado que o gestor é nomeado pelo juiz, a quem incumbe-lhe prestar contas, e principalmente não está obrigado a cumprir todas as determinações do administrador judicial, evidente que caso o administrador judicial promova medidas acautelatórias, como denunciar imediatamente fatos negativos que ocorram no estabelecimento, não pode responder solidária ou diretamente pelos prejuízos causados pelo gerente, salvo se concorreu ou participou dos aludidos, ou ainda se foi omisso no exercício de suas funções, não realizando a fiscalização exigida pelo legislador.

Todavia, na hipótese do administrador judicial agir de boa-fé e dispender todos atos necessários na fiscalização da atividade e, mesmo assim, vier a ser enganado, como ocorre em casos nos quais o gestor não contabiliza todas as operações, não pode ser responsabilizado pelos prejuízos causados pelo gerente. Pelo contrário. Deve o gestor responder sozinho pela reparação dos aludidos, mesmo porque, conforme já visto, a continuidade dos negócios exige a participação direta dos credores e funcionários. Logo, não é justo que todos concorram aos lucros, enquanto somente o administrador judicial responda pelos prejuízos causados pelo gestor, quando sequer possui poderes para destitui-lo do cargo, prerrogativa essa, exclusiva do juiz.

Em suma, tanto o administrador judicial, como o gestor devem responder diretamente pelos prejuízos causado. Todavia, não se pode dizer que o administrador judicial sempre responderá pelos prejuízos causados pelo gestor. Há que se analisar caso a caso, pena instaurar verdadeiro estado de intranqüilidade no exercício das atividades na continuidade, propiciando que alguns aufiram benefícios decorrente de atos ilícitos, prejudicando outros que não concorreram para a consumação de tal ato.

---

38 PLÁCIDO E SILVA, Oscar Joseph de. *Vocabulário Jurídico*. v. I e II. 3 ed.. Rio de Janeiro: Editora Forense, 1993, p. 354.

39 PONTES DE MIRANDA, 1960, v. 29, p. 74.

40 Nesse sentido a opinião de PONTES DE MIRANDA (1960, v. 29, p. 74).

Além da imediata destituição do cargo, o administrador judicial responde pessoal e patrimonialmente pelos prejuízos que causar à massa por sua má administração[41]. A mesma situação aplica-se ao gestor. A verificação e avaliação da culpa segue as regras gerais concernentes aos atos ilícitos. Logo, não bastam simples alegações ou indícios. Impõe-se a existência de fatos e danos concretos[42].

CONCLUSÃO

O MESTRE RUBENS REQUIÃO

Esse texto exibe uma humilde homenagem ao jurista, advogado e professor Rubens Requião, exemplo de comercialista, cujas obras muito honraram e contribuíram para o desenvolvimento e consolidação de uma escola de direito comercial brasileira, sendo que o destino[43] me honrou com a possibilidade de registrar publicamente a gratidão pelos seus ensinamentos.

Curitiba, Parque Barigui, Verão de 2017.

Carlos Alberto Farracha de Castro

BIBLIOGRAFIA

ABRÃO, Nelson. *A Continuação do Negócio na Falência*. 2ª ed.. São Paulo: Leud Editora, 1998.

______. *Curso de Direito Falimentar.* 5ª ed.. São Paulo: Leud Editora, 1997.

______. *A Continuidade do Negócio na Falência*. São Paulo: Leud, 1998.

BARROSO, Luís Roberto. *Interpretação e Aplicação da Constituição: fundamentos de uma dogmática constitucional transformadora*. São Paulo: Editora Saraiva, 1996.

41 Dispõe o artigo 32 da Lei n.11.101/2005 (LREF): "O administrador judicial e os membros do Comitê responderão pelos prejuízos causados à massa falida, ao devedor ou aos credores por dolo ou culpa, devendo o dissidente em deliberação do Comitê consignar sua discordância em ata para eximir-se da responsabilidade".

42 A dúvida, muitas vezes, reside em quais atos tipificam má administração. José da SILVA PACHECO, todavia, esclarece a matéria: "Ao assumir o cargo, obriga-se a bem e fielmente desempenhá-lo, com as responsabilidades inerentes à qualidade de administrador. O administrador, de um modo geral, deve empregar, no exercício de suas funções, tanto no interesse da massa, como no do bem público, a diligência que todo homem ativo e probo costuma empregar, na direção de seus negócios particulares. Considera-se, pois, má administração, aquela que: a) não vise o interesse da massa nem do bem público; ou b) não se caracterize pela diligência normal que todo homem ativo e probo costuma empregar na gestão de seus próprios negócios, mas pela displicência, pelo desleixo, pela desídia, negligência, parcialidade, favoritismo, corrupção, má-fé" (PACHECO, José da Silva. *Processo de Falência e Concordata*. 5 ed.. Rio de Janeiro: Forense, 1996, p. 389).

43 Materializado pelo convite do professor e amigo Carlos Roberto Claro, para integrar a presente obra em homenagem ao professor Rubens Requião.

BEZERRA FILHO, Manoel Justino. *Lei de recuperação de empresas e falência: Lei n. 11.101/2005: comentada, artigo por artigo*. 10ª ed. São Paulo: Editora Revista dos Tribunais, 2014.

CARVALHO DE MENDONÇA, José Xavier. *Tratado de Direito Comercial*. 7ª ed. Rio de Janeiro: Livraria Freitas Bastos, 1962.

______. *Tratado de Direito Comercial Brasileiro*. Rio de Janeiro: Freitas Bastos, 1963.

CLARO, Carlos Roberto. *Recuperação judicial: sustentabilidade e função social da empresa*. São Paulo: LTr, 2009.

COELHO, Fábio Ulhoa. *Curso de Direito Comercial*. v. 3. São Paulo: Saraiva, 2000.

CORDEIRO, António Menezes. Introdução ao Direito da Insolvência. *O Direito*, Lisboa, v. III, ano 137, III, p. 465-506, 2005.

DINIZ, Maria Helena. *As Lacunas do Direito*. São Paulo: Editora Revista dos Tribunais, 1981.

DUARTE, Henrique Vaz. A continuidade produtiva na falência. In:______. *Questões sobre Recuperação e Falência*. 2ª ed. Coimbra: Livraria Almeida, 2004.

FARRACHA DE CASTRO, Carlos Alberto, *A preservação da empresa no Código Civil*. Curitiba: Juruá Editora, 2008.

LACERDA, José Candido Sampaio de. *Manual de Direito Falimentar*. 14ª ed.. Rio de Janeiro: Freitas Bastos, 1999.

LOPES, Renan Kfury. *Roteiro do Síndico da Falência – Doutrina, Prática e Legislação*. Belo Horizonte: Editora Del Rey, 1999.

MARTINS, Alexandre Soveral. *Um Curso de Direito da Insolvência*. 2ª ed.. Coimbra: Edições Almedina, 2016.

MIRANDA VALVERDE, Trajano. *Comentários à lei de falências (Decreto-lei n.7.661/45, de 21 de junho de 1.945)*. 4ª ed. Rio de Janeiro: Editora Forense, 1999.

NEGRÃO, Ricardo. *Manual de direito comercial e de empresa*. 3ª ed. São Paulo: Saraiva, 2008.

PACHECO, José da Silva. *Processo de Falência e Concordata*. 5ª ed.. Rio de Janeiro: Forense, 1996.

PLÁCIDO E SILVA, Oscar Joseph de. *Vocabulário Jurídico*. v. I e II. 3ª ed. Rio de Janeiro: Editora Forense, 1993.

PONTES DE MIRANDA, Francisco Cavalcanti. *Tratado de Direito Privado*. v. 29. v. 30. 2ª ed. Rio de Janeiro: Editor Borsoi, 1960.

REQUIÃO, Rubens. A crise do Direito Falimentar Brasileiro – Reforma da Lei de Falências. *Revista de Direito Mercantil, Industrial, Econômico e Financeiro*, São Paulo, nº 14,

_______. *Aspectos Modernos de Direito Comercial*. São Paulo: Editora Saraiva, 1986. 3 v.

_______. *Curso de Direito Comercial*. v. 1. São Paulo: Editora Saraiva, 1993.

______. *Curso de Direito Falimentar*. 17ª ed. São Paulo: Editora Saraiva, 1975.

SANTANA, Jair Eduardo. *Limites da Decisão Judicial na Colmatação de Lacunas*. Belo Horizonte: Editora Del Rey, 1998.

SANTOS, Joaquim Antônio Penalva. *Nota aos "Comentários à Lei de Falências: (Decreto-lei n.7.661/45, de 21 de junho de 1945)"*. 4ª ed. Rio de Janeiro: Forense, 1999.

SCALZILLI, João Pedro; SPINELLI, Luis Felipe; TELLECHEA, Rodrigo. *Recuperação de empresas e falência: teoria e prática na Lei nº 11.101/2005*. São Paulo: Almedina, 2016.

SIMÃO FILHO, Adalberto. Comentários aos Artigos 94 ao 101. In: DE LUCCA, Newton; SIMÃO FILHO, Adalberto (coord.). *Comentários à Nova Lei de Recuperação de Empresas e de Falências*. São Paulo: Quartier Latin, 2005.

VALLE, Anco Márcio. *Processo Falimentar – Fase Pré-Falencial*. Rio de Janeiro: Editora Idéia Jurídica, 1998.

VALVERDE, Trajano de Miranda. *Comentários à Lei de Falências*. Rio de Janeiro: Editora Forense, 1949.

ENSAIO SOBRE A UNIVERSALIZAÇÃO DE CREDORES NA RECUPERAÇÃO JUDICIAL

Carlos Roberto Claro

Resumo: O presente texto tem o escopo de abordar alguns aspectos relacionados ao processo de recuperação judicial, notadamente no que se refere a necessidade de que todos os credores do devedor comum se sujeitem ao juízo comum. A Lei 11.101/05 não vem surtindo os efeitos almejados – emprestar mecanismos jurídicos e econômicos para que se tente a superação da crise e soerguimento da entidade[1] – sendo possível falar em universalização dos credores. Com isso, todos farão parte do plano de reerguimento econômico e financeiro do devedor, o que poderá conferir eficácia vinculativa e equilíbrio[2] ao processo.

Palavras-chave: Recuperação judicial. Preservação da empresa. Universalização de credores. Revisão pontual do texto legal de 2005.

VISÃO GERAL DO TEMA

Tenciona o artigo científico (ensaio)[3] tratar de tema deveras complexo e impor-

---

1 Aquela que exerce atividade econômica, *isto é, atividade referente à criação de riquezas, bens ou serviços. A economicidade da atividade está na criação de riquezas; de modo que aquele que profissionalmente exerce qualquer atividade, que não seja econômica, ou não seja atividade de produção de riquezas, não é empresário*. MARCONDES, Sylvio. **Questões de direito mercantil**. São Paulo: Editora Saraiva, 1977, p. 10.

2 ABRÃO, Nelson. **O novo direito falimentar. Nova disciplina jurídica da crise econômica da empresa**. São Paulo: Editora Revista dos Tribunais, 1985, p. 32.

3 O ensaio, como gênero literário, foi criado por Michel de Montaigne no século XVI (a respeito, ver a densa obra deste pensador, **Os ensaios**, editada no Brasil pela Editora Martins Fontes, em três volumes). O discurso, de caráter mais flexível, jamais busca esgotar o conhecimento do objeto cognoscível, na medida em que não exaustivo. Montaigne permitiu que sua pena deslizasse sobre o papel de forma livre, sem rumo, dissertando o pensador sobre os mais variados assuntos; escreveu na primeira pessoa do singular; pintava a si mesmo em seus textos, sem se preocupar com modismos ou a estética da escrita. Bem ao contrário de René Descartes, o humanista Montaigne não apresentava qualquer juízo de valor (suspendia o juízo, em contraposição ao dogmatismo), estando sempre disposto a encetar novas indagações filosóficas; inexistia qualquer certeza em seu espírito, que era livre. Apresentou, em determinado momento de sua existência, um viés pirrônico,

tante no âmbito da ação de recuperação judicial.[4] Diz respeito ao *status* jurídico de determinados credores que não se sujeitam ao processo, tais como o fiscal (art. 6º, §7º) e o credor titular da posição de proprietário fiduciário (art. 49, §3º, da Lei 11.101/05), os quais serão analisados no decorrer da exposição. Conforme pesquisa realizada sobre o volume de pedidos de recuperação judicial no país,[5] os dados demonstram que (i) os requerimentos no ano de 2015 bateram recorde histórico negativo: (ii) houve o crescimento 55,4% em relação a 2014 (maior índice acumulado desde 2006); (iii) foram mais de 1.200 pedidos formalizados em todo o Brasil,

escrevendo a respeito. Suas dúvidas eram permanentes e inexistia resposta única às várias indagações de seu espírito. O ensaio, destarte, possui caráter eminentemente investigativo e até mesmo, poder-se-ia afirmar, sugestivo. Com base em tais premissas básicas ao entendimento deste artigo científico, buscou-se não o confinamento da escrita aos enunciados constantes da Lei 11.101/05, aqui tratados. Pretendeu-se ir um pouco mais além e o ideário do escrito, que procura seguir uma matriz teórica, é jogar novas luzes sobre palpitante e delicado tema relativo ao universo de credores na recuperação judicial. Busca-se a discussão acadêmica acerca importante e complexo tema, nada mais que isso. O presente, sem dúvida, vai de encontro ao hodierno entendimento jurisprudencial – mas se afina com os reclamos e anseios empresariais -, considerando a pletora de decisões judiciais existentes e entendimento (quase) uníssono da doutrina nacional de ponta, posições essas que prejudicam a tentativa de soerguimento da empresa em crise. Resta assentado o pensamento do autor deste escrito quanto ao que deveria (em tese) ser alterado na lei de 2005, a bem da (tentativa de) estabilização do processo, visando a preservação empresarial, a superação da crise, o pagamento de todos os credores e retorno do recuperando ao mercado. Cabe a procura de novo equilíbrio no âmbito da reestruturação regida pelo texto legal em foco. Esse equilíbrio passa, inequivocamente, pela reformulação de determinados dispositivos legais, segundo a ótica aqui esposada; passa por indispensável mudança de mentalidade de alguns credores; passa por revisão de vários julgados, especialmente do Superior Tribunal de Justiça. Em consequência, no decorrer da presente serão apresentadas sugestões, por assim dizer, para que a lei seja alterada em pontos específicos. Apesar de todo o discurso jurídico, não se olvide, porém, que *a garantia jurídica está, em sentido mais amplo, diretamente a serviço de interesses econômicos*. WEBER, Max. **Economia e sociedade: Fundamentos da sociologia compreensiva. Volume 1**. Brasília: Editora Universidade de Brasília, 2009, p. 225. A respeito deste tema haverá análise no lugar próprio.

4 A concordata preventiva já se traduzia em ação judicial, conforme leciona Rubens Requião em seu **Curso de direito falimentar. 2º volume**. 14ª edição. São Paulo: Editora Saraiva, 1995, p. 16. Bem esclarece Luiz Inácio Vigil Neto que *o legitimado processual deverá fazer uso de uma ação de Direito Processual, a fim de provocar a atuação do Poder Judiciário para o exercício da 'ivris dictio'*. **Teoria falimentar e regimes recuperatórios: estudos sobre a Lei n. 11.101/05.** Porto Alegre: Livraria do Advogado Editora, 2008, p. 159.

5 http://noticias.serasaexperian.com.br/numero-de-recuperacoes-judiciais-bate-recorde-historico--em-2015-revela-serasa-experian. Acesso: 15/01/2016.

sendo 688 de micro e pequenas empresas,[6-7] o que gera apreensão e desconforto aos

6 Não bastasse, o número de recuperações judiciais requeridas no primeiro trimestre de 2016 foi 114,1% superior ao registrado no mesmo período de 2015. As microempresas e pequenas empresas têm maior volume (136 pedidos deferidos); entre janeiro a março/2015 foram 191 recuperações ajuizadas. Em igual lapso temporal no ano de 2016 o número saltou para 409. No mês de março de 2016 houve a abertura judicial de 84 falências no território nacional, sendo retiradas do mercado mais microempresas e pequenas empresas, fato esse que chama a atenção. Tal indicador significa algo relevante e grave: como visto pelos números apresentados, a crise que assola o país é muito ampla, afetando vários segmentos da economia nacional e a própria coletividade, em última análise. http://noticias.serasaexperian.com.br/pedidos-de-recuperacoes-judiciais-tem-pior-trimestre-da-historia-revela-serasa-experian/. Os dados aqui apresentados demonstram a grave situação da conjuntura econômica nacional. Com efeito, mais de 95% do total de entidades localizadas no país são microempresas e pequenas empresas; estas geram mais da metade de empregos no Brasil (www.agenciasebrae.com.br); é grande o volume de riquezas por elas produzidas; tais entidades contribuem de forma significativa e decisiva para o desenvolvimento econômico e social da nação, mas lei em comento lhes confere tratamento diferenciado em relação às grandes corporações, o que se parece injustificável. Quanto a obtenção de crédito, por estas entidades de menor envergadura, observe-se outra questão preocupante, mas que está bem distante do legislador: *Questionados sobre o acesso ao crédito, a maioria dos microempreendedores individuais afirmou não ter buscado por empréstimos como pessoa jurídica após a sua formalização. O percentual dos que fizeram essa afirmação aumentou em relação à pesquisa anterior, passando de 77% para 84% (ver gráfico 29). Outros 7% buscaram mas não conseguiram empréstimo, enquanto que 9% declararam terem buscado e conseguido empréstimo. Esses números parecem mostrar que ainda há espaço para avançar com relação ao acesso a crédito por parte dos microempreendedores, dado que, segundo os próprios empreendedores, apenas 16% buscaram e 91% nunca conseguiram um empréstimo em nome de sua empresa.* http://www.sebrae.com.br/Sebrae/Portal%20Sebrae/Anexos/Perfil%20do%20MEI%202015.pdf.

O jurista Carlos Henrique Abrão apresenta dado que causa preocupação: *O ano de 2015 foi marcante, no sentido de evidenciar substancial aumento do número de pedidos de recuperação e, além disso, o fechamento, desaparecimento, por completo, de mais de 100 mil empresas brasileiras, as quais foram literalmente dissolvidas, de fato ou de direito, pela aguda situação provocada por uma série de erros diagnosticados tardiamente.* **Revista de direito recuperacional e empresa**. AGUIAR JUNIOR, Ruy R.; ABRÃO, Carlos H.; TIMM, Luciano B. (coord.). Vol. 1, julho-set-2016. São Paulo: Editora RT, disponível em www.rt.com.br. O mesmo pensador assim se posiciona: *Aqui o plano é apresentado, o deságio é elevado, são feitos vários aditamentos e no fundo esse plano que era para ser feito em cinco anos acaba indo para dez ou doze anos. E o pior: índice de êxito de empresas que saíram de recuperação não chega a 5%.* Entrevista de 12/06/2016, disponível em: http://www.conjur.com.br/2016-jun-12/entrevista-carlos-henrique-abrao-desembargador-tj-sp. Acesso: 20/01/2017, 14h16minutos.

7 Sobre o tema: ABRÃO, Carlos H. **Empresa individual**. 2ª edição. São Paulo: Editora Atlas, 2005, p. 80; CLARO, Carlos R. **A sociedade simples e o âmbito de incidência da Lei nº 11.101/05**. Jornal **O Estado do Paraná**, pub. 06/11/ 2005, p. 13; **A recuperação para as microempresas e empresa de pequeno porte Lei n. 11.101/05**. Jornal **O Estado do Paraná**, 05/02/2006, p. 11; **Necessidade de alteração da Lei 11.101/05**. www.netlegis.com.br, 09/04/2009; BAYMA, Fátima; BARONE, Francisco M. **Pequenos negócios, empreendedorismo e a nova lei de falência e recuperação de empresas: considerações sobre o Brasil contemporâneo.** *In* OLIVEIRA, Fátima B. de. .(org.). **Recuperação de empresas. Uma visão múltipla da nova lei: Lei 11.101/05.** São Paulo: Pearson Prentice Hall, 2006, pp. 105-112.

empresários e seus empregados, aos credores, fornecedores, Estado e à sociedade organizada, em última análise. As microempresas e empresas de pequeno porte ingressaram em grande volume com pedidos de recuperação judicial no período de janeiro a novembro de 2016, num total de 1065[8], demonstrando que ainda persiste a recessão econômica (a estagnação da atividade empresarial), com indisfarçável dificuldade de acesso ao crédito.

Nessa perspectiva cinzenta, a instabilidade da empresa tende a aumentar de forma exponencial e os mecanismos de mercado por si só não têm o condão de colaborar para que haja a superação da crise[9] momentânea do devedor[10] e efetiva retomada da

---

8 http://noticias.serasaexperian.com.br/pedidos-de-recuperacoes-judiciais-caem-33-em-relacao-ao-ano-passado-revela-serasa-experian/

9 Consoante entendimento de Nelson Abrão, *as noções de 'insolvência', de 'impontualidade', de 'inadimplemento', perfeitamente ajustadas no cenário concursal de concepção privatista (relação devedor-credores) estão hoje superadas pela de 'crise econômica da empresa'*. **O novo direito falimentar. Nova disciplina jurídica da crise econômica da empresa**. Op. cit., p. 30. Grifos no original.

10 É certo que, quando as estruturas do sistema econômico capitalista não mais funcionam a contento, inexiste solução de mercado para a crise empresarial. Em tal hipótese, cabe ao devedor, em tese, requerer a tutela estatal, via ação de recuperação judicial, observar outras modalidades de reestruturação previstas em lei ou se compor diretamente com seus credores (art. 167 da lei de regência). Os regimes recuperatórios de forma alguma garantem ao devedor pleno sucesso em sua empreitada judicial ou extrajudicial, sendo certo, conforme dito alhures, que na hipótese de o mercado não concordar com mantença de sua atividade econômica, dificilmente nele permanecerá o devedor, sendo o processo de recuperação mero paliativo, remédio que não surtirá grandes efeitos, pois, ocorrerá a abertura judicial da falência. Esta é questão de tempo, pois, o mercado não mais consente que o devedor continue operando regularmente. No sistema capitalista (economia aberta) prevalecem as leis ditadas pelo mercado competitivo, o que deve preocupar aqueles que nele buscam manter regular atividade econômica (sobre o tema: GRAU, Eros. R. **A ordem econômica na Constituição de 1988: interpretação e crítica**. 11ª edição. São Paulo: Malheiros Editores, 2006; **O direito posto e o direito pressuposto**. 3ª edição. São Paulo: Malheiros Editores, 2000; **Por que tenho medo dos juízes: (a interpretação/aplicação do direito e os princípios)**. 7ª edição. São Paulo: Malheiros Editores, 2016; GRAU, Eros R.; FORGIONI, Paula. **O Estado, a empresa e o contrato**. São Paulo: Malheiros Editores, 2005, p. 49). Correta a afirmação de Fábio Ulhoa Coelho, no sentido de que nem toda falência é um mal e que *a recuperação judicial não pode significar, portanto, a substituição da iniciativa privada pelo juiz na busca de soluções para a crise da empresa* (**Comentários à nova Lei de falências e de recuperação de empresas**. São Paulo: Editora Saraiva, 2005, p. 120). A solução para a crise do devedor em recuperação judicial é a solução do mercado, apenas do mercado, nada mais que ele para ditar deste devedor; é ele, o mercado, quem decide a sorte das entidades em crises. Caso o mercado não mais aceite a atuação regular de determinada empresa, não haverá processo judicial que dê outro caminho que não a abertura da falência. Em não havendo saída negociada para a crise empresarial, será certo o insucesso da reestruturação. Nem se diga que o parágrafo primeiro do art. 58 da lei de regência concederia ao juiz o poder de "impor" o plano de reestruturação aos credores que não o aceitaram em assembléia. Quer-se crer, salvo melhor entendimento, que dificilmente um plano "imposto" de cima para baixo aos credores (conforme defendido por alguns doutrinadores) teria força para manter devedor operando no mercado. Não o teria. Esta é a realidade, a realidade de mercado competitivo; o mercado que estabelece, com regras próprias, os que podem atuar regularmente; mercado que não vê rosto, e sim, capital financeiro. Sobre o tema: TOMAZETTE, Marlon. **Curso de direito empresarial. Volume 3: Falência e recuperação de empresas**. 4ª edição, 2016, pp. 215-218.

atividade econômica. A Lei 11/101/05, após mais de uma década de vigência[11] (não de efetiva utilização no âmbito do Judiciário), não vem contribuindo, por assim dizer, para a tentativa de recuperação da empresa deficitária, que busca permanência no mercado,[12] mas que se vê em crise considerada passageira e remediável.[13] Necessário, destarte, que o legislador reveja alguns pontos do diploma legal a fim de que ocorram suspensões (não supressões) quanto aos direitos de determinados credores[14] no âmbito do processo judicial. Os motivos para nova redação de alguns dispositivos estão no decorrer deste ensaio.

Com efeito, inexiste necessidade de escrever acerca do óbvio; não cabe mergulhar a pena na tinta da sensatez e gastá-la com temas notórios, de grande repercussão na economia nacional e que dizem com a crise vivenciada por diversos segmentos empresariais. A falta de agenda acentua cada vez mais a possibilidade de decretação da abertura judicial de falência de entidades que compõem os mais variados setores da economia – sejam micro, pequenas, médias e grandes entidades – inclusive retirada do mercado daquelas que se encontram sob regime de recuperação judicial,[15] o que é prejudicial ao país. Significa isso dizer, em poucas palavras, que o processo de reestruturação, em bom volume de casos, de há muito não mais se traduz em instrumento válido à tentativa de superação da crise do devedor. O estratificado (saturado) modelo

11 Mas não se olvide que apenas após determinado período de vigência da lei em comento o Superior Tribunal de Justiça se debruçou acerca de vários pontos controvertidos. O Tribunal de Justiça de São Paulo editou súmulas a respeito de questões relacionadas à falência e ao processo de reestruturação; os demais tribunais também se estão movimentando para "aclarar" pontos incongruentes da lei e firmar posição. Tudo ainda é incipiente e vacilante a jurisprudência. Ora, se houve certa demora para que os tribunais analisassem dispositivos da Lei 11.101/05 é porque inexistiu significativo número de processos de recuperação e, por consequência, questões delicadas a serem decididas em grau superior.

12 Pontes de Miranda assim se posiciona: *a crise que determina as concordatas preventivas não são, sempre, crises insanáveis, que sacrificam os credores*. **Tratado de direito privado. Parte especial. Tomo XXX**. 3ª edição, 2ª reimpressão. São Paulo: Editora Revista dos Tribunais, 1984, p. 21.

13 A bem de ver, desde a crise do *subprime* – com a "quebra" de instituições de crédito dos Estados Unidos -, o Brasil ainda não havia passado por tantas dificuldades econômicas e a Lei 11.101/05 era de pouca utilização por parte das empresas, para fins de reestruturação, conforme já exposto.

14 ABRÃO, Nelson. **O novo direito falimentar. Nova disciplina jurídica da crise econômica da empresa**. Op. cit., p. 122.

15 Há de se reconhecer a importância social e econômica das entidades que realmente tenham condições mínimas de soerguimento. A elas, que se estenda a mão (recuperação, em uma de suas formas). Caso contrário – inexistindo mínima possibilidade de superação do momento deficitário -, a abertura judicial da falência será de rigor, a fim de que a crise não tenha efeito multiplicador e deletério aos fornecedores, aos credores e ao mercado competitivo. A realidade capitalista é esta e, caso os credores discordem da mantença do devedor no mercado (não aceitação do plano de reestruturação), não haverá lei que imponha tal permanência; inexistirá plano que assim imponha. No Brasil há exemplos clássicos de recuperações judiciais frustradas, que acabaram desembocando em falência; há pessoas jurídicas que não deveria ter passado pela reestruturação judicial, sendo evidente o estado falimentar latente.

legal de reestruturação que se encontra no ordenamento (sistema) jurídico pátrio há de ser revisto pelo legislador, sob pena de a lei se torna obsoleta (talvez já o seja), sem aplicabilidade, porque ineficaz.

Não obstante repleto de *boas intenções*,[16] com viés programático (art. 47) e possuir enunciados bem redigidos (alguns são fiéis cópias de disposições contidas no Dec.-Lei 7.661/45) – até certo ponto consentâneos com a realidade -, o texto de 2005 vem concedendo tratamento privilegiado, quiçá exacerbado, a alguns credores, em detrimento de outros, o que desequilibra o processo de reestruturação.

A tendência, diante do quadro de agravamento da crise econômica que de há muito assola o país, é de que aumentará de forma exponencial o número de falências decretadas, diminuindo os processos de reestruturação judicial. Os reflexos da retirado do devedor do mercado (abertura de falência) não precisam ser especificados, na medida em que óbvios[17] (efeito multiplicador em relação a fornecedores e credores do falido; aumento de desemprego, por exemplo).

Diante de tal quadro negativo e sombrio, pertinentes são as reflexões jurídicas acerca de alguns enunciados da Lei 11.101/05. Observa-se que o engenhoso texto legal de 2005, como de há muito enfatizado, não vem contribuindo[18] para que ocor-

16 Jorge Queiroz não discrepa: *A experiência brasileira demonstra que recuperações na esfera judicial não são muito animadoras. Apesar dos avanços introduzidos com a nova Lei n. 11.101/05, esta corresponde a um instrumento jurídico de intenções; sua eficácia irá depender dos operadores da justiça e do direito, além das partes envolvidas. Sua eficácia demandará sem dúvida uma mudança cultural, na linha até aqui exposta*. **Prevenção de crises e recuperação de empresas**. *In* OLIVEIRA, Fátima B. de (org.). **Recuperação de empresas. Uma visão múltipla da nova lei: Lei 11.101/05.** São Paulo: Pearson Prentice Hall, 2006, p. 13.

17 Certas dificuldades estruturais serão (já o são) enfrentadas pelo Poder Judiciário quanto ao impulsionamento de elevado número de processos, mesmo com a instalação de juízos privativos em alguns foros exclusivos em primeiro grau de jurisdição e câmaras especializadas em tribunais.

18 A Lei 11.101/05, por evidente, não se traduz em tábua de salvação para que o devedor em estado crítico permaneça a qualquer custo atuando no mercado competitivo; traduz-se, isso sim, em mais um instrumento econômico-jurídico apresentado pelo legislador ordinário a fim de que se tente, quanto possível, o soerguimento da entidade mergulhada em crise, preservando-a. O objetivo é que honre seus compromissos e volte a atuar regularmente neste mesmo mercado. Nenhuma lei recuperatória pode, por si só, retirar o devedor da crise. Com propriedade, José Renato Nalini escreve sobre o *fetiche da lei*. Vai mais além, asseverando: *acreditamos que a lei resolva tudo. Bastaria, contudo, uma consistente reflexão para saber que não é assim* (**O Estado de São Paulo**, A2, 03/09/2015). Com razão o jurista pátrio. A onipotência e a mística da lei não mais têm sentido em tempos nos quais (i) impera a hermenêutica filosófica (o texto legal há de ser interpretado pelo exegeta); (ii) a lei não é a única solução para todos os problemas enfrentados pelo Direito. Em obra lapidar, Juan Cruet faz inúmeras e consistentes ponderações acerca da lei (genérica), afirmando que *vê-se todos os dias a sociedade reformar a lei; nunca se viu a lei reformar a* sociedade. **A vida do direito e a inutilidade das leis**. Lisboa: José Bastos & Cia. Livraria Editora, 1908, p. 2. Acerca do conflito entre a lei (estagnada) e a evolução econômica, o mesmo autor não discrepa: *O legislador não pode dirigir, nem pressentir, nem impedir a evolução econômica; é portanto obrigado a suportá-la, porque a natureza econômica d'uma transação determina mais ou menos, por si mesma, a sua fórmula jurídica. D'este perpetuo e inevitável conflito, não há uma manifestação psico-*

ra a superação da crise, com a consequente mantença da fonte produtora em atividade econômica. Em muitos processos judiciais (i) o devedor recuperando não logra êxito em colocar o plano em prática (pelo mais variados motivos); (ii) naqueles processos em que há cumprimento das avenças (art. 61) não se consegue retomar a atividade econômica de forma efetiva, não raro pelo acúmulo de dívida pós-recuperação. Em síntese, o recuperando não consegue oxigenação mínima necessária e seus negócios acabando naufragando.

Poder-se-ia enumerar inúmeras causas para o *insucesso*, por assim dizer, do texto legal de 2005, mas este não é o foco do presente estudo acadêmico. Busca-se, isso sim, jogar luzes sobre questões sensíveis ao instituto jurídico recuperacional e contribuir para que ocorram pontuais alterações na lei. O escopo do presente trabalho teórico é, destarte, examinar a situação de dois credores específico no âmbito da recuperação judicial.

Quer-se crer, salvo melhor entendimento, diante do pessimista panorama econômico nacional (a crise empresarial é por demais conhecida), que necessária se faz a microrreforma de alguns enunciados da lei de 2005.[19-20] Determinar-se-ia, por exem-

lógica na hostilidade latente ou aguda, que reina geralmente entre o mundo do direito e o mundo dos negócios ou do trabalho? Op. cit., p.138. Nessa esteira, Luiz InácioVigil Neto assenta brilhante entendimento em sua obra: *nestes quase três mil anos de construção da civilização ocidental, o Direito, nem sempre assim chamado por seus operadores e nem sempre assim reconhecido por seus destinatários, ainda não foi capaz de resolver todas as suas questões fundamentais.* **Teoria falimentar e regimes recuperatórios. Estudos sobre a Lei 11/101/05**. Porto Alegre: Livraria do Advogado Editora, 2008, p 20.

19 Afinal, a lei não se eterniza (nem seria admissível tal hipótese) no sistema (ordenamento) jurídico; há tempo certo de existência e eficácia do texto legal perante a sociedade. A lei deve(ria), em tese, acompanhar os movimentos desta mesma sociedade e sobretudo os desdobramentos da crise empresarial, adequando-se aos fatos supervenientes à sua edição. A lei, fruto da experiência da sociedade organizada, efetivo produto da vontade humana (legislador), vontade essa falível, mutável, errante, não pode resolver sozinha a crise empresarial. É utópico pensar ao contrário. Vários são os fatores que interferem na mente dos seres humanos – especialmente dos que recebem poderes para legislar em nome dos demais -, quando da redação de determinado texto legal. Nessa linha, Michel de Montaigne assevera com propriedade que *as leis extraem da aplicação e do uso sua autoridade; é perigoso levá-las de volta a seu nascimento; elas se avolumam e enobrecem ao rolar, como nossos rios: acompanhai-os remontando até sua fonte e esta não passa de um pequeno olho d'água mal reconhecível, que assim se dignifica e se fortalece ao* envelhecer. **Os Ensaios. Livro II**. 2ª edição. São Paulo: Editora Martins Fontes, 2006, p. 376. Sobre o tema, confira-se: COELHO, Fábio H. **Direito e poder**. São Paulo: Editora Saraiva, 2005. O legislador, esse ser humano complexo, repleto de falhas, idiossincrasias e inconsistências, não possui poderes mágicos de prever todas as situações que dizem respeito à crise empresarial, especialmente em tempos de acentuada globalização econômica, mudanças de comportamento empresarial e de mercado, novas tecnologias. Afinal, é um ser humano, nada mais. Com efeito, ossificada, é de rigor que a lei ceda espaço a outra, mais moderna, consentânea com a realidade e tendente a colaborar (com novos mecanismos jurídico

20 Acerca do tema: ABRÃO, Carlos H. **Lei de recuperação judicial exige uma inadiável** reforma. www.conjur.com.br. 10/7/2014. Acesso: 25/1/2016; CLARO, Carlos R. **Microrreforma da Lei de Recuperação e Falência**. Jornal "Bem Paraná", 05/08/2015, p. 11; **Microrreforma da Lei de Recuperação e Falência (II)**. Jornal "Bem Paraná", 26/08/2015, p. 9.

plo, que todos os credores do recuperando deveriam se submeter ao regime recuperatório (e, por consequência, ao plano de reestruturação global, caso aprovado tácita ou expressamente [via assembleia]). Em havendo novo dispositivo legal – impossibilitando o credor de agir judicialmente em face da entidade (e seus garantidores), após o decurso da suspensão de ações judiciais, prevista no art. 6º, §4º – instaurar-se-ia o juízo universal da recuperação judicial já a contar da primeira decisão proferida pelo juiz da causa.

A discussão acadêmica ora proposta não se traduz em novidade alguma. Já existia ao tempo da concordata regida pelo Dec.-Lei 7.66/45, sendo certo que Rubens Requião, a esse tempo, assim se expressava: *Filiamo-nos à corrente que nega o juízo universal no procedimento das concordatas, sejam elas preventivas, sejam suspensivas da falência.*[21] Não obstante os termos do posicionamento do doutrinador (o entendimento atual da doutrina segue exatamente na mesma linha, ou seja, inexiste o assim denominado juízo universal da recuperação), é importante frisar que o não chamamento de todos os credores ao juízo da reestruturação pode determinar a abertura da falência do devedor. Tal medida drástica, que não traz qualquer benefício aos envolvidos no processo, acaba por piorar a própria economia local e quiçá a nacional.

A falência da atividade econômica organizada possui efeito multiplicador, deletério ao mercado, aos credores, aos fornecedores, ao Estado e à sociedade organizada, em última análise. A decretação da abertura judicial da falência tira de cena o que se denomina de "função social da empresa", de há muito defendida por Rubens Requião,[22] entrando em conflito com os ditames do art. 47 da Lei 11.101/05. Há ciência, porém, dos eventuais equívocos de tais assertos, pois, alterada e aperfeiçoada a lei nos aspectos objeto deste escrito – chamamento de todos os credores ao juízo da recuperação judicial –, certamente o devedor recuperando teria fechadas as portas

Continuação da nota de rodape nº 19

-econômicos), a fim de que a crise do devedor seja, na exata medida do possível, superada e possa ele operar regularmente no mercado. Nessa esteira, conveniente rememorar a afirmação de Juan Cruet: *O Estado pode tudo, pois que faz as leis, disse o economista Schmoller. Não faz porém as leis como quer, e mesmo se legisla para o futuro longínquo, é obrigado a legislar sobre os dados do passado, dados morais ou dados estatísticos. Ha a acrescentar que o legislador não trás ao exame das questões novas um espírito absolutamente livre, porque está sempre, dalgum modo, aferrado ás leis anteriormente promulgadas.* Op. cit., p. 238. Prossegue afirmando que *em caso de fato novo, o legislador tem o dever de fazer revisão das leis, como o juiz, a dos seus julgamentos: não se pode exigir-lhe mais, mas já é exigir muito.* Op. cit., p. 247. O regramento legal editado em 2005 pode ser considerado instrumento jurídico deficitário e, mesmo com poucos anos de vigência, obsoleto no que se refere a vários dispositivos, carecendo de urgente reforma.

21 **Curso de direito falimentar. 2º Volume.** 14ª edição. São Paulo Editora Saraiva, 1995, p. 22. Entende o doutrinador que (i) a lei exclui de seus efeitos os credores não quirografários; (ii) a lei nada diz sobre a universalidade e unidade do juízo da concordata; quando quer a atração, o faz expressamente; (iii) a lei determina a sujeição apenas dos credores quirografários.

22 **A função social da empresa no Estado de Direito.** VII Conferência Nacional da OAB, Curitiba, 07 a 12/05/1978. Disponível em: http://revistas.ufpr.br/direito/article/view/8835.

das instituições financeiras.[23] Também não mais haveria linhas de crédito (essa negativa implica na ausência de capital de giro necessário ao impulsionamento da atividade econômica) e a abertura de sua falência se avizinha, diante do aprofundamento da crise e a falta de recursos financeiros para honrar compromissos.

Ora, inexiste contrato bancário de financiamento empresarial sem apresentação de substanciosas garantias reais e pessoais. Os bancos calculam muito bem os riscos da operação pretendida pelo cliente e buscam segurança na operação. Entrementes, se é certo que o processo de reestruturação exige equilíbrio de forças, razoabilidade nos atos, cedência recíproca e convergência de pensamento, também há de se buscar harmonicamente a superação da crise empresarial, dita momentânea, e solução das pendências financeiras do devedor comum.

Possível é falar (também no âmbito acadêmico) em universalização de credores em sede de recuperação judicial. Convocar, por força de lei, as instituições financeiras a fim que ingressem na arena da reestruturação judicial é medida salutar. Ora, se o escopo é que ocorra o pagamento de todas as dívidas do devedor, a cedência deverá ser de todos os envolvidos. Somente assim poderá o recuperando voltar com saúde ao mercado competitivo. Caso contrário, a decretação da abertura judicial da falência é inevitável, sendo medida amarga a fim de não comprometer as estruturas econômicas.

Havendo, como se apregoa, movimento pendular do direito empresarial brasileiro (num instante protegendo o credor com garantias e o próprio sistema financeiro como um todo, e noutro, a lei tende [em tese] à proteção do devedor em crise), a melhor solução vislumbrada, salvo engano, é de que se tenha como norte o equilíbrio, o bom senso, a cedência recíproca e a prudência de todos os envolvidos no processo. No âmbito da recuperação judicial, a postura mais indicada aos credores e devedores é que deixem de lado suas diferenças e tentem a composição harmoniosa, a fim de que a entidade em crise, desenvolvendo sua atividade econômica de forma plena, possa honrar o pagamento das dívidas. Só assim poder-se-ia pensar em cumprimento efetivo do plano de reestruturação judicial e êxito da ação.

A medida ora proposta, talvez utópica e sem ressonância na doutrina e jurisprudência (suspensão de todas as ações judiciais – em relação a devedor principal e garantidores – por período maior que os estreitos cento e oitenta dias previstos em lei),[24] talvez seja a que melhor se coadune com a realidade da crise empresarial. De certo modo acalmaria a fúria das demandas judiciais ajuizadas por aqueles que não se

23 Aqui não há lugar para escrever acerca de novas linhas de crédito: *DIP Debtor-in-possession financing*. Esse tipo de financiamento ainda está no limbo, justamente pelas deficiências constantes da Lei 11.101/05. Nos Estados Unidos tem ampla aplicação, pois, o processo de reorganização, em vez de restringir crédito à empresa deficitária, apresenta caminhos para obtenção de recursos financeiros. Sobre o tema, ver: ABRÃO, Nelson. **O novo direito falimentar. Nova disciplina jurídica da crise econômica da empresa**. Op. cit., pp. 66-67.

24 A suspensão das ações em face do devedor ocorreria durante todo o trâmite da recuperação.

submetem ao juízo recuperacional[25] [26] – inclusive o credor fiscal e entidades financeiras detentoras de garantias -, os quais são ungidos à classe, por assim dizer, de *supercredores*[27] em sede de recuperação judicial.

De fato, a lei concederia maior fôlego e esperança ao devedor de boa-fé a fim de que pudesse, dentro do exíguo prazo legal de sessenta dias,[28] apresentar plano de recuperação razoável, sério, consistente, consentâneo com a realidade e plenamente exequível; permitiria ao recuperando ter visão mais global a respeito de todos os interesses envolvidos na seara da recuperação, oportunizando propor meios de quitação das variadas dívidas (art. 50 da lei de regência) de forma condizente com a sua peculiar situação econômico-financeira,[29] de modo a não prejudicar ainda mais seus credores e o próprio mercado.

---

25 Escreve Carlos H. Abrão que *é bem verdade que a trava bancária, os recebíveis, a alienação fiduciária e o prosseguimento incessante e contínuo contra garantes solidários exigem uma interpretação com grão de sal...* **10 anos de vigência da lei de recuperação e falência (Lei 11.101/05)**. ABRÃO, Carlos H.; ANDRIGHI, Fátima N.; BENETI, Sidnei (coords.). São Paulo: Editora Saraiva, 2015, pp. 17-18.

26 Não se desconhece o posicionamento do Superior Tribunal de Justiça, no sentido de que os créditos decorrentes de arrendamento mercantil ou com garantia fiduciária (também cessão fiduciária) aos efeitos da recuperação judicial não se sujeitam, consideradas várias decisões em igual sentido: CC n. 131656/PE, 2ª Seção, relatora Ministra Maria Isabel Gallotti, julg. 08/10/2014; AgRg no REsp. n. 1181533/MT, 4ª Turma, relator Min. Luís Felipe Salomão, julg. 05/12/2013. Os créditos provenientes de adiantamento de contrato de câmbio também não se sujeitam ao juízo da recuperação judicial: CC n. 1281-7/PR (decisão monocrática), relator Min. Antonio Carlos Ferreira, julg. 06/04/2015; AgRg no Ag n. 1197871/SP, relatora Ministra Maria Isabel Gallotti, 4ª Turma, julg 11/12/2012.

27 Credores por propriedade fiduciária, arrendamento mercantil, direito real de aquisição, compra e venda com reserva de domínio, créditos decorrentes de adiantamento a contrato de câmbio, recebíveis bancários. Aqui não há espaço para dissertar a respeito da natureza jurídica de todos os créditos mencionados, sendo que alguns foram escolhidos por mera conveniência do autor, sem descuidar da limitação do espaço.

28 A lei de 2005 se traduz em indisfarçável colcha de retalhos, mosaico explícito, sem sentido lógico, sem coerência interna, sem brilho. O prazo de 60 (sessenta) dias para a apresentação do plano é exíguo, de modo que ao devedor a melhor saída é iniciar as tratativas para convergente composição com os credores antes mesmo de ajuizar a ação de recuperação judicial. Luiz Inácio Vigil Neto pondera que *o devedor, ao ter deferida a sua petição inicial de pedido de recuperação judicial estará autorizado oficialmente a procurar os seus credores e propor-lhes uma negociação [...] Entretanto, não há nenhum impedimento legal ou ético de o devedor contatar os seus credores mesmo antes de propor a ação judicial recuperatória, ainda que carece de um caráter de oficialidade*. Op. cit., p. 79. Para que o recuperando possa apresentar plano de reestruturação capaz de resolver sua crise, e não correr riscos de rejeição em assembleia, certamente terá de procurar seus credores antes de distribuir a recuperação judicial. Caso opte por iniciar as tratativas após a prolação da decisão inicial positiva, certamente corre sério risco de abertura de falência. O prazo estabelecido em lei para a apresentação do plano de recuperação, por exemplo, é extremamente curto e faltou, mais uma vez, sensibilidade ao legislador quando da redação do texto legal.

29 Princípio da conformidade ou da adequação dos meios recuperatórios, não olvidando da legalidade e da boa-fé objetiva que devem ser observadas no plano de recuperação judicial. A propósito, o Enunciado 44, da 1ª jornada de direito comercial, do Conselho da Justiça Federal está assim redigido: *a homologação de plano de recuperação judicial aprovado pelos credores está sujeito ao controle judicial da legalidade*.

Observa-se na prática forense que a suspensão de demandas ajuizadas em face do devedor por apenas cento e oitenta dias em nada o beneficia ou ameniza sua crise econômica; inexiste fôlego necessário para que se retome de forma efetiva a atividade econômica, sendo dificultada a reabilitação da empresa. Tal suspensão, a critério exclusivo do juiz (analisado o caso concreto), pode ser ampliada[30] por determinado lapso temporal. De qualquer forma, é exíguo o prazo de suspensão das ações, não beneficiando sobremaneira o recuperando.

O legislador brasileiro (bem provável) não examinou com exatidão a lei estadunidense, pois, "importou" apenas o que lhe convinha, ou seja, inseriu no texto de 2005 alguns retalhos normativos de outro país e o resultado prático é a indisfarçável impotência da lei diante da crise econômica empresarial que assola o país[31]. Diga-se o mesmo em relação ao modelo legal francês, que possui outras interessantes formas de tentativa de superação da crise, formas essas não observadas quando da redação dos projetos de lei que visavam a reestruturação da entidade deficitária. Com efeito, leis mal redigidas, tendenciosas, direcionadas a determinados setores da economia, incongruentes e tecnicamente falhas, como na espécie em estudo[32], acabam por prejudicar aqueles que de fato carecem de instrumento legal hábil, que visam, de boa-fé, a (tentativa de) superação da crise na qual estão mergulhados.

Entrementes, conforme exposto, não vem ocorrendo o esperado alívio, o fôlego ao devedor em crise, mesmo com o dispositivo que impossibilita a retirada de ativos durante tal lapso de tempo, a teor da parte final do art. 49, §3º, da lei em exame. A suspensão das ações por determinado tempo não é suficiente para que o devedor minimamente se (re)estruture e possa tentar composição com todos os seus credores, inclusive os que não se sujeitam ao plano. O saneamento e a recuperação empresarial deveriam (em tese) ter início antes mesmo do ajuizamento da ação. Caso o devedor esteja imbuído de boa-fé e bem intencionado, buscará preventivamente a conciliação com credores antes de requerer a tutela estatal. Tal proceder facilita o desenvolvimento do processo.

Tais remédios legais – suspensão do curso de ações e impossibilidade de retirada ou venda de bens essenciais ao recuperando – se traduzem em meros paliativos apresentados pelo legislador de 2005; esses paliativos legais não socorrem de forma efetiva o devedor mergulhado em crise, abrindo-se, não raro, a falência e a consequente retirada do mercado; permitem que credores continuem atuando judicialmente em face do devedor e seus garantidores, mesmo no curso da recuperação judicial.

Há indisfarçável contrassenso na lei em exame e os paradoxos são visíveis, na medida em que, no âmbito do processo, não se busca a efetiva recuperação da entida-

---

30 Cabe ao recuperando apresentar razões consistentes. A tese defendida é de que a suspensão deveria abarcar as demandas ajuizadas em face dos garantidores, suspensão essa que perduraria pelo lapso temporal previsto no art. 61 da lei de regência.

31 Verdadeira colcha de retalhos, como exposto, a Lei 11.101/05 ainda não disse a que veio.

32 Ver: SIMIONATO, Frederico A. M. **Tratado de direito falimentar**. Rio de Janeiro: Editora Forense, 2008, p. 3

de em crise, mas sim o pagamento dívidas, especialmente às instituições financeiras, as que detém mais garantias reais. O texto legal foi escrito para tal fim; o mercado, determinados segmentos da economia e o sistema financeiro *impuseram* a redação da forma como se encontra,[33] em prejuízo aos demais credores e ao processo de reestruturação como um todo. Foram vários os artifícios retóricos adotados pelo legislador para justificar os termos (o porquê) da lei, bastando ler, por mero exemplo, o Parecer n. 534, de 2004, da Comissão de Assuntos Econômicos do Senado Federal.

Caberia, a bem de ver, a suspensão automática (*automatic stay period* do modelo estadunidense – *Bankruptcy Code, Chapter Eleven* –, que também serviu de base ao legislador brasileiro de 2005) de todas as ações judiciais ajuizadas em face do recuperando, que em tese permitem a retirada (e venda) de bens e equipamentos após o decurso do prazo de cento e oitenta dias, a contar da decisão inicial proferida em sede de recuperação judicial. A imediata suspensão do andamento de todas as ações judiciais – atuais e as eventualmente ajuizadas após a prolação da decisão judicial que manda processar a recuperação – ocorreria durante todo o período em que o recuperando estivesse sob efetiva tutela judicial (art. 61).[34] Nessa esteira, diante da suspensão das demandas judiciais, os credores seriam obrigados por lei a fazer parte do plano de reestruturação e, caso aprovado, consequentemente também impossibilitados de dar regular prosseguimento às ações (ou mesmo ingressar com medidas judiciais dentro do período) em face de coobrigados.[35] Essa seria a mais consentânea medida, harmoniosa com os ditames do art. 47 da lei de regência.

Sem embargo do até aqui exposto, necessário então que (i) haja visão global a respeito da crise econômico-financeira em que se vê mergulhado o devedor sob tutela

---

33 Jessé Souza bem pondera que *o mercado é 'divinizado' e sua corrupção tanto 'legal' – quando 'compra o Legislativo para passar leis de seu interesse, impor juros altos a toda a população e privatizar orçamento e as empresas estatais – ou 'ilegal' – quando manda para o exterior valores de evasão fiscal que superam em muito a soma de toda a corrupção estatal da história – torna invisível*. **Folha de São Paulo, caderno Ilustríssima**. 07/08/2016, p. 5. Grifos no original.

34 De acordo com a posição do Superior Tribunal de Justiça, o decurso do prazo de suspensão (180 dias) não dá ensejo à retomada automática das execuções individuais em face do recuperando. Confiram-se: AREsp n. 638727/SP (decisão monocrática), relator Min. Moura Ribeiro, julg. 12/3/2015. Enunciado 42 da 1ª jornada de direito comercial do Conselho da Justiça Federal: *O prazo de suspensão previsto no art. 6º,§ 4º, da Lei n. 11.101/2005 pode ser excepcionalmente ser prorrogado, se o retardamento do feito não puder ser imputado ao devedor.*

35 O entendimento uníssono do Superior Tribunal de Justiça é de que a recuperação judicial do devedor principal não impede a continuidade das execuções nem implica suspensão ou extinção das ações ajuizadas em face de solidários ou coobrigados; não se lhes aplica a suspensão prevista nos artigos 6º, *caput,* e 52, inc. III: Resp. n. 1333349/SP, 2ª Seção, Min. Luís Felipe Salomão, julg. 26/11/2014. *A suspensão das ações e execuções previstas no art. 6º da Lei n. 11.101/2005 não se estende aos coobrigados do devedor* (Enunciado 43 da 1ª jornada de direito comercial do Conselho da Justiça Federal). O TJSC esposou entendimento diverso no Agravo de Instrumento n. 2013.067640-7- Chapecó, rel. Des. Eduardo M. Gallo Júnior. Sobre o tema: CLARO, Carlos R. **Temas de recuperação empresarial e falência**. Curitiba: Editora Íthala, 2012; ABRÃO, Nelson. **O novo direito falimentar. Nova disciplina jurídica da crise econômica da empresa**. Op. cit., p. 149.

estatal (processo de recuperação judicial); (ii) ocorra o efetivo e necessário chamamento de todos os credores do recuperando ao juízo universal da recuperação. Apresentado plano consistente (que possa ser de fato implementado), poderão todos os credores deliberar de forma serena a respeito,[36] submetendo-se aos seus termos, se assim restar entendido pela maioria. Essa deliberação assemblear, em resumo, tem por finalidade decidir se o devedor recuperando permanecerá no mercado competitivo (mesmo que de forma precária, com saúde financeira delicada e dependente de parceiros econômicos e instituições financeiras para poder operar), ou dele deve ser retirado imediatamente, via abertura judicial de falência. A segunda hipótese visa a evitar que a crise não gere efeito multiplicador em relação aos seus credores e fornecedores.

Inexiste grande efeito prático ao determinar a suspensão de determinadas ações judiciais e a não retirada de bens imprescindíveis à atividade econômica do devedor durante certo lapso temporal (previsto em lei). Decorrido tal prazo, o recuperando (e seus garantidores) sofrerá as mais variadas demandas judiciais, prevalecendo os interesses e direitos exclusivos dos credores não sujeitos aos efeitos do processo de recuperação. Esse é o nó górdio do processo de reestruturação, cuja lei norteadora precisa ser (re)examinada pelo legislador, a fim de que ocorram pontuais alterações, sob pena de se avolumarem as falências decretadas, estagnando a economia.

A imediata suspensão de todas as ações ajuizadas em face de devedores coobrigados/avalistas/fiadores[37] – a bem do interesse maior da recuperação judicial – também seria de rigor, salvo melhor entendimento. Trata-se de delicada questão que carece ser estudada mais profundidade pelo jurista e examinada com cautela pelos tribunais pátrios[38]. Ora, se a pretensão é, de fato, emprestar mecanismos jurídico-econômicos ao devedor a fim de que a crise momentânea seja superada, há de se considerar a peculiar situação daqueles gestores/dirigentes que estão à frente da atividade econômica deficitária e sob recuperação judicial.

Nessa esteira, a regra do artigo 49, §1º da lei de regência parece destoar por completo do escopo maior (ordem de prioridades) contido no texto do art. 47, de-

---

36 Em caso de suspensão da assembléia, para que o plano de reestruturação seja retificado pelo devedor, não se pode simplesmente designar outra data para deliberação a respeito dos novos pontos. Cabe, isso sim, apresentar as retificações nos autos do processo a fim de que os credores tenham tempo de refletir e se posicionar. Após isso é que estará autorizado o administrador judicial a (re) marcar dia e hora para a assembleia. Pensar ao contrário é tumultuar esse decisivo ato. Nessa esteira, o art. 56, §3º da Lei 11.101/05, merece temperos hermenêuticos, pois, pode o recuperando alterar o plano.

37 Sobre o aval, ver clássica obra de Rubens Requião: **Curso de direito comercial. 2º volume**. São Paulo: Editora Saraiva, 23ª edição, 2003. Atualização: Rubens Edmundo Requião.

38 A propósito: CLARO, Carlos R. **Temas de recuperação empresarial e falência**. Curitiba: Editora Íthala, 2012, pp. 25-172. O entendimento que resta esposado (muito embora as decisões dos tribunais e posição majoritária da doutrina sejam diferentes a este) é de que cabe a suspensão das ações e execuções em face de coobrigados enquanto perdurar o processo de reestruturação judicial. Na obra ora citada foram apresentadas as razões que levaram o autor a tal posicionamento, não obstante, com dito, as várias decisões judiciais em sentido contrário.

veria ser colocado em degrau superior, mesmo quando analisadas as demandas judiciais ajuizadas por credores não sujeitos ao crivo da recuperação plenamente judicial, como a execução fiscal, por exemplo. O art. 49, §3º, salvo engano, é um dos grandes óbices à reestruturação judicial do devedor, e aí entra o indisfarçável conflito entre os mais diversos interesses (econômicos, financeiros, jurídicos etc.) que inequivocamente permeiam tal processo.

A Lei 11/101/05, tardia e timidamente, acompanhando a passos lentos a legislação dinâmica de outros países, que de há muito têm em seus sistemas jurídicos leis modernas tendentes à efetiva recuperação empresarial, possui, a bem de ver, claro objetivo. Tenta-se, na medida do possível, recuperar a entidade empresarial mergulhada em crise, mas que reúne condições mínimas para se manter no mercado. Impossibilitado o soerguimento, a abertura judicial da falência será de rigor e imediata, a fim de não contaminar os parceiros, credores e o próprio mercado, em última análise.[39] Este é o norte estabelecido pelo art. 47 do texto legal sob análise e em tese deveria ser observado nos casos concretos. Houve, destarte, mudança de paradigma em relação ao ab-rogado decreto-lei de 1945, sem sombra de dúvida, mas a lei de 2005 ainda não vem surtindo os efeitos almejados.

Como dito – e se vem afirmando ao longo da exposição -, um dos dispositivos legais que impedem, por assim dizer, o sucesso de muitas recuperações judiciais é justamente o do art. 49 e seus parágrafos, texto esse dirigido a determinados e seletos credores do devedor comum, credores esses que não tomam conhecimento da crise empresarial e, por consequência, ignoram o processo de reestruturação.

O presente escrito tem o desafio de enfrentar, de forma coerente com o pensamento jurídico crítico do autor,[40] temas deveras sensíveis aos credores de entidade recuperanda, isto é, os (i) fiscais e os (ii) credores que detém direito de propriedade em relação a bens livremente entregues pela entidade empresária ao tempo em que atuava no mercado. Tais bens, em tese, não estariam adstritos ao âmbito do processo de recuperação judicial e aos legitimados haveria o direito de "livremente" agir, a fim de reaver aquilo que por contrato (e lei) lhes pertence. Tal proceder, sem dúvida, pode (i) desestabilizar o processo de reestruturação (onde há múltiplos interesses e direitos), levando-o à falência; (ii) criar insegurança jurídica ao processo principal e (iii) acarretar

---

39 Esse um dos motivos que permitem afirmar que em caso de abertura judicial da falência não há falar em continuação da atividade da massa falida. Não são raros os manuais jurídicos que defendem a tese de que possível continuação provisória da atividade econômica, com o administrador judicial à frente, o que se traduz em equívoco gritante.

40 Pontes de Miranda assentou entendimento segundo o qual *para honestamente se versar, hoje, o direito privado brasileiro, precisa-se de preparação de alguns decênios, quer pela necessidade de se meditarem milhares de obras, quer pela assoberbante jurisprudência que se amontoou*. **Tratado de direito privado, Tomo I**. 4ª edição, 2ª tiragem. São Paulo: Editora Revista dos Tribunais, 1983, XXIV. Talvez, por tal motivo, o título do presente se inicie com o vocábulo "ensaio". Este artigo científico não tem outro viés, senão jogar luzes sobre delicados pontos, a fim de fortalecer o debate acadêmico.

mais prejuízos ao universo de credores, sendo incompatível, esse agir particular, com as prioridades estabelecidas pelo art. 47 da lei de regência, que visam o geral.

Decorrido o lapso temporal da suspensão a que alude o texto do art. 6º, §4º da lei de regência – impossibilidade reiterada consta do art. 49, §3º -, teriam os credores (em tese) livre direito de ação em face do devedor recuperando, o que soa desproporcional em relação aos objetivos constantes da lei. Entrementes, o entendimento manifestado aqui de forma expressa é de que a regra legal do art. 49, §3º deve(ria) ser recebida com muitas reservas e temperos hermenêuticos, possibilitando que todos os interessados, na justa medida do possível, busquem a conciliação no âmbito do processo de reestruturação judicial, evitando-se criar benefícios a uns e prejuízos a outros.

O juízo universal é competente para deliberar a respeito de todos os interesses, bens e ações que envolvam a entidade recuperanda. A solução apontada neste artigo científico está consentânea com a realidade empresarial (a crise econômica vivenciada pela maioria de microempresas, pequenas e médias entidades sediadas no país é das mais graves e sérias das últimas décadas). De todo evidente que a alteração da lei nos pontos examinados talvez seja utópica, diante do óbice encontrado no sistema financeiro nacional e resistência de determinados credores, cujos interesses são díspares em relação aos da empresa mergulhada em crise.

Nessa linha, tenciona-se discorre sobre credores específicos, não adstritos aos termos da recuperação judicial, sendo que o entendimento desde logo exteriorizado é de que caberia reforma pontual da Lei 11.101/05 a fim de determinar que se submetam eles ao juízo universal (com a imediata suspensão das ações judiciais). Para tanto, escreve-se a respeito de alguns créditos, expondo-se as razões jurídicas que dão suporte ao entendimento alinhado, estando o texto acadêmico sujeito às críticas construtivas[41]. Não se pode descuidar da complexidade que envolve os interesses da recuperanda e do universo de credores na arena denominada recuperação judicial, de modo que há de ser revista a lei em vigor, pois, de há muito não vem surtindo os efeitos almejados. Mantido o texto legal nos exatos termos em que se encontra, certamente mais falências serão abertas, em prejuízo à economia do país.

De acordo com a advertência de Fábio Konder Comparato, *a tarefa primordial e inadiável do jurista consiste, portanto, em procurar corrigir o descompasso entre o sistema jurídico e a realidade social, em função dos valores de justiça econômica,*[42]

41 Não se descuide que *todo ato de interpretação inicia-se pelo texto da lei, mesmo que o objetivo seja o de negar-lhe eficácia.* OLIVEIRA, Francisco C. **Hermenêutica e tutela da posse e da propriedade**. Rio de Janeiro: Editora Forense, 2006, p. 9. Prossegue o jurista: *a presença do intérprete no mundo determina e é determinada pela compreensão. Por isso, o compreender supera a especulação dedutiva do sujeito diante do objeto e do mundo. O ser que compreende é ser-no-mundo, marcado pelo existencial da compreensão.* Op. cit., p. 62. O caminho hermenêutico interpretativo sempre tem início no elemento gramatical (literal) quando da leitura do texto de lei. Para interpretar é necessário compreender o enunciado legal.

42 Apud ABRÃO, Nelson. **O novo direito falimentar. Nova disciplina jurídica da crise econômica da empresa**. Op. cit., p. 2.

de modo que o presente ensaio objetiva jogar luzes sobre o debate a respeito de tão importante questão da área recuperacional. A busca de soluções para a crise econômica enfrentada por entidades sob recuperação judicial é dever de todos, inclusive dos juristas e legisladores.

1. Credor fiscal

Por força do art. 29 da Lei 6.830/80, a dívida ativa da Fazenda Pública não está sujeita a concurso de credores ou habilitação em falência, concordata, liquidação, inventário ou arrendamento. A situação de tal credor não foi alterada com a edição da Lei 11.101/05, pois, o art. 6º, §7º, estabelece com todas as letras que as execuções fiscais não restam suspensas pelo deferimento (isto é, decisão inicial positiva que determina o processamento) da recuperação judicial, ressalvado o parcelamento de débito tributário.[43-44] O credor fiscal simplesmente *não toma conhecimento* do processo de reestruturação do devedor, podendo iniciar ou dar regular continuidade às execuções fiscais – mesmo com o advento da decisão prevista no art. 52 da Lei 11.101/05 – e o faz também em virtude da própria lei.

O comportamento de tal credor, previsto no texto legal, parece contraditório se se considerar os firmes objetivos da reestruturação judicial, previsto no art. 47. O de-

---

43 Art. 68 do mesmo enunciado de lei. Acerca do parcelamento fiscal, ver: VIGIL NETO, Luiz I. **Teoria falimentar e regimes recuperatórios. Estudos sobre a Lei n. 11.101/05**. Porto Alegre: Livraria do Advogado Editora, 2008, p. 155.

44 O Superior Tribunal de Justiça se vem posicionando de forma uníssona: a decisão que determina o processamento da recuperação judicial não suspende a execução fiscal. Entrementes, os atos de constrição ou alienação do patrimônio da recuperanda se devem submeter ao juízo universal: EDcl no REsp. n. 1505290/MG, 2ª Turma, relator Ministro Herman Benjamin, julg. 28/04/2015; AgRg no CC n. 133509/DF, Segunda Seção, rel. Min. Moura Ribeiro, julg. 25/03/2015. Nessa esteira, a competência para promover atos de execução de ativos da entidade recuperanda é do juízo em que se processa a recuperação judicial (juízo universal), a fim de evitar que medidas expropriatórias isoladas prejudiquem o efetivo cumprimento do plano de reestruturação: CC n. 118819/MG, 2ª Seção, rel. Min. Ricardo Villas Bôas Cueva, julg. 26/09/2012; CC n. 116696/DF, 2ª Seção, relatora Ministra Nancy Andrighi, julg. 24/08/2011. A bem de ver, salvo melhor entendimento, o juízo federal ou estadual pelo qual se processa a execução fiscal não teria demasiada atividade processual, pois, os atos de constrição ou alienação de bens penhorados ficariam sob o exame exclusivo do juízo da recuperação judicial. Duas questões merecem ponderação: (i) o juízo federal ou estadual que primeiramente proferisse despacho inicial positivo (decisão, art. 203, §2º, CPC) em executivo fiscal seria o prevento em relação aos subsequentes, no tocante a toda Federação (isso certamente evitaria decisões díspares, contraditórias e confusas, em prejuízo ao próprio processo de reestruturação judicial; (ii) a outra hipótese, consentânea com o presente escrito, seria determinar a suspensão de todos os executivos fiscais a fim de que o credor fizesse parte da recuperação judicial, e neste entendimento – remoto e quiçá utópico -, o art. 41 da lei de regência sofreria alteração, a fim de incluir mais uma classe de credores, o fiscal. Não se descuide, por fim, do teor da Súmula 480 do STJ, no sentido de que o juízo da recuperação judicial não é competente para decidir acerca de constrição de bens não abrangidos pelo plano de reestruturação. A súmula, salvo melhor entendimento, parece destoar das diretrizes do texto de 2005.

vedor recuperando mantém a atividade econômica organizada, ficando seus gestores à frente da atividade empresarial (art. 64 da lei de regência), sendo passível de sofrer execuções fiscais durante o processo. Mantida a personalidade jurídica, a recuperanda figurará no polo passivo da relação jurídica processual, cabendo tomar todas as medidas necessárias à defesa de seus interesses em juízo.

Em caso de exitosa a penhora[45] sobre ativos do devedor que se encontra sob regime recuperatório, a competência para deliberar a respeito da alienação dos bens, bem como resolver incidentes processuais a ele relativos[46] será unicamente do juízo universal da recuperação, somente dele. Nada mais razoável – nesse particular andou bem a jurisprudência do Superior Tribunal de Justiça – que haja a concentração em determinado juízo para deliberar a respeito. É de se dizer que somente o caso concreto apontará os rumos do executivo fiscal após a regular penhora e depósito do bem.

Crê-se, salvo engano, que a alienação judicial de ativos do devedor – em sede de execução fiscal – pode, sem dúvida, enfraquecer sua atividade econômica;[47] é capaz de desestabilizar (ou mesmo inviabilizar) o curso do processo principal de reestruturação, o que não traz benefício financeiro à coletividade de credores e pode ensejar a abertura da falência (situação deletéria aos interesses de todos, inclusive do credor fiscal). A alienação de ativos em tal execução pode ser o sinal de que a recuperação judicial será convolada em falência, em prejuízo a todos os credores do devedor comum.

Diante dos termos das leis extravagantes,[48] que resguardam o que aqui se convencionou denominar de *supremacia dos interesses do credor fiscal*, permite-se atuação, sem entraves, em face da entidade recuperanda, o que parece desarrazoado e em rota de colisão com os termos da Lei 11.101/05. Esta mesma lei o coloca em lugar confortável (privilegiado) no que diz respeito aos demais credores, na medida em que não o sujeita aos termos do processo de reestruturação judicial.[49] Acerca da situação deste credor, há mais de três décadas já discorria Nelson Abrão:

> Relegada a plano secundário e consequencial a problemática solutória, o objetivo fundamental da preservação do organismo produtor de bens e de serviços impõe sacrifícios aos interessados em seu reerguimento. Enquanto que os sócios ou acionistas e os dependentes da empresa, visando à norma-

45 Lei 6.830/1980, art. 11; art. 831 do CPC.

46 Depósito e guarda do bem penhorado; penhora sobre faturamento; penhora sobre créditos do recuperando, dentre outras questões não menos relevantes e que podem repercutir de forma significativa no processo de recuperação judicial.

47 Possível que o bem penhorado faça parte do plano de recuperação, a teor do art. 50, incs. VII e IX.

48 Código Tributário Nacional e Lei 6.830/1980.

49 Segundo o Enunciado 56 da 1ª jornada de direito comercial do Conselho da Justiça Federal, *a Fazenda Pública não possui legitimidade ou interesse de agir para requerer a falência do devedor empresário.* Sobre o tema: TJPR, 2ª Câm. Cív., Ap. Cív. n. 47.244-2, rel. Des. Altair Patitucci (não pode requerer a falência do devedor); STJ, 3ª Turma, REsp. n. 10.660-0-MG, rel. Min. Costa Leite, julg. 12/12/1995 (pode pedir a falência do devedor).

> tização, aceitam renúncias a seus direitos, capacita-se a legislação e sustenta a doutrina e a necessidade de reformular-se o privilégio quase absoluto que os ordenamentos concedem aos créditos fiscais, por, praticamente, reduzirem ao aniquilamento as disponibilidades do devedor. De qualquer maneira, a atual dinâmica do procedimento que compreende a elaboração de um plano de pagamento oponível a todos os credores, inclusive garantidores e privilegiados, mesmo o Fisco, abranda o rigor dos privilégios. Assim, o plano apresentado pelo devedor, ou pelo administrador judicial, ou por ambos conjuntamente, conforme retro, e aprovado pelo juiz, poderá prescrever prazos de espera para todos os credores[50]

Por sua vez, ao discorrer acerca dos credores no âmbito da falência, bem esclarece Rubens Requião, em lapidar passagem na sua obra clássica, que

> Em decorrência de toda legislação esparsa sobre esse aspecto do problema falencial, o sistema de super-privilégios dos credores fiscais e parafiscais tornou quase quimera o princípio legado do Direito Romano, de que o patrimônio do devedor é garantia comum de todos os seus credores. Urge repor os créditos fiscais e parafiscais em classe próxima à dos quirografários, revogando-se os privilégios que os cercam, pois constituem uma reminiscência do direito fascista[51]

Observa-se que são muitas as questões relativas ao executivo fiscal que acabam sendo analisadas e julgadas pelo Superior Tribunal de Justiça. Não se olvide também que o credor fiscal fica muito distante até mesmo dos créditos trabalhistas, havendo certas incongruências na Lei 11.101/05, na medida em que estes não têm a alardeada proteção (em tese) referida pelo legislador ordinário.[52] O artigo 54, muito embora tenha certo cunho social, vise os interesses do trabalhadores, não é suficiente para proteger tais credores na arena judicial.

O Fisco não pode requerer a venda pública do bem penhorado perante o juízo pelo qual tramita a execução – conforme entendimento até aqui esposado pelo Superior Tribunal de Justiça – mas, este mesmo credor também não colabora para a

---

50 O novo direito falimentar. **Nova disciplina jurídica da crise econômica da empresa**. São Paulo: Op. cit., pp. 229-230.

51 Apud ABRÃO, Nelson. **O novo direito falimentar**. **Nova disciplina jurídica da crise econômica da empresa**. Op. cit., pp. 168-169.

52 Com o objetivo de estabelecer o contraponto entre os direitos dos "supercredores" (não sujeitos à esfera recuperacional) e dos credores trabalhistas, o legislador ordinário redigiu o simbólico art. 54 da lei de regência, texto de primeira grandeza que traduzir-se-ia, na sua ótica, em proteção máxima a estes trabalhadores, o que não é correto afirmar, salvo engano. Para aquele que desenvolveu atividade laboral em pessoa jurídica sob a tutela estatal, o enunciado seria a quintessência da lei de 2005. Acerca deste tema, ver: CLARO, Carlos R. **Revocatória falimentar**. 5ª edição. Curitiba: Juruá Editora, 2015, pp. 388-391.

tentativa de soerguimento da entidade em crise; dela não toma conhecimento e dá segmento regular ao executivo fiscal. Ora, o parcelamento de dívida fiscal (art. 68 da lei de regência) acaba por aprofundar ainda mais a crise empresarial, apesar da razoável dilação de prazo para pagamento e algumas condições favoráveis concedidas ao devedor. A dívida fiscal inescapavelmente fará parte do processo de reestruturação da empresa, pois, há de ser honrada, tal como os demais e quanto a isso parece inexistir dúvida. O parcelamento tributário constará da programação financeira do devedor recuperando, inexistindo motivo para a não inclusão do total da dívida tributária no plano de recuperação judicial.[53] Em síntese, o parcelamento do débito fiscal, além de constar do plano, poderá ser fator decisivo para o sucesso (ou insucesso) da reestruturação.

Consoante texto constitucional,[54] o Estado (em tese) incentiva o empreendedor a ingressar no mercado competitivo, não obstante a teoria do risco, inerente à atividade econômica organizada. A liberdade de iniciativa se traduz em princípio do liberalismo econômico, devendo ser *entendido no contexto de uma Constituição preocupada com a justiça social e com o bem estar coletivo.*[55] [56] Não menos certo, porém, que tal liberdade de atuação da iniciativa privada encontra determinados limites estabelecidos pela própria Carta Política de 1988, inexistindo aqui espaço para discorrer sobre relevante tema. O mesmo Estado, que incentiva o empreendedorismo (atividade econômica de cunho privado), também dá regular impulsionamento a executivos fiscais em face de devedor mergulhado em crise. É de somenos importância a ele, Estado, a situação deficitária do devedor recuperando. Assim agindo, bem demonstra que de há muito perdeu noção de interesse público quanto a determinadas entidades econômicas[57]. Dar continuidade a execução fiscal em face de entidade sob tutela judicial é olvidar dos aspectos sociais e econômicos que gravitam em torno da recuperação.

O empresário ou a sociedade empresária arcam com todas as responsabilidades (tributárias, sociais etc.) quando optam por abrir suas portas (livre iniciativa), é bem verdade; têm (ou deveriam ter) ciência dos riscos inerentes à atividade econômica organizada, especialmente em temos de turbulência econômica[58]; têm ciência,

---

53 Luiz Inácio Vigil Neto apresenta algumas ponderações importantes: *A Fazenda Pública e o INSS não estão sujeitos ao plano recuperatório – a renegociação da dívida tributária, se houver, será mantida à parte das negociações com os demais credores, concretizando-se em um parcelamento que será concedido pela entidade, independente do plano apresentado aos demais credores*. Op. cit., p. 155.

54 Ordem econômica constitucional, a partir do art. 170 da Constituição Federal.

55 SILVA, José A. da. **Curso de direito constitucional positivo**. 10ª edição. São Paulo: Malheiros Editores, 1995.

56 Sobre o tema: CLARO, Carlos R. **Estado regulador e atividade empresarial na sociedade pós-moderna**. *In* Revista do Ministério Público do Rio Grande do Sul, n. 64, out/2009 – dez/2009, p. 149.

57 ABRÃO, Nelson. **O novo direito falimentar. Nova disciplina jurídica da crise econômica da empresa**. Op. cit., p. 45.

58 Acerca dos princípios da escassez e da necessidade, confira-se a obra de GEVAERD, Jair. **Direito societário: teoria e prática da função**. Curitiba: Genesis Editora, 2001, p. 303. Sobre os princípios da eficiência, lucratividade e risco, página 304 do mesmo livro.

por exemplo, de que pequeno percentual de microempresas e empresas de pequeno porte consegue se sustentar no mercado competitivo. A maioria dessas entidades acaba sucumbindo, cerrando suas portas, ou mesmo requerendo abertura judicial de falência;[59] o remédio jurídico da recuperação judicial não lhes é suficiente para fins de tentativa de superação da crise e as estatísticas já apresentadas assim demonstram. A Lei Complementar 147/2014 não trouxe qualquer alívio a essas entidades, diante do tratamento diferenciado que lhes foi concedido. O legislador optou por não equiparar determinadas empresas, no que se refere a reestruturação empresarial, o que se traduz em equívoco, salvo engano.

Durante seu ciclo de existência – desde o nascimento até a morte -, a entidade certamente terá momentos de triunfo econômico e de apogeu, gerando riquezas, auferindo lucros; haverá outros tempos de dificuldades econômico-financeiras, leves ou graves, reversíveis ou irreversíveis. Em sendo reversível o quadro de crise no qual se vê mergulhada a empresa, há possibilidade de requerer a tutela estatal, via ação de recuperação judicial (e eventual retorno efetivo ao mercado); irreversível, ensejará a abertura judicial da falência (imediata retirada do mercado), sendo certo que não existe meio termo entre tentativa de recuperação (judicial ou extrajudicial) e falência. Dito de outro modo, ou o devedor em crise está sob recuperação judicial (dentre outras modalidades de reestruturação) ou está juridicamente falido. Não há meio termo.

Ingressando com a ação de recuperação judicial e obtendo decisão favorável, parece claro ao devedor que todos os credores, inclusive o fisco, deveriam (em tese) se submeter aos efeitos do processo. O processo concede certo fôlego ao recuperando para que reorganize suas estruturas financeiras e econômicas e volte a operar, mesmo que de forma precária, no mercado. Concentrar todos os credores em juízo único (universal) significa(ria) conceder a este mesmo juízo uma visão global a respeito da crise empresarial. Tal concentração na mão de juízo único parece imprescindível, possível, lógico, racional e justificável juridicamente, a bem dos interesses de todos os envolvidos no processo de reerguimento da entidade, inclusive credores a ele não sujeitos.

Em sendo firme a tese de que o Estado incentiva o empreendedorismo a fim de que mais e mais entidades ingressem no mercado competitivo (livre iniciativa e livre concorrência), gerando riquezas, abrindo postos de trabalho, recolhendo tributos e contribuindo para o desenvolvimento econômico e social da nação, não menos certo que este mesmo Estado deveria estender a mão àquele que vivencia momentânea crise econômico-financeira, mas reúne mínimas condições de soerguimento[60]. Dito de outro modo, mas com igual alcance, o Estado, juridicamente falando, não tem interesse que ocorra a abertura judicial de falência do devedor fiscal, na medida em que

---

59 Não se olvide das hipóteses do art. 97, incisos II a IV, da lei de regência.

60 ABRÃO, Nelson. **O novo direito falimentar. Nova disciplina jurídica da crise econômica da empresa**. Op. cit., pp. 43-44. Por evidente, não basta lei para que se tente a recuperação dos devedores que se encontram mergulhados em crise. Há outros componentes que podem colaborar para que o devedor se livre dos problemas vivenciados.

restarão enfraquecidos vários setores da economia. Os efeitos poderão ser deletérios aos credores à coletividade, em última análise. Não se descuide do evidente contrassenso que é incentivar o empreendedorismo e ao mesmo tempo buscar a abertura da falência do empresário ou da pessoa jurídica. Fosse possível ao Estado requerer a abertura judicial de falência do devedor, o enunciado do art. 170 da Carta Federal certamente seria aguilhoado.

O Estado (em tese) tem interesse que o devedor em crise se recupere prontamente, mantendo-se em funcionamento pleno a fonte produtora para a consequente geração de tributos e empregos, por exemplo. Nesta senda, determinar o prosseguimento de execuções fiscais, diante do processo recuperatório em curso, é contribuir de forma significativa para o enfraquecimento e, quiçá, o insucesso do próprio processo de reestruturação do devedor, sendo que esse não é o escopo da lei. Por outro lado, decretada a abertura da falência em pedido levado a efeito por legitimado, há ciência das sérias dificuldades em dar regular andamento a executivos fiscais, onde passa a figurar, no polo passivo da relação processual, a massa falida, representada por seu administrador judicial. Não se olvide, por fim, que a recuperação da entidade em crise exige alguns sacrifícios de todos os envolvidos e o Fisco, como mais um credor do devedor comum, não deveria estar ausente dessa empreitada.

2. CREDOR COM DIREITO DE PROPRIEDADE

Todos os credores do devedor comum, em sede de recuperação judicial, possuem interesses próprios, particulares, ou seja, interesses imediatos (recebimento, o quanto antes, dos créditos) e interesses mediatos (colaborar, na justa medida do possível, para mantença da entidade no mercado competitivo).[61] Esses interesses não diferem no que diz respeito a determinados credores, erigidos a categorias, por assim dizer, mais elevadas em relação aos outros, que hão de se submeter rigorosa e igualmente ao rito da reestruturação judicial. Consoante expressa e rígida regra contida no art. 49, §§3º e 4º, da lei em comento, alguns credores não se submetem aos efeitos jurídicos da recuperação judicial e este talvez se traduza (em tese) num dos muitos equívocos do legislador[62] ao redigir o texto legal de 2005.

---

61 Nesse passo, lapidar o ensinamento de Piero Pajardi: *Uma ideia nova se está firmando no sentido de que a empresa já não aparece como uma fortaleza privada do empresário particular, singular ou coletivo, senão que, de alguma maneira, pertence a todos, sobretudo àqueles que nela trabalham, com a conseqüência de que, quando as coisas vão bem não há outra questão senão a justa participação dos trabalhadores da empresa; porém, quando as coisas vão mal, parece apropriado exercer um controle respeitoso, mas eficiente, por quem tem sua sorte ligada à empresa, e, sobretudo, se essa empresa pediu a intervenção do Estado, que definitivamente pertence a todos, seja no poder, seja no erário.* Apud ABRÃO, Nelson. **O novo direito falimentar. Nova disciplina jurídica da crise econômica da empresa**. Op. cit., p. 35.

62 Além da pressão exercida pelo Poder Executivo para que fosse acelerada a tramitação do projeto de lei, determinados setores da economia também se tentaram beneficiar do texto legal (art. 199,

A propriedade fiduciária,[63] o arrendamento mercantil, o crédito do proprietário ou promitente vendedor de imóvel – cujo contrato contenha cláusula de irrevogabilidade ou irretratabilidade -, o proprietário em contrato de venda com reserva de domínio e a instituição financeira que detém crédito em decorrência de adiantamento para fins de exportação, por conta do valor do contrato de câmbio, todos estes específicos não fazem parte do processo e do plano de reestruturação judicial. O legislador assim o quis; assim está disposta a lei, com todas as letras.

Não sem motivo, alguns juristas denominaram a Lei 11.101/05 de *lei de recuperação do crédito bancário,*[64] considerando os termos do artigo sob análise, notadamente no que diz com os indisfarçáveis, exagerados e discutíveis privilégios concedidos pelo legislador às instituições financeiras detentoras do capital.[65] [66] Sem sombra de dúvida, seleto grupo de credores está fora do âmbito do processo de reestruturação judicial, o que denota evidente descompasso em relação aos demais, sujeitos aos estritos termos da ação. Esta lei possui em seu corpo alguns dispositivos que vão de encontro aos interesses do devedor recuperando e de significativa parcela de credores. Poder-se-ia afirmar que vão de encontro às diretrizes estabelecidas pelo art. 47, em última análise.

---

dentre outros). O mercado financeiro certamente não concordaria que outra fosse a redação do art. 49, que sem dúvida beneficia determinados credores. Lei de ocasião, o texto de 2005 foi redigido sob medida para atender a determinados segmentos da economia. O art. 199 de nada serviu para auxiliar no soerguimento das companhias aéreas nacionais em crise.

---

63 No final de 2014 – mais precisamente em 13/11/2014 -, foi editada a Lei 13.043, que torna mais dinâmica a ação de busca e apreensão de bens garantidos por alienação fiduciária. Diante da crise econômica que de há muito assola o país, o legislador entendeu conveniente criar mais mecanismos jurídicos para auxiliar a retomada do bem; processo muito célere, auxilia sobremaneira as instituições financeiras. A lei desburocratiza o processo judicial, fazendo com que se encerre em curtíssimo prazo, a bem dos interesses dessas entidades. Lei fundamental para o setor automotivo (as montadoras não sabem o que fazer com veículos estacionados em seus pátios), diante das alterações introduzidas no Dec.-Lei 911/69, faz com que etapas processuais até então existentes agora sejam simplesmente superadas, podendo ocorrer a venda da coisa independentemente de leilão, hasta pública, avaliação prévia ou outra medida judicial ou extrajudicial. Note-se bem: a liminar poderá ser concedida até mesmo em sede de plantão judiciário, o que causa certa estranheza. Caberá a busca e apreensão do bem em outra comarca, independentemente de carta precatória. Procedimento igual, por óbvio, não existe quando o consumidor é autor de demanda judicial e tem em mão um simples cheque não pago, por exemplo. A lei, destarte, é formidável, feita também sob medida para atender determinados interesses financeiros. Sobre a garantia fiduciária: RESTIFFE NETO, Paulo; RESTIFFE, Paulo S. **Garantia fiduciária**. 3ª edição. São Paulo: Editora Revista dos Tribunais, 2000.

64 BEZERRA FILHO, Manoel J. **Lei de recuperação de empresas e falência comentada**. 4ª edição. São Paulo: Editora Revista dos Tribunais, 2007, p. 142.

65 Há o indisfarçável choque de interesses: de um lado, as instituições financeiras buscando a rápida satisfação de seus créditos; de outro, os trabalhadores, que também buscam receber o que lhes é devido, mas almejam a preservação da empresa, pois, dela tiram o sustento; é nela que buscam permanência.

66 Aqui não há espaço para escrever a respeito do processo legislativo e das eventuais influências que determinados setores exercem sobre a mente do legislador ordinário.

Determinados credores, de fato, não se sujeitam ao processo e são os que mais contribuem para o insucesso do plano de reestruturação, com a consequente abertura judicial da falência do devedor. Dúvida parece inexistir de que a instituição financeira é a verdadeira "trava" ao soerguimento da entidade em crise, na medida em que beneficiada sobremaneira pela lei para fins de (i) não se sujeitar ao processo; (ii) receber seus haveres antes dos demais credores; (iii) ter peso significativo (voto) quando da assembleia que delibera o plano de recuperação.

A criação de privilégios a determinados credores (art. 49, §3º) parece, teoricamente, ilógica, sem harmonia com determinados dispositivos, em sendo considerada a diretriz da lei. Nessa linha, ressalte-se o entendimento esposado por Calixto Salomão Filho:

> *Assim, apesar de ser necessário reconhecer a influência do setor financeiro na elaboração da lei e em alguns importantes dispositivos que contém, o que cria riscos e dúvidas sobre a efetividade do próprio processo de recuperação de empresas nela previsto, é também necessário reconhecer que a recuperação de empresas pressupõe princípios e objetivos que não podem ser desconsiderados*[67]

Quando da apresentação do parecer da Comissão de Assuntos Econômicos do Senado Federal, acerca do Projeto de Lei 71/03, fez-se constar com todas as letras, de forma expressa que: *é necessário conferir segurança jurídica aos detentores do capital, com preservação das garantias e normas precisas sobre a ordem de classificação de crédito na falência, a fim de que se incentive a aplicação de recursos financeiros a custo menor nas atividades produtivas, com o objetivo de estimular o crescimento econômico.*[68] Em resumo, levando em conta a economia de mercado (suas regras e linguagem própria),[69] na qual o Brasil de há muito se insere, a lei de 2005 se traduz em mais um instrumento que visa o fortalecimento do sistema de garantias reais no país, descuidando dos interesses da empresa em crise e demais credores.

O próprio legislador fez constar em suas justificativas que o *novo regime falimentar deve ser capaz de permitir a eficiência econômica em ambiente de respeito ao*

67 SOUZA JUNIOR, Francisco S. de; PITOMBO, Antônio S. A. de M. (coord.). **Comentários à lei de recuperação de empresas e falência. Lei 11.101/05 – artigo por artigo**. 2ª edição. São Paulo: Editora Revista dos Tribunais, 2007, p. 43.

68 Apud CLARO, Carlos R. **Revocatória falimentar**. 5ª edição. Curitiba: Juruá Editora, 2015, p. 401.

69 GRAU, Eros R.; FORGIONI, Paula. **O Estado, a empresa e o contrato**. São Paulo: Malheiros Editores, 2005, p. 49. Esclarece Max Weber que *o domínio universal da relação associativa de mercado exige, por um lado, um funcionamento do direito calculável segundo regras racionais. Por outro lado, a expansão do mercado, que ainda conheceremos como tendência característica dessa relação, favorece, em virtude de suas consequências imanentes, a monopolização e regulamentação de todo poder coativo 'legítimo' por uma instituição coativa universal, mediante a destruição de todas as estruturas coativas particulares, as estamentais ou outras, baseadas, na maioria dos casos, em monopólios econômicos.* Op. cit., p. 227. Grifos no original.

direito dos mais fracos[70]. A realidade é esta, sendo certo que o legislador claramente optou por conferir segurança e estabilidade jurídica a determinados credores, em detrimento dos interesses da maioria; optou pela eficiência econômica, a fim de não desestabilizar o mercado (que naturalmente precisa fluir) e sua regularidade.

De acordo com os preocupantes números negativos apresentados no início da exposição, observa-se que a realidade empresarial é outra, bem mais cinzenta e amarga: a crise econômica assola variados segmentos da atividade econômica (estagnada, sem qualquer agenda que propicie o crescimento da nação), sendo elevado número de recuperações judiciais requeridas (principalmente de pequenas e médias empresas), sem descuidar das falências decretadas. Significativa parcela de pessoas jurídicas sediadas no país está doente, mergulhada em crise econômico-financeira profunda, para não dizer que várias já se encontram em estado crítico, aguardando a abertura judicial da falência, ou seja, esperam o decreto de morte e retirada compulsiva do mercado.

A tendência natural é o insucesso, o fracasso dos processos de recuperação e o remédio amargo e drástico (abertura judicial da falência) se avizinha. Passados mais de doze anos de vigência da lei, não se vem encontrando mecanismos jurídico-econômicos eficazes para a (tentativa de) superação da crise, talvez pelo indisfarçável conflito de interesses que se instala na arena judicial[71] após a primeira decisão proferida pelo magistrado. A respeito do tema, escreveu Frederico A. M. Simionato que

> *O que a prática vai mostrar, com certeza, é que os bancos deverão aumentar a exigência das garantias (avalistas e bens livres e desembaraçados) para concessão de financiamentos e 'leasing', acrescido do fato que as referidas instituições devem aumentar a força da sua recuperação de crédito, agora, levada a efeito, antes da recuperação judicial*[72]

A prática do mercado competitivo de há muito é no sentido de que, para a obtenção de linha de crédito, por exemplo, o interessado deve apresentar substanciosas ga-

---

70 Palavras que constam do relatório mencionado. CLARO, Carlos R. **Revocatória falimentar**. Op. cit., p. 405. A retórica do legislador, primorosa, não passa de indisfarçável sofisma. A crise empresarial demonstra os equívocos cometidos pelo legislador de 2005 e multiplicam-se os processos de reestruturação judicial e de falência.

71 Alguns credores visam, a todo custo, apenas a recuperação do crédito; outros buscam colaborar de forma efetiva com o devedor recuperando, concordando em receber valor inferior ao devido, voltando a operar com a entidade, e assim por diante.

72 **Tratado de direito falimentar**. Rio de Janeiro: Editora Forense, 2008, p. 134. Em comentário ao enunciado contido no art. 49, §3º da lei de 2005, o mesmo autor pondera que *trata-se de disciplina que colide, diretamente, com o interesse creditório das instituições financeiras, as quais deverão, a partir de agora, aceitar a permanência do bem alienado na posse do devedor, sob pena de inviabilizar a recuperação judicial.* Op. cit., p. 134. A Lei, segundo Simionato, tem feição liberal e *consagra os princípios voluntarista e liberal na recuperação judicial, colidindo com as legislações francesa e americana em sede falimentar*. Op. cit., p. 135. A concepção liberal tem a ver com o mercado. Em última análise, é ele quem determina se a recuperanda prossegue ou não atuando regularmente.

rantias, sem as quais nada é assinado, nenhum recurso financeiro é liberado. Inexistindo recursos financeiros, a empresa pode ter sérios problemas para continuar operando de forma regular. Em caso de crise empresarial, a instituição financeira se acautela de todas as medidas judiciais adequadas à efetiva recuperação do crédito, na medida em que não adstrita ao processo de recuperação; dele não toma conhecimento, passado o lapso temporal previsto no art. 6º, §4º, da lei de regência. A partir de tal momento, impera o interesse privado, o interesse do credor financeiro (que detém substanciosas garantias), apenas. Esse discutível proceder, como reiteradamente dito, entra em conflito com a ordem de prioridade nas finalidades estampadas na lei de regência (art. 47).

A prevalência dos direitos de determinados credores (minoritários, mas com créditos elevados em relação aos demais) sobre a maioria (com créditos significativamente inferiores aos minoritários) que pode desestabilizar o processo de reestruturação, há de ser revista pelo legislador, mediante alteração pontual da lei em análise. Desnecessário afirmar que teoria (lei) e prática (jurisprudência) são palavras díspares, andam muito distantes, quando da análise de determinados dispositivos da Lei 11.101/05.

Prevalecem, na seara da recuperação empresarial, sobretudo os direitos dos credores a ela não adstritos, os grandes credores (inclusive o Fiscal), daqueles que detém substanciais garantias, em detrimento do direito de outros que possuem, quiçá, créditos mais sensíveis, como os trabalhistas e fornecedores.

Consta do art. 49, §3º, da Lei 11.101/05 que os créditos aqui referenciados não se submetem aos efeitos da recuperação judicial, cabendo desde logo defender a tese de que inexiste proibição no sentido de que o recuperando inclua todos os débitos em seu plano de reestruturação, consoante doutrina.[73] Entrementes, há dois empecilhos, quais sejam: (a) dificilmente o credor anuiria com tal inclusão;[74] (b) inexiste classe na qual poderia haver a inserção de tais créditos. Essas questões específicas, não raro, passam despercebidas nos manuais que tratam do tema, imperando a superficialidade acadêmica no exame.

Não basta simplesmente afirmar que tais créditos devem fazer parte do plano de reestruturação. A afirmação se torna singela, simplista, pois, cabe demonstrar de que forma tal credor seria incluído. Há de se resolver o problema quando da análise do art. 41 da lei de regência. Caso seria, então, de o legislador estabelecer nova classe de credores (inserção de novo parágrafo), composta justamente por aqueles referidos no art. 49, §3º do texto legal de 2005. Essa parece ser a resposta mais adequada, salvo entendimento mais abalizado.

---

73 BEZERRA FILHO, Manoel J. Op.cit., p. 143.

74 O credor financeiro não deixaria de lançar mão das severas medidas judiciais tendentes a imediata retomada do bem. Noutros termos, por ter substanciosas garantias, não sujeitar-se-ia ao plano de recuperação. Muito embora o texto de 2005 privilegie a negociação direta entre devedor e credores na arena da reestruturação, certamente as instituições financeiras, diante da primazia de seus direitos, não serão benevolentes ao ponto de abrir mão de suas substanciosas garantias. Poderiam muito bem colaborar para que ocorresse o soerguimento da entidade mergulhada em crise. Entrementes, utópico pensar desta forma porque o próprio sistema financeiro impõe as mais variadas garantias contratuais.

CONCLUSÃO

Dúvida inexiste de que o Decreto-Lei 7.661/45 estava deveras distante da realidade empresarial,[75] carecendo o sistema (ordenamento) jurídico de lei que contribuísse para a tentativa de superação da crise. A Lei 11.101/05, redigida justamente para atender a interesses de determinados setores da economia – o exemplo mais notório é o art. 49, §3º –, acabou por frustrar as expectativas empresariais, e os números apresentados no início da exposição demonstram à saciedade que são raras as recuperações judiciais exitosas, com retorno efetivo da empresa ao mercado competitivo. Referido texto legal, no que tange a recuperação da empresa, não tem, no seu conjunto, a dimensão pretendida pelo art. 47, isto é, por criar privilégio a determinados credores, deixa de lado o escopo maior que é justamente a tentativa de soerguimento da entidade em crise.

A lei de 2005, porque evidentemente equivocada em alguns passos, está carente de microrreformas pontuais, mudanças essas que implicam, inexoravelmente, em alteração legislativa, em nova postura de determinados credores. A estabilidade e segurança concedidas pela lei a alguns credores acabarão por ser "abaladas", caso tal reforma, de fato, venha a ocorrer num futuro próximo. Não se nega esse fato, por evidente. Ao legislador se impõe novo olhar sobre a referida Lei 11.101/05, a fim de que determinadas restrições, por assim dizer, ocorram em relação aos direitos de alguns credores, buscando novo e indispensável equilíbrio em sede de recuperação judicial.

Um dos nós górdios, como exposto, é justamente ao art. 49, §3º, defendendo-se no presente que haja a total sujeição dos credores ao juízo (universal) da recuperação e ao plano de reestruturação a ser apresentado e implementado. A regra do art. 49, §3º seria alterada pelo legislador a fim de não permitir a retirada de bens indispensáveis à atividade econômica do devedor, havendo, como dito, a sujeição do credor ao processo e ao plano de reestruturação, com a inserção de seu crédito no plano.

Diante da sujeição dos credores com direito de propriedade e fiscais ao plano de reestruturação, caberia (i) a suspensão das execuções fiscais pelo menos pelo prazo estabelecido pelo art. 6º, §4º; (ii) a criação de nova classe de credores no art. 41, para fins de inclusão destes credores com direito de propriedade no âmbito do processo judicial. O entendimento ora exposto é de que só assim poder-se-ia falar em efetiva aplicação do art. 47 da Lei 11.101/05; só assim haveria equilíbrio entre credores no processo de reestruturação judicial, o qual visa, afinal, a tentativa de soerguimento da empresa em crise e efetivo retorno ao mercado. Outro texto que merece análise por parte do legislador é justamente o art. 6º. §7º, que trata da não suspensão de execuções fiscais ajuizadas em face do devedor recuperando, ressalvada a hipótese de parcelamento do débito.

Para finalizar, o jurista Eros Roberto Grau escreveu obra acerca da positividade do direito. Nela, há uma (dentre várias) frase contundente e marcante: *A mim encantam*

---

75 De há muito não mais se fala em Teoria dos atos de comércio, e sim, em Teoria da empresa, que vem do direito italiano e consta da art. 966 do Código Civil.

a tranquilidade e a segurança dos gênios-para-si-mesmos, donos de respostas-para--tudo, que disparam em qualquer situação ou circunstância, sem perda de tempo, na prática de exercícios aos quais os antigos se dedicavam, a leitura e a reflexão.[76] Ao escrever o presente, onde aflorou a inquietude do espírito do autor, percebeu-se quão complexo é o assunto relativo a determinados credores; como são necessárias reflexões profundas acerca da Lei 11.101/05. O trabalho científico ora apresentado tem caráter de ensaio, apresentando ao público algumas ideias e indagações do autor. Busca jogar luzes sobre palpitantes pontos da lei, sem pretender, por óbvio, esgotar a análise. Sua precariedade e eventuais equívocos bem demonstram que as questões polêmicas levantadas carecem de aprofundado estudo pelo exegeta.

Entrementes, mesmo com eventuais imprecisões técnico-jurídicas, resta assentado o entendimento de que cabe ao hermeneuta refletir a respeito da hipótese de universalização de credores perante o juízo da reestruturação, de modo que todos devem(riam) a ele se submeter. Em sendo alterado o texto normativo, poder-se-ia contar de forma efetiva com a Lei 11.101/05 para a tentativa de superação da crise empresarial.

76 **Por que tenho medo dos juízes (a interpretação/aplicação do direito e os princípios).** 7ª edição. São Paulo: Malheiros Editores, 2016, p. 163.

DESCONSIDERAÇÃO DA PERSONALIDADE JURÍDICA E O CPC/2015

Eduardo Arruda Alvim
Angélica Arruda Alvim
Eduardo Aranha Ferreira

1. INTRODUÇÃO

A presente obra visa homenagear um dos maiores juristas do país, Professor Rubens Requião.

Dentre os muitos temas que foram objeto de estudo do Professor, tem-se a desconsideração da personalidade jurídica, que foi verdadeiramente introduzida no direito pátrio por ele, que profundamente estudou o direito estrangeiro, a fim de formular aquela que lhe parecia ser a melhor teoria a ser aplicada no direito brasileiro.

Diante da importância do tema e da sua inequívoca relação com o homenageado, pretende-se nas linhas seguintes traçar breves notas a respeito de seu entendimento sobre a desconsideração da personalidade jurídica.

Além disso, diante da introdução no ordenamento jurídico, pelo Código de Processo Civil de 2015, de procedimento próprio para obtenção da desconsideração da personalidade jurídica, pretende-se traçar as suas principais características, ressaltando alguns de seus méritos e analisando questões que eventualmente devam ser refletidas.

2. ABUSO DA PERSONALIDADE JURÍDICA E A SUA DESCONSIDERAÇÃO

A personalidade jurídica é abstração do direito que permite o aperfeiçoamento das relações jurídicas estabelecidas entre as pessoas. Com isso, permite-se o distanciamento entre as pessoas natural e jurídica, que, para o mundo jurídico, passam a ser dois indivíduos distintos. Tal separação conduz à maior segurança jurídica das relações.[1]

---

1 Dizia com precisão Caio Mário que "Todo homem é dotado de capacidade jurídica, que o habilita a adquirir direitos. Todo homem é sujeito da relação jurídica. Mas não é somente a ele que o ordenamento legal reconhece essa faculdade. (...) Mas a complexidade da vida civil e a necessidade de conjugação de esforços de vários indivíduos para a consecução de objetivos comuns ou de interesse social, ao mesmo passo que aconselham e estimulam a sua agregação e polarização de suas atividades, sugerem ao direito equiparar à própria pessoa humana certos agrupamentos de indivíduos e certas destinações patrimoniais e lhe aconselham atribuir personalidade e capacidade de ação aos entes abstratos assim gerados. Surgem, então, as pessoas jurídicas, que se compõem ora de um conjunto de pessoas, ora de uma destinação patrimonial, com aptidão para adquirir e exercer direitos e contrair obrigações." (PEREIRA, Caio Mário da Silva. *Instituições de Direito Civil*. 20ª ed.Atual. Maria Cecília Bodin de Moraes. Rio de Janeiro: Forense, 2004, p. 297).

Diante disso, passa-se a falar na autonomia da personalidade jurídica, pois por mais que no mundo empírico a pessoa jurídica aja por meio de pessoas naturais, que efetivamente existem no plano fático, no mundo jurídico quem está a agir é a própria pessoa jurídica, apenas se fazendo presente pelas pessoas naturais que a integram, no mundo dos fatos.

Na vigente lei civil, não há dispositivo expresso que preconize a autonomia da personalidade jurídica, mas isso deflui da interpretação sistemática de diversos dispositivos.[2-3] A esse respeito, diz Fábio Ulhoa Coelho que:

> A mais relevante consequência dessa conceituação das pessoas jurídicas é sintetizada no princípio da autonomia. *As pessoas jurídicas não se confundem com as pessoas que a integram*— dizia preceito do antigo Código Civil. Em outros termos, a pessoa jurídica e cada um dos seus membros são sujeitos de direito autônomos, distintos, inconfundíveis. (...) Em razão do princípio da autonomia da pessoa jurídica, é ela mesma parte dos negócios jurídicos. Faz-se presente à celebração do ato, evidentemente, por meio de uma pessoa física que por ela assina o instrumento. Mas é a pessoa jurídica que está manifestando a vontade, vinculando-se ao contrato, assumindo direitos e contraindo obrigações em virtude do negócio jurídico.[4]

Diante da necessária separação entre a pessoa jurídica e as pessoas naturais que a integram, quando aquela se formar pela reunião destas, é preciso reconhecer que as relações jurídicas entabuladas pela pessoa jurídica não têm como parte as pessoas naturais. Ainda que, na prática, tenham sido elas a estabelecer as negociações preliminares e, posteriormente, a efetivar as relações, fato é que juridicamente que agiu foi a pessoa jurídica, que apenas fez-se presente por meio das pessoas naturais.

Vale dizer, ademais, um dos principais aspectos que decorrem da autonomia da personalidade jurídica é a autonomia patrimonial que existe entre a pessoa jurídica e a pessoa natural.[5] Por essa razão, as dívidas da pessoa jurídica não passam à pessoa de seu sócio, que é diversa, bem como as dívidas desta não passam àquela.

Ainda que se reconheça a importância da autonomia da personalidade jurídica,

---

2 Cf. COELHO, Fábio Ulhoa. *Curso de Direito Civil*. V. 1. 5ª ed.São Paulo: Saraiva, 2012, p. 536-537.

3 Convém relembrar que o art. 20, *caput* do CC/1916 previa que "As pessoas jurídicas têm existência distinta da dos seus membros." Mesmo a regra não tendo sido repetida pelo vigente Código, é inquestionável que à mesma conclusão se deve chegar atualmente: a pessoa natural e a pessoa jurídica são distintas. Nesse mesmo sentido, v. ALVIM, Arruda. *Manual de direito processual civil*. 17ª ed.São Paulo: RT, 2017, p. 524.

4 COELHO, Fábio Ulhoa. *Curso de Direito Civil*. V. 1. 5ª ed.São Paulo: Saraiva, 2012, p. 533.

5 Dizia Washington de Barros Monteiro, a propósito, que: "A teoria da personalidade jurídica é dominada por alguns princípios fundamentais: *a*) – a pessoa jurídica tem personalidade distinta da de seus membros *universitas distat a singulis*), embora esse princípio esteja presentemente abalado em matéria de locação predial, como se viu anterioemnte; *b*) – a pessoa jurídica tem patrimônio

inclusive como medida efetiva para dar segurança jurídica às relações, não é de se esquecer que por vezes tal autonomia serve a objetivos escusos, afinal não é difícil imaginar situações em que o indivíduo concentra o seu patrimônio em outra pessoa (jurídica, no mais das vezes), com vistas a frustrar os interesses de seus credores, tendo em vista que estes, por serem credores apenas da pessoa natural, não podem, em regra, utilizar-se do patrimônio da pessoa jurídica para satisfazer os seus créditos.

De igual modo, não é difícil crer na hipótese de a pessoa jurídica transferir aos seus sócios todo o seu patrimônio, frustrando os legítimos interesses de seus credores, que também não poderão, em tese, chegar ao patrimônio das pessoas naturais ou mesmo jurídicas que compõem a estrutura societária da devedora.

A tormentosa questão aqui colocada já despertava o interesse de Rubens Requião há longa data. Em artigo dos mais eloquentes, dizia o jurista que:

> Há algum tempo, quando nos iniciávamos no estudo sistemático do direito comercial, nos foi proposto o seguinte problema: Se a pessoa jurídica não se confunde com as pessoas físicas que a compõem, pois são personalidades radicalmente distintas; se o patrimônio da sociedade personalizada é autônomo, não se identificando com o dos sócios, tanto que a cota social de cada um dêles não pode ser penhorada em execução por dívidas pessoais, seria então fácil burlar o direito dos credores, transferindo prèviamente para a sociedade comercial todos os seus bens. Desde que a sociedade permanecesse, sob o contrôle dêsse sócio, não haveria inconveniente ou prejuízo para êle que o seu patrimônio fôsse administrado pela sociedade, que assim estaria imune às investidas judiciais de seus credores.[6]

Não se pode negar que a questão não é das mais simples, pois de um lado se tem a autonomia da personalidade jurídica, e em se tratando de direito de personalidade (em verdade, é o direito à própria personalidade), a princípio não se poderia admitir a sua mera superação. De outro, tem-se o fato de que não se há de admitir a utilização da personalidade para fins fraudulentos.[7-8]

---

distinto. Essa autonomia patrimonial é caracterizada por dois preceitos: *quod debet universitas non debent singuli* e *quod debent singuli non debet universitas*; *c*) – a pessoa jurídica tem vida própria, distinta da de seus membros." (MONTEIRO, Washington de Barros. *Curso de Direito Civil*. V. 1. 29ª ed.São Paulo: Saraiva, 1990, p. 101).

---

6 REQUIÃO, Rubens. Abuso de direito e fraude através da personalidade jurídica (*disregard doctrine*). In: *Revista dos Tribunais*. Vol. 803. São Paulo: RT, 2002, p. 751.

7 De modo semelhante dizia REQUIÃO, Rubens. Abuso de direito e fraude através da personalidade jurídica (*disregard doctrine*). In: *Revista dos Tribunais*. Vol. 803. São Paulo: RT, 2002, p. 751.

8 Frente a essa questão, Rubens Requião destacava: "Ora, diante do abuso de direito e da fraude no uso da personalidade jurídica, o juiz brasileiro tem o direito de indagar, em seu livre convencimento, se há de consagrar a fraude ou o abuso de direito, ou se deva desprezar a personalidade jurídica,

Diante desse cenário, Requião, socorrendo-se do direito estrangeiro, tratou de importante teoria a respeito da desconsideração da personalidade jurídica no direito brasileiro.

O autor encontrou em Rolf Serick sua grande influência para o estudo da teoria da desconsideração. O pensamento do autor alemão foi bem sintetizado por Arruda Alvim:

> foi o autor alemão Rolf Serick que – no direito continental europeu – procurou delimitar e sistematizar os pressupostos de aplicação da teoria da desconsideração em obra intitulada *Rechtsform und Realitât juristicher Personen*. Para ele, que foi um dos mentores da teoria – pode-se (i) aplicar a teoria da desconsideração, quando há utilização abusiva da pessoa jurídica, com o intuito de fugir à incidência da lei ou de obrigações contratuais, ou causar fraudulentamente danos a terceiros; (ii) desconhecer a autonomia subjetiva da pessoa jurídica, quando tal seja necessário para impedir violação de normas de direito societário; (iii) também aplicar normas baseadas em atributos ou capacidade ou valores humanos à pessoa jurídica, desde que não exista qualquer contradição entre a finalidade de tais normas e a função da pessoa jurídica à qual são as mesmas aplicadas; para determinação do pressupostos normativos, é possível considerar as pessoas físicas que agem por intermédio da pessoa jurídica; e, ainda, (iv) se, por meio da pessoa jurídica, oculta-se o fato de que as partes envolvidas no negócio, são, em verdade, o mesmo sujeito, desconhecer a personalidade jurídica da pessoa, quando deva ser aplicada a norma relativa à diferenciação ou identidade das partes do negócio jurídico, e não seja admissível a extensão de tal entendimento à diferenciação ou identidade apenas jurídico-formal.[9]

Importando os ensinamentos do direito estrangeiro para o Brasil, Rubens Requião concluiu que o atingimento daqueles que compõem, por vínculos societários, a pessoa jurídica, pode ocorrer sem que haja a anulação da personalidade jurídica. O que há, apenas, é a momentânea desconsideração dessa personalidade que, no caso específico, permitirá que se chegue à pessoa daqueles que compõem a pessoa jurídica.[10][11]

---

para, penetrando em seu âmago, alcançar as pessoas e bens que dentro dela se escondem para fins ilícitos ou abusivos." (REQUIÃO, Rubens. Abuso de direito e fraude através da personalidade jurídica (*disregard doctrine*). In: *Revista dos Tribunais*. Vol. 803. São Paulo: RT, 2002, p. 753).

9 ALVIM, Arruda. *Manual de direito processual civil*. 17ª ed.São Paulo: RT, 2017, p. 525.

10 REQUIÃO, Rubens. Abuso de direito e fraude através da personalidade jurídica (*disregard doctrine*). In: *Revista dos Tribunais*. Vol. 803. São Paulo: RT, 2002, p. 753.

11 Na mesma linha: "A *desconsideração* indica a suspensão da incidência das regras acerca da personificação societária. Opõe-se ao regime formal e comum previsto para as sociedades personificadas como que uma barreira. Afasta-se a aplicação dos preceitos de direito societário. Ou melhor, trata-se a questão tal como se inexistisse a personificação societária." (JUSTEN FILHO, Marçal. *Desconsideração da personalidade societária no direito brasileiro*. São Paulo: RT, 1987, p. 56). Também,

Com efeito, da teoria estruturada por Rubens Requião se extrai que a concepção de que o direito à personalidade jurídica, enquanto direito de personalidade, era absoluto deveria ser superada, pois se a personalidade jurídica decorre da lei e caracteriza-se como concessão do Estado com vistas ao atingimento de uma finalidade, "nada mais procedente do que se reconhecer ao Estado, através de sua justiça, a faculdade de verificar se o direito concedido está sendo adequadamente usado."[12]

Para o autor, a doutrina da desconsideração, que já gozava de ampla utilização em outros países, já era adotada pelo direito brasileiro. Para ele, o art. 3º da CLT, que trata do grupo econômico, nada mais faz que admitir a aplicação da *disregard doctrine*, "pois despreza e penetra o "véu" que as encobre e individualiza, desconsiderando a personalidade independente de cada uma das subsidiárias."[13]

Com efeito, encerra Rubens Requião ressaltando o caráter estritamente excepcional da *disregard doctrine*, que tem lugar apenas nas hipóteses em que o objetivo é coibir a fraude ou o abuso de direito.[14-15]

De maneira precisa, asseverava o Professor que:

> É preciso, para a invocação exata e adequada da doutrina, repelir a idéia preconcebida dos que estão imbuídos do fetichismo da intocabilidade da pessoa jurídica, que não pode ser equiparada tão insòlitamente à pessoa humana no desfrute dos direitos incontestáveis da personalidade; mas também não devemos imaginar que a penetração do véu da personalidade jurídica e a desconsideração da pessoa jurídica se torne instrumento dócil nas mãos inábeis dos que, levados ao exagêro, acabassem por destruir o instituto da pessoa jurídica, construído através dos séculos pelo talento dos

diz Arruda Alvim que "*desconsiderar a pessoa jurídica é* diferente de atos de *despersonalização*. Naquela, reconhece-se a existência e validade da pessoa jurídica, mas, para determinado caso em concreto e excepcional, em que os requisitos legais estão configurados, ela será ineficaz (...). Na *despersonalização*, diversamente, a pessoa jurídica deixa de existir enquanto ente autônomo e é desconstituída para todos os casos existentes e futuros, precisamente, pela falta inicial ou posterior de condições legais de existência e validade." (ALVIM, Arruda. *Manual de direito processual civil*. 17ª ed.São Paulo: RT, 2017, p. 526).

12 REQUIÃO, Rubens. Abuso de direito e fraude através da personalidade jurídica (*disregard doctrine*). In: *Revista dos Tribunais*. Vol. 803. São Paulo: RT, 2002, p. 754.

13 REQUIÃO, Rubens. Abuso de direito e fraude através da personalidade jurídica (*disregard doctrine*). In: *Revista dos Tribunais*. Vol. 803. São Paulo: RT, 2002, p. 760.

14 REQUIÃO, Rubens. Abuso de direito e fraude através da personalidade jurídica (*disregard doctrine*). In: *Revista dos Tribunais*. Vol. 803. São Paulo: RT, 2002, p. 763.

15 Nesse mesmo sentido: "A desconsideração da pessoa jurídica tem um cunho de excepcionalidade também sob esse ângulo. Vale dizer, não apenas há uma exceção à incidência da regra geral que reconhece a personificação societária como também a exceção se manifesta em que se trata de um procedimento que refoge à tradição do pensamento continental." (JUSTEN FILHO, Marçal. *Desconsideração da personalidade societária no direito brasileiro*. São Paulo: RT, 1987, p. 53).

> juristas dos povos civilizados, em cuja galeria sempre há de ser iluminada a imagem genial de Teixeira de Freitas, que, no século passado, precedendo a muitos, fixou em nosso direito a doutrina da personalidade jurídica.[16]

Portanto, é inegável a contribuição de Rubens Requião para a estruturação, no Brasil, da teoria da desconsideração da personalidade jurídica.

Diante de sua relevante contribuição, inseriu-se no Projeto de Lei nº. 634-B, que anos depois tornou-se o vigente Código Civil, dispositivo que, em tese, adotava a teoria propalada por Rubens Requião, assim prevendo o art. 50:

> A pessoa jurídica não pode ser desviada dos fins estabelecidos no ato constitutivo, para servir de instrumento ou cobertura à prática de atos ilícitos, ou abusivos, caso em que poderá o juiz, a requerimento de qualquer dos sócios ou do Ministério Público, decretar a exclusão do sócio responsável, ou tais sejam as circunstâncias, a dissolução da entidade.

Muito embora o objetivo do legislador tenha sido, aparentemente, o de adotar a *disregard doctrine*, difundida e aperfeiçoada por Rubens Requião, fato é que o Projeto de Lei não se relacionada, propriamente, com a desconsideração. Isso, aliás, foi objeto de irresignação por Requião. Segundo teve a oportunidade de dizer o autor:

> (...) não é essa a doutrina que sustentei tão ardorosamente. Ela visa excluir o sócio ou sócios convencidos de fraude ou abuso. Mas a titularidade do direito da ação não se restringe, nem se pode restringir, a "qualquer dos sócios ou do Ministério Público". O Projeto, como se vê, não legitima o direito de estranhos prejudicados com o mau uso da personalidade jurídica dos sócios, que devem ser os maiores destinatários do interesse de impedir a consumação da fraude. Nem se explica o porquê da intervenção do Ministério Público em assunto visceralmente de Direito Privado; nem se compreende porque deva a sociedade, mesmo em circunstâncias especiais, ser dissolvida.[17]

Semelhante crítica foi feita por Marçal Justen Filho:

> O Projeto dá tratamento em nível de invalidade, ao problema ora enfocado. A dissolução da sociedade, provocada por conduta abusiva, é solução totalmente desproporcionada e despropositada. A exclusão do sócio 'responsável' pelo abuso não significa solução. (...) Vale dizer, ao invés de evi-

16 REQUIÃO, Rubens. Abuso de direito e fraude através da personalidade jurídica (*disregard doctrine*). In: *Revista dos Tribunais*. Vol. 803. São Paulo: RT, 2002, p. 764.

17 REQUIÃO, Rubens. *Aspectos modernos do direito comercial*. Vol. 3. São Paulo: Saraiva, 1986, p. 66.

> tar o sacrifício do interesse, o Projeto preconiza a punição aos autores do sacrifício.[18]

O referido art. 50, contudo, não foi aprovado com essa redação, prevendo o Código Civil de 2002 que:

> Art. 50. Em caso de abuso da personalidade jurídica, caracterizado pelo desvio de finalidade, ou pela confusão patrimonial, pode o juiz decidir, a requerimento da parte, ou do Ministério Público quando lhe couber intervir no processo, que os efeitos de certas e determinadas relações de obrigações sejam estendidos aos bens particulares dos administradores ou sócios da pessoa jurídica.

A redação final do dispositivo, pois, mostrou-se muito mais afinada às ideias de Rubens Requião, pois permite que o terceiro prejudicado pelo abuso da personalidade jurídica, ou pelo ato fraudulento, possa legitimamente pleitear a momentânea e episódica desconsideração da personalidade jurídica, retirando-se circunstancialmente, pois, o manto que recobre as relações societárias, a fim de atingir as pessoas dos sócios.

Com efeito, estabelece a lei civil que o sócio e também o administrador, ainda que não integre os quadros societários, podem ser instados a adimplir dívida da pessoa jurídica, sempre que houver abuso na utilização dessa criação jurídica que é a personalidade jurídica enquanto ente autônomo. Referido abuso, a propósito, decorre do desvio de finalidade (utilização da personalidade jurídica para finalidade diversa do seu objeto social) ou confusão patrimonial (inobservância, pelos próprios sócios ou administradores, da autonomia e independência patrimonial).

É importante referir que não apenas o CC contempla expressa autorização para a desconsideração da personalidade jurídica. Também o art. 28, *caput*, do CDC, *v.g.*, trata da matéria:

> Art. 28. O juiz poderá desconsiderar a personalidade jurídica da sociedade quando, em detrimento do consumidor, houver abuso de direito, excesso de poder, infração da lei, fato ou ato ilícito ou violação dos estatutos ou contrato social. A desconsideração também será efetivada quando houver falência, estado de insolvência, encerramento ou inatividade da pessoa jurídica provocados por má administração.
>
> § 1° (Vetado).
>
> § 2° As sociedades integrantes dos grupos societários e as sociedades controladas, são subsidiariamente responsáveis pelas obrigações decorrentes deste código.

18 JUSTEN FILHO, Marçal. *Desconsideração da personalidade societária no direito brasileiro*. São Paulo: RT, 1987, p. 152.

> § 3° As sociedades consorciadas são solidariamente responsáveis pelas obrigações decorrentes deste código.
> § 4° As sociedades coligadas só responderão por culpa.
> § 5° Também poderá ser desconsiderada a pessoa jurídica sempre que sua personalidade for, de alguma forma, obstáculo ao ressarcimento de prejuízos causados aos consumidores.

A respeito da desconsideração da personalidade jurídica prevista na lei consumerista, é importante referir que o §5º do art. 28 contém importante distinção do instituto lá previsto, se comparado ao que dizia Rubens Requião e, também, àquilo que veio a ser positivado no CC/2002. Referido dispositivo autoriza a desconsideração da personalidade jurídica quando esta figura representar óbice à reparação civil do consumidor.

Ou seja, se a autonomia da pessoa jurídica, em relação às pessoas naturais ou jurídicas que a integram, de onde decorre a autonomia patrimonial, dificultar o ressarcimento ao consumidor, será possível o atingimento do patrimônio dos sócios que, então, acabam por responder por dívidas da sociedade, ainda que se reconheçam a independência entre uma e outra.

Nessa hipótese, não se exige qualquer ato fraudulento ou que caracterize abuso de personalidade jurídica. Para a incidência do dispositivo, basta a dificuldade na localização de bens no patrimônio da pessoa jurídica, capaz de satisfazer o crédito do consumidor.[19]

A respeito do dispositivo, afirma Rizzatto Nunes que:

> Portanto, pode-se se afirmar que, independentemente da verificação de fraude ou infração da lei, será possível, no caso concreto, suplantar a personalidade jurídica da pessoa jurídica, se for esse o obstáculo ao ressarcimento dos prejuízos pelo consumidor.[20-21]

Nas linhas anteriores, teve-se a oportunidade de analisar, ainda que brevemente, a contribuição de Rubens Requião para a positivação da desconsideração da perso-

---

19 Sobre o dispositivo, afirmou-se que "Este parágrafo quinto, visando não deixe, o fornecedor, de ressarcir o consumidor, estabelece, em suma, que a existência da personalidade jurídica da sociedade não pode, de forma alguma, constituir obstáculo ao ressarcimento dos prejuízos causados ao consumidor." (ALVIM, Arruda *et al. Código do Consumidor Comentado*. São Paulo: RT, 1991, p. 76).

20 NUNES, Rizzatto. *Curso de direito do consumidor*. 10ª ed.São Paulo: Saraiva, 2015, p.798.

21 Diz com precisão Flávia Lefèvre Guimarães que: "havendo a previsão de que 'também' poderá haver desconsideração, 'sempre' que a personalidade jurídica configurar obstáculo ao ressarcimento do dano sofrido pelo consumidor, ficam dispensadas as presenças de qualquer dos demais requisitos colocados pelo *caput*, como abuso de direito, infração da lei, fato ou ato ilícito, e outros. Certamente assim previu o legislador tendo em vista proteger o consumidor que, nas relações de consumo, é visto como parte mais vulnerável (art. 4º, I, do Código do Consumidor), partindo do pressuposto que a autonomia patrimonial da pessoa jurídica por si mesma já configura privilégio para o comerciante fornecedor." (GUIMARÃES, Flávia Lefèvre. *Desconsideração da personalidade jurídica no código do consumidor*. São Paulo: Editora Max Limonad, 1998, p. 83-84).

nalidade jurídica no Brasil, inclusive com breve análise de dois dos mais relevantes exemplos de dispositivos legais que cuidam da matéria atualmente.

Ainda que há muito se tenha admitido no direito brasileiro a utilização da desconsideração da personalidade jurídica, o procedimento a ser observado para que haja a desconsideração da personalidade jurídica não se achava previsto no ordenamento jurídico.

Diante disso, firmou-se na jurisprudência o entendimento de que o pedido de desconsideração da personalidade jurídica constituía incidente processual, razão pela qual não haveria necessidade de citação dos sócios e de contraditório prévio. É nesse sentido que se colocou a jurisprudência do STJ:

> DIREITO CIVIL E DO CONSUMIDOR. DESCONSIDERAÇÃO DA PERSONALIDADE JURÍDICA. PRESSUPOSTOS PROCESSUAIS E MATERIAIS. OBSERVÂNCIA. CITAÇÃO DOS SÓCIOS EM PREJUÍZO DE QUEM FOI DECRETADA A DESCONSIDERAÇÃO. DESNECESSIDADE. AMPLA DEFESA E CONTRADITÓRIO GARANTIDOS COM A INTIMAÇÃO DA CONSTRIÇÃO. IMPUGNAÇÃO AO CUMPRIMENTO DE SENTENÇA. VIA ADEQUADA PARA A DISCUSSÃO ACERCA DO CABIMENTO DA DISREGARD . RELAÇÃO DE CONSUMO. ESPAÇO PRÓPRIO PARA A INCIDÊNCIA DA TEORIA MENOR DA DESCONSIDERAÇÃO. ART. 28, § 5º, CDC. PRECEDENTES. 1. A desconsideração da personalidade jurídica é instrumento afeito a situações limítrofes, nas quais a má-fé, o abuso da personalidade jurídica ou confusão patrimonial estão revelados, circunstâncias que reclamam, a toda evidência, providência expedita por parte do Judiciário. Com efeito, exigir o amplo e prévio contraditório em ação de conhecimento própria para tal mister, no mais das vezes, redundaria em esvaziamento do instituto nobre. 2. A superação da pessoa jurídica afirma-se como um incidente processual e não como um processo incidente, razão pela qual pode ser deferida nos próprios autos, dispensando-se também a citação dos sócios, em desfavor de quem foi superada a pessoa jurídica, bastando a defesa apresentada a posteriori, mediante embargos, impugnação ao cumprimento de sentença ou exceção de pré-executividade. 3. Assim, não prospera a tese segundo a qual não seria cabível, em sede de impugnação ao cumprimento de sentença, a discussão acerca da validade da desconsideração da personalidade jurídica. Em realidade, se no caso concreto e no campo do direito material fosse descabida a aplicação da Disregard Doctrine, estar-se-ia diante de ilegitimidade passiva para responder pelo débito, insurgência apreciável na via da impugnação, consoante art. 475-L, inciso IV. Ainda que assim não fosse, poder-se-ia cogitar de oposição de exceção de pré-executividade, a qual, segundo entendimento de doutrina autorizada, não só foi mantida, como ganhou mais relevo a partir da Lei n. 11.232/2005. 4. Portanto, não se havendo falar em prejuízo à ampla defesa e ao contraditório, em razão da ausência de citação ou de intimação para o pagamento da dívida (art. 475-J do CPC), e sob pena de tornar-se infrutuosa

> a desconsideração da personalidade jurídica, afigura-se bastante - quando, no âmbito do direito material, forem detectados os pressupostos autorizadores da medida - a intimação superveniente da penhora dos bens dos ex-sócios, providência que, em concreto, foi realizada. 5. No caso, percebe-se que a fundamentação para a desconsideração da pessoa jurídica está ancorada em "abuso da personalidade" e na "ausência de bens passíveis de penhora", remetendo o voto condutor às provas e aos documentos carreados aos autos. Nessa circunstância, o entendimento a que chegou o Tribunal a quo, além de ostentar fundamentação consentânea com a jurisprudência da Casa, não pode ser revisto por força da Súmula 7/STJ. 6. Não fosse por isso, cuidando-se de vínculo de índole consumerista, admite-se, a título de exceção, a utilização da chamada "teoria menor" da desconsideração da personalidade jurídica, a qual se contenta com o estado de insolvência do fornecedor somado à má administração da empresa, ou, ainda, com o fato de a personalidade jurídica representar um "obstáculo ao ressarcimento de prejuízos causados aos consumidores", mercê da parte final do caput do art. 28, e seu § 5º, do Código de Defesa do Consumidor. 7. A investigação acerca da natureza da verba bloqueada nas contas do recorrente encontra óbice na Súmula 7/STJ. 8. Recurso especial não provido. (STJ. 4ª Turma. REsp 1.096.604/DF. Rel. Min. Luis Felipe Salomão, j. em 2.8.2012).

Diante da importância de se estabelecer um procedimento para a obtenção da desconsideração da personalidade jurídica, parece-nos relevante a análise das mudanças operadas pelo CPC/2015 no tocante ao tema.

3. DESCONSIDERAÇÃO DA PERSONALIDADE JURÍDICA NO CPC/2015

Como dito acima, os estudos de Rubens Requião conduziram à adoção, pelo direito brasileiro, da teoria da desconsideração da personalidade jurídica, inclusive com dispositivos legais que expressamente permitem a sua aplicação.

A despeito disso, passou-se a enfrentar o problema relativo ao procedimento que deveria ser adotado para obter a desconsideração da personalidade jurídica, pois a lei não deixava claro se o pleito ensejaria a instauração de processo incidental, ou se o pedido era mero incidente processual.

A questão foi, a princípio, solucionada pelo CPC/2015, que em seus arts. 133 a 137 previu a desconsideração como modalidade de intervenção de terceiros no processo, ressalvando que se o pedido for formulado desde logo na petição inicial, não ter-se-á intervenção de terceiro, mas mera cumulação de pedidos (haverá litisconsórcio).

Com efeito, havendo suspeita de que a personalidade jurídica, e consequente autonomia patrimonial, é utilizada pelos sócios para fins fraudulentos, abusando dessa criação jurídica, caberá à parte interessada ou ao Ministério Público, quando lhe couber intervir, formular requerimento ao juiz da causa para que desconsidere a personalidade jurídica, tornando ineficaz a personalidade em relação às partes do processo.

Esse requerimento pode ser formulado tanto no processo de conhecimento, quanto no de execução e no cumprimento de sentença, a teor do que dispõe o art. 134, *caput*, do CPC/2015. Ademais, referido procedimento deve ser aplicado também nos processos eleitoral, administrativo e trabalhista, tendo em vista que referidos ramos do direito não contêm procedimento próprio, razão pela qual incide o art. 15 do CPC/2015, que preconiza a aplicação subsidiária e supletiva da lei processual civil a tais ramos.

Ademais, deve-se dar destaque ao §1º do art. 133, que manteve a disciplina do cabimento da desconsideração, propriamente dita, para o direito material. Ou seja, o legislador reconheceu que, mesmo em se tratando do instrumento adequado para tratar da matéria (lei ordinária), o ideal é que as hipóteses de desconsideração, em si, sejam tratadas no ambiente legislativo próprio, afeto ao próprio direito material. Com efeito, mantêm-se plenamente vigentes os dispositivos que tratam da desconsideração noutras leis, que não o CPC, como o art. 50 do CC e o art. 28 do CDC, por exemplo.

Outra importante questão é tratada pelo art. 133, §2º, do CPC/2015, que prevê o cabimento do mesmo procedimento para a desconsideração inversa da personalidade jurídica.

Enquanto que na desconsideração da personalidade jurídica, propriamente dita, torna-se ineficaz a personalidade jurídica e, pois, a autonomia patrimonial, com o fim de atingir os bens dos sócios para pagamento de dívidas da sociedade, na desconsideração inversa, desconsidera-se a personalidade e a autonomia patrimonial para o fim de atingir os bens da sociedade, à vista da necessidade de satisfação dos credores do sócio.

Ou seja, na desconsideração inversa o abuso da personalidade jurídica caracteriza-se, por exemplo, pelo esvaziamento do patrimônio particular do sócio, em proveito do patrimônio da sociedade, de tal forma que venha a frustrar os interesses dos credores daquele.

Aliás, o STJ já decidiu que há direito à desconsideração da personalidade jurídica quando o cônjuge ou companheiro se utiliza de pessoa jurídica por ele integrada para impedir que os bens amealhados na constância do casamento ou da união estável passem a integrar o patrimônio comum:

> DIREITO CIVIL. RECURSO ESPECIAL. AÇÃO DE DISSOLUÇÃO DE UNIÃO ESTÁVEL. DESCONSIDERAÇÃO INVERSA DA PERSONALIDADE JURÍDICA. POSSIBILIDADE. REEXAME DE FATOS E PROVAS. INADMISSIBILIDADE. LEGITIMIDADE ATIVA. COMPANHEIRO LESADO PELA CONDUTA DO SÓCIO. ARTIGO ANALISADO: 50 DO CC/02. 1. Ação de dissolução de união estável ajuizada em 14.12.2009, da qual foi extraído o presente recurso especial, concluso ao Gabinete em 08.11.2011. 2. Discute-se se a regra contida no art. 50 do CC/02 autoriza a desconsideração inversa da personalidade jurídica e se o sócio da sociedade empresária pode requerer a desconsideração da personalidade jurídica desta. 3. A desconsideração inversa da personalidade jurídica caracteriza-se pelo afastamento da autonomia patrimonial da sociedade para, contrariamente do que ocorre na desconsideração da personalidade propriamente dita, atingir o ente coletivo e seu patrimônio

> social, de modo a responsabilizar a pessoa jurídica por obrigações do sócio controlador. 4. É possível a desconsideração inversa da personalidade jurídica sempre que o cônjuge ou companheiro empresário valer-se de pessoa jurídica por ele controlada, ou de interposta pessoa física, a fim de subtrair do outro cônjuge ou companheiro direitos oriundos da sociedade afetiva. 5. Alterar o decidido no acórdão recorrido, quanto à ocorrência de confusão patrimonial e abuso de direito por parte do sócio majoritário, exige o reexame de fatos e provas, o que é vedado em recurso especial pela Súmula 7/STJ. 6. Se as instâncias ordinárias concluem pela existência de manobras arquitetadas para fraudar a partilha, a legitimidade para requerer a desconsideração só pode ser daquele que foi lesado por essas manobras, ou seja, do outro cônjuge ou companheiro, sendo irrelevante o fato deste ser sócio da empresa. 7. Negado provimento ao recurso especial. (STJ. 3ª T. REsp 1.236.916/RS. Relª. Min.ª Nancy Andrighi, j. em 23.10.2013).

Com efeito, o procedimento previsto pelo CPC/2015 deve ser aplicado tanto na desconsideração da personalidade jurídica direta, como na inversa.

A lei processual admite que o pedido de desconsideração da personalidade jurídica seja aventado desde logo na petição inicial, ou posteriormente, por meio de incidente, como destacado alhures. Fica claro, pois, que se o pedido constar da petição inicial, haverá cumulação de pedidos, o que afasta o pedido de desconsideração da personalidade jurídica das hipóteses de intervenção de terceiros, havendo apenas litisconsórcio passivo.[22]

Se formulado de maneira incidental, isto é, no curso do processo, terá lugar a instauração de incidente processual que visa, justamente, resolver essa questão incidente. Neste caso, aliás, haverá suspensão do processo principal (cf. art. 134, §3º, do CPC/2015).

Em qualquer das hipóteses, é imprescindível que seja oportunizado o contraditório prévio, ou seja, não é possível que seja desconsiderada a personalidade jurídica de maneira direta ou inversa sem que, antes disso, tenha sido dada a oportunidade para que a sociedade ou os sócios contestem o pedido. É o que se extrai do art. 135 do CPC/2015.

Essa é, ao que nos parece, a principal regra inserida nos dispositivos atinentes à desconsideração da personalidade jurídica.

Como já se mencionou linhas acima, a jurisprudência anterior ao CPC/2015 caminhava de maneira aparentemente pacífica na linha de não se exigir a citação do sócio (ou sociedade, na desconsideração inversa) para, primeiro, se manifestar a respeito do pedido de desconsideração.

O que ocorria, pelo contrário, era a desconsideração da personalidade jurídica, inclusive com bloqueio de bens do sócio, que, somente após isso, poderia se manifestar a respeito dos pressupostos para a desconsideração.

---

22 No mesmo sentido, v. ALVIM, Arruda. *Manual de direito processual civil*. 17ª ed.São Paulo: RT, 2017, p. 534.

Temos presente que o pedido de desconsideração da personalidade jurídica é pedido de mérito, cuja abrangência, evidentemente, é menor do que aquele relativo à sociedade. Assim, se a lei material estabelece que haverá desconsideração da personalidade jurídica em certas e excepcionais hipóteses, é preciso que decisão de mérito diga que estão presentes os pressupostos legais para tanto. Com efeito, quando o incidente é instaurado no processo de execução ou na fase de cumprimento de sentença, há, ao que nos parece, a instauração de incidente cognitivo, que será decidida após cognição exauriente.

Assim, muito embora não haja no processo de execução ou na fase de cumprimento de sentença, atividade cognitiva com a mesma intensidade que há no processo de conhecimento, nada impede que haja decisão de mérito no bojo da execução, o que ocorre quando alguma questão dessa natureza precisa ser decidida incidentalmente na execução, como é o caso da desconsideração da personalidade jurídica.

Portanto, foi enfático o legislador ordinário ao determinar que não é lícito ao juiz desconsiderar a personalidade jurídica sem antes ouvir aquele a quem são imputados os atos fraudulentos ou que, de modo geral, consubstanciem-se em abuso da personalidade jurídica.[23]

Trata-se de medida das mais adequadas, pois o pleito de desconsideração da personalidade jurídica visa o atingimento do patrimônio de alguém que não o próprio devedor, razão pela qual é imprescindível a observância do devido processo legal,[24] por expressa determinação constitucional (cf. art. 5º, inciso LIV, da Constituição Federal), e nessa linha, o respeito ao contraditório[25] é imprescindível.

Isso não impede, evidentemente, que se preenchidos os pressupostos legais, seja deferida tutela provisória,[26] que tenha por objeto o atingimento do patrimônio do

---

23 Um dos efeitos da desconsideração da personalidade jurídica é o reconhecimento da fraude à execução (cf. art. 137 do CPC/2015), no tocante aos bens dos sócios ou da sociedade, quando há desconsideração inversa. Em relação a ela, previu o legislador, de maneira genérica, a necessidade do contraditório prévio, conforme se extrai do art. 792, §4º.

24 O devido processo legal, diz Nelson Nery Jr., é a direito ao processo justo, e, por essa razão "pressupõe a incidência da isonomia; do contraditório; do direito à prova; da igualdade de armas; da motivação das decisões administrativas e judiciais; (...)." (NERY JR., Nelson. *Princípios do processo na Constituição Federal*. 12ª ed.São Paulo: RT, 2016, p. 113-119).

25 A propósito do tema, importante a lição de Nelson Nery Jr.: "a garantia do contraditório é inerente às partes litigantes – autor, réu, litisdenunciado, opoente, chamado ao processo –, assim como também ao assistente litisconsorcial e simples e ao Ministério Público, ainda quando atue na função de fiscal da lei. Todos aqueles que tiverem alguma pretensão de direito material a ser deduzida no processo têm direito de invocar o princípio do contraditório em seu favor. (...) Nada obstante o contraditório ser garantia constitucional estampada na CF 5.º, o que à primeira vista poderia parecer restringir-se ao cidadão ou {a pessoa física, na verdade essa garantia pode ser invocada por pessoa física ou jurídica, na defesa não só de igualdade processual, mas também dos direitos fundamentais da cidadania, religião, liberdade sexual etc." (NERY JR., Nelson. *Princípios do processo na Constituição Federal*. 12ª ed.São Paulo: RT, 2016, p. 244-245).

26 Admitindo também o cabimento, v. ALVIM, Arruda. *Manual de direito processual civil*. 17ª ed.São Paulo: RT, 2017, p. 534.

sócio ou da sociedade (desconsideração inversa). Basta pensar na hipótese de haver risco de que o sócio, na desconsideração direta, venha a desfazer-se de seu patrimônio pessoal, visando frustrar os interesses dos credores da sociedade da qual faz parte. Nessa hipótese, parece-nos plenamente cabível a concessão de tutela de urgência cautelar liminarmente, garantindo-se a efetividade da decisão que provavelmente desconsiderará a personalidade jurídica.

Como tudo no processo, a alegação de abuso da personalidade jurídica deve ser acompanhada de prova (admite-se qualquer meio de prova), tendo em vista que, de regra, o ônus da prova recai sobre o autor, quanto aos fatos constitutivos do seu direito, e sobre o réu, em relação aos fatos extintivos, modificativos ou impeditivos do direito do autor. Porém, é possível que haja a sua inversão, na forma do art. 373, §1º, do CPC/2015. Uma vez realizada a instrução probatória, o incidente será resolvido por decisão interlocutória (cf. art. 136), contra a qual será cabível agravo de instrumento, na forma do art. 1.015, inciso IV, do CPC/2015.

Na hipótese de o incidente ser requerido perante o tribunal,[27] conforme autoriza o art. 134 do CPC/2015, a decisão competirá ao relator, na forma do art. 932, inciso VI. Contra essa decisão, cabível será o recurso de agravo interno, na forma dos arts. 136, parágrafo único e 1.021.

Uma vez reconhecido o preenchimento dos requisitos que autorizam a desconsideração da personalidade jurídica, ter-se-á por superada momentaneamente a distinção entre a pessoa jurídica e a pessoa de seus sócios, dizendo-se ineficazes as alienações ou onerações de bens feitas em fraude à execução (cf. art. 137 do CPC/2015).

O art. 792 do CPC/2015 define a fraude à execução, que se caracteriza pela alienação ou oneração de bens em prejuízos dos credores, ou daqueles que se afirmam como tal. Nas hipóteses dos incisos I, II e III do art. 792, a alienação ou oneração diz respeito a bem que guarda relação com a própria demanda, quer porque o pedido é reipersecutório, quer porque se discute direito real sobre o bem, quer quando houver registro na matrícula do imóvel relativa à pendência de processo de execução, ou mesmo hipoteca judiciária ou houver constrição judicial.

Na hipótese do inciso IV do art. 792, a demanda não guarda relação com o bem, em si, mas em virtude da insolvência do devedor causada pela alienação do bem, reconhece-se a possibilidade de fraude.

Ainda que o nome dado à fraude pela lei remeta ao processo de execução, há muito já se sedimentou o entendimento que estando em curso ação de conhecimento, a alienação ou oneração de bens, nessas hipóteses, constitui fraude à execução.[28]

---

27 Para Araken de Assis, a possibilidade de desconsideração da personalidade jurídica pelo tribunal originariamente só pode ter lugar nas ações que são de competência originária desses órgãos, pois o procedimento recursal não "reproduz as etapas do procedimento comum". (ASSIS, Araken de. *Manual da execução*. 19ª ed.São Paulo: RT, 2017, p. 319).

28 A esse respeito, diz Thiago Ferreira Siqueira que "basta (...) a existência de qualquer processo envolvendo a dívida, e que possa, direta ou indiretamente, futuramente ensejar a expropriação dos bens do responsável, não sendo necessário, ao contrário do que a alcunha pode sugerir, que o feito

Considerando a gravidade dessa espécie de fraude, que não atinge apenas o credor (ou aquele que se alega credor), mas também o próprio Judiciário, que já terá sido instado a agir em substituição à vontade das partes, o seu reconhecimento pode ocorrer em caráter incidental no próprio processo (de conhecimento ou de execução), diferentemente da fraude contra credores, prevista nos arts. 158 e seguintes do CC, que exige ação desconstitutiva (ação pauliana, ou revocatória).

O reconhecimento da fraude à execução não invalida o negócio, mas apenas o declara ineficaz em relação ao terceiro prejudicado (credor). Bem assevera Araken de Assis que "o ato fraudulento existe e vale entre os figurantes do negócio jurídico, mas é 'como se' não existisse perante o credor, que poderá ignorá-lo, penhorando, desde logo, o bem fictamente 'presente' no patrimônio do obrigado."[29]

Segundo o autor, a desconsideração da personalidade jurídica visa tornar o sócio (ou sociedade) responsável secundário[30] pela futura execução, com fundamento no art. 790, inciso VII, do CPC/2015.

Diz o jurista que enquanto a responsabilidade dos sócios, nas hipóteses em que a lei material atribui responsabilidade ilimitada ao sócio, é secundária, mas direta (art. 790, inciso II),[31] a responsabilidade do sócio quando há desconsideração da personalidade jurídica é secundária e indireta, afinal o atingimento de seus bens deve ocorrer em caráter excepcional,[32] como é próprio da desconsideração da personalidade jurídica.

Ou seja, diferentemente das hipóteses em que a lei atribui responsabilidade direta ao sócio, que responde independentemente de qualquer espécie de fraude, como nas sociedades em comandita simples, por exemplo, conforme se extrai do art. 1.045 do CC (responsabilidade solidária e ilimitada do sócio comanditado), na desconsideração da personalidade jurídica o atingimento dos bens dos sócios (ou mesmo administradores, como prevê o art. 50 do CC) decorre de excepcional medida que decorre

seja de natureza executiva." (SIQUEIRA, Thiago Ferreira. *A responsabilidade patrimonial no novo sistema processual civil*. São Paulo: RT, 2016, p. 318).

29 ASSIS, Araken de. *Manual da execução*. 19ª ed.São Paulo: RT, 2017, p. 396.

30 Pela responsabilidade patrimonial identifica-se qual patrimônio será atingido pela execução forçada da obrigação inadimplida, afinal, na forma do art. 789, o devedor responde por suas dívidas com o seu patrimônio presente e futuro. A despeito da previsão do referido dispositivo, não só o devedor é responsável pela dívida. Há certas hipóteses previstas pela lei em que mesmo aquele que não é devedor da obrigação acaba por ter o seu patrimônio sujeito a ela, conforme bem diz Araken de Assis: "Além do obrigado, outras pessoas e outros patrimônios eventualmente sujeitam-se à demanda executória. Explica-se essa circunstância através do corte entre responsabilidade e obrigação. Embora sob o ângulo subjetivo em geral coincidam (em geral, a pessoa é responsável, porque deve), não se afigura rara a hipótese de atribuição de uma e de outra a pessoas diversas (há pessoas que respondem pela dívida, embora não devam)". (ASSIS, Araken de. *Manual da execução*. 19ª ed.São Paulo: RT, 2017, p. 303).

31 ASSIS, Araken de. *Manual da execução*. 19ª ed.São Paulo: RT, 2017, p. 312-314.

32 ASSIS, Araken de. *Manual da execução*. 19ª ed.São Paulo: RT, 2017, p. 314-317.

da utilização indevida da personalidade jurídica, de modo que não havendo fraude ou abuso de personalidade, não haverá tal responsabilização.[33]

Convém notar, ainda, que o art. 792, §3º, do CPC/2015 dispõe que a alienação ou oneração de bens do sócio (ou sociedade) será caracterizada em fraude à execução desde a citação da pessoa cuja personalidade se pretende desconsiderar, ou seja, da sociedade, na desconsideração direta, e do sócio, na desconsideração inversa.

Haveria, a princípio, incompatibilidade entre esse dispositivo e o art. 137, pois este prevê que haverá fraude à execução após a desconsideração da personalidade jurídica.

De fato, não se pode considerar fraudulenta a alienação ou oneração de bens apenas após a decisão que desconsiderada a personalidade jurídica, pois o requisito para a fraude é que haja ação pendente, e não decisão de mérito.[34]

É preciso destacar, apenas, que considerar como marco temporal a citação da sociedade cuja personalidade será desconsiderada, e não a do sócio, pode render ensejo à insegurança jurídica, já que o lapso temporal entre a citação da sociedade e o pedido de desconsideração da personalidade jurídica, somada à citação do sócio (momento a partir do qual o sócio passa a integrar a relação processual e, pois, estar sujeito à incidência do art. 792 do CPC/2015), pode não ser curto. Com isso, é preciso se atentar para a boa-fé do terceiro adquirente ou daquele que se torna credor pignoratício, que não deveria ficar indefinidamente sujeito à execução (assim porque o art. 790, inciso V, do CPC/2015 torna o adquirente do bem ou credor pignoratício em fraude à execução, responsável secundário pela execução), se no momento em que passou a titularizar direito real sobre a coisa não pendia ação contra o titular do direito alienado.

Essas, portanto, são questões que sobressaem da análise dos dispositivos que estruturaram o procedimento para a desconsideração da personalidade jurídica no direito brasileiro.

CONCLUSÃO

A contribuição de Rubens Requião para a consolidação da *disregard doctrine* no direito brasileiro é inegável.

Teve absoluta razão o autor quando se questionou a respeito da compatibilidade do direito com a utilização da personalidade jurídica para fins escusos, o que seria resguardado pelo caráter absoluto do direito à personalidade jurídica.

---

33 Vale lembrar que na hipótese do art. 28, §5º, do CDC, o legislador não exigiu a demonstração de fraude para que seja possível o atingimento dos bens dos sócios. Trata-se, porém, de previsão específica do direito do consumidor.

34 No mesmo sentido, diz Araken de Assis que: "Apesar da redação pouco feliz, o art. 137 não é incompatível com o art. 792, §3º. Haverá fraude contra a execução, resultante dos negócios dispositivos do responsável (art. 790, VII), uma vez acolhido o pedido de desconsideração (art. 137), a partir da citação 'da parte cuja personalidade se pretende desconsiderar'." (ASSIS, Araken de. *Manual da execução*. 19ª ed.São Paulo: RT, 2017, p. 322).

Diante da sua inquestionável contribuição, rumou a doutrina e a jurisprudência ao entendimento de que a autonomia da personalidade jurídica não é absoluta e, ainda que seja preservada (a pessoa jurídica continua a existir), pode ser momentaneamente desconsiderada, sempre que houver, de alguma forma, abuso na utilização dessa criação jurídica pelos seus beneficiários, pessoas naturais que se agrupam, formando a pessoa jurídica.

Por vários anos, a desconsideração da personalidade jurídica foi aplicada a casos concretos, sem, todavia, contar com previsão legal tocante ao procedimento a ser adotado, o que gerou questões importantes, como a necessidade ou desnecessidade de contraditório prévio.

Frente a isso, em boa hora o legislador positivou o procedimento que deve ser seguido e que deve ser aplicado a todos os ramos do direito, diante da aplicação subsidiária e supletiva do CPC/2015.

Importante também foi a expressa previsão de que o procedimento agora tratado pela nova lei processual tem aplicação não só para os casos de desconsideração direta da personalidade jurídica, mas também aos casos de desconsideração inversa, o que, aliás, revela a expressa admissão de sua possibilidade pelo legislador ordinário.

É bem verdade que muitas questões ainda surgirão, no tocante à aplicação do procedimento ora tratado, mas por ora, é importante referir o respeito da lei processual ao princípio do contraditório, que deve ser oportunizado antes de se decidir pela desconsideração da personalidade jurídica, cabendo antes disso apenas a concessão de tutela provisória, caso se façam presentes os requisitos autorizadores.

Além disso, verifica-se que um dos objetivos da desconsideração da personalidade jurídica, ao lado da responsabilização do sócio (caso de responsabilidade secundária, no âmbito da execução ou cumprimento de sentença), é a declaração de fraude à execução relativa aos atos de alienação ou oneração de bens encartados em alguma das hipóteses do art. 792 do CPC/2015.

BIBLIOGRAFIA

ALVIM, Arruda *et al. Código do Consumidor Comentado*. São Paulo: RT, 1991.

_______. *Manual de direito processual civil*. 17ª ed.São Paulo: RT, 2017.

ASSIS, Araken de. *Manual da execução*. 19ª ed.São Paulo: RT, 2017.

COELHO, Fábio Ulhoa. *Curso de Direito Civil*. V. 1. 5ª ed.São Paulo: Saraiva, 2012.

GUIMARÃES, Flávia Lefèvre. *Desconsideração da personalidade jurídica no código do consumidor*. São Paulo: Editora Max Limonad, 1998.

JUSTEN FILHO, Marçal. *Desconsideração da personalidade societária no direito brasileiro*. São Paulo: RT, 1987.

MONTEIRO, Washington de Barros. *Curso de Direito Civil*. V. 1. 29ª ed.São Paulo: Saraiva, 1990.

NERY JR., Nelson. *Princípios do processo na Constituição Federal*. 12ª ed.São Paulo: RT, 2016.

NUNES, Rizzatto. *Curso de direito do consumidor*. 10ª ed.São Paulo: Saraiva, 2015.

PEREIRA, Caio Mário da Silva. *Instituições de Direito Civil*. 20ª ed.Atual. Maria Cecília Bodin de Moraes. Rio de Janeiro: Forense, 2004.

REQUIÃO, Rubens. *Aspectos modernos do direito comercial*. Vol 3. São Paulo: Saraiva, 1986.

_______. Abuso de direito e fraude através da personalidade jurídica (*disregard doctrine*). In: *Revista dos Tribunais*. Vol. 803. São Paulo: RT, 2002.

SIQUEIRA, Thiago Ferreira. *A responsabilidade patrimonial no novo sistema processual civil*. São Paulo: RT, 2016.

CONVOLAÇÃO DA RECUPERAÇÃO JUDICIAL EM FALÊNCIA

Eronides Aparecido Rodrigues dos Santos

1. CONSIDERAÇÕES INICIAIS

Seis décadas depois da vigência do Dec.-lei nº 7.661/45, nosso Direito Concursal conheceu em 09 de fevereiro de 2005 a Lei nº 11.101 (LRF), que trouxe, dentre outras novidades, a recuperação judicial e extrajudicial em substituição à concordata preventiva e suspensiva, além de conferir novo tratamento à falência.

A nova lei trouxe um conjunto de soluções adaptável às diversas circunstâncias que desencadeiam a crise econômica do devedor, priorizando o acordo com os credores e dando ênfase à conservação da empresa, que na definição de Mario Ghindini, citado por Ecio Perin Júnior[1] "é um organismo produtivo de fundamental importância social; essa deve ser salvaguardada e defendida, enquanto: constitui o único instrumento de produção de (efetiva) riqueza; constitui o instrumento fundamental de ocupação e de distribuição de riqueza; constitui um centro de propulsão do progresso, também cultural, da sociedade".

Embora o escopo da recuperação judicial seja o de auxiliar as empresas a superarem suas dificuldades econômico-financeiras, esse objetivo não pode ser traduzido em dogma a ser observado a qualquer custo, pois somente devem ser preservadas aquelas que são economicamente viáveis[2].

Para viabilizar a retirada do mercado da empresa que, mesmo se valendo do pedido de recuperação judicial não cumpre com os requisitos legais ou é economicamente inviável, a lei estabeleceu no Capítulo IV, artigos 73 e 74, as hipóteses de convolação da recuperação judicial em falência.

---

1 Perin Jr, Ecio. Preservação da Empresa na lei de Falências. São Paulo: Saraiva, 2009. p. 34.

2 STJ, 2ª Seção, AgRg no CC 100250-DF, Rel. Min. Nancy Andrighi, j. 08/09/2010.

O presente trabalho abordará, além das causas previstas nos incisos I a IV do art. 73 da LRF de convolação da recuperação judicial em falência, as condições de ordem ética que devem estar presentes para obtenção do benefício legal.

2. ASPECTOS GERAIS DA CONVOLAÇÃO DA RECUPERAÇÃO JUDICIAL EM FALÊNCIA

O artigo 73, de acordo com Ricardo Negrão, cuida das hipóteses de declaração de falência incidental[3], isso porque a falência seria decretada incidentalmente a um requerimento de recuperação judicial.

Na vigência do antigo decreto-lei nº 7.661/45, segundo nos ensina o Prof. Manoel Justino, usava-se a expressão "rescindir a concordata", com o mesmo significado de convolar a concordata em falência, que "tem, entre outros, o significado de 'transformar', ou seja, a transformação da recuperação judicial em falência: a falência que 'vem juntamente' com a recuperação."[4]

Henrique Vaz Duarte[5] adverte para o fato de que o requerimento da recuperação judicial pode ser uma opção arriscada, uma vez que ao tomar a iniciativa de se apresentar em juízo, abre-se a possibilidade de o pedido ser convolado em falência conforme autoriza o art. 73 da LRF: i) por deliberação da assembleia-geral de credores, na forma do art. 42 desta Lei; ii) pela não apresentação, pelo devedor, do plano de recuperação no prazo do art. 53 desta Lei; iii) quando houver sido rejeitado o plano de recuperação, nos termos do § 4o do art. 56 desta Lei; iv) por descumprimento de qualquer obrigação assumida no plano de recuperação, na forma do § 1o do art. 61 desta Lei.

O alerta sobre o risco de se formular pedido de recuperação judicial chama atenção maior quando é caso de litisconsórcio ativo.

A Lei n° 11.101/2005 não contemplou a possibilidade de se conferir tratamento único à recuperação judicial de grupo de empresas ou grupos econômico em litisconsórcio ativo, bem como a possibilidade de se apresentar um único plano de recuperação judicial, cunhado pela doutrina como "consolidação substancial", que em lato senso "implica a elaboração e a apresentação de proposta única de pagamento aos credores, seja em plano único, seja em planos distintos".[6]

As devedoras podem optar por apresentar plano único, com a consolidação da dívida de mais de uma sociedade integrante do grupo econômico, ou mesmo de se

---

3 Negrão, Ricardo. Aspectos objetivos da lei de recuperação de empresas e de falências, Lei nº 11.101, de 9 de fevereiro de 2005. São Paulo: Saraiva, 2005. p. 199.

4 Bezerra Filho, Manoel Justino. Lei de recuperação de empresas e falência, Lei nº 11.101/2005, comentada artigo por artigo. 12ª ed. rev., atual. e ampl. São Paulo: Editora Revista dos Tribunais, 2017. p. 234.

5 Duarte, Henrique Vaz. Questões sobre recuperação e falência. 2ª ed. Editora Almedina, 2004. p. 15.

6 Bastos, Joel Luis Thomaz. 10 Anos da lei de recuperação de empresas e falências: Reflexões sobre a reestruturação empresarial no Brasil. Luiz Vasco Elias (Coord.). São Paulo. Quartier Latin, 2015. p. 215.

apresentar vários planos interligados, o que possibilita a adoção de solução conjunta para a crise e ainda "evitando-se medidas conflitantes".[7]

Assim, não obstante a postulação da recuperação judicial em litisconsórcio ativo apresente vantagens de ordem econômica e processual, conferindo maior garantia e segurança jurídica aos credores, vale aqui a advertência de que a rejeição do plano ou a incidência de quaisquer das hipóteses do art. 73 da LRF implicará na convolação da recuperação judicial em falência de todas as sociedades empresárias integrantes do litisconsórcio.

A consubstanciação dos diversos passivos e ativos do conglomerado econômico, a partir do pedido de recuperação judicial em litisconsórcio facultativo, impede que o juiz faça diferenciação entre as empresas devedoras, de forma que, nos casos em que o pedido venha divorciado dos requisitos legais ou não tenha sido aprovado pelos credores, a convolação do pedido de recuperação judicial em falência atingirá todas as empresas do grupo.

3. ART. 73, I: CONVOLAÇÃO POR DELIBERAÇÃO DA ASSEMBLEIA GERAL DE CREDORES, NA FORMA DO ART. 42 DESTA LEI

A convolação da recuperação judicial em falência, na dicotomia do art. 73, I da LRF, deveria ser automática e imotivada, desde que houvesse deliberação em reunião assemblear de credores, pela sua maioria, computados os votos proporcionalmente aos seus valores, independentemente da natureza do crédito.[8]

Embora a lei não faça ressalvas, a análise desse dispositivo não pode ser dissociada dos princípios que orientam a lei de recuperação, quais sejam a preservação da empresa, a proteção aos trabalhadores, e por fim os interesses dos credores.

Não se pode olvidar que a falência para o empresário é a concretização de um pesadelo que se quer evitar a qualquer custo, e o inciso I do art. 73, nesse caso, pode atuar como elemento de pressão dos credores sobre o devedor, com vistas a obter vantagem que não atenda ao interesse socioeconômico protegido pela lei.

Deste modo, cabe ao juiz, dentro dos princípios norteadores da lei de preservar a empresa, a tarefa de coibir a prática do abuso do poder de voto e analisar se a decisão do plenário se justifica, ou seja, se há razões de ordem fática e legal que levaram os credores a decidir pela convolação do pedido de recuperação judicial em falência.

O controle da legalidade do ato pelo juiz é defendido por Jorge Lobo, para quem o juiz não pode "ser impedido de exercer o controle de mérito e decidir se a rejeição do plano pela assembleia geral de credores: a) atenta contra o interesse público; b) encerra indisfarçável fraude; c) importa em violação da LRE, etc., o que obrigará o juízo a ir contra a 'letra' do art. 56, § 4º, e a não decretar a falência."[9]

---

7 Ibidem, p. 216.

8 Coelho, Fábio Ulhoa, Comentários à nova Lei de Falências e de recuperação de empresas. 6ª Ed. São Paulo: Saraiva, 2009. p. 107.

9 Lobo, Jorge. Comentários à lei de recuperação de empresas e falências. Paulo F. C. Salles de Toledo; Carlos Henrique Abrão (Coords.). São Paulo: Saraiva, 2005. p. 150.

4. ART. 73, II: CONVOLAÇÃO PELA NÃO APRESENTAÇÃO, PELO DEVEDOR, DO PLANO DE RECUPERAÇÃO NO PRAZO DO ART. 53 DESTA LEI

Estabelece o art. 53 da LRF, que o plano de recuperação será apresentado pelo devedor em juízo no prazo improrrogável de 60 (sessenta) dias da publicação da decisão que deferir o processamento da recuperação judicial, sob pena de convolação em falência.

A rigidez do prazo fixado para apresentação do plano é objeto de crítica na medida em que "não se afigura apropriada, pois, dependendo da empresa que se pretende recuperar, 60 dias poderão se afigurar como diminutos ou demasiados – cada atividade, dependendo da sua estrutura econômica e financeira, tem uma característica própria que demanda prazo diferenciado."[10]

Manoel Justino, reconhecendo a exiguidade do prazo, chama atenção para o fato de que "será de boa cautela já ter o plano projetado inteiramente (ou quase inteiramente) no momento em que for ajuizado o pedido, para que não corra risco de se tornar impossível cumprir o prazo de 60 dias aqui estabelecido."[11]

Carlos Henrique Abrão, por seu turno, adverte que "o devedor que se mostra negligente e incauto na apresentação do plano, não exibindo seus elementos em juízo, dentro de 60 dias revela um descaso que é sancionado por intermédio da convolação em quebra".[12]

Caso não tenha sido apresentado o plano de recuperação "até o deferimento do processamento da recuperação judicial pelo juiz, o devedor tem a prerrogativa de desistir, unilateralmente, do pedido. Todavia, uma vez deferido o processamento, o art. 73, II, da LRF determina um caminho sem volta, pois o devedor tem o dever de apresentar o plano no prazo estipulado de 60 dias, sob pena de ser decretada sua quebra."[13] [14]

Apesar da rigidez, nossos tribunais, em casos excepcionais, têm flexibilizado o prazo em homenagem ao princípio da preservação da empresa economicamente viável.[15]

Assim, tem-se que, em regra, a apresentação intempestiva do plano de recuperação dará ensejo à convolação do pedido de recuperação judicial em falência, e somente em casos excepcionais é que será permitido a dilação do prazo.

---

10 Guimarães, Márcio. Comentários à nova lei de falência e recuperação de empresas. Lei nº 11.101, de 09 de fevereiro de 2005. Osmar Brina Corrêa-Lima, Sérgio Mourão Corrêa Lima (Coords.). Rio de Janeiro: Forense, 2009. p. 382.

11 Bezerra Filho, Manoel Justino, op. cit., p. 197.

12 Abrão, Carlos Henrique, op. cit., p. 188.

13 Ressalvada a hipótese de se obter aprovação da desistência em assembleia especialmente convocada para esse fim, como previsto no art. 52, § 4º, c/c art. 35, I, alínea "d".

14 Scalzilli, João Pedro. Recuperação de empresas e falência: teoria e prática na Lei nº 11.101/2005. João Pedro Scalzilli, Luís Felipe Spinelli, Rodrigo Tellechea. São Paulo: Almeidina, 2016. p. 360-361.

15 TJSP – AI 2070668-74.2014.8.26.000 – 2ª Câmara Reservada de Direito Empresarial, Rel. Fábio Tabosa – j. em 08.10.2014.

5. ART. 73, III: CONVOLAÇÃO QUANDO HOUVER SIDO REJEITADO O PLANO DE RECUPERAÇÃO, NOS TERMOS DO § 4º DO ART. 56 DESTA LEI

À primeira vista, a leitura do inciso III do art. 73 da LRF não deixa alternativa ao juiz senão o de convolar o pedido de recuperação judicial em falência quando da sua rejeição pela assembleia geral de credores, conforme determina o § 4º do art. 56.

Ocorre, no entanto, que a própria lei excepciona a rigidez do inciso III do art. 73 ao prever no §1º do art. 58 da LRF a possibilidade de o juiz conceder a recuperação judicial com base em plano que não obteve aprovação na forma do art. 45.

Trata-se da aplicação, em nosso direito recuperacional, de instituto oriundo do Capítulo 11 do Código de Falência dos Estados Unidos (Chapter 11 of Title 11 of the United States Code), denominada *cram down*, que prevê a possibilidade de o juiz superar o veto de uma das classes votantes presentes na assembleia-geral, por meio do *cram down*, mesmo que haja a reprovação do plano por parte dos credores ou legitimados, impondo aos dissidentes o plano apresentado pelo devedor, desde que a proposta recusada seja justa e equitativa (*fair and equitable*), viável (*feasible*), bem como não implique em injusta discriminação entre os credores (*unfair discrimination*).

A legislação brasileira, ao contrário da norte-americana, não outorga ao juiz o poder de emitir juízo de valor quanto a viabilidade, equidade e paridade de tratamento entre os credores, restringindo nosso *cram down*[16] apenas para permitir a interferência do Estado- Juiz, quando, na mesma assembleia, tenha obtido, de forma cumulativa: I – o voto favorável de credores que representem mais da metade do valor de todos os créditos presentes à assembleia, independentemente de classes; II – a aprovação de duas das classes de credores nos termos do art. 45 desta Lei ou, caso haja somente duas classes com credores votantes, a aprovação de pelo menos uma delas; III – na classe que o houver rejeitado, o voto favorável de mais de um terço dos credores, computados na forma dos §§ 1º e 2º do art. 45, com a ressalva do § 2º que condiciona a concessão da recuperação judicial neste caso se o plano não implicar em tratamento diferenciado entre os credores da classe que o houver rejeitado.

A rigidez da lei sofre acerbadas críticas da doutrina, pontuando Jorge Lobo que "ao exercer os poderes de caráter jurisdicional, instrumental ou administrativo, o juiz não é um órgão passivo, mero homologador das decisões da assembleia geral ou comitê de credores ou do administrador judicial, pois, ao ordenar o processamento da ação, proferir despachos, decisões e sentenças, superintender a administração da empresa em crise, enfim, presidir o processo de recuperação, deve fazê-lo com tirocínio, competência e plena liberdade, formando sua convicção, seu 'livre convencimento',

16 Bezerra Filho ao comentar o *cram down* afirma que a tradução livre do termo importado do direito norte americano redundaria, "com certa jocosidade", em "*goela abaixo*", ou seja: "mesmo com a discordância da AGC, ainda assim, o plano será aprovado e irá '*goela abaixo*' dos credores." (BEZERRA FILHO, op. cit., p. 213).

de acordo com as provas dos autos, ciente de que seus atos estão sujeitos a recurso de agravo".[17]

Nessa linha de raciocínio, temos que para uma correta interpretação da lei de recuperação de empresas, é preciso levar em consideração sua *mens legis*, "ampliando o sentido da norma para além do contido em sua letra",[18] ou seja, a norma disse menos do que queria dizer e somente através da interpretação extensiva se alcançará o verdadeiro sentido da lei, que traz em seu bojo os princípios da preservação da empresa, a proteção aos trabalhadores e o interesse dos credores (art. 47 da LRF).

Desta forma, a análise do inciso III, do art. 73 deve ser harmonizada com outros dispositivos legais que por vezes se complementam e mesmo excepcionam mandamentos aparentemente restritivos, atingindo, de forma razoável e justa a melhor solução para o caso concreto.

6. ART. 73, IV: CONVOLAÇÃO POR DESCUMPRIMENTO DE QUALQUER OBRIGAÇÃO ASSUMIDA NO PLANO DE RECUPERAÇÃO, NA FORMA DO § 1º DO ART. 61 DESTA LEI

Superadas as causas de convolação da recuperação judicial em falência antes da sua concessão propriamente dita (art. 58, LRF), o devedor permanecerá em recuperação judicial até que se cumpram todas as obrigações previstas no plano que se vencerem até dois anos depois da concessão da recuperação (art. 61, LRF), sob pena de ver convolada a falência em caso de descumprimento (art. 61, §1º c/c 73, IV, LRF).

Trata-se de período de supervisão judicial da execução do plano, talvez inspirado no prazo de cumprimento da concordata preventiva (art. 156, § 1º, inciso II, c/c art. 175, §8º do Decreto-Lei nº 7.661/45), onde o devedor se submete a um "estágio probatório" de dois anos com o dever de seguir à risca o plano aprovado em assembleia para não ver convolada a recuperação judicial em falência.

Não obstante a tentativa de conferir segurança jurídica aos credores de que o plano por eles aprovado será cumprido, é importante reconhecer que as atividades empresariais se desenrolam ao sabor da economia do país e nem sempre é possível projetar todas as variáveis econômicas por um período de dois anos.

A instabilidade da vida negocial, por óbvio, influenciará na execução do plano de recuperação, afetando-o de tal maneira que pode inviabilizar seu cumprimento nos moldes em que aprovado. Nesse caso, cabe ao juiz, antes de decretar a convolação da recuperação judicial em falência, aguardar "a manifestação da parte interessada, não agindo de ofício para o decreto falimentar".[19]

Ademais, se houver alteração do cenário econômico em que aprovado o plano de recuperação do devedor, este poderá apresentar, mesmo após o prazo de dois anos,

17 Lobo, Jorge, op. cit., p. 152-153.

18 Ferraz Junior, Tercio Sampaio. Introdução ao estudo do direito: técnica, decisão, dominação. 4ª Ed. São Paulo: Atlas, 2003. p. 297.

19 Bezerra Filho, Manoel Justino, op. cit., p. 236.

mas desde que ainda não encerrada por sentença, alterações do plano de recuperação judicial (art. 35, I, "a", ou art. 56, §3º, LRF), que deve ser submetidas à assembleia geral de credores, respeitado o quorum previsto no art. 45 da LRF, uma vez que terá caráter vinculante a todos os credores a ela submetidos, conforme recomendação sumulada no Enunciado 77 da II Jornada de Direito Comercial coordenado pelo Conselho de Justiça Federal.[20]

A recomendação contida no Enunciado 77 "reside na tentativa de vincular as alterações do plano posteriores ao decurso de dois da concessão da recuperação a todos os credores submetidos à recuperação e não restringi-las apenas aos anuentes, que aprovaram as alterações do plano em assembleia, sob pena de desconsiderar a regra de maioria, típica das assembleias de credores, e tornar o prosseguimento da recuperação judicial inócuo. Além disso, a mudança de cenário econômico pode inviabilizar o cumprimento do plano, o que levaria à decretação da falência da empresa. Em face do princípio da preservação da empresa, e de sua função social, recomenda-se envidar esforços para a adequação ou ajustes no plano, submetida a proposta, por analogia à regra do art. 56 da Lei nº 11.101/2005, à assembleia de credores que será soberana para deliberar a respeito, na forma do art. 35, inc. I, letra "f" da Lei nº 11.101/2005. Precedentes: TJRS 70044939700; 70047223201; 70040733479"[21].

De qualquer forma, caso o devedor deixe de cumprir, dentro do prazo bienal, as obrigações previstas no plano, seja por não aplicar as medidas de saneamento previstas, seja pelo não pagamento dos credores no prazo e valores aprovados, ou mesmo pela cessação da atividade comercial, cabe ao juiz, ouvido a parte interessada, proferir decreto de convolação da recuperação judicial em falência.

Superado o prazo de dois anos da concessão do plano de recuperação judicial, o seu descumprimento não acarretará, por força da lei, a convolação em falência, restando ao credor, nessa hipótese, valer-se do disposto no art. 62 da LRF para requerer a execução específica ou a falência com base no art. 94, III, "g", da LRF.

7. ART. 73, PARÁGRAFO ÚNICO: DECRETAÇÃO DA FALÊNCIA POR INADIMPLEMENTO DE OBRIGAÇÃO NÃO SUJEITA À RECUPERAÇÃO JUDICIAL, OU POR PRÁTICA DE ATOS PREVISTO NO INCISO III DO CAPUT DO ART. 94 DA LRF

Aqui não se está diante da convolação da recuperação judicial em falência propriamente dita, mas sim, diante de pedido autônomo de falência, cujo trâmite deve

20 **Enunciado 77**: As alterações do plano de recuperação judicial devem ser submetidas à assembleia geral de credores, e a aprovação obedecerá ao quorum previsto no art. 45 da Lei nº 11.101/05, tendo caráter vinculante a todos os credores submetidos à recuperação judicial, observada a ressalva do art. 50, § 1º, da Lei nº 11.101/05, ainda que propostas as alterações após dois anos da concessão da recuperação judicial e desde que ainda não encerrada por sentença.

21 CJF – Enunciados: http://www.cjf.jus.br/enunciados/enunciado/791. Acesso: 18 jun. 2017.

ser igualmente "autônomo e em paralelo à recuperação, se existente",[22] observado, sempre, o devido processo legal.

O parágrafo único do art. 73 da LRF, reafirma a autonomia dos créditos que não se sujeitam à recuperação judicial ao preconizar que o inadimplemento de obrigação que não sujeita à recuperação judicial dá ensejo à decretação da falência, assim como a execução frustrada.

Também autoriza como causa de pedir da decretação da falência no curso da recuperação judicial, a constatação de que o empresário incorreu em determinadas condutas que revelam seu estado de insolvência, os chamados "atos de falência", que sucede quando o empresário: i) procede à liquidação precipitada de seus ativos ou lança mão de meio ruinoso ou fraudulento para realizar pagamentos; ii) realiza ou, por atos inequívocos, tenta realizar, com o objetivo de retardar pagamentos ou fraudar credores, negócio simulado ou alienação de parte ou da totalidade de seu ativo a terceiro, credor ou não; iii) transfere estabelecimento a terceiro, credor ou não, sem o consentimento de todos os credores e sem ficar com bens suficientes para solver seu passivo; iv) simula a transferência de seu principal estabelecimento com o objetivo de burlar a legislação ou a fiscalização ou para prejudicar credor; v) dá ou reforça garantia a credor por dívida contraída anteriormente sem ficar com bens livres e desembaraçados suficientes para saldar seu passivo; vi) ausenta-se sem deixar representante habilitado e com recursos suficientes para pagar os credores, abandona estabelecimento ou tenta ocultar-se de seu domicílio, do local de sua sede ou de seu principal estabelecimento, (art. 94, inciso III, da LRF).

8. CONVOLAÇÃO DO PEDIDO DE RECUPERAÇÃO JUDICIAL EM FALÊNCIA PELA AUSÊNCIA DA BOA-FÉ OBJETIVA

A questão que se coloca é sobre a possibilidade de se decretar a falência pela pratica dos atos de falência acima comentados (art. 94, III, LRF), sem que haja pedido autônomo de falência.

A resposta a essa indagação, a nosso ver, deve ser afirmativa, pois a dedução em juízo de pedido de recuperação judicial, assim como a dedução de qualquer pedido judicial, deve estar revestida da boa-fé objetiva e sua ausência implica, como consequência natural e lógica, o reconhecimento oficial da insolvência do devedor e o decreto de falência.

"Para fins didáticos, é interessante delimitar as três áreas de operatividade da boa-fé no Código Civil de 2002. Desempenha papel de paradigma interpretativo na teoria dos negócios jurídicos (art. 113): assume caráter de controle, impedindo o abuso do direito subjetivo, qualificando-o como ato ilícito (art. 187); finalmente, desem-

22 Campi, Ana Cristina Baptista. Comentários completos à lei de recuperação de empresas e falências – Vol. II. Daniel Carnio Costa (Coord.). Curitiba: Juruá, 2015. p. 277.

penha atribuição integrativa, pois dela emanam deveres que serão catalogados pela reiteração de precedentes jurisprudenciais (art. 422)".[23]

Quando o empresário faz requerimento de recuperação judicial, busca como resultado, no plano do direito material, a novação dos contratos[24] (art. 49 e 59 da LRF), com novas condições de pagamento e superação da crise econômico-financeira pela qual atravessa sua empresa, obrigando o devedor e todos os credores a ele sujeitos, valendo a novação, salvo se houver convolação em falência dentro dos dois anos que se seguem à sua homologação. Assim sendo, o pedido de recuperação judicial deve se submeter, também, ao princípio da boa-fé objetiva insculpido no artigo 422 do Código Civil.[25]

"Os deveres de conduta são conduzidos ao negócio jurídico pela boa-fé, destinando-se a resguardar o fiel processamento da relação obrigacional em que a prestação se integra. Eles incidem tanto sobre o devedor quanto sobre o credor, mediante resguardo dos direitos fundamentais de ambos, a partir de uma ordem de cooperação, proteção e informação, em via de facilitação do adimplemento, tutelando-se a dignidade do devedor e o crédito do titular ativo".[26]

Ocorre que há casos em que o pedido de recuperação judicial não reúne condições mínimas para sua postulação, e não raro há desvio de bens da empresa, alteração da sua composição social, mudança da sede, compras incompatíveis com o fluxo de atividades ordinárias da empresa, etc., tudo às vésperas do pedido de recuperação judicial, tornando a empresa economicamente e materialmente inviável, impossibilitada de qualquer tipo de ação saneadora.

Nesses casos, onde impera situação caótica-criminosa, não se pode permitir que a recuperação judicial proporcione ao devedor a novação do seu passivo. O objetivo da lei não é apagar tudo o que se fez de errado para que o devedor saia com um novo contrato, homologado pela justiça, posto que é defeso ao devedor beneficiar-se da própria torpeza.

O comportamento desleal e inequívoco do devedor em fraudar credores e a depauperação da empresa tornando-a inviável atenta contra os princípios do artigo 47 da Lei, o que impõe ao juiz a decretação, de ofício, da falência do devedor.

Cabe ressalvar, no entanto, que se a empresa for minimamente viável se tiver aprovado seu plano de recuperação judicial, é possível promover o afastamento do devedor ou seus administradores na condução da atividade empresarial nos termos do art. 64 da LRF, cabendo à assembleia geral de credores a deliberação sobre o nome do gestor judicial que assumirá a administração das atividades do devedor (art. 65, LRF).

---

23 Rosenvald, Nelson. Código Civil comentado: doutrina e jurisprudência. Cezar Peluso (Coord.). 4. ed. rev. e atual. Barueri, SP: Manole, 2010. p. 483.

24 Franco, Vera Helena de Mello; SZTAJN, Rachel. Falência e Recuperação da Empresa em Crise. Rio de Janeiro: Elsevier, 2008. p. 246.

25 CC: Art. 422. Os contratantes são obrigados a guardar, assim na conclusão do contrato, como em sua execução, os princípios de probidade e boa-fé.

26 Rosenvald, Nelson, op.cit., p. 483.

9. EFEITOS DA CONVOLAÇÃO SOBRE OS ATOS PRATICADOS DURANTE A RECUPERAÇÃO JUDICIAL

Mesmo convolada a recuperação judicial em falência, a lei presume válidos os atos de administração, inclusive os que acarretam endividamento, oneração ou alienação do ativo, desde que praticados de acordo com a lei (art. 74, LRF).

As obrigações contraídas durante a recuperação são classificadas como créditos extraconcursais e serão pagas antes de qualquer outro credor na falência (art. 67, LRF)

Os créditos quirografários sujeitos à recuperação judicial pertencentes a fornecedores de bens ou serviços que continuarem a provê-los normalmente após o pedido de recuperação judicial terão privilégio geral de recebimento em caso de decretação de falência, no limite do valor dos bens ou serviços fornecidos durante o período da recuperação (art. 67, parágrafo único, LRF).

Os credores, se convolada a recuperação judicial em falência, terão reconstituídos seus direitos e garantias nas condições originalmente contratadas, deduzidos os valores eventualmente pagos e ressalvados os atos validamente praticados no âmbito da recuperação judicial (art. 61, §2º, LRF).

10. CONCLUSÕES

Uma vez que está previsto em lei a possibilidade de o pedido de recuperação judicial ser convolado em falência (falência incidental), o empresário precisa estar atento ao risco que a sociedade empresária corre ao formulá-lo, devendo fazê-lo observando os requisitos legais e evidentemente com o mínimo de capacidade financeira para atravessar o momento de crise e sair ao final com a empresa recuperada.

De outra parte, cabe ao juiz, uma vez constatada quaisquer das hipóteses de convolação da recuperação judicial em falência, atentar para as consequências dessa convolação, dando oportunidade, em atenção ao contraditório, para que o devedor se manifeste, e somente após, considerando a realidade no ambiente de negócios, proferir decisão, inclusive consultando os credores sobre a possibilidade de se alterar o plano por deliberação assemblear.

Cabe ainda ao juiz, de ofício, se restar caracterizado que o pedido de recuperação judicial é fraudulento e não atende ao princípio da boa-fé objetiva, decretar a falência do devedor.

Por fim, é preciso obtemperar a rigidez do art. 73 da LRF para que, dentro do espírito de preservação da empresa, se encontre a melhor saída para a correta aplicação da lei.

11. REFERÊNCIAS BIBLIOGRÁFICAS

PERIN JR, Ecio. Preservação da Empresa na lei de Falências. São Paulo: Saraiva, 2009.

NEGRÃO, Ricardo. Aspectos objetivos da lei de recuperação de empresas e de falências, Lei nº 11.101, de 9 de fevereiro de 2005. São Paulo: Saraiva, 2005.

BEZERRA FILHO, Manoel Justino. Lei de recuperação de empresas e falência, Lei 11.101/2005, comentada artigo por artigo. 12ª ed. rev., atual. e ampl.. São Paulo: Editora Revista dos Tribunais, 2017.

DUARTE, Henrique Vaz. Questões sobre recuperação e falência. 2ª ed. Editora Almedina, 2004.

BASTOS, Joel Luis Thomaz. 10 Anos da lei de recuperação de empresas e falências: Reflexões sobre a reestruturação empresarial no Brasil. Luiz Vasco Elias (Coord.). São Paulo: Quartier Latin, 2015.

COELHO, Fábio Ulhoa, Comentários à nova Lei de Falências e de recuperação de empresas. 6ª Ed. São Paulo: Saraiva, 2009.

PAULO F. C. Salles de TOLEDO; CARLOS Henrique ABRÃO (Coords.). Comentários à lei de recuperação de empresas e falências. São Paulo: Saraiva, 2005.

GUIMARÃES, Márcio. Comentários à nova lei de falência e recuperação de empresas. Lei nº 11.101, de 09 de fevereiro de 2005. Osmar Brina Corrêa-Lima, Sérgio Mourão Corrêa Lima (Coords.). Rio de Janeiro: Forense, 2009.

SCALZILLI, João Pedro. Recuperação de empresas e falência: teoria e prática na Lei 11.101/2005. João Pedro Scalzilli, Luís Felipe Spinelli, Rodrigo Tellechea. São Paulo: Almeidina, 2016.

FERRAZ JUNIOR, Tercio Sampaio. Introdução ao estudo do direito: técnica, decisão, dominação. 4ª Ed. São Paulo: Atlas. 2003.

DANIEL CARNIO COSTA (Coord.). Comentários completos à lei de recuperação de empresas e falências – Vol. II.. Curitiba Juruá, 2015.

CEZAR PELUSO (Coord.). Código Civil comentado: doutrina e jurisprudência. 4. ed. rev. e atual. Barueri, SP: Manole, 2010.

FRANCO, Vera Helena de Mello; SZTAJN, Rachel. Falência e Recuperação da Empresa em Crise. Rio de Janeiro: Elsevier, 2008.

O CASO DA JUTA

Eros Roberto Grau

01. Sento-me diante do computador a fim de escrever algumas linhas em homenagem ao Professor Requião e encontro, entre antigas anotações, um texto que há anos ensaiei.

A provocação a mim mesmo, no sentido de refletir sobre o tema das cláusulas de não-restabelecimento, veio-me da leitura de um pequeno trecho seu, no primeiro volume do Curso de Direito Comercial[1], a respeito do "caso da juta". Uma ação judicial intentada em São Paulo, em 1913, pela Companhia Nacional de Tecidos de Juta contra o Conde Álvares Penteado e a Companhia Paulista de Aniagem.

Rubens Requião ensinava e nos fazia pensar. Reconstruo essas anotações lembrado-me dele e do que nos ensinou.

02. O resgate da discussão travada no início do século XX entre J. X. CARVALHO DE MENDONÇA e RUY BARBOSA é fascinante[2]. VIVANTE, PLANIOL, THALLER, ROUSSET e LABORI[3] – foram chamados a opinar, o debate então encadeado iluminando a interpretação desse tipo de avença[4].

O Conde Álvares Penteado e os demais acionistas da Companhia Nacional de Tecidos de Juta "alienaram, sem condição alguma, todas as suas respectivas acções"[5]. Em 1.911, aproximadamente um ano após a venda, o conde estabeleceu-se novamente no mesmo ramo de negócios, constituindo a Companhia Paulista de Aniagens. Considerando que o ordenamento jurídico brasileiro não continha dispositivo expres-

---

1 23ª ed., São Paulo, Saraiva, 1.998, v. I, pp. 320/321.

2 Vários autores resumem a contenda. Leia-se, de HERMANO DUVAL, Concorrência desleal, São Paulo, Saraiva, 1.976, 237 e s. A íntegra do acórdão está publicada na Revista dos Tribunais 12:180.

3 Todos esses pareceres constam da obra Pareceres de jurisconsultos nacionaes e extrangeiros na questão Penteado, São Paulo, Vanorden, 1.911, que aqui refiro apenas como Pareceres de jurisconsultos.

4 O ponto central da contenda versava sobre a integração ou não da clientela ao fundo de comércio do estabelecimento transferido e sobre a possibilidade da sua cessão. Não pretendo tratar da validade dessa cláusula, mas de sua *interpretação e limites*. Veja-se o resumo das posições assumidas por inúmeros autores, alinhavado por GERALDO MAGELA LEITE, O estabelecimento comercial como objeto de negócio jurídico, tese de doutoramento apresentada à Faculdade de Direito da Universidade de São Paulo, São Paulo, 1.982, 18 e s.

5 Conforme relato no parecer de REYNALDO PORCHAT, de 4 de setembro de 1.911 [Pareceres de jurisconsultos, cit., 5].

so sobre a possibilidade ou impossibilidade de concorrência do alienante da empresa e o silêncio do contrato a respeito, a questão assim se punha: tendo vendido o estabelecimento industrial, o conde estaria "juridicamente privado de fundar, por si ou por empreza que organizasse, um estabelecimento industrial tendo por fim explorar a fiação e tecelagem de juta e outras fibras textis, bem como o commercio de seus productos"?

3. A doutrina dividiu-se em duas correntes

Por um lado RUY BARBOSA[6], REYNALDO PORCHAT, JOÃO ARRUDA, o CONSELHEIRO LAFAYETTE, o CONSELHEIRO CANDIDO DE OLIVEIRA, LACERDA DE ALMEIDA e BENTO DE FARIA sustentando que a liberdade de estabelecimento (sic) e de comércio não poderia, na ausência de cláusula expressamente convencionada pelas partes, ser limitada. Inexistia no direito positivo preceito que autorizasse essa restrição[7] e, para alguns, a "freguezia"[8] e a "posição [...] conquistada no mercado"[9] não seriam passíveis de alienação. Afirmou à propósito RUY BARBOSA:

> "Não ha, entre nós, sobre a materia, legislação nenhuma. A jurisprudência do assumpto vae ter neste pleito o seu berço. Mas, em vez de começar, como na Grã Bretanha e na França, pela liberdade, começaria pela restricção. A indústria incipiente necessita de estimulantes, que a vivifiquem. O território é immenso, esparsa e rara a população. É a antithese da Europa actual, onde a agglomeração industrial quasi não deixa aos que se estabelecem de novo, para exercicio da sua actividade, senão o terreno, que os seus predecessores desoccuparam.
> Justo era, pois, tendessemos para assegurar a liberdade, favorecer as soluções juridicas, que a resguardam, annullar os pactos, que a coarctam"[10].

---

6 Veja-se As cessões de clientela e a interdicção de concorrencia nas alienações de estabelecimentos commerciaes e industriaes, Rio de Janeiro, Impressões Artísticas, 1.913.

7 A esse respeito, a observação de REYNALDO PORCHAT: "É incontestável que o Conde não póde embaraçar a Companhia no goso e posse dos bens que lhe transferiu. Mas isso não é a mesma coisa que fundar uma nova sociedade anonyma com o fim de explorar a indústria e o comércio de identicos productos. O respeito á posse dos bens a outrem alienados é uma consequencia juridica do simples contracto de compra e venda ou de cessão. Mas o ficar privado de exercer uma indústria ou commércio é uma limitação á liberdade constitucionalmente garantida, limitação essa que só póde resultar, e condicionalmente, de cláusula expressa de uma convenção válida" [Pareceres de jurisconsultos, cit., 9].

8 Termo empregado por CANDIDO DE OLIVEIRA e também por BENTO DE FARIA [Pareceres de jurisconsultos, cit., 40 e 71].

9 Dicção de RUY BARBOSA, ob. cit., 36.

10 Ob. cit., 18.

04. Em posição oposta, CARVALHO DE MENDONÇA e outros afirmavam que a limitação seria ínsita à alienação do estabelecimento, eis que a coisa vendida deve ser feita boa, firme e valiosa, em razão da boa-fé que necessariamente há de presidir o tráfico mercantil. Aquele que aliena e concorre, desviando clientela, impede que o adquirente desfrute da coisa que comprou, frustrando expectativas. Em síntese,

> "o vendedor do estabelecimento comercial não pode fundar outro que abra concorrência ao comprador, e desviar-lhe tôda ou parte da clientela, ainda que seja por via obliqua, como passando para uma sociedade anônima onde comprometa capitais e assuma a administração, ou estabelecendo um seu parente ou terceiro com capitais por êle fornecidos. Nem os próprios herdeiros podem infringir o preceito legal"[11].

CARVALHO DE MENDONÇA estruturava seu pensamento a partir da interpretação do artigo 214 do Código Comercial[12] e da doutrina de COELHO DA ROCHA a respeito da boa-fé nos contratos[13], que "exige que cada uma das partes fique responsável à outra pelo bom e livre uso da cousa ou prestação, que lhe dá, ou, como vulgarmente se diz, *a fazer o contrato bom*. Esta responsabilidade constitui a *garantia* dos contratos"[14 15].

Nesse mesmo contexto, o entendimento de WALDEMAR FERREIRA, para quem o mero restabelecimento do vendedor não seria ilícito, a menos que sujeitasse o ven-

---

11 Tratado de direito comercial brasileiro, v. VI, 4ª ed., Rio de Janeiro, Freitas Bastos, 1.947, 81.

12 Art. 214. O vendedor é obrigado a fazer boa ao comprador a coisa vendida, ainda que no contrato se estipule que não fica sujeito à responsabilidade alguma; salvo se o comprador, conhecendo o perigo ao tempo da compra, declarar expressamente no instrumento do contrato, que toma sobre si o risco; devendo entender-se que esta cláusula não compreende o risco da coisa vendida, que, por algum título, possa pertencer a terceiro. Esse preceito é praticamente reproduzido no novo Código Civil, ao tratar da evicção [arts. 447 a 457].

13 TULLIO ASCARELLI entendia também que o alienante não poderia se restabelecer, porque isso implicaria desrespeito à boa-fé contratual. Discorda o mestre da teoria de conformidade com a qual o restabelecimento consubstanciaria desrespeito à garantia contra a evicção nas compras e vendas [Panorama do direito comercial, São Paulo, Saraiva, 1.947, 204].

14 Tratado de direito comercial brasileiro, cit., 79 e 81; v. também 157 e s. (destaques no original).

15 Essa tese foi afirmada em vários acórdãos judicias. Por exemplo, na Apelação do Tribunal de Justiça do Estado de São Paulo, do ano de 1.956 [Revista Forense 167:237], com a seguinte ementa: "Ao vendedor não é lícito, sem autorização do comprador, fundar estabelecimento em que lhe fôsse retirar tôda ou parte da clientela. Essa turbação por parte do vendedor importaria privar o comprador no todo ou em parte da coisa vendida. Não há, em face do que determina o art. 214 do Código Comercial, necessidade de estipulação formal, expressa, pela qual o vendedor se obrigue a não se estabelecer". Igualmente, na sentença publicada na Revista dos Tribunais 42:491 [1.922].

dedor a uma *concorrência desleal.*[16-17] Para caracterizar a ilicitude do comportamento seria necessária a prática de outros atos destinados a instalar a confusão no espírito do consumidor, desviando indevidamente a clientela do adquirente.

Ao contrário, PONTES DE MIRANDA sustentava que o mero restabelecimento já constituiria, *per se*, ato de concorrência desleal.[18-19]

05. A questão principal em discussão dizia então respeito à possibilidade de, *na ausência de expressa disposição contratual*, o vendedor do estabelecimento comercial poder, após a venda, exercer atividade de concorrência ao comprador.

A jurisprudência da época em um primeiro momento deu razão a RUY BARBOSA e a demanda proposta contra o Conde Álvares Penteado não obteve êxito.[20] A posição pretoriana estava longe, no entanto, de ser tomada como pacífica.

---

16 "Se, portanto, êle [o vendedor] monta um novo estabelecimento, crime algum pratica, a menos que venha a empregar meio fraudulento para desviar, em proveito próprio ou alheio, a freguesia do seu antigo estabelecimento [...]. Não se pode, em face dessa ressalva, concluir que o simples fato de restabelecer-se o antigo comerciante com o mesmo ramo de comércio nas proximidades do que antes explorou, seja o bastante para criar a obrigação de indenizar prejuízos, que podem ser simplesmente potenciais ou imaginários. Para que surja essa obrigação é indispensável que êle ponha em prática 'atos de concorrência desleal', ou sejam outros, que não o simples restabelecimento, com o objetivo de 'criar confusão' entre o novo e o primitivo estabelecimento, de molde a desviar a freguesia dêste para aquêle" [Tratado de direito comercial, v. VII, São Paulo, Saraiva, 1.962, 364-365].

17 A posição foi expressamente adotada pelo Supremo Tribunal Federal, em acórdão de 1.953 [Recurso Extraordinário nº 23.003 – São Paulo], relatado pelo Ministro MARIO GUIMARÃES, com a seguinte ementa: "Quem vende um estabelecimento comercial não está, em regra, proibido de instalar ou adquirir outro. Certas circunstâncias, porém, que ocorram na sucessão desses fatos, podem caracterizar concorrência desleal".

18 "Não pode o alienante da clientela reestabelecer-se em situação tal que possa tirar ao outorgado parte ou tôda a clientela que lhe cedera [= que possa conservar, no todo ou em parte, a clientela alienada]. É êsse um dos atos a que se refere o art. 178, parágrafo único, do Decreto-lei nº 7.903, de 27 de agôsto de 1.945: 'Fica ressalvado ao prejudicado o direito de haver perdas e danos em ressarcimento de prejuízos causados por outros atos de concorrência desleal não previstos neste artigo, tendentes a prejudicar a reputação ou os negócios alheios, a criar confusão entre estabelecimentos comerciais ou industriais ou entre os produtos e artigos postos no comércio' " [Tratado de direito privado, tomo XV, Rio de Janeiro, Borsoi, 1.956, 378].

19 O entendimento foi acolhido nos Embargos do Tribunal de Justiça do Estado de São Paulo, publicado na Revista dos Tribunais 71:292, cuja apelação está publicada na Revista dos Tribunais 69:70.

20 No mesmo sentido, a Apelação nº 69.775, julgada pelo Tribunal de Justiça de São Paulo em 1.954: "O fato de ter o apelado se comprometido a fazer a venda "boa, firme e valiosa", não o impedia de se estabelecer de novo, com ramo parcialmente semelhante ao anterior, desde que essa proibição não foi expressamente consignada no contrato" [Revista Forense 162:205 e Revista dos Tribunais 235:215]; Apelação nº 72.014, do Tribunal de Justiça do Estado de São Paulo, no ano de 1.956 [Revista dos Tribunais 248:184]. Em sentido contrário, a Apelação nº 60.402 do Tribunal de Justiça do Estado de São Paulo, em 1.952.

06. Anos após, jurisprudência e doutrina passaram a debruçar-se sobre a questão da *validade* da cláusula da restrição concorrencial disposta nos contratos de trespasse do estabelecimento, dois aspectos a esse respeito sendo considerados.

Primeiro, a liberdade de concorrer [em especial a liberdade de estabelecimento e comércio] já estava presente em nosso ordenamento jurídico – embora não assumisse a relevância de agora e fosse dotada de cunho privatístico[21]. Poderia ser considerada lícita uma cláusula contratual via da qual as partes voluntariamente restringissem a competição entre si mesmas?

De outra parte, para o bem do giro comercial impunha-se a garantia de que o adquirente pudesse gozar das virtudes do bem adquirido, pena de desestímulo às aquisições.

A solução paulatina e engenhosamente construída, primeiro no exterior, depois no Brasil, encontrou como que uma *via di mezzo*: admite-se a licitude da cláusula *desde que ela seja limitada no tempo e/ou no espaço*. Ou seja, valendo-se da autonomia da vontade, as partes podem livremente estipular a não concorrência, devendo porém limitar o tempo de sua duração e/ou a área geográfica no âmbito da qual ficará obstada.[22-23]

07. Há de ser útil, neste passo, a alusão a alguns acórdãos expressivos, à época, da consolidação jurisprudencial dessa posição.

Em 1.941, o Tribunal de Justiça de São Paulo decidiu – na Apelação nº 13.119 – que, tendo o vendedor se obrigado a "não abrir outro dentro de certo prazo e em determinado lugar", a cláusula de não-restabelecimento era válida. Lê-se no acórdão: "Resta indagar se é lícita a cláusula que o réu impugna. Muito se tem discutido a respeito desta matéria. A opinião dominante, porém, não só entre nós como na doutrina e na jurisprudência estrangeiras, é que a cláusula de não-restabelecimento só é ilícita

21 Para a história do princípio da livre iniciativa e da livre concorrência na evolução brasileira, v. PAULA A. FORGIONI, Os fundamentos do antitruste, São Paulo, Revista dos Tribunais, 1.998, 87 e s. Para a compreensão desse caráter privatístico que, à época, impregnava a noção de liberdade de comércio, a obra de ANTONIS MANITAKIS, La liberté du commerce et de l'industrie e, em especial, o prefácio de ANDRÉ VANWELKENHUYZEN, que dá relevo ao duplo caráter da liberdade de comércio e de indústria, referindo-a "comme Janus": por um lado ela se volta para o direito público; por outro, para o privado, especialmente o comercial [Bruxelles, Bruylant, 1.979].

22 OSCAR BARRETO FILHO descreve esse processo evolutivo: "Após essa dilucidação, afigura-se, do mesmo modo, plenamente lícita a estipulação de cláusula obstatória do restabelecimento, desde que subordinada a condições precisas de tempo, espaço ou objeto. Tal pacto, importando em limitação convencional à liberdade de concorrência, deve ser restrita ao gênero de negócio, e às circunstâncias de duração e de território que tornem provável o desvio de clientela do estabelecimento que foi objeto de trespasse" [Teoria do estabelecimento comercial, São Paulo, Max Limonad, 1.969, 253]. O autor já ressaltava que o prazo máximo a ser admitido não poderia ultrapassar cinco anos. Afinal, "[a]dmite-se, portanto, a validade da cláusula interditória de concorrência, se limitada razoàvelmente no tempo ou no espaço" [ob. cit., 254].

23 Em acórdão de 1.961 o Tribunal de Justiça do Paraná considerou ilícita a estipulação contratual em que um farmacêutico comprometia-se a não mais exercer sua profissão na cidade de Guaíra [Revista dos Tribunais 320:534].

quando absoluta. Não se pode privar alguém definitivamente de exercer o seu trabalho. *Mas se pode limitar essa atividade no espaço e no tempo* [...]".[24]

Em 1.947 o Tribunal de Justiça de São Paulo entendeu lícita a vedação do restabelecimento, definida pelo prazo de cinco anos, em determinada região [a cidade de São José do Rio Pardo].[25]

Posteriormente, em 1.952, o mesmo Tribunal tomou como válido pacto de não-restabelecimento ilimitado no tempo que determinasse o objeto e o espaço da obrigação de não concorrer.[26]

Na Apelação nº 74.170, julgada no ano de 1.956, o Tribunal de Justiça do Estado de São Paulo, tratando da cláusula de não-restabelecimento em um contrato de venda de fábrica de bebidas, admitiu a licitude da restrição territorialmente limitada pelo período de dois anos.[27]

Em 1.970, o Tribunal de Alçada Civil de São Paulo decidiu que "[a] cláusula de proibição negocial de concorrência, imposta ao vendedor, é perfeitamente lícita quando *limitada no tempo e no espaço*".[28]

Observe-se, contudo, que em 1.953 o Supremo Tribunal Federal já havia deixado vincada a necessidade de limitação da cláusula, para a sua validade. Em voto da lavra do Ministro OROSIMBO NONATO fixou-se que:

> "Faz-se mister conciliar o princípio que veda a concorrência desleal com o que assegura a liberdade de comércio.
> E essa conciliação somente é possível com o se admitir a cláusula de que se trata, mas limitada no tempo, no espaço e no objeto"[29].

Esse entendimento foi expressamente consolidado no texto do novo Código Civil, que, aliás, nada faz senão reafirmar a posição assentada em nossa doutrina e jurisprudência. Lê-se no seu art. 1.147:

> "Art. 1.147 – Não havendo autorização expressa, o alienante do estabelecimento não pode fazer concorrência ao adquirente, nos cinco anos subseqüentes à transferência"[30].

---

24 Revista dos Tribunais 137:253.

25 Apelação nº 34.636 [Revista dos Tribunais 172:61].

26 Apelação nº 59.397 [Revista dos Tribunais 203:319 e também Revista Forense 151:28].

27 Revista dos Tribunais 252:192.

28 Apelação nº 150.513 [Revista dos Tribunais 421:204].

29 Recurso Extraordinário nº 15.970 [Embargos]. Essa é a posição de EUNÁPIO BORGES (Curso de direito comercial terrestre, 5ª ed., Rio de Janeiro, Forense, 1.971, 196).

30 Nota-se certa tendência, principalmente na França, no sentido de exigir-se outro requisito para a caracterização da licitude das cláusulas de não-restabelecimento: a proporcionalidade. Além de ser limitada no tempo e no espaço, a cláusula de não-restabelecimento deve conter restrições

08. Após a promulgação da Lei nº 8.884/94 a análise da cláusula de não-restabelecimento sob o prisma dos impactos competitivos acentuou-se. A autoridade administrativa encarregada de apreciar essas questões passou a enfrentar a questão da validade, ou não, dos pactos de não-restabelecimento em face da lei que disciplina a matéria, principalmente ao analisar atos de concentração nos quais a cláusula é estipulada. A regra geral é a de que as cláusulas de não-restabelecimento são aceitas desde que limitem a concorrência pelo prazo máximo de cinco anos.[31-32]

Insisto contudo em que neste texto não desejo discutir a admissibilidade da cláusula, *mas sim seus limites*.

09. Da análise da nossa doutrina e jurisprudência resulta pacífica a conclusão de que a interpretação das cláusulas de não-concorrência *há de ser restritiva*.

Toda exceção há de ser interpretada/aplicada de forma estreita. Essa regra há de informar a dinâmica do sistema jurídico, na medida em que restringe os efeitos da exceção, de modo que ela incida unicamente nos casos em que o afastamento da regra geral seja indispensável. Tratando-se de *restrição aos princípios constitucionais da*

---

proporcionais e adequadas ao negócio celebrado, para que seja condizente com a proteção da liberdade econômica do vendedor. Sobre essa questão, v. YVES SERRA, comentando o acórdão da Cour de Cassation, de 4 de janeiro de 1.994 [Recueil Dalloz Sirey, 1.995, 13e cahier, 206]. Esse mesmo critério já é utilizado pela União Européia para admitir as cláusulas de não-concorrência em face do teor do art. 81 do Tratado, como assinalam BAEL & BELLIS [Il diritto della concorrenza nella Comunità Europea, Torino, Giappichelli, 1.995, 522]. Ademais, ainda segundo a doutrina européia, a validade da cláusula depende da proteção de um interesse legítimo do beneficiário e, em sua valoração, o juiz deve levar em conta a boa-fé que pautou a atuação dos partícipes da avença [YVES GUYON, Droit des affaires, 11ª ed., Paris, Economica, 2.001, 921].

---

31 Por exemplo, no Ato de Concentração nº 08012.007269/00-27 a prática foi aprovada, desde que o prazo da cláusula de não-concorrência fosse reduzido para cinco anos. Disse o relator, no ano de 2.000: "Ressalto que o CADE vem aceitando a cláusula desta natureza com prazo de 5 (cinco) anos. Entendo razoável o prazo de 5 (cinco) anos, em consonância com decisões anteriores, visto que a extensão fixada pelas requerentes poderia ter efeito anticompetitivo". Idêntica foi a decisão no Ato de Concentração nº 08012.002103/99-81. Também o conselheiro MÉRCIO FELSKY, em caso envolvendo BASF S.A. e Chemdal International Corporation, entendeu que "O CADE tem reiteradamente considerado cinco anos como um prazo suficiente e razoável para que a empresa vendedora afaste-se do mercado de forma que sua eventual reentrada corresponda a entrada de novo concorrente" [Ato de Concentração nº 08012.012312/99-98]. O conselheiro CELSO CAMPILONGO sustentou, no Ato de Concentração nº 08112.002207/00-92, que o prazo de dez anos, estipulado para a obrigação de não-concorrência, era "considerado pela jurisprudência do Colegiado como danoso à concorrência. Por isso, considero que tal lapso é demasiadamente extenso, pelo qual condiciono a aprovação do presente ato à redução do período para 5 (cinco) anos".

32 Na União Européia, as cláusulas de não-concorrência são admitidas como válidas desde que "absolument indispensable pour garantir les valeurs cédées" [cf. anotação de YVES SERRA, "La validité des clauses de non-concurrence au regard de la réglementation française et communautaire relative aux ententes", Recueil Dalloz Sirey, 1.983, 9e cahier, 52].

livre iniciativa e da livre concorrência, a cláusula de não-restabelecimento não admite *interpretação extensiva.*

Eis, a propósito, antiga lição do Tribunal de Justiça de São Paulo:

> "No caso, deparam-se dois princípios, que não se chocam, mas, ao contrário, podem perfeitamente se harmonizar: o da liberdade de comércio e indústria, assegurado na Constituição e o da proibição da concorrência desleal, uma das formas pelas quais o vendedor torna má a sua venda. Essa proibição passa a ser, então, uma restrição apenas àquela liberdade, que é inalienável. *Conclui-se daí que as cláusulas de interdição devem ser interpretadas restritivamente*"[33].

10. Encerrando este texto em respeito e homenagem à pessoa do Professor Rubens Requião, permito-me – qual se o abraçasse como amigo – referir um acórdão quase anedótico, do Tribunal de Justiça de São Paulo, que aponta para a interpretação restritiva que a cláusula de não- restabelecimento há de merecer:

> "O Apelado explorava certo ramo de negócio á rua da Consolação, nesta capital. O Apelante, vendo-lhe a prosperidade, propoz-lhe a comprar-lhe o estabelecimento se ele quizesse tomar o compromisso de não abrir naquela rua negócio identico. A proposta foi bem acolhida, a transação foi ultimada e o compromisso foi assumido. O homem não tardou, porém, a mostrar ao seu successor que mereceria a prosperidade comercial que o favoneava. Era, de facto, da cabeça aos pés, um negociante esperto. Foi a uma rua próxima á da Consolação e abriu outro negocio... O comprador do negocio antigo pulou de raiva. Aquilo era mais do que uma deslealdade: era uma violação positiva ao compromisso assumido. ' — Engano, meu amigo, puro engano, volveu o homenzinho com placidez. Nem uma cousa nem outra: nem deslealdade nem violação de compromisso... A que foi que eu me comprometi? Não foi a isto apenas: a não abrir na rua da Consolação negocio identico ao que lhe vendi?' [...]'— Boa duvida! Que importa que não abrisse na rua da Consolação se abriu nas proximidades dessa rua? O transtorno que me causa é sempre o mesmo'. '— Perdão. É possivel que assim seja. Mas eu nada tenho com isso. A minha obrigação é apenas a de respeitar o compromisso, e o compromisso é muito claro: 'rua da Consolação, negocio do mesmo genero'. Não diz palavra sobre proximidades daquela rua'. [...] Foram a juízo. O Juiz, tanto o de primeira instancia como o Tribunal con-

---

33 Apelação nº 59.397, julgada em 1.952 pelo Tribunal de Justiça de São Paulo [Revista Forense 151:280] (destaques meus). Essa lição é reiterada pela doutrina francesa: "la clause de non-concurrence s'interprète restrictivement" (RIPERT e ROBLOT, Traité de droit commercial, 18e ed., Paris, LGDJ, 2.001, 624, atualizado por LOUIS VOGEL).

cordou com o negociante e repeliu a pretensão do outro. O compromisso só se referia á Rua da Consolação. Nada dizia quanto ás suas proximidades. A abertura de novo negócio, em outra rua, embora proxima daquela, não o violou. Observaram ainda os srs. Ministros: '— Porque, no contrato esse cidadão não falou tambem nas proximidades da rua da Consolação? Podia até marcar a zona dentro da qual ao outro não seria permitido comerciar... Não o fez! Quer fazer agora?' ACÓRDÃO: Accordam em Tribunal de Justiça [...] confirmar, como confirmam, a sentença appellada [...]". Julgado em 9 de dezembro de 1.913, por XAVIER DE TOLEDO, A. FRANÇA, MEIRELLES REIS e RODRIGUES SETTE.[34]

34 As aspas que iniciam e findam as falas dos "personagens" foram por mim inseridas no texto. Os embargos posteriormente opostos resultaram rejeitados e o acórdão confirmado (Apelação nº 7.038 do Tribunal de Justiça de São Paulo, publicada na Revista dos Tribunais 8:240).

LACUNAS DA LEI Nº 11.101, DE 2005 (LRFE)

Jorge Lobo

COMITÊ DE SÓCIOS OU ACIONISTAS

I. A PERGUNTA

Os sócios ou acionistas de sociedades empresárias em regime de "Recuperação Judicial" podem participar da *elaboração* do "plano de recuperação" e de sua *discussão* no âmbito da assembleia geral de credores?

II. A RESPOSTA

Os comercialistas brasileiros não estudaram a matéria, ainda. Os Tribunais de Justiça do país não foram instados a decidi-la, por enquanto. A Lei nº 11.101/05 (LRFE) é *omissa* e *omissas*, também, são as legislações da "família" romano-germânica (cf. *El Fallimento nel Mondo*, Padova, Tip. Leonelli, 1988, coord. Prof. Piero Pajardi).[1]

Para preencher o *"espaço jurídico vazio"* da LRFE, é imperioso, parafraseando Gilles Deleuze, inovar, ousar, o que não se faz senão no embate, no confronto (*Critique et Clinique, Les Éditions de Minuit*, 1993, p. 11);[2] para suprir a *lacuna técnica ou real* do art. 53 da LRFE, é indispensável apelar para os processos, na terminologia de Carnelutti, de *heterointegração* e de *autointegração*.

A heterointegração *"consiste na integração operada através do recurso a ordenamentos diversos..., a ordenamentos vigentes contemporâneos"* (Norberto Bobbio, "Teoria do Ordenamento Jurídico", edipro, 2016, p. 138) .[3]

O direito americano (*U.S. Code*), mais uma vez, e sua doutrina (Mark Steven Summers, *Bankruptcy Explained,* NY, *John Wiley & Sons Ed.*, p. 989),[4] sempre pragmática, oferecem-nos a solução para esse importantíssimo problema: a instalação do "Comitê de Sócios ou Acionistas", que lhes permitirá participar, *indiretamente*, mas com eficácia, da formulação, do estudo e discussão do plano (*U.S. Code,* Seção *1.121*).

O Código de Falências dos EUA, no Capítulo 11, prevê a criação, além da do "comitê de credores", do "comitê de acionistas" (Seção 1.102, (a) (1), para garantir

---

1 *El Fallimento nel Mondo*, Padova, Tip. Leonelli, 1988, coord. Prof. Piero Pajardi)

2 *Critique et Clinique, Les Éditions de Minuit*, 1993, p. 11

3 Norberto Bobbio, "Teoria do Ordenamento Jurídico", edipro, 2016, p. 138

4 Mark Steven Summers, *Bankruptcy Explained,* NY, *John Wiley & Sons Ed.*, p. 989

uma "representação adequada" dos "detentores de capital próprio" na reorganização da empresa, entendendo-se por "representação adequada", segundo as Cortes de Justiça, (1) o número de acionistas, (2) a complexidade do caso, (3) a solvência do devedor, (4) se os interesses dos acionistas já estão sendo defendidos no processo etc.

Na Seção 1.103, o *U.S. Code* elenca os "poderes e deveres" (*powers and duties*) do "comitê de acionistas", dentre os quais se destacam: "participar da formulação do plano e aconselhar os representantes de cada comitê sobre as propostas contidas no plano (1103, (c), (3)"; pedir "informações sobre as atividades sociais" (1103, (c) (1) e "investigar atos, conduta, ativos, passivos e as condições financeiras do devedor, o funcionamento dos seus negócios e qualquer outra matéria relevante, ou para a preparação do plano" (1103, (c) (2).

Observe-se, por oportuno, que os opositores à ideia do "comitê de acionistas" sustentam que a sua existência só se justifica quando a empresa tem "*probabilidade substancial de recuperação*", argumento que não encontra guarida na jurisprudência americana após o julgamento do caso *Williams Communications Group* em 2002.

O método de autointegração visa eliminar a *deficiência* da lei por meio dos *princípios gerais do direito* e da *analogia* (LICC, art. 4º).

Os princípios gerais do direito são "*normas fundamentais ou generalíssimas do sistema, que regulam um comportamento não regulado*" (Bobbio, Teoria cit., p. 148).[5]

A Lei francesa nº 98, de 25.01.85, na qual, em grande parte, se inspirou a LRFE, e o Código Civil francês, que a incorporou, também *silenciam* sobre a atuação dos acionistas na preparação do "*projet de plan de continuation*".

Todavia, segundo Christine Lebel, embora "*silenciem*", não há "*nenhum texto que vede essa possibilidade aos associados*" (*L'élaboration du plan de continuation de l'entreprise en redressement judiciaire*", Presses Universitaires D'Aix-Marseille, 2000, p. 263).[6]

A eminente Professora da Faculdade de Direito e Ciências Econômicas de Nancy II valeu-se do que os juristas modernos chamam "*princípio ou norma de liberdade*", perpetuado pelos jurisconsultos romanos no axioma "*permittitur quod non prohibetur*" ("tudo o que não é proibido, presume-se (juridicamente) permitido"), e do "*princípio do terceiro excluído*", pois, ou há proibição, ou há absoluta liberdade (*tertium non datur).*

Da *interpretação* do art. 53, conclui-se que sócios ou acionistas podem – e devem – tomar parte ativa, quiçá decisiva, ainda que *indiretamente*, no enfrentamento da crise da empresa, porquanto a LRFE não *proíbe*, nem *expressa*, nem *implicitamente*, que eles *discutam* e *participem* da *elaboração* do "Plano de Reestruturação e Reerguimento", e, portanto, da *discussão* e *elaboração* do "Plano" de dezenas de companhias de capital aberto de grande porte em regime de "Recuperação Judicial", com passivos bilionários e centenas de milhares de acionistas, denominados "minoritários", mas que, em verdade, possuem *juntos* a maioria do capital social.

---

5 Bobbio, Teoria cit., p. 148.

6 *L'élaboration du plan de continuation de l'entreprise en redressement judiciaire*", Presses Universitaires D'Aix-Marseille, 2000, p. 263

A analogia aplica normas que regem matérias semelhantes, para preencher o "*espaço jurídico vazio*"; *in casu*, as normas que comandam a instalação do conselho fiscal das anônimas (art. 161,§4º, (a) da LSA) e regem a eleição dos membros do conselho de administração, quando adotado o "processo do voto múltiplo" (art. 141, *caput*, da LSA).

Em resumo e em conclusão: a *omissão* do art. 53 da LRFE deve ser suprida com o recurso (a) ao Direito Comparado, que prevê a criação do *"comitê de acionistas"*, (b) ao *princípio geral do direito*, segundo o qual "tudo o que não é proibido, presume-se (juridicamente) permitido", e (c) à *analogia*, aplicando-se, por inferência, as normas de constituição e funcionamento do conselho fiscal e de eleição dos membros do conselho de administração das companhias, quando adotado o "processo do voto múltiplo".

III. PROPOSTA PARA SUPRIR A LACUNA LEGAL

Deve-se criar um parágrafo ao art. 43, passando o parágrafo único a ser §1º, instituindo o "comitê de sócios ou acionistas" e disciplinando a forma de constituição, facultando a sua participação na assembléia geral de credores sem direito de voto, e, também, um parágrafo ao art. 53, passando o parágrafo único a ser §1º, facultando a sua participação na elaboração do plano de recuperação.

O US Code, capítulo 11, seção 1.102, (a), (1) e (2), pode servir de inspiração:

> ***"§1102. Creditors' and equity security holders' committees***
> *(a)(1) Except as provided in paragraph (3), as soon as practicable after the order for relief under chapter 11 of this title, the United States trustee shall appoint a committee of creditors holding unsecured claims and may appoint additional committees of creditors or of equity security holders as the United States trustee deems appropriate.*
> *(2) On request of a party in interest, the court may order the appointment of additional committees of creditors or of equity security holders if necessary to assure adequate representation of creditors or of equity security holders. The United States trustee shall appoint any such committee. (...)"*

Prazo para ajuizar a recuperação judicial

Apenas 5% das quase 7 mil ações de "Recuperação Judicial da Empresa", ajuizadas nos dez anos de vigência da Lei nº 11.101, de 2005 (LRFE), não foram convoladas em falências, segundo esclarece o eminente Prof. Carlos Henrique Abrão, Desembargador do TJSP e fundador e presidente do "Instituto Nacional de Recuperação Empresarial", com base em levantamento por amostras realizado por sua área técnica; as que se "salvaram", foi à custa da extinção de postos de trabalho e dos direitos dos credores, que vão amargar receber o que lhes é devido em longuíssimo prazo, após concordarem conceder substancial deságio no valor de face de seus créditos (segundo dados da *Corporate Consulting*, a situação é ainda pior, eis que somente 1% de 4 mil empresas pesquisadas "saíram do buraco").

Na França e nos EUA, o quadro é semelhante, porquanto 95% das *"redressements"*, pleiteadas com base nos arts. L. 631 e segs. do Código Comercial francês, terminam em liquidação, informa o *Observatoire Consulaire des Entreprises en Difficultés* (fonte: *Working Paper 2010~2011- Université de Strasbourg),* e 85% a 90% das *"reorganizations"*, submetidas ao Capitulo 11, são convertidas em falências e passam a ser regidas pelo Capítulo 7, que disciplina a insolvência das companhias (http://www.nolo.com/legal-encyclopedia/chapter-11-bankruptcy-overview.html).

À vista desses números, tenho me perguntado: ao que se deve o fracasso da LRFE? O que é necessário fazer para torná-la eficaz?

Muitos dizem que a nossa lei tem produzido pífios resultados porque:

(a) protege as instituições financeiras com a "trava bancária" e a exclusão da alienação fiduciária em garantia e do ACC dos efeitos do processo;
(b) os credores conservam seus direitos e privilégios contra coobrigados, fiadores e obrigados de regresso;
(c) não há incentivos a fornecedores, para que continuem a manter as mesmas condições e prazos nos futuros negócios, nem a financiadores, para contratarem novos empréstimos, salvo a duvidosa preferência de figurarem em possível falência na qualidade de "credores extraconcursais";
(d) o Estado não "abre mão" de receber seus tributos, acrescidos de pesadas multas, e a execução fiscal não se interrompe, nem se suspende;
(e) os custos da recuperação são altíssimos, em particular a remuneração atribuída ao administrador judicial;
(f) não há a previsão do que, na França, se chama de "diagnóstico da situação da empresa", que visa verificar, na fase inicial do procedimento, denominada "período de observação", se a reestruturação será ou não bem sucedida em função da análise das atividades e negócios sociais sob os aspectos (i) econômico, financeiro e contábil; (ii) social (relativo aos empregados) e (iii) jurídico (sobre litígios em curso, funcionamento dos órgãos sociais etc.), eis que o legislador gaulês entendeu que aos dirigentes da empresa "enferma" falta isenção de ânimo para "cortar na própria carne" e propor medidas duras que possam comprometer os seus bens pessoais;
(g) controladores e administradores de sociedades em crise mantêm-se inertes;
(h) o prazo para apresentação do plano de recuperação deveria ser de, no mínimo, 180 dias etc.

Sem dúvida essas questões merecem ser examinadas e discutidas no momento e local oportunos; porém, reformar a LRFE, revê-la, emendá-la, para expungir erros, eliminar deficiências, espancar dúvidas, corrigir defeitos e imperfeições, demandará demasiado tempo e desmedidos esforços, tempo que não se tem, embora se possa contar com os esforços dos verdadeiramente interessados em dotar o país de uma legislação que atenda às necessidades e anseios de empresas, empresários, empregados, credores e sociedade.

A causa do fracasso não está na LRFE, mas, na equivocada, as mais das vezes temerária, utilização da "Recuperação Judicial da Empresa", que deveria basear-se exclusivamente na razão, jamais em desejos e esperanças: desejos de ver a empresa reerguer-se das "cinzas"; esperança de ver surgir uma solução "milagrosa".

Fundar a ação de "Recuperação Judicial" na razão é verificar, com esmero e a assessoria e assistência de especialistas independentes de notória capacidade técnica e indiscutível idoneidade moral, a existência do pressuposto objetivo da ação **antes** de distribuí-la, isto é, verificar se a empresa é econômica e financeiramente viável **antes** de acionar o Poder Judiciário.

Para tornar a LRFE eficaz de imediato, a solução está nos próprios autos da "Recuperação Judicial da Empresa", por ela ser um benefício legal concedido ao devedor honesto e de boa-fé, o qual, particularmente quando se encontra em dificuldades financeiras, deve pautar sua conduta consoante rígidos princípios éticos e jurídicos.

Inspirado na percuciente observação de Asquini, segundo o qual "*muitos dos defeitos que se atribuem às leis podem ser eliminados com uma severa reação contra certas práticas nocivas que paralisam, quando não destroem, a eficácia da melhor das leis*", deve-se criar um artigo que fixe prazo para o ajuizamento da recuperação judicial, inspirado no Code de Commerce francês, *verbis*:

> "Article L631-4 En savoir plus sur cet article...
> L'ouverture de cette procédure doit être demandée par le débiteur au plus tard dans les quarante-cinq jours qui suivent la cessation des paiements s'il n'a pas, dans ce délai, demandé l'ouverture d'une procédure de conciliation. *En cas d'échec de la procédure de conciliation, lorsqu'il ressort du rapport du conciliateur que le débiteur est en cessation des paiements, le tribunal, d'office, se saisit afin de statuer sur l'ouverture d'une procédure de redressement judiciaire."*

INDEFERIMENTO DA RECUPERAÇÃO JUDICIAL

I. A CONTROVÉRSIA DEVIDO À OMISSÃO DA LRFE

O Juízo de Direito da 7ª Vara Empresarial do TJ-RJ, após determinar que fossem prestadas informações sobre "*o atual faturamento da sociedade, seus ativos e expectativas de receitas futuras*", indeferiu o processamento da recuperação judicial de uma mantenedora de instituição de ensino superior, por entender que não foram "*atendidos os requisitos formais exigidos no art. 51, I, da Lei nº 11.101, de 2005*", porquanto a (a) universidade não está "*funcionando, não foram mantidos os empregos e muito menos os alunos, os geradores de recebíveis*", (b) "*sem exercício de atividade econômica, não há empresa*" e (c) "*alienação do ativo das sociedades geridas para pagamento das dívidas se mostra dificultoso e duvidoso*". (Processo nº 0105323-98.2014.8.19.0001).

Interposto recurso, a 3ª. Câmara Cível do TJ-RJ deu-lhe provimento, declarando o v. acórdão que "*o juiz não pode analisar a viabilidade econômica da empresa para de-*

ferir ou não o processamento da recuperação, na oportunidade mencionada no art. 52 da Lei nº 11.101, de 2005", pois *"a sua atuação se resume à verificação dos requisitos formais"* (Apelação Cível nº 0105323-98.2014.8.19.0001).

II. A FUNDAMENTAÇÃO

A sentença do juízo *a quo* tem respaldo (a) nas chamadas "máximas de experiência"; (b) nos princípios que norteiam a atuação do juiz no processo civil moderno; (c) na *"ratio"* dos arts. 51 e 52 da *Lei nº 11.101, de 2005* (LRFE) e (d) no direito comparado.

No exercício diuturno de seu mister, sobretudo quando preside centenas de demandas de igual jaez em um "juízo especializado", o magistrado reúne uma gama de conhecimentos empíricos, denominados, por Friedrich Stein, "máximas de experiência" e, pelo art. 335 do CPC, "regras de experiência comum", que são, na concepção de Couture, *"o conjunto de conclusões empíricas fundadas sobre a observação do que ocorre comumente"*.

As "máximas de experiência" habilitam o juiz a indeferir a recuperação judicial, após dar oportunidade à parte para que emende ou complete a petição inicial (art. 285 do CPC), em respeito ao princípio da ampla defesa, e após criteriosa leitura das peças dos autos, que o leve a formar íntima convicção sobre os fatos expostos na petição inicial e o direito aplicável ao caso, consoante o brocardo *"da mihi factum, dabo tibi jus"* ("dá-me o fato, dar-te-ei o direito").

O "princípio do livre convencimento motivado e da persuasão racional" e o "princípio constitucional à celeridade processual" (EC nº 45, de 2004), que comandam o ato decisório e maximizam o valor que modernamente se atribui ao juiz na condução do processo judicial, impõem ao julgador o dever de buscar uma solução justa, tempestiva e eficaz para solução da lide.

A propósito, relembre-se, que não há, hoje, quem defenda a ideia de que o juiz é apenas "a boca da lei", mero assistente privilegiado dos dramas forenses, mas o criador do "direito concreto", do "direito vivo", do "direito real", sobretudo quando o dispositivo de lei é defeituoso, como sói acontecer com o art. 52 da LRFE, que diz: *"Estando em termos a documentação exigida no art. 51 desta Lei, o juiz deferirá o processamento da recuperação judicial..."*.

É curial que o uso puro e simples do elemento literal ou linguístico na exegese dos arts. 51 e 52 da LRFE não desvela a sua *"ratio"*, pois a atuação do juiz não se circunscreve à rápida e mecânica verificação da *"documentação exigida no art. 51"*, mas a um criterioso e ponderado exame da *situação jurídica da empresa* (art. 51, I), da sua *situação econômico-financeira* (art. 51, I a III, V e VII a IX), da *situação social* (art. 51, IV) e da *situação dos bens de controladores e administradores* (art. 51, VI), devido às graves restrições aos direitos e interesses dos credores impostas pelo art. 52, III, da LRFE (aliás, não fosse assim, essa atribuição teria sido delegada a serventuários da confiança do juízo, que se incumbiriam de "certificar" a existência *"da documentação exigida no art. 51"*).

A descoberta da *"ratio"* dos arts. 51 e 52 e sua escorreita aplicação ao caso *sub judice* exigem que o juiz recorra ao *"elemento sistemático da interpretação lógica"*

(Vicente Ráo) e verifique, com prudente arbítrio, a existência (a) dos pressupostos subjetivo e objetivo da ação de recuperação judicial, (b) da causa de pedir, (c) do objeto da ação e (d) dos documentos essenciais elencados no art. 51, e, se concluir pela insuficiência ou inexistência de qualquer deles, deve, primeiro, facultar à parte que junte os documentos faltantes, e, segundo, não atendido, deve interromper o procedimento e extinguir o processo sem julgamento do mérito.

Essa é a orientação que vige em França, Portugal, Espanha e Alemanha, que autorizam o magistrado a pôr fim a "aventuras judiciais" já no limiar do processo.

No direito francês, a pedido do devedor, do administrador, do MP, do mandatário judicial ou de ofício, o juiz pode, preenchidas determinadas condições, converter o procedimento de salvaguarda em reorganização ou falência (***Article L622-10 En savoir plus sur cet article..****Modifié par Ordonnance n°2008-1345 du 18 décembre 2008 – art. 24).*

No direito português, se *"manifestamente improcedente"* o pedido, o juiz fixará o prazo de 5 (cinco) dias para *"corrigir os vícios sanáveis da petição, designadamente quando esta careça de requisitos legais ou não venha acompanhada dos documentos que hajam de instruí-la, nos casos em que tal falta não seja devidamente justificada"* (Código da Insolvência e da Recuperação de Empresas português, art. 27).

No direito espanhol, se *"o juiz entender que o pedido ou a documentação que o acompanha padecem de algum defeito"* fixará *"um prazo de justificação ou correção que não poderá exceder de cinco dias"* e, se não atendido, indeferirá o pedido (Lei de Concursos da Espanha nº 22/2003, art. 13, 2, primeiro e segundo parágrafos).

No direito alemão, na falta de requisitos ou pressupostos processuais ou insuficiência ou inexistência de massa, o juiz pode indeferir *ab initio* a petição inicial (Lei de Insolvência alemã (InsO), art. 34, §1º), de acordo com o magistério do eminente Des. Carlos Henrique Abrão.

III. PROPOSTA PARA SUPRIR A LACUNA

Deve-se criar um parágrafo ao art. 51, passando o § 1º a ser § 2º, que preveja o indeferimento da petição inicial, podendo servir de inspiração as legislações francesa, portuguesa, espanhola e alemã:

Código Comercial francês, artigos L622-10, L631-1 e L640-1

> **"Article L622-10 En savoir plus sur cet article...**
> ***Modifié par Ordonnance n 2008-1345 du 18 décembre 2008 – art. 24***
> **A tout moment de la période d'observation, le tribunal, à la demande du débiteur peut ordonner la cessation partielle de l'activité.**
> *Dans les mêmes conditions, à la demande du débiteur, de l'administrateur, du mandataire judiciaire, du ministère public* ***ou d'office, il convertit la procédure en un redressement judiciaire, si les conditions de l'article L. 631-1 sont réunies, ou prononce la liquidation judiciaire, si les conditions de l'article L. 640-1 sont réunies.***

A la demande du débiteur, il décide également la conversion en redressement judiciaire si l'adoption d'un plan de sauvegarde est manifestement impossible et si la clôture de la procédure conduirait, de manière certaine et à bref délai, à la cessation des paiements.
Il statue après avoir entendu ou dûment appelé le débiteur, l'administrateur, le mandataire judiciaire, les contrôleurs et les représentants du comité d'entreprise ou, à défaut, des délégués du personnel, et avoir recueilli l'avis du ministère public.
Lorsqu'il convertit la procédure de sauvegarde en procédure de redressement judiciaire, le tribunal peut, si nécessaire, modifier la durée de la période d'observation restant à courir.
Aux fins de réaliser la prisée des actifs du débiteur au vu de l'inventaire établi pendant la procédure de sauvegarde, il désigne, en considération de leurs attributions respectives telles qu'elles résultent des dispositions qui leur sont applicables, un commissaire-priseur judiciaire, un huissier de justice, un notaire ou un courtier en marchandises assermenté".

Código da Insolvência e da Recuperação de Empresas português, art. 27:

"Artigo 27. Apreciação liminar
1 No próprio dia da distribuição, ou, não sendo tal viável, até ao 3.º dia útil subsequente, o juiz:
a) Indefere liminarmente o pedido de declaração de insolvência quando seja manifestamente improcedente, ou ocorram, de forma evidente, excepções dilatórias insupríveis de que deva conhecer oficiosamente;
b) Concede ao requerente, sob pena de indeferimento, o prazo máximo de cinco dias para corrigir os vícios sanáveis da petição, designadamente quando esta careça de requisitos legais ou não venha acompanhada dos documentos que hajam de instrui-la, nos casos em que tal falta não seja devidamente justificada.
2 Nos casos de apresentação à insolvência, o despacho de indeferimento liminar que não se baseie, total ou parcialmente, na falta de junção dos documentos exigida pela alínea a) do n.º 2 do artigo 24.º é objecto de publicação no Diário da República, no prazo previsto no n.º 4 do artigo 38.º, devendo conter os elementos referidos no n.º 8 do artigo 37."

Lei de Concursos da Espanha nº 22/2003, art. 13, 2:

"Artículo 13. Plazo para proveer.
(...)2. Si el juez estima que la solicitud o la documentación que la acompaña adolecen de algún defecto procesal o material o que ésta es insuficiente, señalará al solicitante un único plazo de justificación o subsanación, que no podrá exceder de cinco días.

Justificado o subsanado dentro del plazo, el juez en el mismo día o, si no fuera posible, en el siguiente hábil proveerá conforme a los artículos 14 ó 15. En otro caso, el juez dictará auto que declare no haber lugar a la admisión de la solicitud. Esta resolución será susceptible de recurso de reposición."

Lei de Insolvência alemã (InsO), art. 26:

"§ 26 Indeferimento da inicial por insuficiência de massa

(1) O juízo de insolvência deverá indeferir a petição inicial de abertura do processo de insolvência quando o patrimônio do devedor não for suficiente para cobrir as custas do processo. Não será o caso de indeferimento se uma suficiente soma em dinheiro for antecipada.

(2) O juízo deverá inscrever os devedores cuja petição de abertura foi indeferida em razão de insuficiência de massa em um registro (Registro de Devedores). Aplicam-se analogicamente as disposições do Código de Processo Civil concernentes ao Registro de Devedores; o prazo de cancelamento é de cinco anos.

(3) Quem tiver antecipado uma soma de acordo com o inciso (1), segunda frase, poderá requerer o reembolso da soma antecipada de qualquer pessoa que, de forma culposa, contrariando as disposições do Direito Societário, não tenha cumprido o dever legal de apresentar a petição de abertura do processo de insolvência. Existindo dúvida se a pessoa atuou em descumprimento de dever legal e de forma culposa, recai sobre o possível infrator o ônus da prova. Prescreve em cinco anos o direito de pleitear o reembolso." (transcrito do livro "A insolvência no Brasil e na Alemanha" da Dra. Dora Berger, ed. Sérgio Antonio Fabris, 1ª. ed., p. 231).

Desjudicialização da insolvência

"Ninguém duvida de que a Justiça brasileira é ***cara, ineficiente e extremamente morosa****, onerando os cofres públicos em mais de 1,3% do PIB e prestando um dos* ***piores serviços judiciais do mundo****".* (Des. Federal Reis Friede, Vice-Presidente do TRF da 2ª Região)[7]

7 O Des. Federal Reis Friede, Vice-Presidente do TRF da 2ª Região, no artigo "*O tempo da vida e o tempo da Justiça*", publicado em "O Globo" de 13.02.2017, p. 13, faz outras severas críticas aos trabalhos do Judiciário, ao declarar: "*... igualmente insustentável (sob qualquer argumento) são ações judiciais, que, em última análise, existem para resolver os conflitos, acabem por eternizá-los, criando um permanente clima de insegurança social — algumas vezes capazes de até mesmo paralisar o cotidiano da vida das pessoas (por exemplo o caso whatsApp)*". No campo do Direito Falimentar, sabemos todos, não há dúvida de que os processos se eternizam em detrimento da imagem do Judiciário e dos direitos de empregados e credores e dos interesses dos consumidores e da sociedade em geral.

I. DESJUDICIALIZAÇÃO DA INSOLVÊNCIA

É notória a morosidade e ineficiência do Poder Judiciário, sobretudo em decorrência do excessivo número de processos judiciais, e incontestável a desmesurada multiplicação de falências de empresários e sociedades empresárias, em especial em tempos de crise econômica.

Os péssimos serviços dos Tribunais de Justiça e dos Tribunais Superiores e a desmedida quantidade de quebras acarretam perda de confiança dos jurisdicionados, desprestígio de juízes, desembargadores e ministros e prejuízos aos credores e à sociedade em geral.

Com a finalidade de reduzir substancialmente o número de falências, desafogar o Poder Judiciário, em particular nas capitais que possuem varas especializadas, e economizar tempo e dinheiro, urge empreender a desjudicialização da insolvência, lastreada em princípios e normas de **Direito Concursal Societário.**[8]

II. DIREITO CONCURSAL SOCIETÁRIO

A crise econômico-financeira da empresa nacional tem sido enfrentada, quase exclusivamente, com fundamento na Lei nº 11.101, de 2005, doravante LRFE, o que explica, em parte, a pletora de processos falimentares de pequenas, médias e grandes sociedades limitadas e anônimas ontem, hoje e, se nada for feito, no futuro.

No regime da LRFE, tal qual sob o império do DL. nº 7661, de 1945, inadimplente ou insolvente o devedor, se ele não conseguir meios rápidos e eficazes para quitar a dívida ou capitalizar-se, a quebra é inevitável, certo o dano aos credores.

O inadimplemento de dívida líquida e certa no vencimento e a insolvência.[9] são concretas manifestações da infracapitalização[10] ou da perda total do capital social,[11] fenômenos que devem ser tratados e resolvidos, em primeiríssimo lugar, pelo Direito Societário, em particular pela Lei nº 6.404, de 1976, doravante LSA, e não pelo Direito Falimentar, ou melhor, pelo Direito Concursal Societário, eis que a sociedade sempre deve ser liquidada *in bonis*,[12] visando à **tutela dos direitos de acionistas e credores.**[13]

---

8 A expressão é de autoria do Dr. Efraín H. Richard no artigo "Crisis societaria: integración del sistema concursal com el societario", in RDC, ed. Abelardo Perrot, 2014-A, p. 652 e segs.

9 O inadimplemento ou cessação de pagamentos é um problema financeiro de liquidez; a insolvência, a total falta de patrimônio líquido.

10 A infracapitalização pode ser sanada, v.g., pela LSA, através da conversão de créditos em ações; pela LRFE, através do ajuizamento da recuperação judicial ou da recuperação extrajudicial.

11 A perda total do capital social obriga os administradores a convocarem a assembleia geral de acionistas para deliberar a dissolução, liquidação e extinção da companhia.

12 Alejandro I. Fiorenza, *"El fideicomiso ante la insolvencia patrimonial y su liquidación en la ley 24.441, es la mejor alternativa? Segunda parte"*. Semanário Jurídico, Fallos y Doctrinas, 6/3/2014, año XXXV, nro. 1945, doctrina, p. 305, especialmente p. 310.

13 A doutrina estrangeira sustenta que, se os administradores não diligenciarem recompor o capital social e continuarem a funcionar com a empresa infra ou descapitalizada, incorrem em abuso de

III. A TUTELA DOS DIREITOS DE ACIONISTAS E CREDORES

O que dá azo ao domínio das anônimas por um reduzido número de acionistas é o absentismo da maioria nas assembléias-gerais da sociedade, pois os minoritários, regra geral, não se interessam pelos destinos da empresa, só se importando com a capitalização contínua e ininterrupta das ações e os dividendos que lhes são distribuídos, se possível trimestralmente.

Com o escopo de proteger acionistas minoritários e credores, a LSA possui normas para impedir o abuso do direito de voto (art. 115) e o desvio e o abuso do poder de controle (arts. 116 e 117); estabelece *quorum* qualificado para aprovação de determinadas matérias (art. 136); assegura o direito de recesso ao dissidente de deliberação assemblear (art. 137); faculta a adoção do processo de voto múltiplo (art. 141); prevê a ação de responsabilidade civil contra administradores pelos prejuízos causados ao patrimônio da sociedade e aos acionistas individualmente (art. 159, §§ 3º e 7º); garante a representação dos minoritários no conselho fiscal (art. 161, § 4º, alínea a); inclui, entre os direitos essenciais do acionista, o de preferência para a subscrição do aumento de capital (arts. 109, IV, c/c. 171) etc.

Tão ou mais importante, todavia, do que essas garantias e salvaguardas, é zelar pela realidade do capital social, quer quando da constituição da companhia, quer quando do seu aumento ou redução, e por sua integridade durante o desenvolvimento das atividades sociais, a fim de que ele possa realizar as funções básicas para as quais foi concebido e positivado.

Com efeito, consagrado, depois de lenta evolução, o princípio excepcional da responsabilidade limitada dos acionistas e admitida a constituição do patrimônio separado, consequências diretas do reconhecimento da personalidade das pessoas jurídicas, foi necessário elaborar um **conceito de capital e definir-lhe as funções**.

IV. CONCEITO E FUNÇÕES DO CAPITAL SOCIAL

O capital social, requisito essencial para a constituição e funcionamento da empresa, o que por si só explica e justifica o caráter imperativo das normas que o protegem, "*... é o fundo originário e essencial da sociedade, fixado pela vontade dos sócios; é o monte constituído para a base das operações sociais*", consoante lapidar definição de J. X. Carvalho de Mendonça.[14]

direito e fraude à lei (cf. Efraín H. Richard, Crisis cit., p. 643), entre outros, como estabelece o art. 99 da LSC da Argentina: A propósito, vou referir-me, para facilitar a exposição, apenas a acionistas, embora o raciocínio também se aplique às sociedades limitadas.

14 J.X. Carvalho de Mendonça, *Tratado de Direito Comercial*, Livraria Freitas Bastos, 1954, vol. III, p. 29, nº 532. É sabido que o capital social, quando da constituição da empresa, coincide com o fundo ou patrimônio social (capital = fundo) e mantém-se fixo enquanto o patrimônio da sociedade aumenta ou diminui, conforme os bons ou maus resultados decorrentes de suas atividades (patri-

A primeira função do capital social é a produtiva, pois os bens e direitos transferidos dos acionistas para a companhia permitirão o início de suas atividades, cumprindo observar, desde logo, que deve haver uma correta proporcionalidade entre capital e objeto social, não só quando da constituição, mas durante a existência da sociedade; a segunda, a de garantia, não apenas dos credores, mas, por igual, dos acionistas, presentes e futuros.

Para permitir que o capital social exerça, em toda a sua plenitude, a importante função de garantia dos acionistas e credores, aliás a derradeira garantia de acionistas e credores, os juristas conceberam os **princípios da realidade, proporcionalidade e intangibilidade do capital social.**[15]

mônio ≠ capital), podendo, inclusive, o patrimônio tornar-se inferior ao capital (patrimônio < capital). *"Surge daí"*, elucida Cunha Peixoto, *"a distinção entre patrimônio ativo, passivo e líquido. O primeiro é constituído pelos diversos haveres da sociedade; o segundo, pelas suas obrigações; e o terceiro, pela diferença resultante do confronto dos dois, isto é, ativo e passivo. Para melhor compreensão, figuremos o caso de uma sociedade formada com o capital de um milhão de cruzeiros. Admitindo-se-lhe um lucro de duzentos mil cruzeiros, que, em vez de ser distribuído pelos sócios, é empregado, passará a se constituir de um ativo de um milhão e duzentos mil cruzeiros. Representado pelas cotas iniciais dos sócios, o capital mantém-se distinto do fundo social e, apesar de enriquecido o patrimônio da sociedade, permanece o mesmo — de um milhão de cruzeiros. Ocorrendo, ao contrário, que a sociedade sofra prejuízos de duzentos mil cruzeiros, de superior que era ao capital, passa o ativo social a lhe ser inferior em duzentos mil cruzeiros. Quer dizer que o fundo social variou, num caso, de acordo com os lucros e, noutro, conforme as perdas, enquanto o capital, por ser fixo, se manteve inatingido em ambas as hipóteses."* (*Sociedade por Ações*, Forense, 1972, 1º vol. p. 46, nº 38).

15 Ao abordar os "princípios fundamentais para proteção do capital social", escrevi no livro *Sociedades Limitadas*, Forense, 2004, vol. I, pags. 111 e 112: *"Do Código Civil e da Lei das Sociedades Anônimas, podemos extrair os princípios fundamentais para proteção do capital social. O **princípio da determinação** obriga que os sócios fixem, no contrato social, em moeda corrente do país, o valor nominal do capital (CCivil, art. 997, III, e LSA, art. 5º). Gay de Montellá elucida que "determinação do capital" significa "imutabilidade do capital", pois, aumente o patrimônio, em razão de ganhos, ou se reduza, por força de perdas, o capital, registrado no contrato social, permanece inalterado até que os sócios deliberem modificá-lo. O **princípio da integridade** compele os sócios a subscreverem a totalidade das quotas em que se divide o capital social (CCivil, art. 997, IV, e LSA, art. 80, I). O **princípio do desembolso mínimo** permite que os sócios aportem à sociedade, quando da formação ou do aumento do capital social, apenas os recursos financeiros e/ou econômicos necessários à consecução dos fins sociais (CCivil, art. 1.082, II e LSA, art. 173). O **princípio da estabilidade** impõe que o capital social se mantenha inalterado durante a existência da sociedade, como uma cifra do passivo, não exigível, para garantia dos credores, só podendo ser aumentado ou diminuído nas hipóteses taxativamente previstas em lei (CCivil, arts. 1.081 e 1.082, e LSA, art. 6º).O **princípio da realidade** impele os sócios a realizarem uma escorreita avaliação dos bens que comporão o capital social (CCivil, art. 1.055, § 1º, e LSA, arts. 8º, §§ 1º a 6º, e 10). O **princípio da intangibilidade** tem por escopo manter íntegro o capital social para garantia dos credores, traduzido em uma cifra certa e determinada no balanço patrimonial da sociedade (CCivil, art. 1.059, e LSA, arts. 6º e 201), assegurando-lhes que (a) não haverá distribuição de lucros em prejuízo do capital social, ainda que previsto, no contrato social, o pagamento de dividendos fixos; (b) não haverá distribuição de lucros em um exercício sem compensar as perdas dos exercícios anteriores; (c) a sociedade constituirá uma reserva legal, para suportar eventuais perdas etc.*

V. PRINCÍPIO DA REALIDADE

O capital das sociedades "*constituye la medula patrimonial de la sociedad*" (Halperin),[16] uma "cifra de retenção", um "coeficiente de liquidez", um "indicativo da solvalibilidade" (Ascarelli),[17] razão pela qual "*au droit de sociétés anonymes*" deve possuir "*une disposition destineé à garantir la réalité des versements*" (Ripert).[18]

"A realidade dos pagamentos", na disciplina legal das anônimas, é assegurada pelo princípio da realidade, que, na lição de Alfredo Lamy Filho, se "*traduz nas exigências da LSA para que haja efetiva correspondência entre a cifra e o capital subscrito e o valor real das prestações a que se obrigaram os sócios.*" [19]

O princípio da realidade, transformado em normas jurídicas cogentes na LSA, (a) obriga, quando da constituição da sociedade, a subscrição integral do capital (art. 80, I), o pagamento, como entrada, de 10% (dez por cento), no mínimo, do preço de emissão das ações subscritas em dinheiro (art. 80, II) e o respectivo depósito no Banco do Brasil ou em outro estabelecimento bancário autorizado pela CVM (art. 80, III), facultando à sociedade, verificada a mora do acionista, a execução extrajudicial das importâncias devidas do capital subscrito e não integralizado (art. 107, I) ou a venda, em bolsa de valores, das ações subscritas, por conta e risco do acionista (art. 107, II); (b) demanda a avaliação dos bens e direitos para realização do capital social (art. 8º) e responsabiliza o subscritor ou acionista, quando a entrada consistir em créditos, pela solvência do devedor (art. 10, parágrafo único); (c) veda a emissão de ações por preço inferior ao seu valor nominal (art. 13); (d) exige a realização de três quartos, no mínimo, do capital social, para aumentá-lo por subscrição pública ou particular de ações (art. 170) etc.

VI. PRINCÍPIO DA EQUIVALÊNCIA OU PROPORCIONALIDADE

O montante do capital social, inscrito no estatuto e lançado no passivo não-exigível, deve manter estreita relação com o objeto social, tanto no ato de fundação da companhia, quanto durante o desenvolvimento de suas atividades (o que explica a redução do capital, quando excessivo para persecução dos fins sociais (LSA, art. 173, *caput*), e o aumento, quando insuficiente e, portanto, incapaz de impulsionar a empresa na consecução de suas finalidades (LSA, art. 170)).

A correlação entre capital social e objeto social é orientada pelo princípio da proporcionalidade ou equivalência, que, se rompida, pela perda parcial — infracapitalização ou subcapitalização — ou pela perda total — descapitalização —, pode acarretar

16 *Sociedades de Responsabilidad Limitada*, Depalma, 1980, 8ª ed., p. 81.

17 *Problemas das Sociedades Anônimas e Direito Comparado*, Saraiva, 2ª. ed, , p. 313.

18 *Traité Élémentaire de Droit Commercial*, LGDJ, 2ª ed., tomo I, p. 618, nº 928.

19 Alfredo Lamy Filho, *Direito das Companhias*, Forense, 1ª ed., vol. I, p. 197, nº 5. E doutrina ainda sobre o "*regime legal*" da LSA e o "*princípio da realidade*": "*Realidade do capital traduz-se nas exigências da LSA para que haja efetiva correspondência entre a cifra e o capital subscrito e o valor real das prestações a que se obrigaram os sócios.*" (loc. cit.)

a dissolução da sociedade de pleno direito (LSA, art. 206, I, c) ou por decisão judicial (LSA, art. 206, II, b).

VII. PRINCÍPIO DA INTANGIBILIDADE[20]

Não basta que a formação do capital social haja obedecido aos ditames imperativos da LSA quanto à subscrição da totalidade das ações emitidas, à escorreita avaliação dos bens corpóreos e incorpóreos vertidos à sociedade etc, nem, tampouco, que o capital e o objeto social se mantenham equivalentes ao longo da vida da empresa, porquanto é indispensável, também, que o capital social permaneça íntegro, intocado, intangível, para garantia dos credores e acionistas, presentes e futuros, pois a intangibilidade do capital social "prova" a solvabilidade da empresa.

É o que deixou claro Isaac Halperin: *"nas sociedades de responsabilidade limitada dos sócios, o capital é intangível, intangibilidade que a lei consagra em resguardo e proteção dos terceiros e dos próprios acionistas, presentes e futuros, salvo as variações que podem introduzir-se com o recurso nos procedimentos que a lei fixa (aumento ou redução do capital social)".*[21]

E, a seu turno, Ascarelli: *"O capital é, porém, um "índice" do patrimônio social. Interessa aos credores atuais da sociedade, pois que indica-lhes ter a sociedade um ativo superior ao seu passivo, podendo, por isso, satisfazer as suas dívidas, mesmo que o valor do ativo venha a diminuir; interessa aos que venham a ser credores da sociedade indicando-lhes a solvabilidade desta; interessa aos adquirentes de ações, porque constitui um índice do patrimônio líquido social ao qual passam a participar adquirindo as ações. Visa, portanto, de um lado, o direito de tutelar os credores na hipótese de uma diminuição do patrimônio consequente à redução do capital social; de outro lado, fazer com que o patrimônio líquido da sociedade não seja inferior ao capital, procurando, portanto, no interesse geral dos terceiros — credores ou compradores das ações — seja ele efetivamente constituído e fique subsistente; é à vista destas normas que o capital constitui a garantia dos terceiros".*[22]

Inspirada nessa doutrina, a "Exposição de Motivos da LSA" esclarece: *"O Projeto mantém, na plenitude, a função do capital social de garantir os credores da companhia,*

---

20 Consulte-se, a propósito, Rubens Requião, *Comentários à LSA*, Saraiva, 1978, 1º vol. p. 55 e segs.; Fábio Ulhoa Coelho, *Curso de Direito Comercial*, Saraiva, 2002, vol. 2, p. 157; José Waldecy Luana, *Das Sociedades Limitadas*, Renovar, 2003, p. 269; Jorge Lobo, *Sociedades Limitadas*, Forense, 2004, vol. I, p. 111.

21 *Manual de Sociedades Anônimas*, Buenos Aires, Depalma, 1971, p. 79, nº 3. No mesmo sentido, Halperin escreveu *in Sociedades de Responsabilidad Limitada*, Depalma, 8ª. ed., pag. 81: "*Este capital tiene una doble función: es garantía para los terceros que contratan con la sociedad; es límite de la responsabilidad de los socios, salvo la garantía suplementaria del art. 151. De ahí que exista un interés de orden público en su fijación y conservación, traducido en el principio de la invariabilidad o intangibilidad del capital.*"

22 Problemas das Sociedades Anônimas, cit., p. 313.

conciliando a responsabilidade limitada dos acionistas (indispensável para que se possam associar na mesmo empresa centenas ou milhares de sócios) com a proteção ao crédito, necessária ao funcionamento do sistema econômico. Procura, além disso, completar e aperfeiçoar o regime legal que visar a preservar sua realidade e integridade."

Na esteira do seu "Anteprojeto da LSA", Alfredo Lamy Filho, ao tratar da "*intangibilidade do capital social*", explica: "*Firmados os princípios da unidade e realidade do capital no momento em que se constitui a sociedade, e da irrevogabilidade das prestações feitas, a garantia dos credores exigia que tal fundo perpétuo permanecesse intangível, como observa Ascarelli, enquanto a sociedade continuasse operando e seus credores não tivessem sido pagos: — esse o princípio da intangibilidade do capital social.*"[23]

Todavia, quando dos debates do "Anteprojeto da LSA", tal qual ocorre hoje no exterior, sucederam-se as **críticas ao capital social como garantia dos credores**.

VIII. CRÍTICAS AO CAPITAL SOCIAL COMO GARANTIA DOS CREDORES

Rubens Requião, ao versar a matéria, lembra que a prática americana das corporações e a doutrina europeia faziam restrições, já nos anos sessenta, à finalidade do capital social como garantia dos credores com destaque para as contundentes críticas do Prof. Bayless Manning em seu livro "*Legal Capital*" com as quais o preclaro Prof. Requião não concordou, porquanto, a seu ver, o capital social "*constitui um limite à liberdade dos sócios e, como diz Ascarelli, uma "cifra de retenção", um "coeficiente de liquidez". Daí os atributos do conceito jurídico e contábil (não patrimonial) do capital social-unidade, realidade e intangibilidade que se projetam na maior parte dos preceitos da Lei das S.A".*[24]

---

23 *Direito das* Companhias, citada, p. 198, nº 5. E continua o emérito jurista: "*Assim, o rigor na verificação da existência de lucros para admitir-se a distribuição de dividendos, as normas que presidem as auditorias e confecção dos balanços, a publicidade a que está sujeita a vida financeira da sociedade, a proibição de participação recíproca de sociedades (que fraudaria o conceito de capital), a impossibilidade de a sociedade comprar, ou receber em caução, suas próprias ações (art. 30 da Lei), a obrigação de constituir reserva legal (art. 193), o imperativo de promover a correção monetária anual do capital (art. 5º, enquanto vigeu), a subordinação da redução do capital à concordância (ou não oposição) dos credores, prevista no artigo 174, e mesmo a sanção penal pela violação de certas normas (art. 177 do C. Penal")*. (loc. cit.)

24 Ob. e vol. cits., p. 55 e segs. Recorde-se, ainda, que, em seu trabalho "A reforma da Lei de Sociedades Anônimas", elaborado para atender à iniciativa do Instituto de Planejamento Econômico e Social (IPEA), no capítulo relativo ao "*Abandono ou manutenção do conceito de capital social ? Quid sobre ações sem valor nominal*"?, o Prof. Requião desenvolve percuciente análise da matéria: "*Outro ponto que cumpre examinar previamente, porque repercute na maioria dos preceitos que compõem uma Lei de S.A.., é o da manutenção ou abandono do conceito de capital social. É conhecida a importância que teve o conceito na formação das S.A. e na sua aceitação pelo comércio, como garantia dos credores, privados da responsabilidade pessoal ilimitada do sócio que respaldava, necessariamente, a atividade dos primeiros tipos societários. Com efeito, naquela cifra ideal, inscrita no passivo, que, no momento de constituição da sociedade, "representa a totalidade expressa em dinheiro, dos contingentes realizados ou prometidos pelos sócios àquela destinação"(J. X. Carvalho*

Quatro décadas após, mantém-se e se agravam as objeções ao capital social e à sua (dizem) "suposta" intangibilidade, conforme ressaltou José Ferro Astray nas "*Jornadas Internacionales de Derecho Comercial, 2º Encuentro Argentino – Uruguayo de Institutos de Derecho Comercial*", para quem, "*en la realidad practica, a poco de andar la empresa que la sociedad contiene, el capital constitutivo se torna meramente simbólico*".[25]

Por fim, relembre-se a invectiva de Ivan J. Di Chiazza, no "V Congresso de Derecho Societario", segundo o qual é indispensável a doutrina opor-se à "*malsana función de garantia del capital social*", eis que ele não passa de "*un artificio hipócrita que se repite cual verdades sagrada*".[26]

Não obstante essas acerbas objeções, com a "Exposição de Motivos da LSA" e na linha da abalizada defesa de eminentes autores nacionais, pode-se afirmar que a nossa LSA, ao dispor sobre o capital social, manteve intocada a função de garantia de credores e acionistas, presentes e futuros, através de **normas imperativas de ordem pública.**

IX. NORMAS IMPERATIVAS DE ORDEM PÚBLICA[27]

Normas imperativas de ordem pública regem a formação (LSA, arts. 7º a 10), o aumento (LSA, arts. 6º, 166 a 170) e a redução (LSA, arts. 6º e 173) do capital social[28]

---

de Mendonça, Tratado de Direito Comercial Brasileiro, vol. III, nº 535, p. 26) e que, iniciada a vida da sociedade, permanece fixa, em contraposição ao patrimônio em constante flutuação, encontraram os comerciantes a forma de reter, na sociedade, a contribuição dos sócios até que fossem pagos seus créditos. Constitui, portanto, um limite à liberdade dos sócios, como diz Ascarelli, uma "cifra de retenção", um "coeficiente de liquidez". Daí os atributos do conceito jurídico e contábil (não patrimonial) do capital social-unidade, realidade e intangibilidade e que se projetam na maior parte dos preceitos da Lei das S.A". (Loc. cit.).

---

25 *Apud* Arnoldo Kleidermacher, "*Capital versus crédito. Realidad de la empresa*", in *Derecho Societario, IB de F, 1ª. ed.*, p. 133.

26 *Apud* Arnoldo Kleidermacher, art. cit., p. 141, nota 5.

27 Segundo sua força obrigatória, as leis (e as normas) são, de um lado, coativas ou absolutas ou imperativas ou cogentes e, de outro, dispositivas ou supletivas ou permissivas. As normas imperativas não admitem o arbítrio individual, impõem-se à vontade de todos e são necessárias à ordem social e ao interesse público. Nossos civilistas distinguem as normas imperativas das de ordem pública, ensinando que as normas (ou leis) de ordem pública são de direito privado, embora "*atuem na tutela coletiva*" em virtude de o "*Estado dar maior relevo em razão do interesse público em jogo*" (Caio Mario, Instituições de Direito Civil, Forense, 21ª ed., vol. I, p. 18). Eduardo Espínola, em seu monumental Sistema de Direito Civil Brasileiro, ao discorrer sobre os limites traçados por lei à ação dos indivíduos, fala, todavia, em "*leis coativas de ordem pública.*" (Ed. Conquista, 4ª ed., 1º vol., p. 109 a 102, em especial p. 102, nº 48, e nota 35).
Na LSA a meu ver, existem normas imperativas que tutelam interesses patrimoniais, v.g., a do art. 202 da LSA, que regula o dividendo obrigatório, e normas imperativas que tutelam interesses públicos e sociais, v.g., arts. 6º e 206, da LSA; chamo de normas imperativas de ordem pública as que, por seu conteúdo e finalidades, tutelam interesses públicos e sociais.

28 Efraín H. Richard, a propósito das normas imperativas de ordem pública, escreve: "En tal sentido siguen Van Thienen y sus colaboradores: *Dentro de las* ***normas imperativas (de orden público)*** *se*

e são inderrogáveis pela vontade dos acionistas (i.g., através de acordo de acionistas) ou de deliberação da assembleia geral de acionistas ou de regra estatutária, por isso se diz que a norma imperativa implica um dever inescusável.

Normas imperativas de ordem pública também disciplinam a dissolução, liquidação e extinção da sociedade[29] (LSA, art. 206 e segs.), cujo capital social seja insuficiente, pois a lei não tolera a subcaptalização ou infracapitalização, ou, pior, quando inexista devido à perda total, passando a ser, apenas, uma determinada cifra do balanço, em que a função de produtividade se frustra, a de garantia se esvai.

Devido à sua natureza e finalidades, as normas imperativas ou coativas ou cogentes de ordem pública da LSA, que regulam o capital social e a dissolução, liquidação e extinção da sociedade, devem ser aplicadas às empresas em dificuldades financeiras **antes** de se recorrer à LRFE, se constatada, no balanço anual, quer a subcapitalização, quer a absoluta descapitalização, daí prever a LSA, no art. 206, inciso II, alínea b, que a sociedade, *"que não pode preencher o seu fim"*, deve ser **dissolvida, liquidada e extinta.**[30]

X. DISSOLUÇÃO, LIQUIDAÇÃO E EXTINÇÃO DA SOCIEDADE

Na gestão dos negócios sociais, os administradores devem agir com diligência e lealdade (LSA, arts. 153 e 155) e em consonância com a regra *"business judgment rule"*; todavia, se a companhia atinge o estado de crise econômico- financeira, exige-se-lhes, enquanto a empresa ainda está *in bonis*, sobretudo, rapidez e eficiência, quer

encuentran las referidas a la tipicidad societaria y las que hacen a la organización de la persona jurídica. Dentro de esta categoria de normas podríamos afirmar que todos aquellos elementos cofiguradores del tipo quedan fuera de la autonomía contractual no pudiendo ser derogadas. ***Ejemplo lo encontramos en algunos institutos societarios: 1) el capital social****, 2) la representación del capital en acciones o cuotas, 3) la asamblea como órgano de gobierno, 4) el directorio como órgano de administración, 5) el régimen de limitación de responsabilidad, (6)* ***la liquidación de la sociedad por pérdida total del patrimonio****, 7) el régimen de reorganización societária vía fusión, escisión o transformación, 8)* ***el régimen de disolución y liquidación****; entre otros dispositivos. Nadie puede negar que el capital social constituya* ***un*** *elemento esencial del tipo pues hace al patrimonio neto mínimo de retención que el sistema jurídico exige como atributo de la personalidad y del régimen limitación de responsabilidad.. Ellos son de orden público. No importa la escuela donde nos enrolemos (Borda o Llambías) el intento por derogarlos dará lugar a la nulidad absoluta.* ***Nos animamos a decir que este tipo de normas son imperativas (de orden público) y que su violación da lugar a una nulidad****."* (Pablo Van Thienen, "Orden público societario ...?, estas ahi?, *in* "Law & Finance, working paper, 2008, nº 20, Efraín Richard, apud p. 651). (grifos do original).

29 Efraín H. Richard, loc. cit.

30 É o que ensina Ricardo A. Nissen *in* "La pérdida del capital social como causal de disolución de las sociedades comerciales"; Buenos Aires, Ad-hoc, 2002, p. 47/48, e, por igual, Efraín H. Richard: "La pérdida del capital social implica la perdida de la garantia para terceros e impone la liquidación, salvo capitalización." (art. cit., p. 645)

na adoção de providências para capitalizá-la,[31] quer para preparar-se para a "recuperação judicial", quer para dissolver-se, liquidar-se e extinguir-se extrajudicialmente, quer para confessar-se falida,[32] através da integração de princípios e normas de Direito Societário e Direito Falimentar.

O que não se pode admitir, sob pena de ensejar e estimular severas críticas à LRFE e à atuação do Poder Judiciário, é a morosidade, a omissão, a desídia, o descaso, a inação dos administradores na busca de soluções hábeis, tempestivas e eficazes para salvar a empresa econômica e financeiramente viável.

Franco Bonelli, ao versar o tema, é categórico ao afirmar que os administradores devem ser responsabilizados civilmente pelos prejuízos causados à sociedade, acionistas e credores se continuarem a gestão social apesar de constatada a perda do capital social,[33] eis que, doutrina Vivante, *"a perda do capital social é uma causa de dissolução que opera de pleno direito"* [34]

No regime da LSA, se a companhia não pode realizar seu objeto (art. 206, II, b), se não produz lucros (art. 2º) e se não distribui dividendos (art. 202), os administradores são obrigados a convocar a assembleia geral de acionistas para deliberar a dissolução da sociedade de pleno direito (art. 206, I, c); se não o fizerem, a dissolução pode ser pleiteada judicialmente por acionistas representando 5% do capital social (art. 206, II, b), não havendo, na LSA, norma que puna a omissão, a desídia dos administradores, que, em tempo hábil, **não** diligenciem a dissolução, liquidação e extinção da empresa econômico-financeira inviável.

Modesto Carvalhosa, em seus Comentários, ao tratar da dissolução da sociedade anônima, após enfatizar que, *"no direito estrangeiro"*, é *"causa eficiente"* (da dissolução) a *"impossibilidade de a companhia preencher o seu fim, além daquela relacionada ao lucro"*, e, ainda, que *"todas essas hipóteses constituem causa eficiente da impossibilidade de a companhia gerar lucros, que é o seu fim precípuo"*, destaca: *"Ainda como causa eficiente, inúmeras legislações entendem que a insuficiência de capital seria causa de impossibilidade de a companhia preencher o seu fim."*[35]

---

31 À vista dessas patologias, os administradores devem, sob pena de incorrerem em fraude à lei, recompô-lo, através de diversos artifícios legais, v.g., autocapitalização; conversão de créditos em participações societárias; capitalização com lucros de operações correntes ou reserva de capital; lançamento de bônus de subscrição ou de debêntures; alienação de bens integrantes do ativo permanente; fusão; incorporação etc., no que a doutrina estrangeira convencionou chamar de técnicas pré-concursais ou para-concursais ou anti-concursais, ou, então, promover a dissolução, liquidação e extinção da empresa, se inviável.

32 A autofalência só deve ser admitida para empresas de grande porte com milhares de empregados e credores, em que a liquidação extrajudicial se mostre inviável.

33 Franco Bonelli, La responsabilità degli amministratori di società per azioni, Giuffré, Milan, nro. 135 de los Quaderni di Giurisprudenza Commerciali, apud Efraín H. Richard, art. cit. p. 654, nota 30.

34 Cesare Vivante, Tratado de Derecho Mercantil, "las sociedades mercantiles", versión espanhola de la 5ª ed.italiana corrigida, aumentada y reimpresa, Madrid, 1932, vol. II, p. 483/485, apud Efraín, p. 657.

35 Comentários à LSA, Saraiva, 4ª ed., vol. 4, tomo I, p. 63 e 64. E prossegue o eminente Comercialista: *"Assim, o Código civil italiano em seus arts. 2.447 e 2.327 estabelece que a redução do capital*

A LSA, no art. 206, I, c, c/c. 206, II, b, prevê, implicitamente, essa hipótese, infelizmente ignorada por controladores e administradores, por não haver sanção apenando a conduta omissiva e o descumprimento da lei, eis que, infracapitalizada ou descapitalizada, sem possibilidade de a empresa reestruturar-se e reerguer-se, acionistas controladores e administradores deixam-na falir, as mais das vezes por impulso de credores insatisfeitos, que perderam a paciência e se decepcionaram com as promessas não cumpridas.

Na LSA e no Direito Societário Comparado, existem mecanismos para enfrentar e vencer, se utilizados tempestiva e adequadamente, as dificuldades econômico financeira das empresas viáveis.

Para tanto, é mister compelir controladores e administradores a deles se valerem ou, na impossibilidade momentânea ou definitiva, deve-se constrangê-los a cumprirem as normas da LSA, que impõem a dissolução, liquidação e extinção extrajudicial da sociedade econômica e financeiramente inviável, sob pena de incorrerem em fraude à lei e responderem pelos prejuízos que a sua omissão causar a credores e acionistas.

XI. PROPOSTA PARA SUPRIR A LACUNA

A solução é criar, **na LSA**, dispositivos que prevejam a perda do capital social como causa de dissolução, a exemplo do que estabelecia o Código Comercial de 1850, art. 336, e a responsabilização dos administradores em caso de omissão, podendo servir como modelo os arts. 94, nº 5; 96; 99 e 100 da Lei nº 19.550, do Código de Sociedades Comerciais da Argentina:

> *"Disolución: causas*
> *ARTICULO 94 – La sociedad se disuelve*
> *5) por la pérdida del capital social".*

---

mínimo determinado pela lei acarreta dissolução, a menos que seja ele imediatamente aumentado, ou a sociedade transformada em outra. Algumas legislações consideram como causa de dissolução judicial a verificação de perdas (prejuízos) em determinada proporção. Na Espanha, o art. 150 prescreve a dissolução quando as perdas reduzirem o patrimônio a montante inferior à terça parte do capital. No mesmo sentido a legislação francesa, que, no art. 241 da Lei n. 66-537, de 24 de julho de 1966, com as alterações introduzidas pelas Leis n. 69-12, de 6 de janeiro de 1969, e 81-1.162, de 30 de dezembro de 1981, dispõe que perdas (prejuízos) que atinjam ¾ do capital acarretam a convocação da assembléia geral para deliberar sobre a dissolução antecipada (prazo determinado) ou imediata (prazo indeterminado). Assim também a legislação argentina, ao admitir a dissolução por perdas patrimoniais, cuja verificação demanda deliberação da assembléia geral, no sentido da dissolução ou da reposição total ou parcial do capital (art. 94, inciso 5º, da lei societária). E a doutrina acolhe a hipótese, como se pode ver em Renzo, de que mesmo as leis que não estabelecem capital mínimo preocupam-se em conservar íntegro o capital social no interesse dos sócios e de terceiros; impondo-se a dissolução quando as perdas, superando determinado limite, demonstram que a sociedade não tem condições de permanecer ativa sem colocar em risco tais interesses." (loc.cit.)

"Pérdida del capital.
ARTICULO 96. — En el caso de pérdida del capital social, la disolución no se produce si los socios acuerdan su reintegro total o parcial del mismo o su aumento."

"Administradores: facultades y deberes.
ARTICULO 99. — Los administradores con posterioridad al vencimiento de plazo de duración de la sociedad o al acuerdo de disolución o a la declaración de haberse comprobado alguna de las causales de disolución, solo pueden atender los asuntos urgentes y deben adoptar las medidas necesarias para iniciar la liquidación.

Responsabilidad.
Cualquier operación ajena a estos fines los hace responsables ilimitada y solidariamente respecto a los terceros y los socios sin perjuicio de la responsabilidad de éstos."

"Remoción de causales de disolución.
ARTICULO 100. — Las causales de disolución podrán ser removidas mediante decisión del órgano de gobierno y eliminación de la causa que le dio origen, si existe viabilidad económica y social de la subsistencia de la actividadde actividad la sociedad. La resolución deberá adoptarse antes de cancelarse la inscripción, sin perjuicio de terceros y de las responsabilidades asumidas.
Norma de interpretación.
En caso de duda sobre la existencia de una causal de disolución, se estará a favor de la subsistencia de la sociedad."

LIVRE INICIATIVA E RESTRIÇÕES CONCORRENCIAIS E TRIBUTÁRIAS: ESTUDO SOBRE AS SANÇÕES POLÍTICAS NA JURISPRUDÊNCIA DO STF

Luiz Edson Fachin
Rafael Campos Soares da Fonseca

1. INTRODUÇÃO: RUBENS REQUIÃO, CATEDRÁTICO DA UFPR

Algumas palavras iniciais se impõem, a principiar pelo objetivo da reflexão que aqui se apresenta, este artigo consiste em singelo tributo a umas das mais singulares mentes jurídicas do século XX, com atuação acadêmica centrada no Direito Comercial, o professor paranaense Rubens Requião, nascido em 1918, natural da cidade de Foz do Iguaçu, radicado em Curitiba, local no qual se formou em Direito na Turma de 1939. Em 1959, apresentou seminal tese para o concurso à Cátedra de Direito Comercial da Faculdade de Direito da Universidade do Paraná, dedicada à sua esposa Senhora Nazareth e intitulada "A Preservação da Sociedade Comercial pela Exclusão do Sócio".[1]

Quem teve a honra de ser aluno da Faculdade de Direito da UFPR cultiva especial condição de ser admirador próximo dessa plêiade de juristas cuja geração inclui o Professor Rubens Requião em posição ímpar. É dispensável tecer comentário sobre o brilhantismo acadêmico do professor homenageado, cuja trajetória se traduziu em diversos lustros de maestria acadêmica, com dezenas de obras e artigos jurídicos, reeditados em inúmeras ocasiões. É certo que o "Curso de Direito Comercial",[2] de autoria do ilustre paranaense, ensinou e ainda possui muito a ensinar a incontáveis gerações de juristas interessadas na normatividade empresarial pátria. Do mesmo modo, as lições doutrinárias acerca da representação comercial e da crise das empresas em situação alimentar são nortes luminosos a todo o Direito Privado brasileiro.

Além do inegável brio acadêmico, o professor Rubens Requião inspirou a todos os juristas por sua atuação na advocacia militante, cujo legado é uma renomada banca de advogados na seara empresarial. Igualmente, incutiu na comunidade paranaense valores éticos indeléveis, a partir de sua experiência como homem público, seja na titularidade da Secretaria da Justiça do Estado do Paraná, seja por intermédio de exercício parlamentar na ambiência da Assembleia Legislativa do Estado do Paraná.

---

1 REQUIÃO, Rubens. **A Preservação da Sociedade Comercial pela Exclusão do Sócio.** 276 f. Tese de Cátedra – Faculdade de Direito da Universidade do Paraná, Curitiba, 1959.

2 REQUIÃO, Rubens. **Curso de Direito Comercial.** 32ª ed. v. 1. São Paulo: Saraiva, 2013.

Em suma, muito nos honra o convite para refletir sobre a arquitetura constitucional dos mercados e da empresa, em memória de ilustre comercialista paranaense. Nesse sentido, pretende-se versar qualitativamente sobre a jurisprudência do Supremo Tribunal Federal e respectiva função de compatibilizar hermeneuticamente os princípios jurídicos com guarida constitucional, notadamente a partir da Ordem Econômica brasileira e do Sistema Tributário Nacional.

Busca-se na espécie estudar julgados em que o Supremo Tribunal Federal solucionou controvérsias constitucionais nas quais os princípios da capacidade contributiva, da livre concorrência e da livre iniciativa restaram conflitantes nas linhas de argumentação dos sujeitos processuais.

Com espeque nesse objetivo, o itinerário argumentativo deste trabalho consistirá em três seções. Em primeiro lugar, pretende-se expor compreensão dogmática sobre os princípios da Ordem Econômica e do Sistema Tributário Nacional na vigente ordem constitucional. Após, tenciona-se perquirir sobre a noção de "sanção política" como meio indireto de persecução de indébitos tributários na jurisprudência do STF.

Por fim, faz-se imperativo um balanço dos entendimentos iterativos do STF acerca do esforço tentativo de harmonização das práticas empresariais, à luz dos princípios e objetivos gerais da Ordem Econômica e a axiologia própria da tributação, haja vista os objetivos fundamentais republicanos.

Com estas palavras introdutórias, registra-se homenagem e inicia-se o percurso de reflexão.

2. APONTAMENTOS SOBRE DIREITO E ECONOMIA

As interações entre o Direito e a Economia são historicamente tensas, visto que, por vezes, sua racionalidade, linguagem e finalidades são divergentes, quando não diametralmente opostas. Em sentido aproximativo, primeiro é necessário delinear ambos os campos de conhecimento.

Nesse ponto, Bruno Salama bem salienta que não obstante tanto o Direito quanto a Economia lidarem com problemas de coordenação, estabilidade e eficiência na sociedade, suas metodologias se distinguem enfaticamente:

> Enquanto o Direito é exclusivamente verbal, a Economia é também matemática; enquanto o Direito é marcadamente hermenêutico, a Economia é marcadamente empírica; enquanto o Direito aspira ser justo, a Economia aspira ser científica; enquanto a crítica econômica se dá pelo custo, a crítica jurídica se dá pela legalidade.[3]

---

3 SALAMA, Bruno Meyerhof. O que é Pesquisa em Direito e Economia? **Cadernos Direito GV**, estudo 22, v. 5, nº 5, p. 1-58, março de 2008, p. 5.

A despeito das diferenças apontadas, ambas as disciplinas se debruçam sobre a sociedade e esperam regulá-la. Segundo Fábio Nusdeo, a relação entre Direito e Economia deve ser vista de forma tão imbricada, a ponto de não serem duas disciplinas apenas relacionadas, mas um todo indiviso, "sendo difícil dizer-se até que ponto o Direito determina a Economia, ou, pelo contrário, esta influi sobre aquele".[4]

Explica-se: por um lado, os fatos econômicos são diretamente dependentes das instituições, determináveis juridicamente; por outro lado, a produção/aplicação do Direito é pressionada pelos fatos econômicos e respectivos grupos de interesses a eles ligados, de modo a conformá-los da maneira que aquela seja mais conveniente a estes.

Conforme Leonardo Vizeu, há três objetos principais da disciplina jurídico-econômica: (i) a organização da economia, definindo em termo jurídicos o que é o sistema e o regime econômico; (ii) o controle superior da economia pelo Estado como forma de restabelecer o equilíbrio de forças com o Poder Econômico, detentor dos fatores de produção; e (iii) a disciplina dos centros de decisão econômica em seara não-estatal, a partir da regulação das atividades mercantis em termos macroeconômicos.[5]

2.1. Ordem econômica e bases constitucionais

Antes de tudo, é importante notar que o termo "ordem econômica" não é unívoco. Na esteira de Vital Moreira, Eros Roberto Grau estabelece três possíveis significados a essa expressão. A ordem econômica é o modo de ser de uma determinada economia concreta. Igualmente, é o conjunto de todas as regras de conduta que regulam o comportamento dos sujeitos econômicos. Enfim, ordem econômica é a arcabouço *jurídico* da economia.[6]

Em relação ao último, André Ramos Tavares define que "*Ordem econômica* é a expressão de um certo arranjo econômico, dentro de um específico sistema econômico, preordenado juridicamente."[7] Ao se falar nesse conceito, em nível constitucional, conclui-se que "A *ordem econômica constitucional* seria o conjunto de normas que realizam uma determinada ordem econômica no sentido concreto, *dispondo acerca da forma econômica adotada.*"[8]

Para José Afonso da Silva, a constitucionalização da ordem econômica e respectiva incorporação à linguagem jurídica se dão com as Constituições Sociais, o que não redunda em socialização do conceito. A ordem econômica brasileira é marcado por um paroxismo, justificável sob o ponto de vista da conjuntura política subjacente

---

4 NUSDEO, Fábio. Curso de economia: introdução ao direito econômico. 5ª ed. São Paulo: RT, 2008, p. 30.

5 FIGUEIREDO, Leonardo Vizeu. **Lições de Direito Econômico.** 3ª ed. Rio de Janeiro: Forense, 2010, p. 11.

6 GRAU, Eros Roberto. **A Ordem Econômica na Constituição de 1988**. 14ª ed. São Paulo: Malheiros, 2010, p. 65.

7 TAVARES, André Ramos. Direito Constitucional Econômico. 3ª ed. São Paulo: Método, 2011, p. 83.

8 TAVARES, André Ramos. **Direito Constitucional Econômico.** 3ª ed. São Paulo: Método, 2011, p. 83.

à Assembleia Nacional Constituinte de 1987/1988: por um lado, adota o modo de produção capitalista e o modelo da economia de mercado; noutro giro, a ideologia constitucionalmente pressupostos é social. Trata-se de elementos sócio-ideológicos referidos por Silva.[9]

Nesse quadro, o Poder Constituinte foi nítido ao positivar os fundamentos e a finalidade da Ordem Econômica. Trata-se de uma opção política em momento constitucional. André Tavares aponta que se por um lado, a normatização constitucional do fato econômico era inevitável pelas necessidades sociais de um Estado mais atuante no mercado; por outro lado, constitucionalizar significa submeter à sistemática constitucional, logo a ser vista como unidade para a promoção de uma integração da comunidade política (Rudolf Smend e Konrad Hesse).[10]

Por conseguinte, no texto constitucional tem-se a declaração de que os fundamentos da Ordem Econômica são a valorização do trabalho humano e a iniciativa privada. É dizer: embora seja evidentemente capitalista o modo de produção, o trabalho humano deve ser priorizado sobre os valores da economia de mercado. Ademais, a finalidade da Ordem Econômica é assegurar a todos uma existência digna, conforme os ditames da justiça social.

Dentro desse quadro teórico, torna-se cabível definir uma Constituição Econômica. Organizada, ao menos sob o ponto de vista formal, nos artigos 170 a 192, fornecendo as bases constitucionais do sistema econômico.

Ainda no Texto Constitucional, o Poder Constituinte fixou os princípios-objetivos da Constituição Econômica. Ademais, importa a livre iniciativa como fundamento da Ordem Econômica (art. 170, *caput*, CF), bem como da República Federativa do Brasil (Art. 1º, IV, CF). Em sentido mais imediato, tem-se que a livre iniciativa envolve a liberdade de indústria e de comércio ou liberdade de empresa, assim como a liberdade de contratar. Em complemento, tem-se que o parágrafo único do artigo 170 da Carta Maior estabelece uma garantia a todos no que toca ao livre exercício de autoridade econômica, sendo necessária autorização do Poder Público somente em casos taxativos e excepcionais.

Tais linhas elementares propiciam avançar no percurso desta reflexão.

2.2. Livre iniciativa: Promoção e Defesa

O princípio da livre iniciativa representa a categoria basilar do liberalismo econômico, porquanto representa a liberalidade de entrada, permanência e saída de agentes econômicos de mercados diversos. Assim, da sucessão de experiências históricas relacionadas aos paradigmas dos Estados de Direito - Liberal, Social e Democrático de Direito - extrai-se que a máxima fisiocrata do "*Laissez-faire, laissez-passer; le monde va de lui-même*" não mais se sustenta plenamente na atualidade.

---

9 SILVA, José Afonso da. **Curso de Direito Constitucional Positivo**. 31ª ed. São Paulo: Malheiros, 2008, p. 786-787.

10 TAVARES, André Ramos. Direito Constitucional Econômico. 3ª ed. São Paulo: Método, 2011, p. 81

De modo mais específico ao campo da livre-iniciativa vigorante no Brasil, o Estado possui a prerrogativa de atuar no exercício da atividade econômica na exata medida em que isso se fizer imprescindível para a proteção do consumidor e, ao fim e ao cabo, de toda coletividade.

Nessa linha de raciocínio, a Constituição permite ao Estado atuar como agente normativo e regulador da Ordem Econômica, assim como explorar diretamente atividade econômica em sentido estrito diante de motivos de segurança nacional ou de relevante interesse coletivo, inclusive há, em regime monopolístico, um rol taxativo de atividades já elencadas na Carta Constitucional.

Demais disso, "os condicionamentos à liberdade de iniciativa (privado-econômica) surgem exatamente na medida em que se constata a necessidade de garantir a realização da justiça social e do bem-estar coletivo."[11]

Conclui-se que a liberdade de iniciativa, por ser direito fundamental, apresenta tanto um viés promocional (positivo) quanto uma vertente de defesa (negativa).

O primeiro consiste no direito do Povo, como destinatário das prestações civilizatórias do Estado de ter ampla liberdade profissional, o que inclui a opção pela melhor forma de organizar os fatores de produção e desenvolver sua atividade economicamente organizada (empresa). Assim, a titularidade de referido direito é conferida à empresa e ao empresário (detentor do controle da empresa).

A segunda se traduz nas regras negativas de competência estatal, estabelecendo âmbitos de proteção contra o Estado, mas também contra os próprios particulares. Em outras palavras, concebe-se o direito fundamental em sua dimensão objetiva, bem como a aplicação dos direitos fundamentais nas relações entre particulares. Vale dizer que este último aspecto se confunde, em certa medida, com a livre concorrência. Afinal, a Constituição incumbe ao Estado atuar contra o abuso do Poder Econômico, de maneira a garantir ambientes concorrenciais sem distorções. Nesse ponto, percebe-se nitidamente a função social da livre iniciativa.

Por fim, convém destacar que se reconhece a força normativa de ambas as dimensões desse direito fundamental no arcabouço jurisprudencial do STF, sobretudo em casos que exijam a promoção de direitos sociais, econômicos e culturais, *v.g.* a ADI 1.950, de relatoria do Ministro Eros Grau, em que se considerou constitucional legislação paulista que assegurava a meia-entrada aos estudantes regularmente matriculados em estabelecimentos de ensino, ao fundamento de que a livre iniciativa pode ser funcionalizada pelos interesses da coletividade, por intermédio da atuação do Estado na ordem econômica.[12]

---

11 TAVARES, André Ramos. Direito Constitucional Econômico. 3ª ed. São Paulo: Método, 2011, p. 239.

12 BRASIL. SUPREMO TRIBUNAL FEDERAL. Ação Direta de Inconstitucionalidade 1.950, Rel. Min.Eros Grau, Tribunal Pleno, j. 03.11.2005, Publ. em DJ 02.06.2006, p. 52.

2.3. Livre concorrência: efetividade e *compliance*

O princípio da livre concorrência sofreu relevantes ressignificações com a evolução do antitruste no ordenamento jurídico brasileiro, desde o período fiscalista à tutela da concorrência consagrada na Constituição da República de 1988. De todo modo, nota-se um movimento de autonomização da norma indigitada em relação à livre iniciativa, a partir da percepção jurídica do esgotamento do paradigma do Estado liberal frente aos desafios impostos pela emergência dos direitos sociais, econômicos e culturais.

Nesse sentido, a análise do sistema econômico sob a perspectiva concorrencial leva em consideração as relações jurídicas entre particulares e o Estado, assim como as formas de atuação estatal nos mercados. Logo, o Direito Regulatório e o sistema antitruste complementam-se, sob as luzes dos princípios gerais da atividade econômica previstos no Texto Constitucional, porquanto a diretriz geral é a regulação das condutas dos agentes em mercados, desde que mantido o funcionamento equilibrado do sistema econômico.

Na livre concorrência, portanto, reside uma esperança de transformação social, típica de um sistema social valorativo, o jurídico, de modo que a tutela concorrencial legitima-se pela descoberta de utilidades dos produtos e pela maximização de opções ao consumidor. Posto isso, o valor central do direito concorrencial reside na garantia de efetiva concorrência entre os produtores e de acesso à informação por parte dos consumidores. Trata-se da função social da existência de alternativas mercadológicas, ainda que incentivadas pelo Estado, em prol da possibilidade de escolha pelo consumidor, tendo em vista a ocorrência de vácuo informacional proporcionado pela adoção irrestrita do modelo de mercados autorregulados sem a presença estatal. [13]

Ainda sobre a crise de legitimação da hegemonia do capital, o papel de ator central reservado ao Estado revela-se na condição de agente de implementação de políticas públicas, o que, ao fim e ao cabo, serve às funções de integração, modernização e legitimação capitalista.[14]

Na seara pertinente, importa notar que a concorrência mostra-se uma instituição por intermédio da qual o Estado realiza políticas públicas, notadamente reprime o abuso do poder econômico e tutela a livre concorrência. Na dicção de Paula Forgioni, "a grande questão é criar e preservar, nos ditames constitucionais, ambiente no qual as empresas tenham efetivos incentivos para competir, inovar e satisfazer as demandas dos consumidores; proteger o processo competitivo".[15]

Em síntese, a livre concorrência viabiliza-se como princípio geral da atividade econômica na condição de garantia, de maneira a assegurar o *compliance* (agir de

13 SALOMÃO FILHO, Calixto. **Direito Concorrencial**. São Paulo: Malheiros, 2013, p. 51 e 52.

14 GRAU, Eros Roberto. **A Ordem Econômica na Constituição de 1988.** 14ª ed. São Paulo: Malheiros, 2010, p. 43.

15 FORGIONI, Paula A. Os Fundamentos do Antitruste. 8ª ed. São Paulo: Revista dos Tribunais, 2015, p. 188.

acordo com o marco normativo preexistente) por parte do agente econômico. Por conseguinte, a virtude empresarial deve advir da eficiência na organização dos fatores de produção, mas também da lealdade da concorrência que se traduz na constância e veracidade do fluxo informacional desde os mercados aos consumidores.

Igualmente, convém ressaltar que os instrumentos voltados ao controle do poder no mercado dividem-se de acordo com os objetivos e ilícitos a serem reprimidos, em tutela por estruturas organizativas e por condutas dos agentes, sendo ambas complementares em um sistema antitruste racional.

3. TRIBUTAÇÃO E INSTRUMENTOS PROMOTORES DA IGUALDADE

O esforço de compatibilização hermenêutica entre as liberdades fundamentais da ordem econômica e o fenômeno tributário perpassa por uma visão funcional do tributo. Sendo assim, deve-se rechaçar o ideário em que o sistema tributário nacional figura como um instrumento de defesa do cidadão em face das arbitrariedades estatais. A propósito, verifica-se que uma ótica hegeliana de separação estanque entre o estatal (público) e a sociedade civil (privado) encontra-se superada, por conceber essas instituições com interesses divergentes e com alta carga de potencial conflitivo. Por outro lado, a ordem tributária não pode ser funcionalizada de acordo com os interesses exclusivos do Estado Fiscal, de modo a retirar o componente da legitimidade da atuação jurídica da Administração Tributária. É certo que a persecução dos objetivos republicanos submete-se à progressividade do sistema tributário e corolários redistributivos.

Antes de tudo, sob as luzes da axiologia da Constituição da República de 1988, a tributação é instrumento cuja finalidade se verte na produção da igualdade entre os cidadãos, tendo em vista a definição de que financia os direitos de quem e em qual medida. Assim, os tributos tem sua significância normativa referente ao princípio constitucional da igualdade, por sua vez apropriado pela dogmática tributária como princípio da capacidade contributiva.

Segundo Thomas Nagel e Liam Murphy, o tributo é instituição mediante a qual o sistema político põe em prática uma determinada concepção de justiça econômica ou distributiva, ao repartir as esferas privada e pública mediante os direitos de propriedade e a distribuição do produto social sob as formas de propriedade privada e ação pública.[16]

Nesse contexto, o princípio da igualdade concretiza-se em uma dinâmica relacional entre cidadãos de uma mesma comunidade política, a partir de critérios de justiça relacionados ao acúmulo de riquezas por particulares. Logo, supera-se uma dicotomia simplificadora entre Fisco e Contribuinte. Isso porque as pessoas físicas e jurídicas de direito privado possuem interesses diversos em relação à arquitetura tributária brasi-

---

16 MURPHY, Liam; NAGEL, Thomas. **O Mito da Propriedade: os impostos e a justiça.** Trad. Marcelo Brandão Cipolla. São Paulo: Martins Fontes, 2005, p. 5 e 101.

leira, de modo que as garantias tributárias ou as limitações ao poder de tributar são mais relevantes para determinadas parcelas do corpo social do que para outras, como se depreende facilmente do cotejo entre os interesses econômicos e jurídicos de detentores de grandes fortunas e os dos beneficiários da assistência social.

Sendo assim, as lides tributárias de índole constitucional podem traduzir equalização do duplo compromisso da igualdade, nas formas de autogoverno coletivo e de autonomia individual.[17] Em regra, a resolução de controvérsias cinge-se a uma interpretação tópica, em um caso concreto e delimitado no tempo-espaço, do persistente problema da legitimidade política do sistema constitucional tributário, por sua vez definível em uma equação composta por aquilo que devemos aos nossos concidadãos e pela soberania que conservamos sobre a nossa própria pessoa, livre de ingerências estatais.[18]

4. TRIBUTAÇÃO E ORDEM ECONÔMICA

Sabe-se que a situação de alocações dos recursos em economias de mercado é afetada pela atuação da Administração Tributária, porquanto a exação tributária pode impactar sobre os pontos de equilíbrio de preço no binômio oferta-demanda. Com base nas lições de Paul Hugon, José Luis Brazuna considera que a decisão política de imposição tributária acarreta em aumento do custo da mercadoria ou do serviço (percussão), passível de incorporação no preço e repassado ao comprador (repercussão econômica), ou, caso seja inviável a referida elevação por razões de elasticidade, em retirada do novo custo tributário de seus lucros (incidência econômica ou difusão).[19]

Igualmente, é certo que as decisões em matéria tributária do Poder Judiciário possuem a potencialidade de gerar efeitos concorrenciais a ponto de inibir ou mesmo inviabilizar a participação de agentes econômicos em determinado mercado. Em relação à concorrência, a concessão de tutelas de provisórias ou decisões definitivas podem representar vantagem comparativa entre concorrentes, o mesmo ocorre com a formação de coisa julgada das lides processuais. Na jurisdição constitucional, os reflexos de julgamentos do STF são ainda mais significativos na ordem econômica, por meio dos efeitos vinculantes das decisões em controle abstrato, edição de Súmulas Vinculantes, fixação de teses gerais a temas de repercussão geral e modulação temporal da eficácia dos julgados. Requer-se, portanto, prudência por parte do Estado-Juiz, tendo em vista as distorções provocadas pelo fator tempo (morosidade processual) no ambiente econômico.[20]

---

17 GARGARRELA, Roberto. **La Sala de Máquinas de la Constitución: dos siglos de constitucionalismo en América Latina (1810-2010).** Katz: Buenos Aires, 2014, p. 9.

18 MURPHY, Liam; NAGEL, Thomas. **O Mito da Propriedade: os impostos e a justiça.** Trad. Marcelo Brandão Cipolla. São Paulo: Martins Fontes, 2005, p. 56.

19 BRAZUNA, José Luis Ribeiro. **Defesa da Concorrência e Tributação à Luz do Artigo 146-A da Constituição.** São Paulo: Quartier Latin, 2009, p. 47.

20 SILVEIRA, Rodrigo Maito de. **Tributação e Concorrência.** São Paulo: Quartier Latin, 2011, p. 439.

Nesse contexto, justifica-se a necessidade do presente estudo com vistas a contribuir para um controle dogmático das decisões judiciais, à luz da necessária racionalidade dos discursos judiciais proferidos pelo STF. Logo, almeja-se perquirir o relacionamento entre a livre iniciativa e a tributação mediante as sanções não pecuniárias no Direito Tributário, por vezes alcunhadas de "sanções políticas".

4.1. As Sanções Políticas na Jurisprudência do STF

As denominadas "sanções políticas" notabilizam-se quando as penalidades tributárias ofendem o princípio da livre iniciativa ou a liberdade profissional, pois a função precípua daquelas é reprimir a conduta ilícita, e não cobrar a obrigação tributária principal, por esta não possuir natureza sancionatória.

Na dicção do Ministro Celso de Mello, as sanções políticas consistem em restrições estatais no exercício da atividade tributante que culminam por inviabilizar injustificadamente o exercício pleno de atividade econômica ou profissional pelo sujeito passivo de obrigação tributária, logo representam ofensa aos princípios da proporcionalidade, da razoabilidade e do devido processo legal substantivo.[21]

Ademais, comumente encontra-se na doutrina e na jurisprudência a alegação de que o desvio de finalidade referente a uma penalidade tributária em modalidade coercitiva de cobrança consiste em ofensa às seguintes normas constitucionais: princípios do livre exercício profissional e da livre iniciativa (arts. 5º, XIII, e 170, parágrafo único, CRFB/88), do livre acesso ao Poder Judiciário (art. 5º, XXXV, CRFB/88), livre concorrência (art. 170, IV, CRFB/88), do devido processo legal e da ampla defesa (art. 5º, LIV e LV, CRFB/88).

A desproporcionalidade da referida prática decorreria da plêiade de garantias, privilégios e preferências a que faz jus a Fazenda Pública, além de instrumentos processuais próprios, tais como a execução fiscal e a medida cautelar fiscal. Assim, não caberia confundir o *ius tributandi* com o *ius puniendi* do Estado em prol da persecução de débitos tributários.

Adota-se como marco inicial de análise a década de 1960, pois foi nela que foram editadas três Súmulas da Suprema Corte acerca da vedação às sanções não pecuniárias tributárias configuráveis como "sanções políticas". Na Súmula 70 do STF, de 1963, embasadas nos precedentes extraídos dos RMS 9.698 e RE 39.933, preconizou-se que "é inadmissível a interdição de estabelecimento como meio coercitivo para a cobrança de tributo". No particular, o Tribunal assentou que a prévia existência de executivo fiscal por parte do Estado da Guanabara, tornava ilícito o uso de meio tão gravoso quanto à interdição de estabelecimento para a cobrança de dívidas tributárias.

Na Súmula 323 do STF, de 1963, cujo precedente também foi o RE 39.933, cristalizou-se no enunciado sumular ser "inadmissível a apreensão de mercadorias como meio coercitivo para o pagamento de tributos."

---

21 BRASIL. SUPREMO TRIBUNAL FEDERAL. **Agravo Regimental em Recurso Extraordinário com Agravo 915.424**, Rel. Min. Celso de Mello, Segunda Turma, j. 20.10.2015, DJe 30.11.2015.

Por fim, a Súmula 547 do STF, de 1969, dispõe que "não é lícito à autoridade proibir que o contribuinte em débito adquira estampilhas, despache mercadorias nas alfândegas e exerça suas atividades profissionais", a partir de uma série de recursos extraordinários nos quais o Tribunal Pleno declarou a inconstitucionalidade dos arts. 1º do DL 5/1937 e 2º e 3º da DL 42/1937.

A compreensão do Supremo Tribunal Federal não se alterou com o advento da Carta Constitucional de 1967 ou da Emenda Constitucional 1/1969, porquanto era prevista a liberdade profissional, nos termos de seu art. 153, §23. Por vezes, o Tribunal utilizou-se desse parâmetro para declarar a inconstitucionalidade da conduta da Administração Tributária, como, por exemplo, o impedimento da possibilidade de emissão de talões de notas fiscais, por conta do não recolhimento do antigo ICM.[22]

Sob a égide da atual Constituição da República, o STF apreciou em diversas ocasiões a contraposição do dever fundamental de pagar tributos em relação ao princípio da livre iniciativa. Assim, abalizou a própria jurisprudência em relação à identificação dos meios indiretos para a cobrança de débitos tributários.

Com observância da regra da reserva de plenário, o Tribunal Pleno já declarou a inconstitucionalidade de leis estaduais as quais almejavam à eficiência na tributação, mas também implicavam em empecilho desproporcional à livre iniciativa.

No RE 413.782, de relatoria do Ministro Marco Aurélio, assentou-se incompatível com a ordem constitucional decreto estadual catarinenses que proibia a impressão de notas fiscais em bloco, quando o contribuinte que estivesse inadimplente sob a ótica tributária. Logo, a necessidade de requerimento de expedição de nota fiscal avulsa a cada negócio jurídico ostentava caráter punitivo e desproporcional.[23]

Novamente, o fundamento da corrente vencedora consistiu nos princípios da liberdade profissional e da livre iniciativa, bem como na Súmula 524 do STF. De todo modo, nota-se dissenso razoável no caso particular, tendo em vista que o Ministro Eros Grau restou vencido, ao fundamento de não haver restrição da atividade mercantil com a medida impugnada, asseverou Sua Excelência: "Não posso dar uma interpretação ao princípio da liberdade da iniciativa econômica de modo a permitir que a ordem jurídico-tributária não seja rigorosamente atendida."

No âmbito da ADI 173, de relatoria do Ministro Joaquim Barbosa, o Tribunal Pleno declarou, por unanimidade, a inconstitucionalidade de uma série de dispositivos da Lei Federal nº 7.711/1988, pois se traduziam em normas condicionantes à prática de atos civis e empresarias, à luz da quitação de créditos tributários.[24] A fundamentação centrou-se na infringência do devido processo legal em sua dimensão substantiva (ra-

22 BRASIL. SUPREMO TRIBUNAL FEDERAL. **Recurso Extraordinário 100.918**, Rel. Min. Moreira Alves, Segunda Turma, j. 18.05.1984, DJ 05.10.1984.

23 BRASIL. SUPREMO TRIBUNAL FEDERAL. Recurso Extraordinário 413.782, Rel. Min. Marco Aurélio, Tribunal Pleno, j. 17.03.2005, DJ 03.06.2005.

24 BRASIL. SUPREMO TRIBUNAL FEDERAL. **Ação Direta de Inconstitucionalidade 173**, Rel. Min. Joaquim Barbosa, Tribunal Pleno, j. 25.09.2008, DJe 20.03.2009.

zoabilidade e proporcionalidade), embora na ementa e no voto do Ministro Relator tenha se consignado a impossibilidade de valer-se da orientação jurisprudencial do STF para desrespeitar a legislação tributária. Em suma, "Não há que se falar em sanção política se as restrições à prática de atividade econômica objetivam combater estruturas empresariais que têm na inadimplência tributária sistemática e consciente sua maior vantagem concorrencial."

Sob a sistemática da repercussão geral, em dois casos-piloto já se reafirmou a jurisprudência relativa à vedação da utilização de restrições estatais ao livre exercício de atividade econômicas para fins de cobrança indireta de tributos. No RE 565.048, de relatoria do Ministro Marco Aurélio, Tribunal Pleno, retornou-se à questão da impressão de documentos fiscais com a finalidade de assentar a tese da inconstitucionalidade da exigência de fiança, garantia real ou fidejussória como condição para impressão de notas fiscais de contribuintes com débitos tributários.[25]

Por sua vez, no ARE 914.045, de relatoria do primeiro autor, declarou-se a inconstitucionalidade de lei estadual mineira que restringia o cadastro de produtores agrícolas ao prévio adimplemento de débitos tributários perante o ente federativo. Na oportunidade, aprovou-se súmula de julgamento com conteúdo amplo, de maneira a cristalizar a inconstitucionalidade de restrição imposta pelo Estado ao livre exercício de atividade econômica ou profissional, quando aquelas forem utilizadas como meio de cobrança indireta de tributos.[26]

Porém, a despeito do ônus argumentativo posto aos sujeitos processuais, inclusive os juízes constitucionais, houve casos em que o STF não identificou em atos restritivos de liberdades econômicas a pecha de sanções políticas.

Na ADI 395, de relatoria da Ministra Cármen Lúcia, o STF julgou pela compatibilidade material da Constituição Estadual de São Paulo em relação à Constituição da República no que diz respeito à previsão de retenção temporária de mercadoria até a comprovação da posse legítima por parte daquele que a transporta.[27] Ademais, considerou que a condicionante não representava ofensa à liberdade profissional, pois o exercício laboral não é absoluto e pressupõe a observância dos recolhimentos tributários devidos. Nesse sentido, a medida consistiria em legítimo exercício de poder de polícia, sem viés arrecadatório por via oblíqua, mas sim fiscalizatório do cumprimento do arcabouço legislativo.

No RE 550.769, em conjunto com a Ação Cautelar 1.657, ambas de relatoria do Ministro Joaquim Barbosa, os parâmetros e limites das medidas restritivas à atividade econômica foram exaustivamente discutidos pelos membros do STF, particularmente

---

25 BRASIL. SUPREMO TRIBUNAL FEDERAL. **Recurso Extraordinário 565.048**, Rel. Min. Marco Aurélio, Tribunal Pleno, j. 29.05.2014, DJ 09.10.2014.

26 BRASIL. SUPREMO TRIBUNAL FEDERAL. Agravo em Recurso Extraordinário 914.045, Rel. Min. Edson Fachin, Tribunal Pleno, j. 15.10.2015, DJe 19.11.2015.

27 BRASIL. SUPREMO TRIBUNAL FEDERAL. Ação Direta de Inconstitucionalidade 395, Rel. Min. Cármen Lúcia, Tribunal Pleno, j. 17.05.2007, DJe 17.08.2007.

se seria constitucional o condicionamento da concessão ou da manutenção de registro especial para a produção ou comercialização de cigarros ao cumprimento de obrigação tributária principal ou acessória.[28]

Foi considerada na visão majoritária a condição singular da parte Recorrente, sociedade empresária do ramo tabagista, por esta ostentar débitos tributários na ordem de R$ 2 bilhões. Assim, reconheceu-se a qualidade de devedora contumaz à Recorrente, cujos reflexos representariam vantagem concorrencial decorrente de atos ilícitos perante os demais produtores do setor econômico. Logo, o bem jurídico tutelado pelo art. 2º, II, do Decreto-Lei nº 1.593/1977, seria a efetiva liberdade concorrencial, e não precipuamente os interesses arrecadatórios do Estado Fiscal. A corrente minoritária reconheceu no dispositivo a única finalidade de reforço da eficácia da obrigação fiscal direcionada ao setor dos produtos fumígenos, caracterizável como sanção política.

Questão mais recente e não menos controversa diz respeito ao protesto de certidão de dívida ativa (CDA) pelos entes tributantes. Na ADI 5.135, de relatoria do Ministro Luís Roberto Barroso, considerou-se constitucional o parágrafo único do artigo 1º da Lei nº 9.492/1997, acrescentado pelo art. 25 da Lei 12.767/2012, o qual inclui a CDA como título sujeito a protesto extrajudicial.

A linha majoritária capitaneada pelo Ministro Relator assentou a tese de que "O protesto das certidões de dívida ativa constitui mecanismo constitucional e legítimo por não restringir de forma desproporcional quaisquer direitos fundamentais garantidos aos contribuintes e, assim, não constituir sanção política." Logo, o fundamento determinante firmou-se na proporcionalidade da medida restritiva em função do fim almejado, isto é, a cobrança extrajudicial de débitos tributários e a recuperação célere de créditos tributários.

Pelo didatismo, convém transcrever excerto da ementa proposta pelo Ministro Relator:

> "3. Tampouco há inconstitucionalidade material na inclusão das CDAs no rol dos títulos sujeitos a protesto. Somente pode ser considerada sanção política vedada pelo STF (cf. Súmulas nº 70, 323 e 547) a medida coercitiva do recolhimento do crédito tributário que restrinja direitos fundamentais dos contribuintes devedores de forma desproporcional e irrazoável, o que não ocorre no caso do protesto de CDAs.
> 3.1. Em *primeiro lugar*, não há efetiva restrição a direitos fundamentais dos contribuintes. De um lado, inexiste afronta ao devido processo legal, uma vez que (i) o fato de a execução fiscal ser o instrumento típico para a cobrança judicial da Dívida Ativa não exclui mecanismos *extrajudiciais*, como o protesto de CDA, e (ii) o protesto não impede o devedor de acessar o Poder Judiciário para discutir a validade do crédito. De outro lado, a publicidade

28 BRASIL. SUPREMO TRIBUNAL FEDERAL. Recurso Extraordinário 550.769, Rel. Min. Joaquim Barbosa, Tribunal Pleno, j. 22.05.2013, DJe 03.04.2014.

que é conferida ao débito tributário pelo protesto não representa embaraço à livre iniciativa e à liberdade profissional, pois não compromete *diretamente* a organização e a condução das atividades societárias (diferentemente das hipóteses de interdição de estabelecimento, apreensão de mercadorias, etc). Eventual restrição à linha de crédito comercial da empresa seria, quando muito, uma decorrência indireta do instrumento, que, porém, não pode ser imputada ao Fisco, mas aos próprios atores do mercado creditício. 3.2. Em *segundo lugar*, o dispositivo legal impugnado não viola o princípio da proporcionalidade. A medida é *adequada*, pois confere maior publicidade ao descumprimento das obrigações tributárias e serve como importante mecanismo extrajudicial de cobrança, que estimula a adimplência, incrementa a arrecadação e promove a justiça fiscal. A medida é *necessária*, pois permite alcançar os fins pretendidos de modo menos gravoso para o contribuinte (já que não envolve penhora, custas, honorários, etc.) e mais eficiente para a arrecadação tributária em relação ao executivo fiscal (que apresenta alto custo, reduzido índice de recuperação dos créditos públicos e contribui para o congestionamento do Poder Judiciário). A medida é *proporcional em sentido estrito*, uma vez que os eventuais custos do protesto de CDA (limitações creditícias) são compensados largamente pelos seus benefícios, a saber: (i) a maior eficiência e economicidade na recuperação dos créditos tributários, (ii) a garantia da livre concorrência, evitando-se que agentes possam extrair vantagens competitivas indevidas da sonegação de tributos, e (iii) o alívio da sobrecarga de processos do Judiciário, em prol da razoável duração do processo."

Da divergência, inaugurada pelo primeiro autor e acompanhada pelos Ministros Marco Aurélio e Ricardo Lewandowski, depreende-se que o protesto extrajudicial de CDA representa meio coercitivo de persecução de débitos tributários, mediante restrição de acesso ao mercado creditício por parte do contribuinte inadimplente, o que inviabiliza ou, pelo menos, dificulta as liberdades econômicas do protestado. Além disso, o art. 3º da Lei 6.830/1980 já garante a certeza e liquidez do crédito tributário, assim como sua publicidade perante os interessados. Embora adequada, por alcançar o fim da cobrança de débito tributário, a medida seria desnecessária, pois a execução fiscal consiste em meio igualmente eficaz à cobrança da dívida ativa e menos onerosa ao devedor, sobretudo em termos de devido processo legal e ampla defesa.

Depreende-se também que o princípio da livre concorrência aparece como justificativa para o preenchimento do requisito da proporcionalidade em sentido estrito, não obstante sob a questionável presunção de sonegação fiscal por parte do contribuinte, de modo que as mesmas objeções relativas às garantias do contribuinte também aqui se aplicam, quiçá com mais ênfase, por conta do princípio da não culpabilidade penal e seus consectários.

Do mesmo modo, o primeiro referente do juízo de proporcionalidade deve ser o sujeito de direito que padece a restrição de direitos fundamentais. Nesse sentido, os argumentos de sobrecarga processual do Poder Judiciário e de economicidade da recuperação de ativos não possuem aptidão para afastar o princípio da preservação da empresa, visto sob a ótica do acesso ao crédito. Da distinção supracitada de objetivos entre a Economia e o Direito, há um risco no particular de substituir a chave analítica de legitimidade das decisões judiciais da justiça pela eficiência *tout court*.

Nesse quadro, embora se guarde diversas ressalvas à tese globalmente considerada, não é de todo desarrazoada a afirmativa de que a atuação do Poder Judiciário dificulta a formação de um mercado de créditos sólido no Brasil, à luz dos custos de transação envolvidos.[29]

5. JURISPRUDÊNCIA DO STF E DESAFIOS

Do exame empreendido haure-se a fundamentação da linha jurisprudencial de repulsa as chamadas sanções políticas dois fundamentos, a liberdade de atuação econômica (iniciativa e profissional) e o caráter não punitivo do tributo. Nesse sentido, a atuação do STF tem-se pautado há meio século em direção da rejeição aos abusos legislativos dos entes tributantes perante os agentes econômicos.

Repise-se que o objeto de controle consiste em restrições estatais que inviabilizam de modo injustificado o exercício pleno de atividade econômica ou profissional pelo contribuinte inadimplente. Logo, as exceções à compreensão iterativa do STF residem no significado do termo "justificado", ou seja, há motivos os quais levam ao julgamento pela constitucionalidade de restrições estatais à livre iniciativa, por conta de descumprimento de obrigações tributárias.

Igualmente, torna-se evidente que, em regra, as justificativas aceitáveis visam à tutela da livre concorrência ou ao regular exercício do poder de polícia abalizado pela provisoriedade e restrição mínima de direitos fundamentais das pessoas.

Lança-se, portanto, a crítica no tocante ao protesto de CDA, pelo fato das medidas restritivas se justificarem em decorrência da eficiência da Administração Tributária, ao fim e ao cabo em prol do adimplemento de obrigação tributária. Afinal, as restrições convertem-se em meios indiretos de cobrança de tributos, ao fundamento de proporcionalidade e racionalidade do ato do Poder Público, com as margens de discricionariedade próprias dessas técnicas e parâmetros de decisão.

Nesses termos, o atual desafio do STF consiste em harmonizar sua jurisprudência consolidada de repulsa às sanções políticas com as inovações na Administração Pública voltadas aos desafios hodiernos do Estado Fiscal, como é o caso do colossal passivo de dívida ativa tributária, seja em termos administrativos (v.g. meios adequados de solução de controvérsias, cooperação executiva e compartilhamento de informações entre os entes federativos), seja em seara legislativa (nova lei de execuções fiscais, securitização da dívida ou outra solução a qual o Poder Legislativo reputar prudente).

29 SADDI, Jairo. **Crédito e Judiciário**. São Paulo: Quartier Latin, 2007, *passim*.

Tarefa essa que demandará diálogos institucionais e federativos entre os atores institucionais diretamente ligados com a matéria, justamente para alcançar níveis melhores de eficiência administrativa, sem desguardar das garantias fundamentais dos agentes econômicos imponíveis por força da Constituição da República. Mesmo dentro de um contexto de grandes desigualdades sociais e regionais, o esforço exigirá, ainda, algum grau de engajamento cívico no campo tributário, de modo que a comunidade política determine a si própria quais são as condições socialmente aceitáveis de restringir-se a livre iniciativa em prol de outros bens jurídicos.

CONSIDERAÇÕES FINAIS

A título de homenagear o douto Professor Rubens Requião, pretendeu-se *quantum satis* investigar a arquitetura constitucional dos mercados e da empresa, notadamente mediante um estudo no qual se analisasse a jurisprudência do Supremo Tribunal Federal, em termos de coesão e coerência, acerca dos limites e das condições de possibilidade da efetivação do princípio da livre iniciativa em contexto concorrencial e de neutralidade tributária.

Buscou-se assimilar criticamente os juízos de inconstitucionalidade realizados pelo Tribunal Pleno do STF acerca das sanções não pecuniárias na seara da tributação, comumente referidas pelas doutrina e jurisprudência como "sanções políticas", haja vista que a coerção para o adimplemento do débito é indireto.

Com essa finalidade, verificou-se a necessidade de domínio da tecnologia jurídica subjacente às questões postas em juízo, de modo que também se articulou compreensões sobre a ordem econômica e suas bases constitucionais, sobretudo no que toca aos princípios da livre iniciativa e da liberdade de concorrência, assim como acerca do sistema tributário nacional e respectiva axiologia igualitária.

Sendo assim, entendeu-se por sanção política o ato do Poder Público de restrição de atividade por agente econômico ostentar de débito fiscal que termina por inviabilizar sem amparo constitucional o próprio livre exercício de atividade econômica ou profissional pelo contribuinte inadimplente.

Há mais de meio século, a compreensão iterativa do STF é no sentido da repulsa das sanções políticas, com esteio nos princípios da liberdade profissional, livre iniciativa, livre concorrência, acesso à Justiça, devido processo legal, incluindo a proporcionalidade e a razoabilidade, e ampla defesa, positivados das mais diversas formas nas últimas Constituições da República.

Observou-se, ainda, que essa linha jurisprudencial comporta exceções, a depender da intensidade da restrição e proporcional justificação. A pujança da medida refere-se à necessidade da conduta estatal com baixo impacto no patrimônio jurídico da pessoa natural ou jurídica, bem como à provisoriedade. Por outro lado, a medida justificada é objeto de dissenso no colegiado pleno do STF. A despeito disso, tem-se por fundamento a proteção da livre concorrência ou os princípios constitucionais da Administração Pública.

Enfim, emerge como agenda de pesquisa e tema a ser constantemente suscitado a possibilidade de convivência entre jurisprudência do STF acerca das sanções políticas e as inovações administrativas e legislativas, em níveis federativo e internacional, em prol da mais eficiente persecução de débitos fiscais.

Portanto, os tempos atuais requerem juristas de completude teórica e prática, como o foi o Homenageado, homem de seu tempo, que transitou entre as esferas pública e privada com maestria e soube enfrentar os desafios de então, de maneira a nos deixar como legado uma ponte para o presente e como missão a construção do porvir.

EFEITOS DA SENTENÇA FALIMENTAR NOS CONTRATOS SOCIETÁRIOS

Luiz Inácio Vigil Neto

APRESENTAÇÃO

Este ensaio tem como finalidade apresentar aspectos jurídicos da relação societária derivada da *affectio personarvm* e as consequências trazidas pelos efeitos jurídicos provenientes de uma sentença falimentar.

A constituição societária, diferentemente de outras formas associativas reconhecidas pelo Direito, decorre da reunião de pessoas naturais e/ou jurídicas para a realização de atos que visem à geração de riqueza.

Essa reunião de pessoas, esforços e interesses se concretiza na contratualização dos direitos, dos deveres e das expectativas, cuja materialização instrumental, seguida de ação registral formalista, é pressuposto de sua regularidade perante o ordenamento jurídico.

O objetivo econômico indicado na formulação contratual identifica juridicamente a natureza societária, e nesse espaço reflexivo a possibilidade de um estudo correspectivo entre Economia e Direito.

Nesta relação simbiótica a economia concebe ideologicamente o conceito de contrato definindo-o como o instrumento técnico-jurídico de realização das operações econômicas.

De sua parte, na perspectiva jurídica, o Direito dos Contratos é visto como o conjunto de regras legais, jurisprudenciais e conteúdos doutrinários que definem a sua disciplina e modalidades de funcionamento das relações de negócio jurídico.

Para o desenvolvimento desse estudo, tomar-se-á como base doutrinária a teoria contratual e a sua inserção nas relações econômicas, especificamente as relativas às sociedades de pessoas, finalizando com a análise dos efeitos previstos pela Lei n.º 11.101/05 decorrentes da decretação do estado falimentar.

I – BREVE ANÁLISE SOBRE A TEORIA CONTRATUAL

1. INTRODUÇÃO

O Contrato é um conceito jurídico da modernidade. É uma construção da ciência do Direito elaborada com o fim de dotar a linguagem jurídica de um termo capaz de reunir uma série de princípios e regras de Direito que traduzam implicações e consequências legais para os que através da livre manifestação da vontade, reciprocamente, prometam a realização de comportamentos, obrigando-se, no mundo normativo, a praticar ou deixar de praticar ações no mundo dos fatos.

Simboliza, através dos tempos a liberdade individual de escolha – em sua instância absoluta, em detrimento da vontade coletiva das famílias, dos clãs, das corporações de ofício. Significa uma restituição ao indivíduo de sua igualdade em relação aos demais perante a lei, capacitando a determinar-se por sua vontade própria no mundo das relações jurídico-econômicas.

Desse modo, em sua acepção mais básica, compreende a livre manifestação pessoal em que se prometem comportamentos comissivos ou omissivos sob alguma base regulamentatória.

2. CONTRATO SOB A PERSPECTIVA JURÍDICO-ECONÔMICA

No Código Civil francês, entre contrato e propriedade havia um nexo de subordinação e instrumentalidade. Tal correlação devia-se ao pensamento da época no qual a propriedade (entendida com poder senhorial sobre a coisa– *plena in re potestas* – dando ao titular plenos poderes de usar, usufruir e dispor) era considerada figura-chave de todo o processo econômico, a verdadeira e única fonte da produção e fruição das utilidades econômicas enquanto que ao contrato se assinalava um papel complementar de simples meio para a transferência de um senhorio para outro. Nesse pensar, o contrato não criava a riqueza, concebida na perspectiva da propriedade, apenas instrumentalizava a sua transferência.

Essa visão econômica de mera instrumentalidade e coadjuvância do contrato expressava uma economia global concentrada prioritariamente num modelo predominantemente agrícola baseado na riqueza imobiliária, de acordo com pensamento fisiocrata que elevava a propriedade imobiliária como o principal elemento da formação e da gestão da riqueza, refletindo, em última análise, a prevalência da agricultura sobre a indústria e a preponderância da procura sobre a oferta.

O progresso econômico evolutivo, sob o modelo capitalista, abriu possibilidade de um processo definido como "mobilização e desmaterialização da riqueza" – alternativamente ao binômio imobilização/materialização – pelo qual a propriedade deixava de ter supremacia, como elemento principal, no controle e gestão da riqueza.

A chegada do século XX trouxe consigo um novo conceito econômico baseado na operacionalidade das trocas entre riqueza e bens produzidos ou serviços prestados e uma relação de equilíbrio entre a oferta e a procura.

O lastro jurídico ao novo viés econômico dos negócios fora emprestado pelo movimento pandectista com a sua inovatória teoria do fato jurídico e o desenvolvimento teorético das teses contratualistas dos negócios jurídicos. Desse modo, o contrato, e não mais a propriedade, assumiu o protagonismo das ações econômicas tornando-se o principal instrumento de gestão de recursos e da geração de riqueza.

De outro lado, no limiar do século XXI observa-se a transformação do capitalismo industrial em capitalismo tecnológico. Com isso, surge uma nova visão do poder econômico, há muito afastado da terra e da exploração ilimitada da propriedade em detrimento das relações negociadas entre riqueza x serviços/produtos) e que, por sua vez, dava lugar a outros fatores de produção econômica como a tecnologia, o conhecimento e propriedade intelectual e um modelo econômico em que a oferta se sobressai à procura.

Essa reacomodação do universo das vontades tornou-se inevitável no capitalismo contemporâneo, pois, assim como a materialização da riqueza restrita ao conceito de bens corpóreos atrasava o progresso econômico, a relação negocial realizada individualmente tomaria demasiadamente o tempo de uma ação econômica baseada na oferta mais do que na procura.

Esse novo ambiente capitalista determinou o fim do apogeu da concepção doutrinária alemã, da inspiração pandectista, do contrato como categoria exclusiva do negócio jurídico fundado em livre manifestação da vontade individual.

Essa sutil mudança de visão econômica, verificada em razão da necessidade moderna de objetivação da troca, pela proliferação da oferta, fez com que se perdessem em parte os originais caracteres de voluntariedade absoluta, dividindo a doutrina contratual espaços negociais entre livre manifestação de vontades, vontades manifestadas por adesão e garantia de uma maior inserção de normas de natureza cogente limitadoras do poder de criação da autonomia privada, com finalidade protetiva às partes hipossuficientes.

3. TEORIA CONTRATUAL

3.1. Estrutura jurídica

3.1.1. Negócio jurídico e ato jurídico stricto sensu

O desenvolvimento econômico foi determinante para a renovação do pensamento doutrinário sobre a teoria do negócio jurídico obrigando-se a uma atenção maior às contratações adesivas e contratações massificadas.

Entretanto, a nova perspectiva criada pela revolução tecnológica e apogeu da mídia não implicou o abandono da teorização proposta pelo pandetismo germânico como conceito jurídico básico.

Desse modo, contrato é ainda considerado uma subespécie do fato jurídico *lato sensv*, classificado dentre os fatos que têm na vontade o elemento nuclear do suporte fático e alocado na categoria dos negócios jurídicos.

Isto é, para que exista um contrato é necessário que existam pelo menos duas partes e que cada uma delas exprima a sua vontade de sujeitar-se ao regulamento reciprocamente proposto, ou pela mera adesão, que resulta nas cláusulas contratuais e na repercussão econômica da movimentação patrimonial estipulada.

O contrato forma-se quando uma proposta, ou uma contraproposta, é aceita caracterizando o consenso contratual que decorre da negociação estabelecida entre as partes.

Existem, entretanto, situações em que um regulamento de relações patrimoniais é voluntariamente proposto, tornando-se vinculativo e criando obrigações e direitos entre diversos sujeitos, apesar de não se verificar o encontro entre a proposta e a aceitação. Nessas situações, o regulamento torna-se juridicamente vinculante por efeito da manifestação de vontade de apenas uma das partes que assim concretiza um ato unilateral de vontade (*vg.* remissão de débito, promessa de recompensa, promessa de pagamento, reconhecimento de dívida, criação de títulos de crédito, etc.).

Os atos unilaterais, por envolverem apenas uma manifestação de vontade, não se inserem na teoria contratual.

A diferença entre negócios jurídicos e atos jurídicos *stricto sensv* decorre de um princípio básico: "Ninguém pode ser exposto a sacrifícios econômicos por efeito da vontade alheia, apenas por sua vontade própria".

Nos negócios jurídicos todos os interessados, além das vantagens, submetem-se a sacrifícios ou pelo menos a riscos de sacrifícios econômicos. Logo, para se tornar vinculante e produzir efeitos, o regulamento contratual necessita ser aceito por todos os interessados e que cada um deles manifeste a sua vontade.

As operações que formalizam um ato unilateral comportam sacrifícios para um só dos interessados, sendo suficiente a vontade de quem chama para si os sacrifícios. O contrainteressado não se submete a sacrifícios, tendo, apenas, um papel negativo no sentido de que poderá, se quiser, renunciar ou rejeitar o benefício, mas a sua vontade nunca colaborará para a sua criação.

3.2. A realização do contrato

3.2.1. O processo de formação, conclusão e extinção de relações contratuais

O contrato na sua existência jurídica não decorre de uma situação concreta que possa ser constatada na realidade física. Concebido a partir das premissas filosóficas do jusnaturalismo e ligado ao princípio da autodeterminação individual, restringe-se ao elemento subjetivo de desejo expressado na formulação da vontade.

Nessa perspectiva, o juízo sobre se um contrato se formou ou não, constitui o resultado de uma qualificação de determinados comportamentos humanos observados pela interpretação de normas jurídicas. Em outras palavras, a formação do contrato consiste num processo, isto é numa sequência de atos e comportamentos de acordo com um fluxo esquemático do instituto jurídico.

A proposta e a aceitação de um contrato são declarações de vontade. Dessa forma, o contrato resulta do encontro ou fusão das vontades das partes ou de sua adesão manifestadas para o exterior.

Os meios pelos quais a vontade de concluir um contrato se manifesta podem ser diversos, desde palavras até por gestos ou comportamentos, e, em alguns casos, mesmo o silêncio produz efeitos jurídicos.

Entretanto, a teoria contratual admite que em alguns contratos a manifestação da vontade, ainda que indispensável, não se constitua em elemento suficiente para a sua formação. São os denominados contratos reais que se caracterizam por formarem-se só por efeito da entrega material duma parte à outra da coisa que constitui o seu objeto imediato.

Na negociação, além da apresentação da oferta e da sua aceitação, as partes procuram, ressalvadas as contratações adesivas, consensualmente determinar o conteúdo contratual de suas promessas, significando, substancialmente, definir qual composição, qual arranjo recíproco receberão os interesses das partes.

Em suma, procuram mediante acordo, fixar e traduzir em compromissos jurídicos, os termos da operação econômica almejada com o contrato, definindo as variáveis que no seu conjunto refletem a conveniência econômica do negócio.

Em linha de princípio, os sujeitos privados são livres para obrigarem-se como quiserem, mas quando se obrigam, vinculam-se em termos de comportamento a que se obrigarem, sujeitando-se às sanções jurídicas por todas as violações que cometerem ao que tiverem estipulado.

Tal proposição também encontra supedâneo no princípio da autonomia da vontade, segundo a qual: nos limites da lei, as partes podem livremente determinar o conteúdo do contrato. Desse modo, o princípio da autonomia privada sustenta, em verdade, duas grandes garantias: (1) livre escolha com quem contratar: (2) livre escolha do conteúdo da contratação.

Observa-se, contudo, um exercício irrestrito de direitos em ambas as garantias. Assim sendo, leis, decisões judiciais e decisões administrativas podem limitar o alcance do princípio da autonomia privada, suportadas em algumas razões de legitimação jurídica, considerando, contudo, inconstitucionais as restrições que se justifiquem em razões arbitrárias ou que não se justifiquem sob a ótica do interesse social.

A limitação da primeira garantia pode ser observada na imposição, para quem exerce uma atividade de monopólio legal, da obrigação de contratar com quem solicite as obrigações que constituam objeto de sua atividade, observada a igualdade de tratamento, ou na imposição de obrigatoriedade de contratação do seguro aos proprietários de veículos automotores.

Em relação à segunda, observa-se uma limitação dada pela lei que proíbe a escolha de objeto ilícito para o conteúdo contratual prometido.

De outro lado, a liberdade contratual é conjugada à responsabilidade contratual. Se esta "lei privada" tem a sua fonte na vontade concordante das partes, não é, em regra, admissível que uma delas possa subtrair-se aos seus comandos.

Simetricamente, para por termo às obrigações que dela derivam, é necessária a vontade concordante das partes ou uma previsão legal explícita: "O contrato só pode ser extinto por mútuo consenso ou pelas causas admitidas em lei".

As partes podem, também, estabelecer que a uma delas ou a ambas seja atribuída a faculdade de rescindir o contrato. Em tal situação, a parte pode exonerar-se das obrigações contratuais com um ato unilateral de vontade (rescisão unilateral). Frequentemente convenciona-se que o exercício do poder de rescisão tenha um preço que deve ser pago à contraparte por aquele que o rescinde, por sua deliberação ou por ter causado situações que autorizem a rescisão pela parte contrária.

3.2.2. Defeitos do contrato – a invalidade jurídica

Na teoria do fato jurídico é equivocado afirmar que o inválido não produza efeitos. Em verdade, declarar nulo um contrato significa unicamente afirmar que não produziu nenhum dos efeitos jurídicos em vista dos quais as partes o concluíram, assim como a anulação retira os efeitos projetados pelas partes.

A nulidade e a anulabilidade são formas de invalidade possuindo tratamento diverso pelo Direito, dando lugar a consequências jurídicas bem diferenciadas.

Enquanto que a anulabilidade está geralmente disposta à tutela dos interesses particulares de uma das partes contratantes, quando a lei comina de nulidade, é porque o negócio contraria as exigências de caráter geral ou interesse público.

Em virtude dos interesses que visa tutelar, a nulidade é imprescritível e pode ser declarada em qualquer instância judicial, podendo ser requeridas pelas partes, por terceiros, pelo Ministério Público ou de ofício pelo juiz.

A nulidade é insanável, por isso, um contrato nulo não pode ser convalidado pelas partes. Assim se, por exemplo, a forma exigida pela lei não for respeitada, o contrato terá de ser refeito. Assim como a sentença de nulidade que terá natureza declaratória e com eficácia retroativa, salvo modulação sentencial.

Por outro lado, a anulabilidade visa a proteger os interesses privados e individuais de umas das partes no contrato (o relativamente incapaz, o errante, a vítima do engano ou da ameaça).

Em face disso, diversamente da nulidade, a anulabilidade não pode ser invocada por ambas as partes ou por terceiros, nem declarada *ex officio* pelo juiz, mas apenas pelo contratante cujo interesse esteja protegido.

Enquanto a ação destinada a declarar a nulidade é imprescritível (salvo expresso mandamento legal) a ação para constituir a anulação (sentença judicial com eficácia constitutiva negativa) prescreve em dois anos para os atos jurídicos *stricto sensv* e em quatro anos para os negócios jurídicos.

Uma vez decretada a anulação, os efeitos do contrato são eliminados para o futuro e para o passado no que tange às relações internas entre as partes. Em relação aos terceiros de boa-fé, a questão torna-se mais complicada, preservando-se os direitos concretizados, salvo em três circunstâncias: (1) o terceiro adquiriu a título gratuito, (2) o terceiro estava de má-fé, (3) a anulação decorre da incapacidade da parte protegida.

Por derradeiro, a celebração de um contrato tem como efeito a geração de direitos e deveres no plano jurídico. Por isso, a lei toma em consideração uma série de hipóteses genericamente caracterizadas pelo fato de o processo de formação da vontade contratual de uma das partes ser perturbada ou falseada por circunstâncias externas ou internas ao sujeito, mas em termos tais de privar de razoável credibilidade o cálculo econômico exigido como fundamento da iniciativa.

Isso pode acontecer quando o sujeito seja desviado nas suas avaliações de conveniência do contrato, por ignorância ou falso conhecimento em relação a elementos essenciais da operação (erro), ou pelo engano e falsidade com que determinou contratar (dolo) ou por graves ameaças para obrigá-lo a concluir o negócio (coação). Em todos esses casos, assim como quando a parte manifestante for relativamente incapaz, a lei estabelece a sanção de anulabilidade ao contrato e não de nulidade.

Nessas hipóteses, considerando a proteção do interesse particular da parte, torna-se o árbitro exclusivo da sorte do contrato. Isso porque o contrato mesmo tendo sido concluído em uma das situações antes mencionadas, ainda assim poderá ser-lhe vantajoso, não havendo interesse em invalidá-lo, permitindo-se a convalidação do contrato anulável pela ratificação da parte.

II – CONTRATO DE SOCIEDADE

1. CONCEITO E CARACTERÍSTICAS

O contrato de sociedade é um negócio jurídico em que duas ou mais pessoas se obrigam a contribuir com os seus bens para o exercício em comum de certa atividade econômica, a fim de repartirem os lucros dessa atividade.

Exige para a sua conclusão apenas a manifestação de vontade das partes, não sendo necessária uma efetiva atribuição de bens ao ente fictício (*datio rei*). O preenchimento do elemento instrumental deste contrato verifica-se com a simples assunção das obrigações por parte dos sócios (promessas de comportamentos), caracterizando-se, dessa forma como um contrato consensual ao invés de contrato com eficácia real.

Entretanto, a simples verificação da existência de uma contribuição com bens por parte dos sócios não individualiza suficientemente a sociedade em face de outros contratos.

A identificação jurídica do contrato societário decorre da funcionalização atribuída a essas prestações que se direcionam para a concretização de suas atividades finalísticas, constituídas no objeto social que se transforma na expectativa formal e preordenada de ações determináveis, exequíveis e lícitas para realização da finalidade econômica.

A sociedade formalmente constituída transforma-se em um ente autônomo em relação aos sócios a partir da personificação como efeito do registro de seu ato constitutivo, passando a existir a pessoa jurídica em contraposição aos seus sócios.Neste momento surge como um centro autônomo de imputação de direitos e deveres através da formação de sua vontade objetiva.

Os interesses contratuais dos sócios só podem ser satisfeitos através do exercício continuado da atividade econômica que se propõem a desenvolver. Por essa razão, as obrigações típicas do contrato de sociedade são obrigações de cumprimento ininterrupto, tais como a obrigação de colaboração, a obrigação de não-concorrência e as obrigações derivadas do exercício da administração societária.

O contrato de sociedade é sinalagmático uma vez que faz nascerem obrigações mútuas para todas as partes. Porém, as prestações dos sócios não são contrapostas, mas harmonizáveis em vista do fim comum. A correspectividade coloca-se por isso, não entre as prestações entre os sócios, mas entre a prestação de cada sócio e o resultado útil obtido na exploração comum do negócio.

Por essa razão, o não cumprimento de obrigações assumidas pelo sócio perante a sociedade não implica diretamente na pretensão indenizatória em relação aos demais sócios, mas, primeiramente, no direito de exclusão do inadimplente pela sociedade.

De outro modo, como o sinalagma não é entre os sócios, mas entre o sócio e a sociedade, não pode o sócio opor a *exceptio non adimplenti contractus* para deixar de cumprir sua obrigação (*vg.* não pode recusar a efetuar a integralização de suas cotas pelo fato dos outros sócios não terem também integralizado).

É também um contrato oneroso, dada necessidade de haver uma atribuição patrimonial por parte dos contratantes e da sociedade que se identifica tanto na integralização do capital pelos sócios para a sociedade como pela distribuição dos lucros da sociedade aos sócios.

A comunhão de patrimônios, esforços e expectativas impõe que se verifique para a celebração do contrato de sociedade de pessoas uma relação de mútua confiança, além da identificação entre os sócios de suas características pessoais e o encontro de suas vontades recíprocas na formação da *affectio societatis*, qualificando, dessa maneira, o contrato societário como *intuitu personae*, pois a condição pessoal do sócio é elemento essencial para a contratação na sociedades de vínculos subjetivos.

Disso derivam (1) uma intensidade especial dos deveres de boa-fé; (2) a intransferibilidade das cotas sociais sem o consentimento de todos os sócios; (3) a não continuação, em princípio, da sociedade (salvo manifestação expressa no contrato social) com os herdeiros do sócio falecido.

2. RELAÇÕES INTERNAS: SOCIEDADE - SÓCIOS

A personificação do ente societário o torna, por ficção jurídica, titular de direitos e credor de expectativas em relação a deveres e a comportamentos de seus sócios.

Na primeira linha de conceitos, encontram-se as expectativas de entradas para a integralização do capital social nos prazos estabelecidos. Na segunda, a proibição do uso dos bens sociais para fins estranhos aos objetivos sociais e a proibição de concorrência entre sócio e sociedade.

Ao mesmo tempo, e em contrapartida, a participação social garante aos sócios um conjunto de direitos de diferentes naturezas.

Um primeiro direito que advém para o sócio da celebração do contrato de sociedade é o de exprimir a sua vontade em todos os momentos relevantes da vida societária, de modo a concorrer para a formação da vontade social, por deliberação majoritária ou consentimento unânime.

A lei atribui ao sócio o direito de fiscalização dos administradores. Essa designação atribui aos sócios dois direitos de natureza e conteúdo diferentes: (1) direito de informação, mediante o qual o sócio pode obter a qualquer momento as informações sobre os negócios da sociedade e consultar os documentos a ele relativos; (2) o direito à prestação periódica de contas.

Outro direito é o de percepção dos lucros. Existe, é verdade, certa dificuldade, ao menos teórica, em equacionar o direito ao lucro adveniente da celebração do contrato com o direito à percepção periódica dos lucros e o direito aos lucros concretamente distribuídos.

Não havendo qualquer convenção, os sócios participam nos lucros e perdas na proporção das cotas de capital. As entradas de capital presumem-se iguais se o contrato não determinar uma distribuição diversa.

3. RELAÇÕES EXTERNAS

O reconhecimento de personalidade jurídica pela personificação do ente moral que lhe outorga existência de Direito distinta das pessoas de seus sócios, não é capaz de garantir à sociedade a existência no plano real dos fatos.

A existência da sociedade coloca-se na teoria do Direito na categoria das ficções jurídicas, situações que não se configuram no plano fático, mas que o Direito aceita e reconhece efeitos jurídicos em suas manifestações como se existentes no plano da realidade.

A vontade do ente societário é uma definição descrita em seu objeto social concretizada em ações que representam a sua expectativa finalística como ente econômico de Direito.

A realização da sua vontade, desse modo, se concretiza na ação de seus administradores que externam para o mundo real os objetivos do ente fictício. O poder de administração tem por conteúdo a potencialidade de exercer a gestão de um negócio comum, enquanto que a faculdade de representação compreende a imputação à sociedade dos atos praticados em seu nome.

Na aquisição de personalidade jurídica decorre a simultânea atribuição de direitos e imputação de obrigações. Em relação a estas, a responsabilidade pelas dívidas sociais recaem diretamente sobre a sociedade imputando-lhe responsabilidade objetiva sobre essas obrigações e subsidiariamente sobre os sócios. Esta segunda regra, de natureza dispositiva, pode ser suplantada por vontade dos sócios que poderão limitar ou mesmo excluir a sua responsabilidade (*vg.* sociedade em conta de participação).

A responsabilidade dos sócios pelas dívidas sociais, mesmo as contraídas antes de seu ingresso, representa apenas uma garantia legal para os credores. Essa garantia é imperativa quando o sócio exerce a administração. Em consequência, o sócio que paga uma dívida social torna-se credor da sociedade. Se vier a exercer o seu direito de regresso contra os demais sócios, estes, subsequentemente, tornar-se-ão credores da sociedade. No entanto, o sócio demandado poderá obstar essa situação exigindo a prévia excussão do patrimônio societário.

4. ESTRUTURA ADMINISTRATIVA

Nas sociedades de pessoas, a organização estrutura-se unicamente numa relação de administração mediante a qual se atribuem os poderes de gestão da empresa a todos ou a alguns dos sócios ou a terceiros – não sócios-, que assumam a qualidade de administradores.

A administração constitui um órgão de sociedade enquanto entidade jurídica a qual cabe perseguir o seu objeto. Verifica-se, no entanto, que a relação de administração adquire certa autonomia na estrutura do contrato de sociedade, regulando-se pelas normas do mandato.

Apesar da remissão para esse regime, nota-se que a situação jurídica da sociedade se apresenta bastante mais complexa que a simples execução de um mandato. Os administradores possuem autonomia na gestão da persecução do objeto social, não podendo, os sócios, durante o exercício o da administração, interferirem nos negócios sociais ou dar instruções aos administradores, contrariamente do que acontece no mandato geral. Compete aos administradores os efetivos poderes de direção da empresa comum, a que os sócios terão de se sujeitar.

A administração pode ser conjunta ou disjunta (hipótese em que os poderes de administração concentram-se integralmente em cada um dos administradores) podendo praticar individualmente todos os atos que incumbem ao órgão societário sem necessidade de consentimento nem sujeição às diretivas do outros.

A atividade dos administradores não fica, porém, isenta de controle, uma vez que a lei atribui também a cada administrador o direito de oposição aos atos que os outros administradores pretendem realizar, cabendo à maioria decidir.

Os sócios podem estabelecer os sistemas de administração conjunta ou majoritária. Em qualquer desses dois sistemas, os administradores têm a atribuição para a prática dos atos urgentes quando necessário.

5. DISSOLUÇÃO SOCIETÁRIA

5.1. Dissolução societária parcial

5.1.1. Extinção do vínculo social relativamente a um sócio

A dissolução parcial da sociedade com a extinção do vínculo em relação a apenas um sócio pode abranger três situações: (1) a morte do sócio; (2) a exoneração do sócio; (3) a exclusão do sócio.

No caso de morte de um sócio, se o contrato nada dispuser em contrário, deverá a sociedade liquidar a sua cota em benefício dos herdeiros, podendo os sócios remanescentes optar pela continuação ou dissolução da sociedade.

A exoneração do sócio corresponde ao direito individual que é reconhecido de se desvincular da sociedade, exigindo a liquidação de sua cota.

A exclusão de um sócio corresponde à categoria da resolução contratual por não cumprimento de obrigação assumida pelo contratante. É o direito de uma sociedade de se desvincular de um sócio que não realiza os seus deveres para com ela. Os pressupostos legais da exclusão compreendem situações em que o interesse social vem a ser afrontado por um dos sócios.

5.2. DISSOLUÇÃO PLENA E LIQUIDAÇÃO DA SOCIEDADE

5.2.1. Dissolução voluntária e dissolução involuntária

A supressão do vínculo societário opera-se de uma forma muita específica, diferente das já conhecidas em sede de teoria geral dos contratos. A verificação, no Direito societário, de uma base dissolutória não produz a ineficácia superveniente do vínculo com a consequente extinção da relação obrigacional.

A extinção da sociedade apresenta-se como mero processo (relação sequencial início/meio/fim), ou seja, um fato jurídico complexo de formação sucessiva, que: (1) se origina com a dissolução; (2) se processa pela liquidação do patrimônio social; (3) se concretiza com a partilha; (4) se formaliza com o arquivamento do distrato.

Torna-se necessária uma série de fatos para desencadear o efeito extintivo do contrato social, o qual só se verifica após a ocorrência da última fase. Isso não quer dizer que as fases anteriores não produzam efeitos jurídicos, apenas que esses efeitos apresentam-se como efeitos de natureza preparatória de outros atos cujo desencadeamento visam a possibilitar.

São causas da dissolução:

> (1) o acordo entre os sócios – decorre dos princípios gerais do Direito das Obrigações, contudo, ao invés da regra geral absoluta que exige o mútuo consenso, nas sociedades, uma vez previsto contratualmente, a decisão pode ser tomada por voto majoritário;
> (2) o decurso do prazo fixado, sem prorrogação – o advento do termo final de existência da entidade societária determina que o negócio jurídico deixa de produzir efeitos – aos sócios, entretanto, é sempre facultada a possibilidade de prorrogarem o prazo anteriormente fixado – nesse caso, não chega a se verificar a causa de dissolução imediata em virtude da mudança da estipulação contratual originária – nessa hipótese, a sociedade passará a ter existência por prazo indeterminado
> (3) o exaurimento por realização plena do objeto social ou a impossibilidade material ou jurídica de sua realização;
> (4) extinção da pluralidade de sócios – trata-se de uma causa de dissolução de efeitos diferidos, uma vez que a redução da sociedade à unipessoalidade não faz operar imediatamente a dissolução, concedendo a lei um prazo para refazer-se a base social ou transformar-se em sociedade unipessoal, verificando-se a dissolução se esta não se reconstituir no período legalmente concedido – desta situação deriva que se a redução à unipessoalidade vier a se verificar em virtude da morte, exoneração ou exclusão do sócio, este ou seus herdeiros terão unicamente direito à cota de liquidação e não à liquidação geral do patrimônio, que só se desencadeará no processo dissolutório;
> (5) processo falimentar – nesse caso, a dissolução da sociedade perde relevância de autonomia da vontade dos sócios, apresentando-se como um

simples efeito colateral de um processo judicial – a verificação deste caso de dissolução é cogente e opera-se para fazer efetivar a responsabilidade pessoal dos sócios;
(6) demais causas dissolutórias previstas no contrato social.

5.2.3. Liquidação

A dissolução da sociedade não opera, automaticamente, a extinção do vínculo societário, apenas dá origem ao desencadeamento do processo dirigido a obtenção desse desiderato. Esse processo é denominado: liquidação da sociedade.

Verifica-se, assim, que mesmo após a dissolução da sociedade, o contrato social continua a vincular os sócios, embora apenas para o único fim de liquidar o patrimônio, com uma extensão temporária das responsabilidades dos sócios perante a sociedade (*vg.* integralização do capital) e perante os credores da sociedade.

Subsiste, desse modo, o elemento obrigação que se corporifica na sujeição dos sócios aos poderes potestativos da sociedade.

A fase de liquidação inicia-se com uma alteração orgânica da estrutura societária, segundo a forma de liquidação que vier a ser acordada pelos sócios. Em lugar do administrador surge um outro órgão: o liquidante, com poderes funcionais mais limitados, dirigidos unicamente à liquidação do patrimônio e que serão exercidos tanto no interesse dos sócios como dos credores.

Os sócios, por seu turno, deixam de possuir o direito ao lucro para serem titulares de um direito à cota de liquidação.

5.2.4. Partilha e distrato

A extinção da sociedade só se verifica com a partilha dos bens sociais (podendo até essa altura ser revogada a dissolução – se a dissolução for proveniente de uma causa imperativa como a insolvência ou a unipessoalidade, é imprescindível a cessação desta causa para revogar-se a dissolução).

O distrato é a formalização do processo de extinção da sociedade através do arquivamento do documento no Registro de Comércio.

III – EFEITOS DA SENTENÇA FALIMENTAR NO CONTRATO DE SOCIEDADE

1. O REGIME FALIMENTAR

A falência é um regime de liquidação dos ativos para o pagamento do passivo de empresas insolventes, constituído mediante sentença judicial. Em análise derradeira, é um processo de execução coletiva onde se arrecadam os bens, avalia-se, liquida-se para se pagar os credores em uma ordem hierárquica estabelecida por lei, conforme prioridades políticas, sociais e econômicas.

O Direito Econômico assenta-se em uma premissa fundamental ligada à presunção de solvência. Em outras palavras, as empresas presumem-se solventes, salvo comprovação em contrário cuja análise recai ao Poder Judiciário.

Desse modo, ao reconhecer a insolvência e na inexistência de algum plano recuperatório, apresentado e aprovado pelos credores em decisão coletiva assemblear ou a eles imposto pelo magistrado, caberá a prolação de uma sentença judicial de reconhecimento implícito da situação econômico-financeira e, simultaneamente, de constituição do regime liquidatório.

Assim sendo, a sentença falimentar assume dupla finalidade: (1) reconhecer implicitamente o estado econômico-financeiro de insolvência e (2) constituir o regime de liquidação de ativos para pagamento do passivo. Em outras palavras, o processo falimentar constitui-se em uma das causas da dissolução societária.

Entretanto, a decretação da falência não implica a imediata extinção do ente jurídico empresarial, mas na instauração de um processo judicial de execução coletiva com esta repercussão futura caso não seja incidentalmente concedido regime recuperatório judicial.

Nesse pensar, a instauração do regime liquidatório, por efeito imediato da sentença falimentar até a sua finalização com a prolação da sentença de encerramento do processo de execução coletiva coloca o ente jurídico-econômico em uma situação de transitoriedade em sua existência culminando na sua extinção decorrente da concretização dos atos finais de dissolução e distrato societários.

Diante disso, a sentença falimentar, além do processo de dissolução, liquidação e distrato, assume também, outras tarefas de regulação das situações correntes no processo falimentar produzindo efeitos em relação jurídicas preexistentes ao decreto falimentar.

Nessa segunda análise, em sua regra inicial, prevista no artigo 115 estipula o direito que os credores possuem sobre o patrimônio do sócio ilimitadamente responsável. A ilimitação patrimonial dos sócios em relação às dividas sociais poderá ter origem contratual sociedade (nome coletivo, sociedade em comandita simples e sociedade em comandita por ações), origem operacional (sociedade em conta de participação) ou para a garantia dos credores por reconhecimento em sentença judicial de atos gestão temerária ou desconsideração da pessoa jurídica (sociedade limitada e sociedade anônima).

Nesta mesma linha de efeitos, pela regra do artigo 81, a falência da sociedade determinará a falência dos sócios que contratualmente (todos na sociedade em nome coletivo, os comanditados na comandita simples e os sócios diretores na comandita por ações) ou operacionalmente (sócio ostensivo na conta de participação) assumam a administração do projeto econômico coletivo, mesmo que dela tenham-se retirado num prazo não superior a dois anos contados do ato registral.

Tal efeito – arrastamento e extensão da falência- não repercutirá, entretanto, aos sócios quando a ilimitação de sua responsabilidade decorrer de decisão judicial. Essa hipótese irá apenas determinar a responsabilidade solidária pelas dívidas sem repercutir na falência do sócio por arrastamento e extensão.

Neste mesmo artigo se estabelece que subsistem aos sócios que se retiram da sociedade a responsabilidade sobre as dívidas existentes na data sua saída, na condição de responsabilidade jurídica reconhecida naquele momento.

Em outras palavras, o sócio de uma sociedade de responsabilidade limitada, permanecerá responsável pelas dívidas existentes no momento de sua retirada pelo prazo decadencial de dois anos nos limites jurídicos de sua responsabilidade social. Isto é, pelo total do capital social que ainda resta integralizar. A integralização plena do capital antecipa o exercício do dever de responsabilidade afastando, em termos concretos, qualquer pretensão reivindicatória dos credores perante o sócio, salvo responsabilidade em virtude de gerenciamento temerário (art. 82, §1º).

Nas duas situações é importante sempre destacar que esta contagem poderá ter marcos concretos distintos. Isso porque, ainda que a lei registral indique a data do deferimento da alteração contratual com termo *a* quo, este poderá retroagir à data da assinatura do ato se protocolado em trintas dias. Caso protocolado em prazo superior, a contagem de dois anos terá como termo inicial o dia do deferimento do pedido de alteração contratual.

As relações sócios/sociedade encontram regulação no artigo 116, II segundo o qual fica suspenso o exercício do direito de retirada ou a liquidação da cota social. Assim como a relação sociedade/sócio encontra previsão no artigo 123 em que se verifica que a falência do sócio não implica a falência da sociedade sendo, nesse caso, arrecadados, periodicamente, pela massa falida, os haveres que o sócio falido tiver por direito na sociedade (não falida).

Entretanto, a regra do artigo 123, § 1º, determina não a falência da sociedade pela falência de sócio, mas possibilidade de sua dissolução em virtude deste fato jurídico, por previsão legal ou estipulação contratual ou estatutária. Nessa situação tramitaria um processo falimentar em relação ao sócio ao mesmo tempo que se operaria um processo extrajudicial de dissolução, liquidação e distrato da sociedade.

Ainda que se trate de prazo com mesma duração, a regra do artigo 82 sugere outra finalidade. Isso porque as hipóteses do artigo 81 identificam uma situação de responsabilidade objetiva, enquanto que no artigo 82 se concede um prazo, também decadencial (não prescricional) de dois anos (art. 82, § 1º), para se apurar a responsabilidade subjetiva de sócios e administradores de sociedades limitadas. Esta responsabilidade, caso haja julgamento de procedência da ação, de acordo com o texto do artigo, torna o sócio ou administrador devedor solidário sem o benefício da subsidiariedade a seu favor.

Por fim, de acordo com os termos já referidos, uma vez liquidado o ativo e realizado o pagamento do passivo (arts. 139-153), opera-se a dissolução societária a qual será formalizada mediante o arquivamento do distrato social na Junta de Comércio.

Se a liquidação do ativo for suficiente para o pagamento integral do passivo, o distrato configura-se num ato formal de encerramento da atividade societária. Entretanto, se remanescerem dívidas, estas serão de responsabilidade dos sócios dentro das regras de limitação ou ilimitação antes debatidas. Essas dívidas de acordo com a extensão definida pela lei ou por decisão judicial serão exigíveis até a sua extinção nos termos previstos nos artigos 157, 158, II, III e IV e artigo 160.

CONCLUSÃO

A economia contemporânea se expressa em três pilares: (1) na supremacia da oferta sobre a procura; (2) na desmaterialização da riqueza; (3) na multiplicação de esforços dos agentes econômicos para a concretização de objetivos comuns.

Nesse atual perspectiva, em absoluta contradição aos pressupostos de organização modelar da economia do século XIX (economia baseada na procura – materialização e imobilização da riqueza – ação economia individualizada) e do século XX (equilíbrio negocial quantitativo entre procura e oferta de bens ou serviços), no século XXI os contratos passaram a ser vistos como instrumentos de transferência de bens, direitos, tecnologia e conhecimento, massificadamente, denotando a supremacia da oferta sobre a procura.

Na decorrência do terceiro pressuposto basilar, a ação econômica individualizada demonstrou-se menos eficaz para a sobrevivência em um ambiente baseado na oferta, obrigando a multiplicação de esforços comuns entre vários agentes econômicos. Tal situação fática impôs a união dos vários agentes associadamente por elementos de afinidade, porém ligados a uma forma empresarial para a realização de atividade econômica.

Nessa íntima relação simbiótica, a organização da ação econômica coletiva sob o conceito de contrato de sociedade garante a existência de um regramento básico das atividades comuns e expectativas recíprocas entre sócios-sociedade-terceiros.

Como todos os entes – concretos ou abstratos- as sociedades possuem um ciclo de existência e alguma forma de regulamentação jurídicas dos efeitos decorrentes. A falência é uma das causas econômicas de encerramento deste ciclo (ponto de vista econômico) e de dissolução da relação societária (ponto de vista jurídico).

Nesse ensaio, foram examinadas todas as premissas acima referidas detalhando-se os principais efeitos jurídicos provenientes da sentença falimentar no período de transicional de dissolução/liquidação/distrato, fases do processo jurídico que determina a morte econômica da sociedade empresarial.

BIBLIOGRAFIA

ANTUNES VARELA, João de Matos. Das Obrigações em Geral Vols. I e II. Almedina. Décima edição, 2000.

CLARO, Carlos Roberto. Temas de Recuperação Empresarial e Falência. Editoria Ítala, 2012.

COUTO E SILVA, Clóvis Veríssimo. A Obrigação como Processo. Editora FGV. Primeira edição, 2008.

DORNBUSCH, Rudiger e Fischer Stanley. Macroenomia. McGrawHill. Quinta edição, 1994.

MORAIS ANTUNES, Ana Filipa. Prescrição e Caducidade. Coimbra Editora. Segunda edição, 2014.

MOTA PINTO, Carlos Alberto. Teoria Geral do Direito Civil. Coimbra Editora. Quarta edição, 2005.

POSNER, Richard. Economic Analysis of Law. Little Brown and Company. Fourth edition, 1992.

ROMANO Martinez, Pedro. Direito das Obrigações (Contratos). Almedina. Segunda edição,2001.

ROPPO, Enzo. O Contrato. Almedina. 2009.

SCALZILLI, João Pedro, Spinelli Luis Felipe e Tellechea, Rodrigo. Recuperação de Empresas e Falência. Almedina, 2016.

VIGIL NETO, Luiz Inácio. Teoria Falimentar e Regimes Recuperatórios. Editora Livraria do Advogado, 2008.

RECUPERAÇÃO JUDICIAL E FOMENTO COMERCIAL: UM DIÁLOGO ENTRE AS FONTES SOB A PERSPECTIVA DAS DECISÕES JUDICIAIS

Luiz Osório Moraes Panza

INTRODUÇÃO

Num ambiente altamente empresarial que hoje nos colocamos, uma das perguntas que se possa fazer fica presente no campo das fontes de diálogos envolvendo o fomento comercial em consonância com a Lei de Recuperações de Empresas.

Isso porque o fomento comercial, ou factoring, como é mais conhecido, busca, na dimensão dos novos tempos, oportunizar ao empresário, em especial os pequenos, e muitas vezes não albergados pelo sistema bancário, que tenha uma fonte de sustento da sua atividade através de linhas de crédito ofertadas por aquelas empresas responsáveis pelo presente desiderato.

Assim, após admitirmos que o fomento comercial é uma realidade não apenas brasileira, mas num universo mundial, mister que apontemos quais seriam as ligações jurídicas, com destaque para as decisões judiciais, do factoring para com os empresários e sociedades empresárias tomadores de fomento econômico. Ou seja, quais são as relações por ventura aceitas, quais seriam os direitos e deveres entre ambos e como o Poder Judiciário se apresenta para resolver essas questões.

Na realidade, a partir do instante em que o ser humano observa a necessidade de discutir relações jurídicas, e não poderia ser diferente, desde o momento em que os homens se agruparam há milênios para com isso facilitar as nossas vidas, os regramentos se mostraram essenciais em todas as áreas, seja na social, seja na jurídica também.

Claro que fomento comercial não é algo milenar, mas já é algo secular. Podemos falar em algo girando ao redor dos séculos XI a XIII e na Itália, em especial, já havia essa perspectiva de fomentar os atos mercantis entre os seus interlocutores, mais ou menos contemporâneos com a criação das letras de câmbio, como um título de crédito circulável entre as regiões, feudos e principados.

De qualquer sorte, nesse avanço que ocorreu nesses séculos, a pergunta que se faz é por que a recuperação judicial no âmbito jurídico, especificamente, deve trabalhar, ou pelo menos abordar o fomento comercial, dentro das suas discussões, lembrando que a recuperação judicial era precedida pelo instituto da concordata, conforme o contido no Decreto-Lei 7.661/1945, mas cuja história brasileira remonta da época do império, eis que a sua primeira manifestação legislativa deu-se no Código Comercial de 1850, e que neste instituto não havia um ambiente específico para tratar de temas mais contemporâneos, como o próprio fomento aqui registrado. No antigo instituto, o devedor tinha apenas a obrigação de apontar a eventual solvabilidade parcial das suas dívidas diante da existência de um mínimo de ativo para suportar o seu passivo quirografário. Todavia, não tínhamos uma obrigação sócio/econômica de produção de resultados favoráveis, como no caso da apresentação do plano de recuperação por parte do devedor, o que veio a ocorrer com a sanção da Lei nº 11.101/2005.

Assim, num primeiro momento, é possível afirmar que a recuperação judicial surgiu, dentro dessa perspectiva, como uma necessidade de reformulação quanto ao modelo econômico mundial não apenas no Brasil, pois aqui, nós seguimos o modelo mundial, porém de uma forma um pouco atrasada.

EVOLUÇÃO

Essas regras que hoje temos, e baseadas num modelo econômico neoliberal, foram pensadas e inspiradas após a Segunda Guerra Mundial. Isso porque até o século XIX, o modelo econômico adotado era o liberal, com menos interferência estatal. É bom registrar que estamos dando um salto na história através dos séculos até aqui mencionados pelo fato da importância de entendermos a relação própria entre os comerciantes e o Estado em que aqueles estariam inseridos, com uma economia mais pujante em atenção à Revolução Industrial que trouxe ao cenário econômico uma transição quanto aos modelos de manufatura das atividades.

Adentramos no século XX e muda-se o modelo político para um ambiente social. Mudam-se todos os segmentos, inclusive o econômico, o que é o centro da presente análise. O que aqui se caracteriza é uma prevalência da ingerência do Estado em face dos seus administrados, com intervenção em vários campos da atividade, promovendo-se, assim, uma organização social e adoção de parâmetros econômicos.

Todavia, com a final da Segunda Guerra Mundial houve uma deterioração da economia europeia, em especial Itália, Alemanha, França, Inglaterra, Polônia, Rússia, entre outros. Esses países se viram na necessidade de se reinventar por conta das perdas econômicas sofridas com a guerra que acabavam de sair.

Precisaram arrefecer, ou pelo menos modificar os paradigmas legislativos até então existentes, para a adoção de que uma normatização mais voltada para a recuperação de empresas, ou, mais precisamente, uma recuperação do comércio, com a finalidade que este voltasse a crescer, pois havia, sem dúvidas, a realidade fática de dependência do mercado econômico.

Isso porque desde a Idade Média, o mundo se movia a partir e tão somente do instituto da falência, que era o mecanismo primário e primordial para esse ambiente para atingir o chamado mau comerciante

Assim, era preciso redesenhar o mapa político/econômico europeu. Nesse compasso, os países começaram a buscar legislações mais voltadas para a recuperação e não tanto para a insolvência pura e simplesmente como a solução única e final.

É bom lembrar que, por ora, estamos observando sobre o avanço ideológico do instituto da recuperação de empresas para, na sequência, abordarmos sua ligação com o fomento comercial a partir da visão jurisprudencial, eis que a preocupação central de todo e qualquer empresário que atue nessa área é saber quais são as condições e circunstâncias que os colocam frente à realidade jurídica e quais são as consequências disso, não apenas para o faturizador, como também para o faturizado.

É certo, ainda, que a sociedade econômica brasileira está no aguardo da aprovação de um novo Código Comercial, que certamente abordará, entre outros temas, o presente aqui apresentado. Mas enquanto este novo Código não vem, como ficam as relações de fomento no Direito brasileiro? Existem, hoje, lacunas? Há uma área aberta em cima disso? Na realidade, a jurisprudência tenta preencher isso, o que será visto mais à frente dentro do presente estudo.

Mas enquanto não tivermos um novo Código Comercial é preciso pensar e repensar o presente modelo, e esse nascimento se dá em especial na perspectiva contemporânea que surgiu como final da citada Guerra Mundial, uma vez que princípios consagradores da atividade econômica são essenciais.

Dessa forma, função social da empresa, manutenção da fonte produtora, preservação da atividade, respeito aos trabalhadores e aos empregadores são elementos indispensáveis não apenas na legislação brasileira, em especial na Lei nº 11.101/2005, mas também nas legislações que compõem o modelo europeu.

Como consequência, devemos entender o que se quer e se espera com a nova dimensão legislativa e as suas adequações para com o fomento comercial frente à recuperação de empresas, o que podemos visualizar com a Europa e o que percebemos aqui no nosso ambiente nacional.

Pode parecer algo não palpável, mas aqui temos que entender sobre a função social metajurídica das recuperações. Num primeiro momento pode parecer algo altamente abstrato, mas, na realidade, não é.

As doutrinadoras Vera Helena de Mello Franco e Rachel Sztajn, da Universidade de São Paulo, analisaram o modelo brasileiro (Lei nº 11.101/2005) em comparação com as posições do direito europeu e afirmaram sobre a real necessidade de observação sobre esse anteriormente falado modelo metajurídico que, muito embora pareça ser essencialmente abstrato, ele possui um componente efetivo de transformação.

Segundo elas, o que foi estabelecido na legislação geral europeia e o que foi repetido em parte pela legislação brasileira, ambos os momentos viram a concretude dos anseios dos empresários e das sociedades empresárias, em especial nas condições de devedores, credores e, muitas vezes, terceiros participantes na relação, mas principalmente qual seria o alcance pensado em cima disso, principalmente pelo fato do conteúdo buscar a função social em harmonia com os interesses das economias governamentais.[1]

1 Nesse sentido: FRANCO, Vera Helena de Mello e SZTAJN, Rachel. Falência e Recuperação da Falência em crise – Comparação com as posições do direito europeu. Rio de janeiro: Elsevier, 2008, p. 271-273.

Nesse compasso, essa função social essencialmente metajurídica mostra-se hábil.

Todavia, é bem verdade que qualquer corpo normativo escrito hoje no Brasil passa invariavelmente pelo ambiente principiológico e também pelo metajurídico, uma vez que as abstrações se mostram indispensáveis, haja vista que o legislador não tem, de antemão, a visão de todas as hipóteses possíveis e imagináveis das relações jurídicas e sociais.

Apenas a título de comparação com a atual legislação brasileira, observemos aqui alguns modelos europeus para um critério de reflexão quanto à perspectiva de ambientação anterior (abstração) e posterior (concretização) da norma em relação às necessidades econômicas que precisam ser regulamentadas e, eventualmente, protegidas.

Na Itália, por exemplo, nós temos o acordo de reestruturação através do Decreto Legislativo de 2006 (*Accordi di Ristrutturazione*), que tem como objetivo trabalhar com a recuperação da atividade durante o andamento da concordata preventiva. Sim, os italianos ainda chamam este instituto de concordata, mas acresceram a ideia da reestruturação. É bem verdade que desde meados do século XX os italianos já haviam modernizado a forma de pensar em recuperação econômica, o Decreto real 267, de 16 de março de 1942, tratando da falência e também da concordata preventiva. Porém, com a modernização do pensamento, em especial coma adoção da teoria da empresa como fator crucial para o sucesso da atividade econômicas, as normas necessitaram de uma atualização mais consentânea com a realidade vivida. Houve uma solidificação do pensamento.

Na França, nós temos dois corpos legislativos, a Lei nº 721/2003 (que trata do modelo preventivo de análise contábil) e a Lei n º 845/2005 (que observa o procedimento coletivo de pagamentos). Há, assim, dois momentos, sendo o primeiro a efetiva análise quanto à contabilidade do devedor. É uma fase pré-processual. Vencendo a primeira fase, a lei sequencial anteriormente citada trata agora da forma procedimental para o pagamento aos credores. Alça-se a ideia da recuperação como mote maior.

Na Alemanha, por sua vez, temos a Lei Alemã de 05 de outubro de 1994 (*Insolvenzordnung*), com insolvência da empresa para pagamento aos credores, mas buscando sua manutenção.

Nestes três primeiros modelos, ao mesmo tempo que se fala da recuperação do devedor quanto à sua atividade, também se observa o respeito ao credor, em especial a busca da satisfação de adimplemento.

É possível, ainda, mencionar o modelo espanhol através da *Ley Concursal* de 09/07/2003, que tem como objetivo salvar apenas empreendimentos viáveis, com benefício a credores, devedor, trabalhadores e interessados. Há uma análise cognitiva a partir dos elementos concretos, situação em que a contabilidade se mostra essencial. Há um espectro de participação, num verdadeiro caleidoscópio jurídico de atores. Vale aqui uma observação que esse mesmo modelo é pensado no Brasil como referencial ideológico.

Por fim, Portugal tem o chamado Código da Insolvência e da Recuperação de Empresas (Decreto-Lei 53/2004), com liquidação do patrimônio e repartição entre credores, ou realização de plano baseado em recuperação. Também é um modelo procedimental.

Notemos que o Brasil, hoje, não se encontra sozinho em termos de legislação recuperatória. Pelo contrário, o país acabou seguindo a tendência europeia de busca de soluções para o problema econômico das empresas em dificuldade.

Importante lembrar também que estes países anteriormente citados têm as leis não apenas e a partir deste século, mas sim são normas atualizadores de ideias e modelos surgidos no momento do pós Segunda Grande Guerra. Todos aqui antecederam ao Brasil. E o que este último pensou em termos de recuperação judicial?

UMA ANÁLISE SOBRE RECUPERAÇÃO JUDICIAL

Mas o que seria essa ideia de recuperação judicial? Historicamente, sempre tivemos o instituto da falência no direito brasileiro e também mundial, além da concordata, esta última iniciando-se no Brasil em 1850 com a edição do Código Comercial, mas apenas na hipótese suspensiva, eis que a concordata preventiva veio através do Decreto 917 de 1890. Nesta última, a pretensão seria de uma postergação de pagamento, além de eventual abatimento das dívidas quirografárias. Para aquela, mister que houvesse previamente a falência e, no curso desta, o falido poderia pedir a sua conversão em suspensiva, desde que preenchidos determinados requisitos, como, por exemplo, a existência de ativo mínimo suficiente para suportar parte do passivo.

É certo que outras normas surgiram neste interregno, como aquelas editadas nos anos de 1902, 1908 (através do excelente trabalho do doutrinador Carvalho de Mendonça), 1929 e 1945, e em todas a concordata também foi pensada. Em cada uma delas, uma eventual construção ideológica foi permeada, como, por exemplo, a sua edição em 1929 por obra da situação econômica mundial surgida a partir da quebra da Bolsa de Nova York. Porém, agora, a situação encontra-se modificada.

O próprio ordenamento criado a partir do Governo Getúlio Vargas (1945) era altamente repressivo em relação não apenas ao devedor, mas também aos próprios credores, pois estes perderam força de voz na tramitação das ações de falência e concordata. Não tínhamos a presença de elementos curativos ou até mesmo preventivos de situações voltadas para dificuldades econômicas dos devedores. Não se mostrava um quadro de propostas ou simples sugestões de reerguimento econômico da atividade.

Se mostramos os institutos anteriores (as concordatas), qual seria a diferença basilar entre ambos (concordata vs. recuperação)? Isso em complemento à pergunta anteriormente feita.

Assim, para situarmos a pretensão da primeira parte desta análise é entender a recuperação como algo novo no direito brasileiro, mas baseado numa premissa básica: a demonstração inequívoca de uma responsabilidade sócio/econômica por parte do devedor frente ao instituto.

Essa atual situação é fruto de um pensamento político à época da transformação (mais exatamente o ano de 1993), em que o Governo Federal buscou dar atendimento às novas necessidades econômicas brasileiras, mormente pela renovação constitucional no nosso país, através da Constituição da República de 1988, o que nos aponta uma nova ordem econômica. Isso porque a partir deste ano, os primados que passaram a permear a Carta Magna apontam para um contexto principiológico dividido em direitos e deveres de todas as sortes.

E isso ocorre a partir da leitura do art. 47 da Lei de Recuperação de Empresas. Eis a sua dicção:

> Art. 47. A recuperação judicial tem por objetivo viabilizar a superação da situação de crise econômico-financeira do devedor, a fim de permitir a manutenção da fonte produtora, do emprego dos trabalhadores e dos interesses dos credores, promovendo, assim, a preservação da empresa, sua função social e o estímulo à atividade econômica.

Notemos o seu caráter principiológico em todos os alcances, dentro de um ambiente que envolve não apenas os participantes centrais (devedor e credores), mas também a preocupação quanto à atividade em si.

Se a concordata simplesmente se preocupava em dizer ao devedor para que ele apontasse contabilmente a sua possibilidade de reerguimento, mas apenas através das contas, porém não especificamente qual seria o modelo a se utilizar por parte do devedor, agora, com a edição do instituto da recuperação, esta responsabilização é uma realidade, inclusive seguindo aqueles modelos europeus anteriormente apontados.

Voltando agora ao artigo 47 da referida lei, fica visível que este corpo legislativo não trabalha com uma percepção de dogmatismo estanque, impondo um comportamento único e um automático resultado vinculante.

Hoje, as leis brasileiras mais contemporâneas preparam o leitor e o seu participante, apontando a sua principiologia e a sua ideologia.

O próprio instituto da recuperação tem uma gama de princípios consagradores da sua perspectiva de interesse coletivo, como os princípios da viabilidade da empresa, da relevância do interesse dos credores, da publicidade dos procedimentos, da *par conditio creditorum*, da maximização dos ativos e da preservação das empresas, nas palavras de Waldo Fazzio Júnior[2]. Na atual legislação, o art. 47 aponta para esses direcionamentos.

Esse artigo 47, LFR, é crucial para entendermos a recuperação e no que isso vai convergir para algum ponto da segunda parte da presente análise, envolvendo o instituto do fomento comercial, haja vista que aqui não temos apenas a ideia de como se deve comportar a empresa recuperanda ou o empresário porque esta lei brasileira se aplica a este último ou ainda à pessoa jurídica (sociedade empresária), de acordo com o seu artigo 1º do mesmo texto legal, lembrando que o Brasil adota o modelo dualista, ou seja, tal qual alguns países europeus, como Itália, v.g., havendo legislação para o modelo de insolvência civil (Código Civil) e para o modelo de insolvência empresarial (Lei 11.101/2005). É certo que houve uma inspiração na codificação napoleônica de 1804, aqui adotando mecanismo de relações civis, para a codificação de 1807, agora

2 Nesse sentido: FAZZIO JUNIOR, Waldo. Lei de Falência e Recuperação de Empresas. 4ª ed., São Paulo: Atlas, 2008, p. 15/21.

com traços eminentemente comerciais. Inaugurando uma bipartição que foi usada por muitos países, dentre eles o Brasil. Diferente disso é o modelo norte-americano do ambiente unitário. De qualquer sorte, na atual legislação, o ambiente empresarial é totalmente crucial para os objetivos propostos pela lei.

E voltando ao artigo 47, LFR, este se volta para os empresários e sociedades empresárias no seu primado de princípios, todos altamente programáticos, conforme, inclusive, ocorre na Constituição Federal, que apresenta normas programáticas quanto a várias atividades envolvendo políticas públicas, dando-lhes um comportamento a ser seguido.

Na sua leitura, nós nos deparamos, de início, com a viabilização da superação da situação de crise econômico-financeira do devedor, ou seja, quais são as fórmulas possíveis e imagináveis para o alcance de respostas válidas para superar o revés; a seguir, a manutenção da fonte produtora é outra perspectiva de validade e continuidade, eis que não se mostra interessante nem para o credor e nem para o estado que a atividade cesse. Assim, vemos que mecanismos são buscados para o alcance do resultado.

Também é essencial que haja segurança quanto ao emprego dos trabalhadores, tendo como base a Constituição Federal que protege o trabalho do ser humano. Todo e qualquer procedimento empresarial tem que ter como escopo a manutenção, na medida do possível, do labor, com o adimplemento dos seus créditos trabalhistas.

Há, outrossim, o interesse dos credores dentro da leitura do artigo. Interesse comparar com a norma anterior, pois no Decreto-Lei nº 7.661/1945 não havia a perspectiva de proteção ou ainda participação mais efetiva dos credores quanto às decisões mais importantes. Caso houvesse possibilidade de satisfação, um tanto quanto melhor, mas sem a atuação direta daqueles. É bom que se diga não se tratar de uma realidade objetiva da norma anterior proteger o credor. Não era, pois, um modelo teleológico, ou seja, finalístico quanto à sua ação.

Na sequência, a preservação da empresa, ou seja, a sua sustentabilidade dentro do ambiente sócio-econômico, também é um mote do presente instituto, além de função social da empresa, tratando-se de um conceito aberto ou indeterminado. É possível perguntar, por exemplo, qual seria o seu limite conceitual? Onde podemos encontrar isso? Assim, qualquer mecanismo que alcance o seu intento é bem-vindo para auxiliar na objetivação.

Por fim, o estímulo à atividade econômica busca mecanismos para se reinventar. Em outras palavras, quais seriam as ideias ou intenções essenciais para que a presente atividade permanecesse hígida quanto aos resultados. O art. 50 da LFR traz, v.g., um rol exemplificativo de modelo de estímulo à essa atividade a ser utilizada pelo devedor, apoiada em situações que possam levar à perspectiva de reerguimento da atividade até então em dificuldade. São meios para que o empresário ou a sociedade empresária busquem alternativas de solução.

Portanto, nós temos hoje no Brasil um modelo recuperatório que muito se assemelha ao modelo europeu. A nossa legislação, de certa forma, está preparada para isso. A questão é uni-la à conscientização do Estado/juiz, dos credores e do devedor. Assim, não se tem como pensar diferente nessa perspectiva. Temos sim um modelo legislativo hábil para dar atendimento ao desiderato. O que precisamos é a sua operacionalização, mas através de qual remédio? Das decisões judiciais e das pretensões das partes que vão desaguar no Poder Judiciário.

O que se busca, pois, é uma visão de governança corporativa para a recuperação judicial, o que é pensado por Renata Weingrill Lancellotti da seguinte maneira:

> Diante desse cenário, o legislador precisou adequar o sistema falimentar brasileiro ao estágio do desenvolvimento econômico, de modo a atualizar os dispositivos da lei falimentar para tornar esse procedimento mais ágil e eficaz, no sentido de proporcionar novos meios de recuperar empresas em dificuldades financeiras, mas economicamente viáveis – e, nos casos opostos, efetivamente decretar a quebra.[3]

E essa governança conta hoje como auxílio da atividade fomentadora sob o prisma comercial.

FOMENTO COMERCIAL

Na sequência, após observar sobre essas matrizes delineadoras da Recuperação Judicial, mister abordar sobre o fomento comercial e, após, fazer uma ligação entre ambos sob a ótica jurisprudencial, eis que a presente pretensão repousa na construção de um diálogo das fontes.

É certo que hoje nós não temos uma legislação regulamentar do começo, meio e fim sobre factoring (assim comumente chamada) dentro das suas mais diversas áreas. O que temos é a possibilidade de se entender que essa atividade é desenvolvida no Brasil, sendo já admitida racionalmente nesse modelo e, por conta disso, o que o Poder Judiciário pode fazer como situação excepcional para exatamente dizer qual seria o limite da responsabilidade, qual, também, seria o limite da obrigação e, por fim, quais seriam os direitos disponíveis nessa magnitude.

Para tanto, vamos fazer uso do conceito de factoring definido pelo SEBRAE conforme leitura que se faz na sua página na internet:

> Factoring (fomento mercantil ou comercial) é uma atividade comercial caracterizada pela aquisição de direitos creditórios, por um valor à vista e mediante taxas de juros e de serviços, de contas a receber a prazo.
> Ela possibilita liquidez financeira imediata para micro e pequenas empresas, e não deve ser confundida com a operação praticada pelos bancos.[4]

---

3 LANCELLOTTI, Renata Weingrill. Governança Corporativa na Recuperação Judicial: Lei nº 11.101/2005 – Como empresas em crise podem atrair investidores e novos gestores. Rio de Janeiro: Elsevier, 2010, p. 109.

4 Fonte: SEBRAE (http://www.sebrae.com.br/sites/PortalSebrae/artigos/entenda-o-que-e-factoring,7b1a5415e6433410VgnVCM1000003b74010aRCRD). Acesso em março de 2017.

O que vemos é que se trata o factoring de situação distinta da pura atividade bancária, mas totalmente essencial para a economia de um país, da mesma forma como o desconto bancário para a atividade exclusiva deste último.

Em complemento ao conceito trazido pelo SEBRAE, também é possível mencionar a locução de Luiz Lemos Leite, hoje presidente da ANFAC[5] e um dos precursores do fomento comercial no Brasil, sobre o que se entende e a importância a respeito de factoring:

> Factoring é uma atividade mercantil, nobre e complexa, de reconhecida idoneidade socioeconômica e legalmente exercida por empresas especializadas, que inibe a desintermediação financeira e contribui para melhorar a liquidez do sistema econômico: para os bancos, reduzindo seus custos e riscos, para as pequenas e médias empresas, assegurando-lhes o indispensável apoio gerencial e financeiro e para o país, incrementando a produção, gerando mais empregos e garantindo a sobrevivência do importante segmento da pequena e média empresa, sustentáculo de toda a economia.[6]

Ainda, para Vera Helena de Mello Franco, o factoring pode ser entendido como:

> Contrato pelo qual um empresário cede a outro (especializado), total ou parcialmente, o faturamento (créditos de curto prazo) resultante do seu giro comercial, mediante o pagamento de uma remuneração. Em troca, o faturizador adianta o valor do faturamento cedido, prestando uma série de serviços dentre os quais a gestão dos negócios do faturizado, ademais de assessoria contábil, mercadológica, econômica e financeira.[7]

Portanto, nós temos aqui exatamente essa dimensão, incluindo a ideia básica de se tratar de uma cessão.

Vamos, ainda, acrescer uma definição legal, pois o nosso modelo jurídico brasileiro baseia-se na construção da Civil Law.

Dentro dos vários sistemas jurídicos que temos no mundo através da construção social, amparados num modelo-base, é que se desenvolvem as estruturas fundantes da concepção de funcionamento.

---

5 A ANFAC *Associação Nacional de Fomento Comercial* - é a principal entidade representativa do setor do fomento comercial brasileiro. Foi fundada em 1982, na cidade do Rio de Janeiro, com o compromisso de fortalecer o sistema brasileiro de fomento comercial e suas relações com a sociedade, como também, contribuir para o desenvolvimento socioeconômico e sustentável do País. Fonte: http://www.anfac.com.br/v3/anfac-sobre.jsp. Acesso em março de 2017.

6 LEITE, Luiz Lemos. Factoring no Brasil. 10ª ed., revista e ampliada, São Paulo: Atlas, 2005, prefácio à 5ª edição.

7 FRANCO, Vera Helena de Mello. Contratos: direito civil e empresarial. 4ª ed., rev., atual. e ampl. São Paulo: Revista dos Tribunais, 2013, p. 184.

Assim, o Brasil buscou, dentro os modelos pensados pelas sociedades, o Romano-Germânico, que se apresenta a partir das normas positivadas, ou seja, postas por escrito para a adoção dentro da sociedade. Diferencia-se do modelo inglês ou norte-americano (Common Law), eis que aqui as normas possuem uma construção costumeira, passando-se de geração para geração dentro de um arcabouço construtivista em constante mudança.

No sistema brasileiro, as leis são escritas e, como não poderia ser diferente, encontramos a definição de fomento comercial dentro de lei específica sobre tributação, mas que também tocou no presente tema.

A Lei nº 9.249, de 26 de dezembro de 1995, no seu artigo 15, § 1º, III, "d", traz o conceito de fomento comercial:

> (...) prestação cumulativa e contínua de serviços de assessoria creditícia, mercadológica, gestão de crédito, seleção de riscos, administração de contas a pagar e a receber, compra de direitos creditórios resultantes de vendas mercantis a prazo ou de prestação de serviços (factoring).

Vemos que existem algumas legislações brasileiras, em especial a presente supra, que, em certo ponto, falam sobre factoring. De qualquer sorte, não há, especificamente, uma lei que aborde unicamente este tema.

A situação da praticidade é que nos trouxe a realidade.

É interessante como o modelo jurídico é pautado, muitas vezes, na experiência.

O doutrinador italiano Pietro Perlingieri escreveu uma obra, mais tarde traduzida para o português, chamada "Perfis do Direito Civil". Nesta obra, ele indaga o que vem primeiro: o fato social ou a norma. Ele conclui que, na maioria das vezes, o que vem primeiro é o fato e que acaba dando ensejo à norma e não o contrário.[8]

Isso porque o legislador (no seu sentido amplo e político de Carl Schimidt) fica atento às realidades sociais e, por conta disso, num outro tempo – inclusive para criticar a demora na construção de um novo Código Comercial que, por ora, se encontra ainda em tramitação no Congresso Nacional, indagando-se qual seria a demora na sua finalização, o que, certamente facilitaria a vida empresarial brasileira – tem a necessidade de acompanhar os interesses da sociedade.

É certo que em muitas vezes a demora na construção do modelo jurídico decorre de outros problemas paralelos que uma Nação enfrenta, como, por exemplo, a atual e aberrante crise política brasileira diante de tanta denúncia desenfreada de corrupção. Isso faz como que outros assuntos, como o presente, por exemplo, tenham a demora no processo de criação de uma nova lei, como a regulamentação total do modelo de fomento comercial.

Todavia, enquanto aguardamos por uma legislação específica sobre a matéria (factoring), importante que a situação ande mediante o preenchimento de eventuais

8 Nesse sentido: PERLINGIERI, Pietro. Perfis do Direito Civil – Introdução ao Direito Civil Constitucional. 3ª ed., Rio de Janeiro: Renovar, 2007.

lacunas por conta de outras normas que regulamentem, mesmo que passando à margem do tema central.

Ademais, conforme doutrina, este tipo de contrato possui características próprias, o que permite uma possibilidade de situá-lo no ambiente jurídico, eis que, como qualquer outro contrato, a liberdade de negociação é inerente ao tipo apresentado entre as partes.[9]

Como vimos, alguns artigos de lei isolados regulamentam o assunto, dentre elas, a própria Lei de Recuperação de Empresas (não obstante no sentido da perspectiva creditícia do faturizador, por exemplo).

O que ora se apresenta como interessante é a *conventional factoring*, aqui entendida como uma das espécies de faturização em que o faturizador antecipa os valores que fazem referência aos créditos recebido pelo faturizado. Isso ocorre através de uma comissão que equivale a uma garantia pelo recebimento do crédito quando do momento do vencimento da obrigação.

Trata-se aqui da modalidade mais usual de factoring diante da antecipação de valores em favor do credor originário do título de crédito, eis que há compra de direitos creditórios, pagamento imediato dos valores a quem transferiu os créditos, por cessão de créditos ou ainda por endosso (a primeira forma de natureza civil e a segunda de natureza cambial) e transferência de riscos. Porém, surge uma pergunta nesse momento: qual seria a responsabilidade do faturizado? A interrogação é proposital, pois existe uma divergência doutrinária em cima disso. E até mesmo, de certa forma, no campo jurisprudencial.

Mas a discussão é exatamente essa, ou seja, a compra dos títulos pelas "empresas faturizadoras" hábeis para isso frente aos seus pretensos contratados. Estes negociam com aquelas a possibilidade de recebimento de créditos, geralmente sob o argumento de que os bancos não lhes dão créditos para fazer capital de giro e nem lhes dão atenção.

Sabemos que muitas vezes o modelo de fomento comercial vem atender às micro e pequenas empresas. Essa é uma realidade premente, sendo aqui o nicho de negociação empresarial.

É bom que se diga não haver qualquer tipo de demérito que as empresas de factoring negociem apenas com micros e pequenos empresários ou sociedades empresárias. São ambientes distintos. Os bancos preferem operar com grandes empresas devedoras. E como ficam os pequenos nesse mercado econômico? Sabemos que os micro e pequenos são a grande maioria da economia brasileira. Os números mostram isso. Basta fazer um levantamento em qualquer site especializado no tema.

---

9 Para Jônatas Milhomens, os contratos de factoring têm como características a sua natureza pessoal, venda a prazo, transferência mediante cessão ou endosso, exclusividade e onerosidade (in Manual Prático dos contratos: (Administrativos, agrários, bancários, civis, comerciais, desportivos, industriais, marítimos): doutrina, legislação, jurisprudência, formulários. Rio de Janeiro: Forense, 2002, p. 282). Para Vera Helena, a classificação jurídica aponta um tipo de contrato consensual, oneroso, bilateral, de execução continuada, exclusivo a favor do faturizador e não formal (in Contratos: direito civil e empresarial. Op. Cit., p. 187/188).

A regulamentação dessas atividades empresariais encontra-se presente na Lei Complementar 123/2006 (com alteração pelas Leis Complementares 147/2014 e 155/2016), mas que conceitua as atividades a partir dos valores que são auferidos como receita bruta dentro do ano-calendário, sendo R$ 360.000,00 para os micro e R$ 4.800.000,00 para os pequenos.

Vemos, assim, através dos valores acima apontados que se trata de uma gama muito brande no universo empresarial brasileiro. E que vai dar atenção a isso? As empresas chamadas de factoring dão atenção a essas pessoas, enquanto que, muitas vezes, os bancos não dão atenção.

E se não fosse isso, não haveria uma movimentação bilionária no mercado brasileiro. Então, há uma essencialidade em cima disso. Por isso, parece premente que venha uma legislação específica para regulamentar toda a atividade. Se o nosso modelo é Civil Law, então que venha uma legislação assim o fazendo.

Enquanto não tivermos o resultado legislativo final, vamos atuando dentro da possibilidade esparsa em sintonia como o posicionamento jurisprudencial.

Essa questão, pois, envolve os participantes através de uma cessão créditos dentro do Direito Civil (artigos 286/298 do Código Civil) ou ainda do endosso diante das leis específicas (como a Lei Uniforme de Genebra para Letras de Câmbio e Nota Promissória; Lei do Cheque, Lei das Duplicatas e ainda o próprio Código Civil na parte concernente aos títulos de crédito inominados, artigos 887 ao 926, em especial dos artigos 910 ao 920).

Chega-se, mais uma vez, à pergunta sobre a responsabilidade do faturizado nesse ambiente. Ou seja, ele procura a atividade de factoring para negociar o seu título ou seus títulos. E qual seria esse limite obrigacional? Este existe para o caso concreto?

Conforme afirmado anteriormente, o pensamento acadêmico diverge, sendo que uma parte diz que há responsabilidade pelo faturizado por estarmos diante de um acordo entre as partes; por estarmos diante de um contrato atípico; porque não haveria na legislação qualquer proibição. Isso por conta do nosso modelo brasileiro em que podemos fazer tudo aquilo que não esteja proibido por lei (aqui na condição de particulares e não na condição de Estado, eis que este somente pode fazer aquilo que estiver autorizado por lei, vinculando-se ao princípio da legalidade). É claro que o cidadão comum está vinculado ao princípio da legalidade, mas dentro de elementos de liberdade garantidora dos direitos fundamentais.

Outra parte doutrinária entende que não há responsabilidade do faturizado porque haveria compra de crédito e de riscos, sendo que esse contrato tem que dar para as duas partes essas condições; não se trata de desconto bancário, em que neste há esta condição de responsabilização por norma específica; cobrança de uma taxa maior de desconto aplicada. Seriam esses os argumentos.

São os dois ambientes discutidos no mundo das ideias, nós temos as divergências. Notemos, portanto, que não é algo estanque, sendo apenas o sim ou apenas o não.

Todo aquele empresário do fomento comercial tem que saber exatamente dos seus riscos e é por isso que tem que existir essa questão do diálogo entre as fontes, sendo a primeira o Estado/juiz que, através da legislação, determina um funcionamento de algo e a segundo mediante as relações privadas entre faturizadores e faturizados com liberdade de agir, haja vista que estamos diante de um modelo em que nada é proibido desde que não haja definição proibitiva própria.

Assim, neste ambiente dialógico caberá ao Poder Judiciário a preocupação com a uniformização e harmonização das decisões para o alcance da segurança jurídica. Isso é indispensável, pois um dos modelos básicos é o referido princípio, pois a tal segurança tem de existir como um modelo de estabilidade. Uma decisão judicial tem que ser igual à decisão do meu vizinho se os direitos forem idênticos, não sendo possível ter um tratamento "a" e um tratamento "b". Essa preocupação é histórica. Desde a análise da Codificação napoleônica do início do século XIX busca-se essa estabilidade chamada "segurança jurídica".

E nós temos um modelo em cima disso, mas que não seria agora o momento de discussão.

Na sequência, observamos a proteção ao faturizado, mas também proteção ao faturizador. Isso significa que aquele não deve trabalhar com a perspectiva de que, uma vez "passado" o título para frente, ele se desobriga por completo quanto ao seu adimplemento, devendo o faturizador preocupar-se com o seu recebimento.

Temos ainda o diálogo baseado na responsabilidade do faturizado pelos vícios do título. Neste ponto, vemos a possibilidade do faturizador questionar na justiça, caso não haja o adimplemento pelo devedor final, devendo buscar no cedente ou endossante do título a viabilidade desse adimplemento.

Por fim, a separação da responsabilidade do devedor principal na recuperação judicial em relação aos coobrigados, fiadores e obrigados de regresso, conservando os credores o direito em relação a estes (LFR, art. 49, § 1º).

Aqui, o texto legal é bem claro. Ao afirmar que os devedores (no caso, os faturizados) que pedirem recuperação judicial, como fica a situação do faturizador que tem o título na mão, tendo o faturizado como endossante, por exemplo, e tendo ainda um terceiro, outro endossante, este primeiramente na condição de endossatário do faturizado, mas agora endossante numa nova relação negocial, além de um avalista?

Referido artigo menciona que a recuperação do devedor principal (no nosso caso, o faturizado inicialmente) não alcança a figura dos coobrigados (endossantes e avalistas destes, v.g.). Há uma autonomia destes em responder pelo adimplemento dos títulos.

Existe na legislação responsável pela recuperação judicial esta possibilidade, desde que tenhamos no título a presença de terceiras pessoas participantes.

Por conta disso e desses questionamentos, os tribunais têm analisado as situações ora mencionadas, como forma de realmente fazer a ligação entre os dois institutos, servindo como uma fonte do diálogo necessário.

VISÃO JURISPRUDENCIAL: O DIÁLOGO DAS FONTES

Se estamos diante da uma noção de convergência e, ao mesmo tempo, divergência quanto aos participantes, uma vez que os interesses dos credores e do devedor devem, em algum momento, convergir para o bem da atividade empresarial, mas, ao mesmo tempo, divergir quanto à busca do crédito para os primeiros e possibilidade efetiva para o segundo, cabe, agora, ao Poder Judiciário dirimir as diferenças, assentando cada interessado dentro do seu campo de atuação, cabendo, portanto, este papel ao julgador, o que é apontado por Ricardo Negrão:[10]

> Na recuperação judicial parece adequado afirmar que o julgador deva refletir acerca do sacrifício exigido dos credores para se alcançar a preservação da empresa, quesito que não pode ficar exclusivamente a cargo do interesse dos credores, sob pena de se sobrepor esta causa às outras de idêntica valoração legislativa, previstas no art. 47.

Nasce, então, o papel do Poder Judiciário em harmonizar o sistema e também as relações jurídicas.

O julgado a seguir apresentado ocorreu no ano de 2014, mas sob a égide de representativo de controvérsia sobre o tema. No caso, o Superior Tribunal de Justiça estabeleceu um paradigma sobre o assunto, servindo ele de base para todo e qualquer outro caso idêntico ao presente, devendo ter a mesma decisão, o que serviria para ratificar a ideia de segurança jurídica. Tal instituto foi protagonista no CPC/1973, reiterando a perspectiva no CPC/201, fazendo com que as decisões das cortes superiores sejam seguidas pelas cortes inferiores. Trata do tema envolvendo a responsabilidade dos coobrigados nas relações cambiais.

Eis a decisão:

> RECURSO ESPECIAL REPRESENTATIVO DE CONTROVÉRSIA. ART. 543-C DO CPC E RESOLUÇÃO STJ N. 8/2008. DIREITO EMPRESARIAL E CIVIL. RECUPERAÇÃO JUDICIAL. PROCESSAMENTO E CONCESSÃO. GARANTIAS PRESTADAS POR TERCEIROS. MANUTENÇÃO. SUSPENSÃO OU EXTINÇÃO DE AÇÕES AJUIZADAS CONTRA DEVEDORES SOLIDÁRIOS E COOBRIGADOS EM GERAL. IMPOSSIBILIDADE. INTERPRETAÇÃO DOS ARTS. 6º, CAPUT, 49, § 1º, 52, INCISO III, E 59, CAPUT, DA LEI Nº 11.101/2005.
> 1. Para efeitos do art. 543-C do CPC: "A recuperação judicial do devedor principal não impede o prosseguimento das execuções nem induz suspensão ou extinção de ações ajuizadas contra terceiros devedores solidários ou coobrigados em geral, por garantia cambial, real ou fidejussória, pois não se lhes aplicam a suspensão prevista nos arts. 6º, caput, e 52, inciso III, ou a novação a que se refere o art. 59, caput, por força do que dispõe o art. 49, § 1º, todos da Lei nº 11.101/2005".
> 2. Recurso especial não provido.
> (REsp 1333349/SP, Rel. Ministro LUIS FELIPE SALOMÃO, SEGUNDA SEÇÃO, julgado em 26/11/2014, DJe 02/02/2015).

10 NEGRÃO, Ricardo. A eficiência do processo judicial na recuperação de empresa. São Paulo: Saraiva, 2010, p. 137.

Vemos aqui que a corte superior ratificou o conteúdo exarado no art. 49, § 1º, LFR, permitindo-se autonomia do credor para a cobrança da dívida frente a terceiros coobrigados, no caso das cambiais, dos endossantes e seus avalistas, o que é, por lógica, essência das regras cambiais, pois não podemos nos esquecer que os títulos de crédito têm, como princípios, a literalidade, cartularidade, autonomia, independência e abstração. Se não fosse por isso, não poderíamos falar em títulos de crédito, mas sim apenas em relações obrigacionais de natureza eminentemente civil, pois o que caracteriza uma cambial no nosso direito é a autonomia e abstração dos títulos para livre circulação de riquezas.

A seguir, um outro julgado mostra o posicionamento do mesmo tribunal sobre a responsabilidade ou não do faturizado pela solvência do devedor em relação ao título de crédito:

> AGRAVO REGIMENTAL NO AGRAVO EM RECURSO ESPECIAL. DIREITO PROCESSUAL CIVIL E EMPRESARIAL. AUSÊNCIA DE PREQUESTIONAMENTO. ENUNCIADO N. 211 DA SÚMULA DO STJ. FACTORING. **AUSÊNCIA DE RESPONSABILIDADE DA FATURIZADA PELA SOLVÊNCIA DO DEVEDOR DO TÍTULO DE CRÉDITO, MESMO QUE A TRANSFERÊNCIA DESTE TENHA SE OPERADO POR ENDOSSO. ARRANJO CONTRATUAL EM QUE O RISCO DO INADIMPLEMENTO É ASSUMIDO PELA FATURIZADORA. ASSUNÇÃO DE RISCO QUE SE CONSTITUI EM ELEMENTO ESSENCIAL DO CONTRATO**. PRECEDENTES. VERBETES SUMULARES N. 7 E 83 DO STJ. AUSÊNCIA DE ARGUMENTOS APTOS A INFIRMAR OS FUNDAMENTOS DA DECISÃO AGRAVADA. AGRAVO REGIMENTAL IMPROVIDO. (...)
> 1. Inadmissível o recurso especial quanto à questão que, a despeito da oposição de embargos declaratórios, não foi apreciada pelo Tribunal a quo (enunciado n. 211 da Súmula do STJ).
> **2. A faturizadora não tem direito de regresso contra a faturizada sob alegação de inadimplemento dos títulos transferidos, porque esse risco é da essência do contrato de factoring. Precedentes.**
> 3. O entendimento expresso no enunciado n. 7 da Súmula do STJ apenas pode ser afastado nas hipóteses em que o recurso especial veicula questões eminentemente jurídicas, sem impugnar o quadro fático delineado pelas instâncias ordinárias no acórdão recorrido. Precedentes.
> 4. Se o agravante não traz argumentos aptos a infirmar os fundamentos da decisão agravada, deve-se negar provimento ao agravo regimental.
> 5. Agravo regimental a que se nega provimento.
> (AgRg no AREsp 671.067/PR, Rel. Ministro MARCO AURÉLIO BELLIZZE, TERCEIRA TURMA, julgado em 23/02/2016, DJe 04/03/2016). Grifei.

Nesse julgado do ano de 2016, a corte mostrou qual é o seu modelo mais atual sobre o tema, eis que faz parte do contrato de factoring o risco quanto ao adimplemento obrigacional, afastando, de consequência, o direito de regresso por parte do faturizador em face do faturizado.

O que se retira da proposta jurisprudencial é que os julgadores entendem que, uma vez celebrado um contrato de factoring, as regras que se seguem não são essencialmente cambiais, mas sim obrigacionais gerais regidas pelas regras civis.

Muito embora tenhamos esse julgado, há um outro entendimento da mesma corte quanto ao tema:

> AGRAVO REGIMENTAL NO AGRAVO EM RECURSO ESPECIAL. CIVIL E COMERCIAL. CONTRATO DE FACTORING. CESSÃO DO CRÉDITO REPRESENTADO POR CHEQUES. POSSIBILIDADE DE ARGUIÇÃO DAS EXCEÇÕES PESSOAIS DO DEVEDOR CONTRA A EMPRESA FATURIZADORA.
> **1. No contrato de factoring, a transferência dos créditos não se opera por simples endosso, mas por cessão de crédito, subordinando-se, por consequência, à disciplina do art. 294 do Código Civil, contexto que autoriza ao devedor a oponibilidade das exceções pessoais em face da faturizadora. Precedentes.**
> 2. A errônea valoração da prova que dá ensejo à excepcional intervenção do Superior Tribunal de Justiça na questão decorre de falha na aplicação de norma ou princípio no campo probatório, e não das conclusões alcançadas pelas instâncias ordinárias com base nos elementos informativos do processo, em razão do óbice da Súmula 7/STJ.
> 3. Agravo regimental a que se nega provimento.
> (AgRg no AREsp 118.372/RS, Rel. Ministro RAUL ARAÚJO, QUARTA TURMA, julgado em 23/02/2016, DJe 07/03/2016). Grifei.

Nesta última, a corte deixou claro que a transferência de crédito do tomador ou beneficiário da cambial não se opera por endosso, que é o ato cambial por excelência para se transferir créditos desta natureza, mas sim por cessão de crédito operada pelo direito civil.

Assim, sob a ótica do faturizador, esse julgado não lhe é favorável, pois conclui que as transferências de crédito entre o beneficiário e o terceiro recebedor daquele mesmo crédito opera-se por cessão, sem as proteções ou características próprias das cambiais, o que enseja, por conclusão, a permitir o devedor de apresentar oposições de natureza pessoal em face do faturizador, o que não aconteceria no simples endosso por previsão legal (tanto na Lei Uniforme de Genebra para as letras de câmbio e notas promissórias, como também para os títulos inominados previstos no Código Civil). Nas cambiais há uma abstração e autonomia facilmente perceptíveis, não permitindo ao devedor que se valha de situações pessoais contra terceiros estranhos à formação da relação jurídica causadora da emissão da cambial.

Por fim, o seguinte julgado traz o entendimento na mesma linha sobre o risco assumido pelo faturizador nos contratos de factoring quanto à pessoa do faturizado:

> COMERCIAL E PROCESSUAL. RECURSO ESPECIAL. EXECUÇÃO. NOTA PROMISSÓRIA E CONTRATO DE FACTORING. INADIMPLÊNCIA DO ADQUIRENTE DA MERCADORIA. RECOMPRA. RESPONSABILIDADE DA

> FATURIZADA. QUESTÃO FÁTICA NÃO APRECIADA PELO TRIBUNAL DE ORIGEM. ENUNCIADO N. 7 DA SÚMULA DO STJ.
> **1. O risco assumido pelo faturizador é inerente à operação de factoring, não podendo o faturizado ser demandado para responder regressivamente, salvo se tiver dado causa ao inadimplemento dos contratos cedidos (precedentes), hipótese que, segundo a recorrente, estaria prevista em cláusula contratual.**
> 2. No caso concreto, apesar de a exequente, faturizadora, ter alegado a responsabilidade da faturizada pelo inadimplemento do adquirente das mercadorias - devolução de produtos impróprios para o consumo -, os acórdãos da apelação e dos aclaratórios não apreciaram tal questão fática, deixando a recorrente de veicular no recurso especial violação do art. 535 do CPC. Tais circunstâncias tornam inviável o exame, em recurso especial, da prova dos autos, com o propósito de acolher o pedido recursal de prosseguimento da execução, incidindo o óbice do enunciado n. 7 da Súmula do STJ.
> 3. Recurso especial desprovido.
> (REsp 1163201/PE, Rel. Ministro ANTONIO CARLOS FERREIRA, QUARTA TURMA, julgado em 02/12/2014, DJe 24/03/2015). Grifei.

Num primeiro momento, este último julgado vai ao encontro do julgado anterior, ou seja, dos riscos assumidos pelo faturizador, não se valendo, num primeiro momento, das benesses dos títulos de crédito quanto às possibilidades regressivas.

Porém, o item 1 da ementa, em caixa baixa, traz uma excepcionalidade em favor dos faturizadores quanto ao risco: o faturizado não pode responder regressivamente nos contratos de factoring, salvo se tiver dado causa ao inadimplemento dos contratos cedidos, mediante previsão de cláusula contratual.

Assim, dependendo do vício da origem, do negócio realizado entre o faturizado e o terceiro, é possível que o faturizador alcance aquele em termos de responsabilidade subsidiária nesta relação, como, por exemplo, títulos frios, ou duplicatas sem a causa de origem e emissão.

Vemos, portanto, que a própria jurisprudência diverge quanto ao posicionamento, analisando, pois, caso a caso.

Pontualmente, essa é uma novidade no Superior Tribunal de Justiça, na medida em que a presente matéria não se encontra legislada por completo. Dessa forma, as necessidades vão aparecendo paulatinamente, demandando dos julgadores um posicionamento hermenêutico capaz de responder às presentes perguntas.

CONCLUSÃO

Com isso, podemos concluir o seguinte frente ao Poder Judiciário, apontando-se duas situações distintas, uma quanto á recuperação judicial e outr a quanto ás relações de factoring.

Primeiro, na recuperação judicial, a empresa de fomento pode cobrar dos coobrigados quanto aos títulos dos recuperandos faturizados, eis que são responsabilidades autônomas e distintas.

Segundo, majoritariamente, a faturizadora não pode responsabilizar o faturizado quanto ao inadimplemento do título, salvo se este der causa ao vício de origem do título frente ao terceiro devedor. Vimos que o próprio Superior Tribunal de Justiça tem admitido isso.

Outrossim, não cabe cláusula de recompra por ser o factoring baseado na assunção do risco.

Essas são as conclusões que as cortes chegaram para poder dirimir esta perspectiva.

Constantemente, a jurisprudência vai se amoldando às realidades empresariais postas em discussão.

Não se desmerece o papel fomentador da economia desenvolvido pelas empresas faturizadoras.

Porém, sabedor do risco que se opera nas respectivas relações comerciais, o factoring deve se amoldar à distribuição de ônus que este tipo de contrato opera.

Assim, o papel é de justiça distributiva, no seu formato aristotélico, dando a cada um o que é seu quanto aos ônus e bônus.

As ideias lançadas servem de reflexão para a melhoria do serviço prestado e o fortalecimento da economia brasileira.

Há um papel essencial das empresas de factoring.

Deve valer a pena todo o esforço lançado pelos atores responsáveis pelo crescimento das micro e pequenas empresas no cenário brasileiro.

Para finalizar, vale transcrever parte de um poema de autoria do inesquecível poeta lusitano Fernando Pessoa. Mas o que teria ele a ver com a questão do factoring?

Ora, sempre valerá a pena esta relação com o faturizado na medida em que isso auxilie o crescimento da economia brasileira; na medida que isso cria empregos para a economia brasileira, tanto do lado do faturizador, como do lado do faturizado.

A questão do Poder Judiciário se posicionar em favor de "A" ou "B", ou ainda decidir em favor de um dos dois não significa que ele está protegendo uma parte em detrimento de outra. Significa que ele está tentando se adaptar de acordo com as ferramentas que ele tem de momento. E nós sabemos que no modelo brasileiro ainda faltam outras ferramentas, que no caso seria uma legislação específica.

Se o estado não faz o seu papel regulamentador, então o Poder Judiciário e os atores do contrato de factoring devem fazê-lo para, com isso, buscar sempre uma melhoria na economia brasileira, fazendo valer a pena.

E como dizia Fernando Pessoa no poema Mar Português: "Valeu a pena? Tudo vale a pena se a alma não é pequena."

REFERÊNCIAS BIBLIOGRÁFICAS

FAZZIO JUNIOR, Waldo. Lei de Falência e Recuperação de Empresas. 4ª ed., São Paulo: Atlas, 2008.

FRANCO, Vera Helena de Mello. Contratos: direito civil e empresarial. 4ª ed., rev., atual. e ampl. São Paulo: Revista dos Tribunais, 2013

FRANCO, Vera Helena de Mello e SZTAJN, Rachel. Falência e Recuperação da Falência em crise – Comparação com as posições do direito europeu. Rio de janeiro: Elsevier, 2008.

LANCELLOTTI, Renata Weingrill. Governança Corporativa na Recuperação Judicial: Lei nº 11.101/2005 – Como empresas em crise podem atrair investidores e novos gestores. Rio de Janeiro: Elsevier, 2010.

LEITE, Luiz Lemos. Factoring no Brasil. 10ª ed., revista e ampliada, São Paulo: Atlas, 2005.

MILHOMENS, Jônatas. Manual Prático dos contratos: (Administrativos, agrários, bancários, civis, comerciais, desportivos, industriais, marítimos): doutrina, legislação, jurisprudência, formulários. Rio de Janeiro: Forense, 2002.

NEGRÃO, Ricardo. A eficiência do processo judicial na recuperação de empresa. São Paulo: Saraiva, 2010.

PERLINGIERI, Pietro. Perfis do Direito Civil – Introdução ao Direito Civil Constitucional. 3ª ed., Rio de Janeiro: Renovar, 2007.

OS ATIVOS INTANGÍVEIS DA EMPRESA: AS TUTELA JURÍDICA DAS NOVAS TECNOLOGIAS E KNOW-HOW

Marcos Wachowicz

PALAVRAS CHAVES: EMPRESA – DIREITOS INTELECTUAIS – KNOW-HOW – NOVAS TECNOLOGIAS DA INFORMAÇÃO E COMUNICAÇÃO – PROPRIEDADE INTELECTUAL

1. A EMPRESA: ENTENDIMENTO DE RUBENS REQUIÃO

A Empresa**,** como entidade jurídica é uma abstração como já lecionava Rubens REQUIÃO[1] em sua obra clássica “Curso de Direito Comercial”. Assim, é que REQUIÃO expressava com exatidão que a empresa é entendida como o exercício de uma atividade, que surge da ação intencional do empresário em exercitar a atividade econômica. É apenas a organização de fatores de produção, posta para funcionar pelo empresário. Desaparecendo o exercício da atividade organizada desaparece a empresa.

A disciplina jurídica da empresa é a disciplina da atividade do empresário, analisava Rubens Requião em sua obra Curso de Direito Comercial, enfatizando que a tutela jurídica da empresa é a tutela jurídica dessa atividade. Na concepção jurídico-comercial, empresa significa uma atividade exercida pelo empresário, do que resulta a importância no campo do direito comercial.

2. A IMPORTÂNCIA DA EMPRESA NA ATUALIDADE

A empresa como atividade econômica é responsável pelo desenvolvimento local, regional e global no que tange a produção e comercialização em massa sendo que

1 Neste sentido ver: Rubens Requião. Curso de Direito Comercial. São Paulo: Saraiva, 2000

domina o panorama da economia mundial moderna, graças à grande dimensão que alcançou.

As empresas com um poder econômico a nível global, são denominadas de transnacionais que atuam como um dos fatores de agregação e fortalecimento dos blocos econômicos num mercado altíssimamente globalizado. Por outro lado, numa esfera local e regional, as pequenas médias empresas completam o ciclo de produção e de distribuição dos produtos.

2.1. O conceito econômico da empresa

A conceituação de empresa passa inicialmente pela percepção de sua atividade econômica, como bem aponta Waldirio BULGARELI, ao afirmar que *"Empresa é a organização de capital e de trabalho destinada à produção ou mediação de bens e serviços para o mercado"*. Assim, BULGARELI apresenta a empresa como mera organização voltada para o mercado.

Por outro lado Luiz Antônio Soares HENTZ, afirma que *"a empresa é o ente responsável pela satisfação das necessidades coletivas, mediante o exercício de produção, intermediação e prestação de serviços."* Nesta perspectiva, HENTZ entende a empresa como "ente responsável", contudo, desprovida de personalidade jurídica.

2.2. O conceito jurídico de empresa e sua natureza jurídica

O Código Civil DE 2002, na Parte Especial, trata no Livro II *Do Direito de Empresa*. Esse Livro II, por sua vez, está dividido em quatro títulos: *Título I – Do Empresário; Título II – Da Sociedade; Título III – Do Estabelecimento; Título IV – Dos Institutos Complementares.*

A teoria empresa está em oposição à teoria dos atos de comércio[2] criada pelo pensamento liberal do Século XIX estabelecida no Código Comercial Frances de 1807, e que posteriormente fora adotada pelo Código Comercial de 1850 e na Resolução 737 do mesmo ano.

A teoria da empresa não classifica ou divide os atos em civis ou mercantis. Para a teoria da empresa, o que importa é o modo pelo qual a atividade econômica é exercida. Como bem observou Alfredo Assis GONÇALVES NETO, o objeto de estudo da teo-

---

2 Em linhas muito gerais, de acordo com a teoria dos atos de comércio, parte da atividade econômica era comercial, isto é tinha um regime jurídico próprio, diferenciado do regime jurídico de uma outra parte da atividade econômica, que se sujeitava ao direito civil. Isso significava dizer que certos atos estavam sujeitos ao direito comercial e outros não. Os atos de comércio eram os atos sujeitos ao direito comercial; os demais eram sujeitos ao direito civil. Ou seja, atos com conteúdo econômico poderiam ser civis ou comerciais. Na verdade a questão não era tão simples, pois a doutrina não conseguia estabelecer exatamente um conceito científico do que seria o ato de comércio, sendo mais fácil admitir que ato de comércio seria uma categoria legislativa, ou seja, ato de comércio seria tudo que o legislador estabelece que teria regime jurídico mercantil.

ria da empresa não é o ato econômico em si (critério objetivo), mas sim o modo como a atividade econômica é exercida, ou seja, a *empresa* (critério subjetivo moderno).[3]

3. NOÇÃO JURÍDICA DE EMPRESÁRIO NO DIREITO BRASILEIRO

O Código Civil determina que se aplique ao empresário o regime jurídico comercial, desta forma, não só os comerciantes mas também os prestadores de serviços estão sujeitos à falência e não mais a insolvência civil. A análise do conceito legal de empresário é, pois, essencial para a caracterização, como se desume do Código Civil no artigo 966, *in verbis*:

> *"Art. 966. Considera-se empresário quem exerce profissionalmente atividade econômica organizada para a produção ou a circulação de bens ou de serviços.*
>
> *Parágrafo único. Não se considera empresário quem exerce profissão intelectual, de natureza científica, literária ou artística, ainda com o concurso de auxiliares ou colaboradores, salvo se o exercício da profissão constituir elemento da empresa".*

Este conceito enquadra linearmente: (i) Toda pessoa natural ou jurídica; (ii) Que articule o trabalho alheio com matéria prima e capital; (iii) Com vistas a produzir ou circular mercadorias ou prestar serviços para o mercado.

Em contrapartida, o conceito legal não enquadra: (i) o profissional liberal, o artista ou quem exerça atividade intelectual, a exemplo do médico em seu consultório enquanto prestador de um serviço intelectual personalíssimo não é empresário, mas o médico ou sociedade de médicos titulares de um hospital serão empresários, porque a profissão intelectual enquanto atividade econômica profissionalmente organizada se constitui em elemento da empresa; e, (ii) não contempla o Empresário Rural.

4. A EVOLUÇÃO DA EMPRESA PERANTE O DIREITO COMPARADO

A Teoria da Empresa foi concebida na Itália no século XX, porém, sua construção jurídica é anterior, podendo ser observada em seis fases distintas, que ocorreram em diversos ordenamentos jurídicos, daí a pertinência de uma análise de direito comparado de suas fases.

A) Primeira Fase desprovida de conteúdo jurídico.

Na primeira fase, observa-se que a palavra empresa surge pela primeira vez no Código Comercial Francês de 1.807.Porém, ausente de qualquer conceituação ou con-

3 GONÇALVES NETO, Alfredo A. Direito de Empresa: comentários aos artigos 966 a 1195 do Código Civil, 2ª ed. São Paulo: RT 2008.

teúdo jurídico, sendo meramente incluída na matéria de competência dos Tribunais do Comércio, artigo 632. No Brasil, com utilização análoga é mencionada no Regulamento nº 737, em 1850, *"in verbis"*:

> "Art. 19 – considera-se mercancia:
> 1 – A compra e venda ou troca de feitos móveis ou semoventes para vender a grosso ou a retalho, na mesma espécie ou manufaturados, ou para alugar o seu uso;
> 2 – As operações de câmbio, o banco e corretagem;
> **3 – As empresas** de fábricas; de comissões; de depósitos; de expedição; de consignação e transportes de mercadorias; de espetáculos públicos;
> 4 – Os seguros, fretamentos, riscos e quaisquer contratos relativos ao comércio marítimo;
> 5 – A armação e expedição de navios".

B) Segunda Fase enquanto atividade econômica

A segunda fase é observada na Itália em 1942, com a edição do Código Civil, não conceituou expressamente a empresa, em sua definição se deduz da caracterização de empresário, como sendo: *"aquele que exercita profissionalmente a atividade econômica organizada para o fim de produção ou de troca de bens ou serviços."*

O Brasil, nesse ponto, se norteou pela conceituação italiana de empresário. A empresa é legalmente definida no Brasil pela antiga e revogada Lei 4.137 de 10/09/62, que coibia o abuso do poder econômico, em seu artigo 4º previa: *"Considera-se **empresa** toda organização de natureza civil ou mercantil, destinada à exploração por pessoa física ou jurídica de qualquer atividade com fins lucrativos."*

Com pequena alteração vocabular esse conceito de empresário é adotado no atual Código Civil, no artigo 966.

C) Terceira Fase influência trabalhista e fiscal

A terceira fase, é observável a partir de 1944 na França, quando foi promulgada a Lei da Reforma da Empresa, a qual possuía normas específicas para comitês de empregados junto às empresas.

Com efeito, foi partir da década de 60, denota-se uma crescente influência trabalhistas e fiscal atingindo o direito comercial, considerando como direito específico da empresa, que estabelece a condição daqueles que possuem, criam e dirigem a empresa; que rege as relações das empresas entre si e que regula a sorte jurídica dos bens afetados à empresa, tudo levando à modificação do direito societário para torná-lo uma técnica de organização da empresa, e não mais uma organização de grupo de sócios.

A concentração econômica no setor privado em decorrência de novos tipos de organizações empresariais, com novos padrões de produção e de competição capitalista,[4] conduziu e direcionou o Estado a produzir um conjunto sistemático de regras destinadas a reger a economia.

D) Quarta Fase influência do Direito Econômico

A influência do direito econômico, tendo a empresa como seu objeto fundamental na integração regional, que no Brasil se efetiva por intermédio do Mercosul, integrando países em Blocos econômicos no processo de globalização da econômica.

O papel do Estado na formação de políticas de desenvolvimento cresce de importância das empresas com fonte pagadoras de tributos e geradoras de empregos.

A concorrência acirrada entre as empresas justifica a edição de leis repressoras do abuso do Poder Econômico, em defesa da livre iniciativa, liberdade de concorrência, defesa do consumidor e até mesmo para solução de conflitos entre empresas e particulares em geral, o que se deu no Brasil, com a Lei. 9.307/96, que dispõe sobre a arbitragem.

E) Quinta Fase influência da Tecnologia na organização

A organização dos fatores de produção requer tecnologia e konw how inerentes à dinâmica da produção e à intermediação de bens e serviços. Assim a empresa, entendida como organização da atividade econômica engloba capital, trabalho e tecnologia, com finalidade lucrativa.

Ganha relevo a influência da tecnologia na organização, na medida que esta se constitui como um ativo intangível da sociedade empresária, que enseja uma nova dinâmica de produção, de organização da empresa.

No final do século XX surge o Comércio Eletrônico ou E-commerce pode ser definido como a produção, a propaganda, a venda ou a distribuição de produtos pelas redes de comunicação, ou seja, a utilização da tecnologia de rede e da internet, para possibilitar as funções empresariais a distância. Tratam-se de novos ativos intangíveis advindos deste novo ambiente tecnológico que reestruturam os fatores de produção e intermediação de bens e serviços.

---

4 "A primeira Guerra Mundial e a introdução da tecnologia da linha de montagem pela Ford nos Estados Unidos forçaram a indústria britânica a mudar. Firmas britânicas compraram máquinas de uso intensivo e começaram a padronizar modelos, embora timidamente, como se mergulhassem os pés em água fria. Essa foi a parte fácil. Acharam difícil acompanhar os americanos na política de compra da cooperação dos trabalhadores mediante aumentos salariais gerais. Nada como o dinheiro para aliviar o esforço físico do trabalho mais rápido e das técnicas de economia de mão-de-obra. Quando Herbert Austin (da Austin Motors) visitou as fábricas da Ford após a Primeira Guerra Mundial, ficou impressionadíssimo com a performance "enérgica" dos trabalhadores e com a permanente azáfama que atribui à diversidade de raças empregadas (competição inter-racial?) e à compulsão do fluxo da linha de montagem. 'Vi as famosas oficinas Ford (...) o ponto que me interessou e me encantou mais foi o modo como todos no estabelecimento pareciam estar tentando fazer o máximo'." LANDES, David S. A riqueza e a pobreza das nações. 7ª ed. Rio de Janeiro : Ed. Campos, 1998, p. 519-520.

Os novos ativos intangíveis da empresa são tutelados pelo Direito da Propriedade Intelectual, e se constituem em vantagens competitivas do agente econômico no mercado.

Assim no Brasil, na década de 90 viria a ocorrer a inserção e o uso massivo dos bens informáticos (*software* e *hardware*), os quais ao se popularizarem na sociedade, permeariam os seus setores, públicos e privados, indo dos centros de saúde às escolas.[5] Todas as atividades seriam afetadas em sua forma de produção e administração, independentemente do tamanho da empresa. A este processo muitos denominaram de democratização da informática.[6]

O comportamento dos diversos agentes econômicos numa economia altamente globalizada, constitui um desafio para os Estados assimilar seus pressupostos e adequar todo seu sistema produtivo a sua realidade tecnológica, tendo como paradigma estruturante o Sistema Internacional de Proteção da Propriedade Intelectual estabelecido pela Organização Mundial da Propriedade Intelectual – OMPI, como organismo internacional que aglutina a Convenção de Paris 1803 e Convenção de Berna 1806.

F) Sexta Fase o fenômeno da Globalização

O fenômeno da globalização da empresa no comércio internacional nos seus vários aspectos, incluindo bens, serviços e propriedade intelectual, deve-se principalmente ao desenvolvimento tecnológico em matéria de transportes e meios de comunicação. Com o contexto da globalização, a figura do Estado nacional se tornou uma realidade cada vez mais inadequada, na medida em que os problemas por ele enfrentados já não podiam ser resolvidos pelos tradicionais instrumentos de Direito interno.

Neste sentido, ACCIOLY:

> O fenômeno da globalização da economia e seus conseqüentes desdobramentos fez com que a mentalidade dos países fosse paulatinamente se modificando, a partir de interesses políticos e econômicos, e diante disso um novo conceito de soberania foi se sobrepondo ao tradicional, a ponto de os Estados aceitarem acatar e respeitar as normas emanadas por um poder acima dele – o poder supranacional.[7]

---

5 "No período de 1993/97, segundo dados da SEPIN, o mercado brasileiro de software evoluiu, passando de US$ 1,5 bilhão em 1993 para US$ 2,5 bilhões em 1997". MAZZEO, Luzia Maria. Abertura Econômica. Paradigma Industrial e o Setor de Informática no Brasil. Londrina : Editora UEL, 1999, p. 212.

6 Neste sentido: "Internet es simplemente una red de redes. El ser una rede de redes implica la coexistencia de una multitud de intereses en un espacio común accesible al usuario, que tiene la posibilidad de disfrutar de una enorme cantidad de información y servicios". ESTEBAN, Maria Luisa Fernandez Esteban. Nuevas tecnologías, Internet y Derechos Fundamentales. Madrid : 1998, editoral Mc Graw Hill, p. 23.

7 ACCIOLY, Elizabeth. Mercosul & União Européia. Curitiba : Juruá, 1998. p. 165.

Assim, buscou-se cada vez mais uma regulamentação internacional forte, o que acarretou evidentemente o aumento quantitativo de normas internacionais. A dimensão dos fluxos comerciais e seus impactos, não só na economia dos Estados como nos interesses comerciais globais, levou os Estados industrializados em 1994 a estabelecerem também regras sobre aspectos do Direito de propriedade intelectual relacionados ao comércio. Juntamente com a OMC, o TRIPs foi criado em 1994, no final da Rodada Uruguai.

Diversamente dos tratados anteriores relativos à propriedade intelectual, o TRIPs não admite reservas, daí não ser possível aos Estados aderir a algumas partes dos acordos e não a outras. Isto porque o TRIPs faz parte de um sistema multilateral internacional complexo, cujo equilíbrio gera interdependência entre as normas que o compõem e os compromissos assumidos pelos Estados que o integram.

5. O IMPACTO DAS NOVAS TECNOLOGIAS NA EMPRESA

A repercussão dos impactos da Revolução Tecnológica da Informação é sensível nas atividades econômicas das empresas, quer seja sobre as controvérsias acerca da automação da produção e da distribuição, e seus reflexos nas taxas de desemprego,[8] quer seja na transformação das estruturas organizacionais das mesmas.

A tecnologia da informação redimensionou a empresa em suas hierarquias, introduzindo novos processos com novos recursos de comunicação, por meio de bens informáticos. A título de exemplo, citam-se os mecanismos de controle em terminais de computadores que, interligados, possuem a capacidade de recolher as informações relativas ao rendimento de cada empregado, de determinada linha de produção, ou de uma unidade industrial inteira, enviando dados *on line* para serem analisados na sede principal da empresa, situada, não raras vezes, em outro país.

Esta tecnologia constitui, por si só, um meio de comunicação de elevado valor intervindo nos mecanismos de produção e distribuição econômicos. Segundo W. MELODY,[9] a informação e sua efetiva comunicação constituem o recurso mais importante e determinante da eficiência da economia, indústria ou processo produtivo atuais.

A generalização do uso das novas tecnologias da informação introduz no plano econômico das empresas uma nova dimensão qualitativa e quantitativa, na medida em que estas tecnologias permitem, como afirma Juan Luis Millán PEREIRA, *"modi-*

---

8 "A questão ainda é controvertida. Vários doutrinadores defendem que o avanço da tecnologia não gera, necessariamente, uma diminuição de trabalho, mas apenas um deslocamento de mão-de-obra de um segmento para outro. Outros sustentam que o avanço da tecnologia e o aumento da produção não se traduzem em aumento de empregos, pelo contrário, a produção aumenta, enquanto se mantém o mesmo número de empregados. A verdade é que, bom ou ruim, não se pode ficar à margem dos avanços tecnológicos, sob pena de estarmos condenados à proeza da marginalização internacional". AUTORI, Maria Helena Vilela; GREFORIN, Daniela. O Teletrabalho. In SHOUERI, Luiz Eduardo (Coord.) Internet : o direito na era virtual. Rio de janeiro : Forense, 2001, p. 137

9 MELODY, W. H. Information: an emerging dimension of institucional analisis. In Jurnal of Economic Issues, vol. XXI, n.3., p. 1313.

ficar las formas de producción, gestión y comercialización en la generalidad de los sectores económicos, e introducen nuevas actividades económicas: las actividades informativas", que num sentido amplo se denomina de Economia da Informação.[10]

O conceito econômico de atividades informativas foi elaborado por M. U. PORAT[11] em 1977. Tomando por base que a informação é constituída de um conjunto de dados organizados, era previsível que as atividades informativas iriam incorporar ao conjunto de recursos consumidos na produção, no processamento e na distribuição dos bens e serviços informativos.

Na Sociedade Informacional, a comercialização de produtos, a publicidade, o transporte, as comunicações, assim como a produção de novos conhecimentos, implicam necessariamente o tratamento da informação por meio de *hardwares* e *softwares*, que possibilitem o armazenamento e transferência de dados e conhecimentos.

Neste sentido, pode-se afirmar que a Revolução da Tecnologia da Informação representou para a economia uma autêntica segunda Revolução Industrial, expressa pelo surgimento de um quarto setor informacional, num cenário até então marcado pela atuação dos setores primário (agropecuário), secundário (industrial) e terciário (serviços).[12]

6. O DESENVOLVIMENTO DO *KNOW-HOW* DA EMPRESA

A expressão inglesa *know-how* significa saber como fazer. Os franceses, por sua vez, criaram o termo *savoir-faire*[13] para representar o conteúdo dos conhecimentos passíveis de constituir um *know-how*. A invenção é a criação de um novo produto, um novo bem, enquanto o *know-how* é o conhecimento de como será produzido este determinado produto com maior qualidade e quantidade.[14]

---

10 PEREIRA, Juan Luis Millán. La Economía de la Información. Análisis teóricos. Madrid : Editorial Trota, 1993, p. 8.

11 PORAT, M.U. & RUBIN, M.R. The Information Economy: Definition and measurement, vol. I., The Information Economy, Department of Commerce, Waschington, 1977, p. 23.

12 Neste sentido: PORAT, M.U. & RUBIN, M.R. The information Economy: Definition and measurement, vol. I., The Information Economy, Department of Commerce, Waschington, 1977, p. 23.; PEREIRA, Juan Luis Millán. La Economía de la Información. Análisis teóricos. Madrid : Editorial Trota, 1993, p. 78-79.; LUÑO, ANOTNIO-ENRIQUE PÉREZ. Nuevas tecnologias sociedad y derecho. El impacto-jurídico de las N.T. de la información. Madrid : Fundesco, 1987, p. 36.

13 "A doutrina francesa, que o criou, disseca a expressão savoir-faire, analisando as duas palavras que a compõem; savoir-faire na procura do conteúdo dos conhecimentos suscetíveis de constituir um know-how, ponto em relevo que o savoir-faire é em primeiro lugar a habilidade técnica, os tour de mains, por vezes definida pela jurisprudência como uma técnica de execução dependente do cuidado e da habilidade de quem a executa." FEKETE, Elisabeth Kasznar. O Regime Jurídico do Segredo de Indústria e Comércio Brasileiro. Rio de Janeiro : Forense, 2003, p. 56.

14 Neste sentido: CHINEN, Akira. Know-how e Propriedade Industrial. São Paulo : 1997, p. 6.

A partir do entendimento de *know-how* como o conhecimento técnico, ou ainda saber-fazer,[15] é inegável sua aproximação no processo de criação e desenvolvimento de um *software*, posto que este é um conjunto de instruções capaz de fazer com que determinada máquina processe e desempenhe determinada função, ensejando necessariamente um conhecimento prévio, quer dizer, um *know-how* informático.

No ambiente das Novas Tecnologias da Informação e Comunicação – TIC's, com o alto nível de informatização dos setores industriais e empresariais, os conhecimentos que determinada empresa possui, constituindo seu *know-how*, podem ser incorporados a novos bens intelectuais, como a exemplo de um *software*, durante o seu processo de desenvolvimento.

A revolução tecnológica propiciada com os recursos da informática implicou a mudança da sociedade industrial para a sociedade informacional assim definida por CASTELLS, na qual a informação e os conhecimentos ganham importância como atributo de uma forma específica de organização social em que a geração, o processamento e a informação tornam-se as fontes fundamentais de produtividade e poder devido às novas condições tecnológicas.[16]

Os conhecimentos técnicos e industriais que por séculos foram capazes de impulsionar economicamente a indústria, o comércio e os serviços ganharam obsolescência rapidamente, na mesma medida em que foram substituídos ou assimilados pela nova tecnologia.

As novas condições tecnológicas ensejaram transformações em todos os setores das empresas, quer industriais ou comerciais, para que fossem reorganizados, implicando ainda que os conhecimentos técnicos fossem também transpostos para este novo ambiente tecnológico informacional no qual o *software* é um elemento fundamental e veículo de transferência de tecnologia. Neste sentido, aponta António Marques dos SANTOS que "os fluxos de *know-how* são hoje muito mais importantes do que os de tecnologia patenteada e esta última não pode, em regra, ser assimilada sem o *know-how*. As patentes são mais um catálogo de tecnologias disponíveis do que um meio de acesso à tecnologia".[17]

Com efeito, as invenções fruto da Revolução Industrial e o conhecimento técnico que constituía o *know-how* dos setores industriais e comerciais haveriam de ser transpostos para este novo ambiente tecnológico, por meio de equipamentos informáticos e do desenvolvimento de programas de computador específicos.

É preciso ter-se claro que o *know-how* existente ou desenvolvido por uma determinada empresa, ou um grupo de empresas, pode se constituir de: conhe-

---

15 Neste sentido ver: BASTOS, Aurélio Wander. Dicionário Brasileiro de Propriedade Industrial e Assuntos Conexos. Rio de Janeiro : Lúmen Júris, 1997, p. 137.

16 CASTELLS, Manuel. A Sociedade em Rede. Vol. A era da Informação: Economia, Sociedade e Cultura. São Paulo : Paz e Terra, 1999, p. 46.

17 SANTOS, António Marques dos. Transferência internacional de tecnologia. Economia e direito: alguns problemas gerais. Lisboa : Centro de Estudos Fiscais, 1984, p. 342.

cimentos que podem ou não ser patenteáveis a critério do detentor; conhecimentos que poderiam ter sido patenteados, mas não o foram a seu tempo, e agora não é mais possível fazê-lo; conhecimentos técnicos que não podem ser transmissíveis imediatamente ao público; conhecimentos que por sua natureza não são objeto de patente; e conhecimentos que não se constituem segredo industrial, mas demandariam custos, esforços intelectuais e tempo de trabalho para adquirir tal tecnologia.

O *know-how* é o conhecimento de que determinada empresa é detentora na utilização de certos meios para alcançar um resultado técnico por meio da ação, e o *software* é a expressão deste esquema de ação num ambiente informático. Aponta Eduardo Viera MANSO:

> Todavia, se a aplicação de um programa de computador também realiza a solução de um problema, a qual, em si mesma, consiste num segredo (industrial, comercial ou de serviço), não é a tecnologia do programa, como tal, que há de ser considerada o *know-how* (*savoir-faire*, na linguagem oficial francesa) ou o segredo protegível. Há, nessa hipótese, duas realidades distintas, cada qual com sua natureza especifica: o segredo, em si mesmo, ou o *know-how* desenvolvido, que resolve um segredo industrial, comercial ou de serviços, de um lado, e o programa de computador, que é suporte físico dessas noções técnicas e que promove o funcionamento do computador, para que, este sim, resolva o problema. Se o programa tem como conteúdo um segredo ou um *know-how*, que mereçam proteção por si mesmos, tal proteção não há de coincidir com a do programa, como tal, embora o efeito prático dessa proteção possa levar a isso.[18]

Por outro lado, o *know-how* nem sempre aparece com nitidez em muitas atividades industriais e empresariais. Algumas vezes, somente dele se apercebem seus possuidores quando da necessidade de planejamento de uma nova unidade industrial, ou seja, o *know-how* de chão de fábrica de que todos os funcionários da indústria são portadores e fruto da experiência acumulada. A exemplo de determinada siderúrgica que, após 40 anos, resolve ampliar suas atividades com a construção de uma nova planta industrial, todo o *know-how* existente no chão de fábrica será utilizado no planejamento desta nova unidade para sua perfeita funcionalidade e produtividade.

Em outro exemplo, José de Oliveira ASCENSÃO preleciona:

> Imaginemos a prospecção petrolífera. Poucas empresas estão em condições de a fazer, porque exige uma técnica apurada que é patrimônio de poucos.

18 MANSO, Eduardo Vieira. A Informática e os Direitos Intelectuais. São Paulo : Revista dos Tribunais, 1985, p. 92.

> Resulta muito de experiências anteriores, e transmite-se frequentemente pela prática. Por isso, o mero conhecimento de patentes é muitas vezes inoperante, porque é ainda necessário saber-fazer.
> É um dos problemas dramáticos da transferência de tecnologia. O que falta não é já a capacidade inventiva, mas a mera capacidade prática de pôr em ação uma empresa.[19]

A percepção da existência de *know-how* muitas vezes só ocorre quando determinada empresa busca transferir tecnologias de outra em determinado setor. Nestes casos, o perfeito delineamento do *know-how* é ponto essencial quando há elaboração de contratos de transferência de tecnologia, nos quais forçosamente serão mensurados (técnica e economicamente). Tudo para que, uma vez quantificado, seja realizado o pagamento de *royalites*[20] pelo uso do *know-how* ao seu possuidor originário.[21]

Precisar com clareza os conhecimentos técnicos, relativamente originais, que consistem no *know-how* de uma empresa, fazendo com que a mesma detenha tecnologia e uma posição privilegiada no mercado, é primordial para que se estabeleça, com transparência, o processo de desenvolvimento de *software*, tendo em vista os vários desdobramentos no âmbito da informática.

A partir do pressuposto de que o conhecimento inerente ao processo de desenvolvimento de um programa de computador é imanente ao próprio meio tecnológico em que ele está inserido, não se poderá: alijar do processo o *know-how* preexistente; linearmente distinguir ou dissociar o que é *know-how* fruto do desenvolvimento da programação; e distinguir no produto informático final o que é evolução advinda do *software* ou do *know-how* preexistente.

Com efeito, o processo de desenvolvimento de um *software* desde a sua concepção, passando por todas as etapas de elaboração, conterá várias informações restritas

---

19 ASCENSÃO, José de Oliveira. Direito Comercial. Direito Industrial. Vol.II. Lisboa : Ed. Faculdade Clássica de Lisboa. 1988. p. 292

20 A expressão inglesa royalites ou regalia é a retribuição que o detentor de uma patente industrial, marca, know-how e trade-secrets recebe pelo uso e fruição transferida a terceiros por contrato. A doutrina tem adotado duas categorias, a saber: regalias (royalties ou redevances), que constituem apenas a remuneração variável, com pagamento no curso do contrato; e a remuneração fixa ou em parcelas. Neste sentido ver: PRADO, Mauricio Curvelo de Almeida. Contrato Internacional de Transferência de Tecnologia – Patente e know-how. Porto Alegre: Livraria do Advogado. 1997, p. 25. BASTOS, Aurélio Wander. Dicionário Brasileiro de Propriedade Industrial. Rio de Janeiro: Lúmen júris, 1997, p. 138.

21 "O INPI é o órgão fiscal da transferência de tecnologia e deve fiscalizar e intermediar a importação ou transferência de tecnologia. O INPI não deve eleger ou selecionar a tecnologia que se objetiva transferir. Este mister compete aos contratantes. A avença que significar em transferência de tecnologia deverá ser averbada no INPI consoante edita o art. 126 da Lei. n.º 5.772/71 e o art. 221 da Lei n.º 9.279, de 14.05.1996." PAES, P. R. Tavares. Propriedade Industrial. 2ª ed. Rio de Janeiro: Forense, 2000.

advindas do *know-how* da empresa ou da tecnologia da indústria para a qual está sendo desenvolvida determinada solução informática.

É preciso ter claro que o *software* realizará o tratamento destas informações, que em determinada empresa podem se revestir de segredo industrial ou de *know-how*.

A questão ganha complexidade no estudo de casos particulares, quando é exigida uma delimitação precisa de até que ponto esta tecnologia poderá ser objeto de tutela pelo Direito Industrial. E, ainda, se o processo de desenvolvimento do *software* neste ambiente tecnológico pode ser admitido como *know-how* e segredo de indústria.

Uma das grandes dificuldades em compreender a natureza jurídica do *software* e, assim, perceber seu objeto, sua tutela pelo Direito Autoral ou Direito Industrial, reside na percepção clara do *software* como bem informático envolto num meio tecnológico.[22]

A) A Titularidade do know-how informático: sócio ou sociedade

A sociedade regularmente constituída equivale à pessoa jurídica, ente abstrato ao qual a ordem jurídica atribui personalidade jurídica, para, como sujeito, ser capaz de direitos e deveres na ordem civil.

O contrato social é o instrumento regulador das relações entre os sócios,[23] fazendo surgir juridicamente a sociedade,[24] a qual tem existência autônoma, independente da pessoa de seus sócios. Por essa razão e mediante a satisfação dos requisitos legais exigidos,[25] o contrato registrado no órgão próprio confere personalidade jurídica à sociedade.[26]

---

22 "O objeto de proteção do programa de computador não é uma ideia, mas a expressão de uma solução para um problema técnico. Assim como o engenheiro, lendo uma patente, prescreve um conjunto de instruções, seja a uma equipe de operários, seja a uma máquina qualquer, assim também o programa incorpora (ou expressa) esse conjunto de instruções, mas destinado e legível apenas por uma determinada máquina de tratamento de informação." BARBOSA, Denis Borges. Propriedade Intelectual. Direitos Autorais, Direitos Conexos e Software. Rio de Janeiro: Editora Lúmen Júris, 2003, p. 145.

23 "Os sócios serão proprietários de quotas ou ações, que representam frações do capital social, que são a contraprestação dos bens transmitidos à sociedade. A condição de sócio pode ser adquirida originariamente na sociedade, na sua fundação pelo ato constitutivo, ou posteriormente, subscrevendo aumento de capital ou substituindo um sócio que se retira por cessão e transferência de quotas." LOPES, Idevan C. Rauen. Empresa e exclusão do sócio. Curitiba: Juruá, 2003, p. 84.

24 Código Civil – artigo 981 – "Celebram contrato de sociedade as pessoas que reciprocamente se obrigam a contribuir, com bens ou serviços, para o exercício de atividade econômica e a partilha, entre si, dos resultados".

25 Cf.: Código Civil art. 45 e 46.

26 "A sociedade empresária passa a desfrutar da personalidade jurídica com o arquivamento de seus atos constitutivos (contrato social ou estatuto) na Junta Comercial; a simples, com a inscrição do contrato social no Registro Civil de Pessoas Jurídicas". CAMPINHO, Sérgio. O Direito de Empresa. À luz do novo código civil. Rio de Janeiro: Editora Renovar, 2002, p. 61.

As sociedades existentes no setor de informática são inúmeras e de diversificada atuação. Contudo, é possível destacar, dentre estas, no tocante ao *software*, três tipos básicos, sendo que todas podem ser categorizadas como sociedade empresária,[27] a saber: as *software-houses* que exploram a atividade de desenvolvimento de programas de computador fornecendo soluções informáticas para o mercado se revestem das características inerentes das sociedades empresárias, pois verifica-se a existência de uma atividade econômica organizada para a produção de bens ou de serviços para o mercado; os distribuidores ou revendedores de programas de computador, ao proceder ao licenciamento de *softwares* a terceiros, realizando a circulação do bem informático que é o programa de computador, também possuem as características das sociedades empresárias, pela existência de uma atividade econômica organizada para a circulação de bens ou serviços no mercado; e as prestadoras de serviços de manutenção de programas de computador desenvolvidos por outras empresas de informática podem se caracterizar como cooperativas[28] ou, igualmente, como sociedades empresárias, pois, mesmo na simples prestação, há a existência de uma atividade econômica organizada para a produção de serviços ao mercado.

Assim, a categorização das empresas de informática como sociedades empresárias e não como sociedades simples[29] implica de imediato para seus sócios que, na formação do capital da sociedade, não poderão contribuir apenas com serviços, como seria perfeitamente possível em se tratando de sociedades simples (art. 1.006 do Código Civil). Desta forma, as empresas de informática enquanto sociedades empresárias podem adotar a forma societária de: sociedade em nome coletivo (art. 1.039 Código Civil), sociedade em comandita simples (artigo 1.045 do Código Civil), socie-

27 "A sociedade empresária é definida como a sociedade que tem por objetivo o exercício de atividade própria de empresário sujeito a registro, ou seja, a atividade econômica necessariamente organizada para a produção ou para a circulação de bens e/ou de serviços. Note-se, no entanto, que a lei estabelece esta definição para sociedade empresária, ressalvando as exceções expressas. A despeito do seu objeto, considera-se sociedade empresária a sociedade por ações ou por quotas". TZIRULNIK, Luiz. Empresa & Empresários no novo Código Civil. São Paulo: Editora Revista dos Tribunais, 2003. p. 36.

28 A teor do artigo 1.093 do Código Civil, as sociedades cooperativas são reguladas pela Lei n.º 5.764, de 16.12.71, que definiu a Política Nacional de Cooperativismo e instituiu o regime jurídico das cooperativas. Entende-se cooperativa como uma associação autônoma de pessoas físicas que se unem, voluntariamente, para satisfazer aspirações econômicas, sociais e culturais comuns, por meio da criação de uma sociedade democrática e coletiva. As cooperativas baseiam-se em valores de ajuda mútua, solidariedade, democracia e participação. Tradicionalmente, os cooperantes acreditam nos valores éticos, responsabilidade social e preocupação pelo seu semelhante. Neste sentido ver: SALOMÃO FILHO, Calixto. O novo direito societário. São Paulo: Editora Malheiros, 1998, p. 238 e 239.

29 "Por sociedade simples, como o próprio nome indica, deve-se entender o tipo mais simples, o modelo básico de sociedade, destinado a abrigar as sociedades não empresárias – mais precisamente, apesar da redundância, para acolher a espécie que o legislador também batizou com o nome de sociedade simples – e, ingualmente, para servir de fonte subsidiária às demais sociedades reguladas pelo Código Civil (cooperativas e empresárias, exceto por ações)." GONÇALVES NETO, Alfredo de Assis. Lições de direito societário. 2ª ed. São Paulo Editora Juarez de Oliveira, 2004, p. 123.

dade comandita por ações (artigo 1.090 do Código Civil), sociedade limitada (artigo 1.052 do Código Civil) e sociedade anônima (artigo 1.088 do Código Civil).

Em se tratando das sociedades limitadas reguladas pelo Código Civil, este veio a estabelecer regras sobre a responsabilidade dos sócios, o uso da firma, os poderes de administração, a aquisição de quota dos sócios, a forma de integralização ou modificação do capital, bem como a atuação do conselho fiscal e da assembleia dos sócios, dentre outras disposições, insuficientes, porém, para a especificidade atual de uma empresa de informática (artigos 1.052 ao 1.087 do Código Civil).

Isto porque é certo que os bens que integram o capital social e o patrimônio da sociedade, discriminados no contrato societário, quando da liquidação da empresa poderão ou não reverter para os sócios na proporcionalidade de suas quotas. A questão que se coloca para uma empresa de desenvolvimento de *software*, é a de que, uma vez registrada a titularidade do *software* em nome da empresa, este bem não poderá mais ser reivindicado por qualquer dos sócios, mesmo que o sócio criador deseje sair da sociedade. As alterações no *software* pela empresa, no entanto, ainda dependerão, salvo estipulação em contrário, de autorização prévia do seu criador, ou seja, do sócio retirante.

Outra questão controversa com relação à entrada de novos sócios ou a saída de sócios de uma empresa de informática é a de que: no primeiro caso, os novos sócios, salvo estipulação contratual em contrário, mesmo não tendo contribuído para a criação do programa, pelo fato de se tornarem sócios da empresa, poderão ter domínio patrimonial do direito industrial sobre *know-how*, além de todos os direitos relativos aos *softwares* desenvolvidos pela empresa e de titularidade da sociedade. No segundo caso, diversas dificuldades poderão ocorrer para se conseguir mensurar corretamente o *quantum* relativo não só à participação do retirante no capital social, como à estipulação do valor comercial do *software* e do *know-how*.

As múltiplas relações que podem ser estabelecidas entre os sócios de uma empresa de informática devem ser criteriosamente analisadas, para que, já no contrato social, se aglutinem as questões relativas à titularidade dos elementos incorpóreos, como patentes de invenção, marcas e direito autoral de *software*, delimitando-as com exatidão, evitando que sejam deixadas para avaliação futura a critério dos sócios, pois abre-se oportunidade para que os mesmos possam abusar dessa facilidade, mencionando valores irreais, às vezes fantásticos, cujos desdobramentos morosos na esfera judicial serão sempre traumáticos para a atividade econômica da empresa.

O contrato societário de uma empresa de informática poderá, para tanto, estipular cláusula compromissória, que na prática contratual da arbitragem comercial[30] pode

30 "A partir da verificação de que os contratos são capazes de promover a instauração de relacionamentos entre as empresas, a inserção da cláusula compromissória realiza uma função de preservação daqueles vínculos, na medida em que a arbitragem é um meio de resolução de controvérsias de menos litigiosidade em relação aos expedientes judiciais clássicos. A implementação da cláusula compromissória na prática contratual brasileira prende-se, contudo, a uma transformação cultural a que são chamados precipuamente os operadores jurídicos." SILVA, Eduardo Silva da. Arbitragem e direito da empresa. SãoPaulo : Revista dos Tribunais, 2003, p. 191.

ser sucintamente definida como um método extrajudicial de solução de conflitos que versem sobre bens disponíveis,[31] através do qual os sócios indicam um terceiro (singular ou colegiado) que proferirá com celeridade uma decisão acerca da controvérsia havida entre os sócios, no prazo mínimo de 30 dias e no máximo de 6 meses (art. 23, da Lei n.º 9.307/96).

A arbitragem comercial no Brasil é centro de discussões polarizadas entre doutrinadores favoráveis e outros críticos, sendo um instrumento para difundir o acesso à justiça. Seu caráter, positivo ou negativo, não lhe é intrínseco, dependerá da utilização que lhe for dada no Brasil.

A adoção da arbitragem como solução para conflitos de propriedade intelectual é no país uma questão cultural que enseja uma mudança de mentalidade da sociedade em geral e, em especial, dos empresários e dos operadores do direito, para que a celeridade e a presteza da experiência estrangeira possam se repetir no país.[32]

A questão da celeridade para a solução do conflito por meio da arbitragem é relevante em se tratando de programas de computador. Isto porque o lapso temporal entre o seu desenvolvimento, criação e obsolescência é muito exíguo; não raras vezes um *software* pode se tornar obsoleto em dois ou três anos. Poder-se-ia destacar também, junto com a celeridade o aspecto da análise técnica, um julgamento técnico por arbitro especializado na matéria. Inclusive, porque grande parte das demandas que envolvem novas tecnologias apresentam a necessidade de conhecimentos especializados.

Tal hipótese é ainda mais factível na medida em que o empresário não se sentirá motivado a investir no desenvolvimento de um sistema cuja titularidade é objeto de moroso litígio judicial.[33]

---

31 "Disponíveis são aqueles suscetíveis de livre disposição pelas partes através de negócio jurídico, até porque os interesses tutelados são predominantemente individuais. A expressão da lei alcança todo e qualquer direito disponível, incluindo os intangíveis ou imateriais, relativos ao direito comercial, como o direito ao 'nome', 'fundo de comércio', 'marcas e patentes', etc." MUNIZ, Tânia Lobo. Arbitragem no Brasil e a Lei 9.307/96. Curitiba : Juruá, 1999, p. 117.

32 "En la Ley de propiedad intelectual de Suiza se establece una fuerte supervisión de estas entidades de gestión por parte del Institut Féderal de la Propriété Intelellectuelle que forma parte del Departamento de Justicia y Policía, encargado de revisar las cuentas anuales de éstas, autorizar y supervisar tarifas, gestionar y repartir derechos de remuneración, delegando la aprobación de obligaciones en la denominada Commisión Arbitrale Fédérale de la Gestion du droits d auteur et droits voisins, su participación y decisión también es obligatoria". GARCÍA, Elena Martínez. El arbitraje como solución de conflictos en propiedad intelectual. Valencia : Editorial Tirant Monografías, 2002, p. 32.

33 "A lei do juízo arbitral contribui para a agilização dos feitos, possibilitando ao árbitro decidir por equidade. Também são vantagens da nova lei as próprias partes escolherem: o árbitro, que se coloca numa posição de neutralidade, e a norma a ser aplicada no caso litigioso. Tais vantagens propiciam a utilização do instituto, facultando aos litigantes abrirem mão da Justiça Estadual, para aderirem a arbitragem. De fato, a grande preocupação neste crepúsculo de século é a efetividade do processo. A presteza e a celeridade do trabalho jusrisdicional nunca foram tão exigidas como agora." BULOS, Uadi Lammêgo. A Lei da arbitragem comentada. São Paulo: Saraiva, 1997, p. 11.

A discussão da titularidade do programa de computador entre os sócios e de sua mensuração é perfeitamente recepcionada pelo instituto da arbitragem comercial. Isto porque a Lei n.º 9.307/96 que institui a arbitragem comercial, em seu artigo 4.º, define a cláusula compromissória como sendo a convenção através da qual as partes em um contrato se comprometem a submeter à arbitragem os litígios que possam vir a surgir, relativamente a tal contrato.[34]

Assim, a empresa de informática, constituída como sociedade limitada por meio do contrato social, que é o instrumento regulador da vida societária, pode dispor que nas soluções dos conflitos entre os sócios, decorrentes da titularidade do programa de computador, tais questões venham a ser submetidas a um Juízo Arbitral. A redação do contrato societário no ato da criação da empresa deve tratar com acuidade a propriedade intelectual, pois é inegável o alto grau de internacionalidade que alcançaram os bens e serviços informáticos no mercado global, ensejando que as empresas do setor venham criar mecanismos que agilizem a atividade empresarial,[35] sendo aconselhável a inserção da cláusula compromissória referir-se a uma instituição arbitral ou entidade especializada para solução célere do conflito.

B) A tutela da empresa e a tutela da atividade inventiva do empresário

A empresa de informática constituída sob a forma societária se diferencia das demais sociedades empresárias por sua especificidade no desenvolvimento e comercialização de *software*, o qual, mesmo possuindo legislação própria, induz a uma reflexão sobre a tutela da empresa[36] e a tutela da criatividade.

Em princípio, há que se deixar claro que os deveres legais e a forma de constituição e organização de uma empresa de *software* são semelhantes às demais sociedades

---

34 A cláusula arbitral deverá estabelecer quatro funções essenciais: a cláusula precisa produzir efeitos compulsórios as partes, manter fora dos procedimentos as cortes estatais até a sentença arbitral tenha sido prolatada; os árbitros devem poder decidir todas as disputas que possam ocorrer entre as partes; a cláusula deve estabelecer eficiente procedimento que permita resultar de sentença de igual qualidade para o reconhecimento e execução.

35 "Tanto na globalização como na formação de blocos econômicos regionais interferem definiti¬vamente nos domínios do Direito Comercial e, dentro deste, no Direito Societário, pois ensejando a criação de mecanismos que agilizam a atividade empresarial, logicamente induzem os Estados a modificarem conceitos (como, v.g., no Brasil, a mudança do conceito de empresa nacional) e aperfeiçoarem e modernizarem sua lex societatis (a exemplo do Estatudo da Empresa Binacional Brasileiro-Argentina e do novo Código Civil)." RÉGNIER, Leonardo Medeiros. Nacionalidade das sociedades comerciais. Curitiba : Juruá, 2002, p. 247.

36 No presente trabalho, empresa é entendida como atividade econômica organizada de produção e circulação de bens e serviços para o mercado, exercida pelo empresário, em caráter profissional, por meio de um complexo de bens. Neste sentido ver: BULGARELI, Waldirio Tratado de Direito Empresarial. 2ª ed. São Paulo : Atlas, 1995, p. 100.; NEGRÃO, Ricardo. Manual de Direito Comercial e de empresa. Vol. 1. São Paulo : Saraiva, 2003, p. 39. BERTOLDI, Marcelo M. Curso Avançado de Direito Comercial. Vol. 1. São Paulo : Editora Revista dos Tribunais, 2001, p. 55.

empresárias que possuem empregados e arcam com iguais obrigações relativamente aos mesmos, respondendo sem distinção ao fisco periodicamente. Isto como toda atividade econômica de empresário que seja para a produção ou circulação de bens ou serviços nos termos do artigo 966 do Código Civil.[37]

A organização da atividade da empresa de informática é feita pelo empresário. É preciso ter claro que, ao ordenar os fatores de produção de bens informáticos, o empresário articula: o capital, o trabalho e a tecnologia[38] com fim lucrativo.

No setor da informática não se exerce atividade empresarial que não necessite de tecnologia. A empresa de informática exige um *know-how,* um conhecimento específico, independentemente de ser uma *software-house*, um distribuidor ou uma prestadora de serviços de manutenção de programas de computador.

A produção de bens informáticos implica articular fatores tecnológicos capazes de desenvolver soluções técnicas que integram *softwares* e *hardwares*, e ensejam circulação de bens e serviços, de tal forma que a tutela da empresa implica na tutela da tecnologia e da criatividade.

Assim, a empresa de informática é entendida como o desenvolvimento da atividade tecnológica do empresário que dinamiza os fatores e bens intelectuais que compõem o estabelecimento.

Neste sentido, a Carta Federal garante a proteção constitucional ao empresário, à sua atividade empresarial e à atividade criativa, em dois momentos: o primeiro ao elencar os direitos fundamentais do cidadão,[39] e o segundo, ao definir os princípios gerais da atividade econômica.[40]

Márcia Carla Pereira RIBEIRO, entendendo que, por ser a empresa uma das expressões da livre iniciativa, o seu conceito transcende o aspecto comercial, pois envolve organização, recursos e trabalho, assevera:

> A liberdade de iniciativa representa para a empresa, em termos constitucionais, o que o reconhecimento da propriedade privada significa para o seu

37 Código Civil – artigo 966 – "Considera-se empresário quem exerce profissionalmente a atividade econômica organizada para a produção ou a circulação de bens ou de serviços.

38 Neste sentido ver: COELHO, Fábio Ulhoa. Curso de direito comercial. Vol. 1. São Paulo : Saraiva, 2002. p. 63 e 64; GUSMÃO, Mônica. Direito Empresarial. Rio de Janeiro : Editora Impetus, 2003. p. 8.

39 Carta Federal – artigo 5.º – Inciso XIII – "É livre o exercício de qualquer trabalho, ofício ou profissão, atendidas as qualificações profissionais que a lei estabelecer. Inciso XXIX – A lei assegurará aos autores de inventos industriais privilégio temporário para sua utilização, bem como proteção às criações industriais, à propriedade de marcas, aos nomes de empresas e a outros signos distintivos, tendo em vista o interesse social e o desenvolvimento tecnológico e econômico do País".

40 Carta Federal – artigo 170 – "A Ordem Econômica, fundada na valorização do trabalho humano e na livre iniciativa, tem por fim assegurar a todos existência digna, conforme os ditames da justiça social, observados os princípios da propriedade privada, da função social da propriedade e da livre concorrência, sendo assegurado a todos o exercício de qualquer atividade econômica independentemente de autorização de órgãos públicos, salvo nos casos previstos em lei".

> titular: a centralização do ordenamento jurídico na individualidade patrimonializada. Também as limitações atingem a ambas de forma equivalente, a fim de se fazer reconhecer a importância do social pelo desvelar da função dos institutos jurídicos. De toda forma, o próprio conceito de liberdade aqui considerado é aquele delimitado pela ordem jurídica e sua extensão extrapola a liberdade do comércio.
>
> Enquanto a liberdade de comércio e indústria se identifica pela faculdade do particular explorar atividade econômica sem restrições maiores – a não ser aquelas impostas por lei em garantia dos direitos mínimos e essenciais da coletividade, de forma concorrencial livre – a liberdade de iniciativa ultrapassa os limites da liberdade de empresa para encontrar como um de seus componentes o trabalho, assegurando ao trabalhador a participação na criação da riqueza".[41]

Na empresa informática, a presença dos elementos da organização, dos recursos tecnológicos e do trabalho ultrapassa os limites da liberdade de empresa para encontrar seu componente na busca do pleno emprego e no desenvolvimento tecnológico e econômico do país.

Por outro lado, o Código Civil é taxativo[42] ao considerar estabelecimento como todo o complexo de bens organizado para o exercício da empresa. Torna imprescindível, ao estudo da tutela da empresa de informática e da tutela da tecnologia, a análise do estabelecimento.

Azienda, negócio empresarial, fundo de empresa e estabelecimento são expressões sinônimas[43] que significam o conjunto de bens materiais e imateriais utilizados pelo empresário, no exercício de sua atividade. Os bens materiais são os que possibilitam existência física, são as instalações, estoques, equipamentos, dinheiro, móveis e imóveis dentre outros que integrem o estabelecimento. Os bens imateriais não possuem existência física, nome empresarial, ponto, contratos, créditos, título do estabelecimento, e bens intelectuais, ou seja: as marcas, as patentes, os sinais de propaganda, o segredo de fábrica, o desenho industrial e o próprio *know-how*.

---

41 RIBEIRO, Márcia Carla Pereira. Sociedade de Economia Mista & Empresa Privada. Estrutura e função. Curitiba : Juruá, 1999, p. 170.

42 Código Civil – artigo 1.142 – "Considera-se estabelecimento todo o complexo de bens organizados para exercício da empresa, por empresário, ou sociedade empresária".

43 "Ainda no campo terminológico, é relevante esclarecer que não se mostra oportuna a importação da distinção entre os termos azienda e stabilimento, e efetivada por alguns autores italianos, como Rotondi e Mossa, pela qual o estabelecimento teria vinculação com o local onde as atividades são desenvolvidas. No direito brasileiro, a noção de local está vinculada ao ponto comercial, não se mostrando correta tal forma de distinção, embora haja antigas referências neste sentido tanto na jurisprudência quanto na doutrina". TOKARS, Fábio Leandro. O Risco excessivo no trespasse de estabelecimento empresarial. Desvio da função econômica do contrato. Tese de doutorado defendida em fevereiro de 2002. UFPR. p. 9.

Indubitavelmente, numa empresa de informática que desenvolve programas de computador, o valor dos bens imateriais, vale dizer, o *know-how* acumulado no transcorrer do tempo, muitas vezes supera o valor dos bens materiais que compõem o estabelecimento. Isto a ponto de os bens intelectuais, além do alto valor econômico, se tornarem imprescindíveis à própria existência da empresa e ao desenvolvimento tecnológico.

O Código Civil, a teor do artigo 1.147, ao estabelecer regras para o trespasse[44] do estabelecimento, criou impedimentos ao alienante do estabelecimento de não poder fazer concorrência ao adquirente, nos cinco anos subsequentes à transferência.[45] Mario COZZA, ao comentar o dispositivo, aponta que "a vedação, antes de contrariar a livre iniciativa, tem por função proteger os negociantes justos – não só os incautos, mas também os de boa fé – daqueles maliciosos, que não veem, na mesma livre iniciativa, contornos de limites, ética e honestidade".[46]

Contudo, no que tange aos bens intelectuais, mesmo integrando o fundo de empresa, possuem regulamentação e proteção decorrente de outro segmento do direito comercial, mais precisamente do Direito Industrial, a teor da Lei n.º 9.279, de 14 de maio de 1996, cujos bens são protegidos pelo registro (marcas, desenho industrial e *software*) e outros por concessão de patentes (as invenções, o *firmware* e o modelo de utilidade), bem como afetos à jurisdição do Instituto Nacional de Propriedade Industrial – INPI.

Assim, independentemente de o trespasse do estabelecimento estar disciplinado pelo Código Civil, as transferências das propriedades intelectuais deverão se efetuar por instrumento próprio na forma prevista pelo Direito Industrial para a cessão de direitos, com a necessária averbação do instrumento próprio junto ao INPI.

Pode-se destacar também, os contratos de franchisng, ou franquia empresarial, que na sua essência apresenta a transferência de *know-how* e as tecnologias do empreendedor idealizador. Sendo que, como ocorre com os contratos de transferência de tecnologia, o contrato de franquia para produzir efeitos em relação a terceiros deve ser registrado no INPI (art. 211, Lei 9279/96).

Portanto, ao se considerar o trespasse do estabelecimento de uma empresa de informática, com todo o seu complexo de bens organizado, a um terceiro adquirente, no que tange ao exercício da empresa, esta terá sua tutela a teor da concorrência contratada entre alienante e adquirente, nos termos do artigo 1.147 do Código Civil.

---

44 "Trespasse é o negócio jurídico consensual através do qual o empresário individual ou sociedade empresária, intitulado trespassante, aliena seu estabelecimento empresarial, globalmente, a terceiro, denominado trespassário, recebendo o preço convencionado para esse complexo de bens." PAZZAGLINI FILHO, Marino; CATANESE, Andréa Di Fuccio. Direito de empresa no novo código civil. Empresário Individual e Sociedades. Sociedade Limitada. São Paulo: Editora Atlas, 2003, p. 30.

45 Código Civil – artigo 1.147 – "Não havendo autorização expressa, o alienante do estabelecimento não pode fazer concorrência ao adquirente, nos cinco anos subsequentes à transferência".

46 COZZA, Mario. Novo código civil do direito de empresa (arts. 966 a 1.195). Porto Alegre: Editora Síntese, 2002. p. 232.

Por fim, no que tange à tutela da criatividade, isto é, da atividade inventiva do empresário, a lei assegurará a futura propriedade de inventos com base na Constituição Federal, no princípio de que a tutela da tecnologia, do *know-how* implica a proteção do interesse social e o desenvolvimento tecnológico e econômico do país.

CONSIDERAÇÕES FINAIS

Os ativos intangíveis da empresa atualmente agregam valores significativos, potencializando os fatores de produção e mediação de bens e serviços.

A empresa enquanto atividade econômica deve ser percebida como aquela que conjuga capital, trabalho e tecnologia com finalidade lucrativa. Pois, atividade empresária organizada engloba inexoravelmente tecnologia e know-how, sem os quais o próprio exercício da empresa estaria irremediavelmente prejudicado.

A percepção dos ativos intangíveis da empresa pelos operadores do direito é de fundamental importância no mercado globalizado, constitui-se num desafio para assimilar seus pressupostos tecnológicos para adequá-los aos negócios jurídicos e pactos comerciais, razão pela qual, é necessários estudos cada vez mais específicos levando-se em conta o contexto da tecnologia na organização dos fatores de produção.

REFERENCIAS

ACCIOLY, Elizabeth. **Mercosul & União Européia**. Curitiba : Juruá, 1998

ASCENSÃO, José de Oliveira. **Direito Comercial. Direito Industrial**. Vol.II. Lisboa : Ed. Faculdade Clássica de Lisboa. 1988.

AUTORI, Maria Helena Vilela; GREFORIN, Daniela. O Teletrabalho. In SHOUERI, Luiz Eduardo (Coord.) **Internet : o direito na era virtual**. Rio de janeiro : Forense, 2001

BARBOSA, Denis Borges. **Propriedade Intelectual. Direitos Autorais, Direitos Conexos e Software**. Rio de Janeiro: Editora Lúmen Júris, 2003

BASTOS, Aurélio Wander. **Dicionário Brasileiro de Propriedade Industrial e Assuntos Conexos**. Rio de Janeiro : Lúmen Júris, 1997

BASTOS, Aurélio Wander. **Dicionário Brasileiro de Propriedade Industrial**. Rio de Janeiro : Lúmen júris, 1997

BERTOLDI, Marcelo M. **Curso Avançado de Direito Comercial**. Vol. 1. São Paulo : Editora Revista dos Tribunais, 2001

BULGARELI, Waldirio Tratado de Direito Empresarial. 2ª ed. São Paulo : Atlas, 1995, p. 100.;

BULOS, Uadi Lammêgo. **A Lei da arbitragem comentada**. São Paulo : Saraiva, 1997

CAMPINHO, Sérgio. **O Direito de Empresa. À luz do novo código civil**. Rio de Janeiro: Editora Renovar, 2002

CASTELLS, Manuel. **A Sociedade em Rede**. Vol. A era da informação: Economia, Sociedade e Cultura. São Paulo : Paz e Terra, 1999

CHINEN, Akira. **Know-how e Propriedade Industrial**. São Paulo : 1997

COELHO, Fábio Ulhoa. **Curso de direito comercial**. Vol. 1. São Paulo : Saraiva, 2002. p. 63 e 64; GUSMÃO, Mônica. **Direito Empresarial**. Rio de Janeiro : Editora Impetus, 2003

COZZA, Mario. **Novo código civil do direito de empresa** (arts. 966 a 1.195). Porto Alegre: Editora Síntese, 2002

ESTEBAN, Maria Luisa Fernandez Esteban. ***Nuevas tecnologías, Internet y Derechos Fundamentales***. Madrid: 1998, editoral Mc Graw Hill,

FEKETE, Elisabeth Kasznar. **O Regime Jurídico do Segredo de Indústria e Comércio Brasileiro**. Rio de Janeiro: Forense, 2003

GARCÍA, Elena Martínez. **El arbitraje como solución de conflictos en propiedad intelectual**. Valencia : Editorial Tirant Monografías, 2002

GONÇALVES NETO, Alfredo A. Direito de Empresa: comentários aos artigos 966 a 1195 do Código Civil, 2ª ed. São Paulo: RT 2008.

GONÇALVES NETO, Alfredo de Assis. **Lições de direito societário**. 2ª ed. São Paulo Editora Juarez de Oliveira, 2004

LANDES, David S. **A riqueza e a pobreza das nações**. 7ª ed. Rio de Janeiro : Ed. Campos, 1998, p. 519-520.

LOPES, Idevan C. Rauen. **Empresa e exclusão do sócio**. Curitiba: Juruá, 2003

MANSO, Eduardo Vieira. **A Informática e os Direitos Intelectuais**. São Paulo : Revista dos Tribunais, 1985

MAZZEO, Luzia Maria. **Abertura Econômica**. **Paradigma Industrial e o Setor de Informática no Brasil**. Londrina : Editora UEL, 1999

MUNIZ, Tânia Lobo. **Arbitragem no Brasil e a Lei 9.307/96**. Curitiba : Juruá, 1999

NEGRÃO, Ricardo. *Manual de Direito Comercial e de empresa*. Vol. 1. São Paulo : Saraiva, 2003, p. 39.

PAES, P. R. Tavares. **Propriedade Industrial**. 2ª ed. Rio de Janeiro : Forense, 2000

PAZZAGLINI FILHO, Marino; CATANESE, Andréa Di Fuccio. **Direito de empresa no novo código civil. Empresário Individual e Sociedades. Sociedade Limitada**. São Paulo: Editora Atlas, 2003

PORAT, M.U. & RUBIN, M.R. **The information Economy: Definition and measurement**, vol. I., The Information Economy, Department of Commerce, Waschington, 1977,

PRADO, Mauricio Curvelo de Almeida. **Contrato Internacional de Transferência de Tecnologia – Patente e know-how.** Porto Alegre : Livraria do Advogado. 1997, p. 25.

REQUIÃO, Rubens. Curso de Direito Comercial. São Paulo: Saraiva, 2000

RIBEIRO, Márcia Carla Pereira. **Sociedade de Economia Mista & Empresa Privada. Estrutura e função**. Curitiba : Juruá, 1999

SALOMÃO FILHO, Calixto*. **O novo direito societário***. São Paulo: Editora Malheiros, 1998,

SANTOS, António Marques dos. **Transferência internacional de tecnologia. Economia e direito: alguns problemas gerais**. Lisboa : Centro de Estudos Fiscais, 1984

SILVA, Eduardo Silva da. **Arbitragem e direito da empresa**. SãoPaulo : Revista dos Tribunais, 2003

TZIRULNIK, Luiz. **Empresa & Empresários no novo Código Civil**. São Paulo: Editora Revista dos Tribunais, 2003

PEREIRA, Juan Luis Millán. **La Economía de la Información. Análisis teóricos**. Madrid : Editorial Trota, 1993

A DESCONSIDERAÇÃO DA PERSONALIDADE JURÍDICA NA FALÊNCIA: EQUÍVOCOS NA BUSCA DA RESPONSABILIZAÇÃO DOS SÓCIOS PELO ESTADO DE INSOLVÊNCIA DA SOCIEDADE EMPRESÁRIA

Newton De Lucca

Renata Mota Maciel Dezem

PALAVRAS DE PÓRTICO

Homenagear o saudoso professor Rubens Requião, muito mais do que um ato simples de justiça, constitui um dever moral. Meus estudos de direito comercial, desde os primeiros contatos com a disciplina no curso de graduação, na década de sessenta da centúria passada, foram feitos sobre seus excelentes livros... Foi ele quem abriu, inicialmente, as portas do direito comercial para mim e para tantos outros da minha geração... Entre tantos dos seus inumeráveis méritos, como o de expor com elegância e clareza mesmo os problemas que se revelavam mais complexos, impõe-se destacar seu inegável pioneirismo. Como se não bastasse sua completa assimilação da teoria da empresa no seu famoso Curso de Direito Comercial, em dois volumes, que se tornou um clássico no meio jurídico, nosso professor homenageado postava-se sempre adiante do seu tempo como escritor.

Pode-se dizer, nesse sentido, que o professor Rubens Requião foi inquestionavelmente um jurista de vanguarda. Com efeito, San Tiago Dantas fazia interessante distinção entre os juristas de vanguarda e os de retaguarda, considerando estar entre os primeiros aqueles que sempre lutaram contra a petrificação do pensamento jurídico. Despiciendo será dizer, por certo, a extrema facilidade com que se inclui o professor Rubens Requião entre os primeiros, quer pelo fato de que sua obra, por si só, revelou um pensar jurídico in fieri, mantendo-se em constante evolução, quer pela sua extrema acuidade de analisar a problemática jurídica que se deflagraria na realidade social por ele tão habilmente antecipada.

Volvo uma vez mais a San Tiago Dantas. Dizia ele que "a tarefa da inteligência humana é tirar o valor das coisas da obscuridade para a luz", podendo-se afirmar, a salvo de equívoco, que foi exatamente isso o que fez o professor Rubens Requião, nos múltiplos campos em que se desdobra o direito comercial do nosso tempo... O breve artigo que se dá à estampa, nas linhas que se seguem, nada mais é do que uma ínfima parcela do seu imenso legado para nós...

I. INTRODUÇÃO

Ao escolhermos um tema para homenagear o saudoso Professor Rubens Requião, inevitavelmente nos veio à mente sua grande contribuição em duas áreas de extrema importância no direito brasileiro: a desconsideração da personalidade jurídica e o direito falimentar.

A doutrina da *disregard of legal entity* fascinou nosso homenageado, que debruçou-se sobre monografias estrangeiras que abordavam o tema, como a de autoria de Piero Verrucoli, da Universidade de Piza (*Il Superamento della Personalità Giuridica dele Società di Capitali nella Common Law e nella Civil Law*) e, em especial, a tese de concurso para obtenção do título de *Privat-Dozent* do Professor alemão Rolf Serick, traduzida para o castelhano pelo jurista catalão José Puig Brutau (*Aparencia y Realidade en las Sociedades Mercantiles – El Abuso de Derecho por Medio de la Persona Juridica*).[1]

A partir de seus estudos, o direito brasileiro passou a preocupar-se com tão relevante assunto, a culminar na previsão hoje encontrada no artigo 50 do Código Civil Brasileiro, sem dúvida muito por conta das sugestões de Rubens Requião, ainda que tenha apresentado severas críticas quanto à insatisfatória redação do artigo 48 do então Projeto de Lei do Código Civil, como teve a oportunidade de externar em Conferência proferida em 13 de agosto de 1975 perante a Comissão Especial do Código Civil, na Câmara dos Deputados, a convite do Presidente, à época Deputado Tancredo Neves.[2]

Permito-me, Newton De Lucca, reproduzir, a propósito, uma passagem da minha vida experimentada com nosso querido homenageado Rubens Requião. Em dada ocasião, convidado por mim para proferir palestra na Associação dos Bancos no Estado de São Paulo, da qual eu era assessor jurídico, pediu-me o professor que, se possível, não houvesse debates após a mesma, em razão do abalado estado de saúde em que se encontrava.

Como não poderia deixar de ser, aquiesci imediatamente a tão delicado e justo pedido, não resistindo à tentação, todavia, após sua brilhante conferência sobre o então anteprojeto de Código Civil, de pedir-lhe suas impressões, ainda que breves,

1 Cf. confidenciou Rubens Requião em conferência proferida na Faculdade de Direito da Universidade Federal do Paraná, por ocasião das comemorações do primeiro centenário de nascimento do Des. Vieira Cavalcanti Filho, fundador da Faculdade e seu primeiro catedrático de Direito Comercial (publicada *in Aspectos modernos de direito comercial.* 1º volume. 2ª edição. São Paulo: Editora Saraiva, 1988, p. 67-84.

2 O teor dessa Conferência foi publicado em *Aspectos modernos de direito comercial.* 1º volume. 2ª edição. São Paulo: Editora Saraiva, 1988, p. 205-250.

sobre o sentido e alcance do artigo que tratava da desconsideração da personalidade jurídica naquele texto, em sua redação original.

Ainda que a cena tenha ocorrido décadas atrás, recordo-me, como se fosse hoje, das feições de desencanto estampadas no rosto do ilustrado professor Requião. Queixava-se ele de que a pureza da teoria de Rolf Serick, na Alemanha, e de Piero Verrucoli, na Itália – por ele introduzida, pioneiramente, no Brasil – ficara inteiramente comprometida entre nós.

Obviamente a redação do artigo 50 do Código Civil de 2002 foi aprimorada até o texto final então promulgado. Estivesse o saudoso professor Requião ainda entre nós, no entanto, certamente muito teria a nos dizer sobre os caminhos tortuosos e, por vezes, equivocados tomados pela jurisprudência pátria nesse tema.

Não menos relevante foi a contribuição do homenageado na seara do direito falimentar, sobretudo quando, em 1975, vinha a lume a obra Curso de Direito Falimentar, em dois volumes, nos quais o autor aliava a experiência do magistério superior ao exercício intenso da advocacia, e apresentava ao público de universitários, advogados e juízes uma análise precisa dos principais temas relacionados à insolvência no cenário brasileiro, ao tempo da vigência do Decreto-Lei nº 7.661/75.

Neste ano do centenário do nascimento do querido homenageado, é possível refletir sobre as mudanças ocorridas, sobretudo com a edição do Código Civil de 2002, o advento do Código de Defesa do Consumidor e de outros textos legislativos que tratam da desconsideração da personalidade jurídica, assim como o próprio desenvolvimento da jurisprudência sobre o tema, nos mais variados ramos do Direito. Em matéria falimentar, a promulgação da Lei nº 11.101/05 não deixa dúvidas dos novos caminhos tomados pelo direito da insolvência, voltados agora expressamente à preservação da empresa e de sua função social.

De qualquer modo, a atualidade das lições do grande mestre Rubens Requião ainda são ouvidas nos bancos acadêmicos, nos textos legislativos e na jurisprudência pátria, não por saudosismo entendido como valorização demasiada do passado, ou por simples homenagem aquele que foi o mestre de gerações de juristas brasileiros, que buscavam em seus primeiros passos nos estudos do direito comercial, desde a década de 70, as lições do homenageado em seu clássico Curso de Direito Comercial, mas porque delas se extraem duas pérolas que nos movem a continuar perseguindo o caminho do conhecimento: o amor pelo direito comercial e a lucidez de aliar teoria e prática como alicerce ao desenvolvimento do direito comercial brasileiro. Esse o legado indelével de Rubens Requião ao direito comercial brasileiro.

Munidos dessa inspiração foi que escolhemos abordar a desconsideração da personalidade jurídica na falência, tema recorrente nos tribunais brasileiros, mas infelizmente muitas vezes mal compreendido, a gerar equívocos na busca da responsabilização dos sócios pelo estado de insolvência das sociedades empresárias.

A primeira questão a ser abordada relaciona-se justamente à recuperação da essência das ideias de personalidade jurídica e de limitação de responsabilidade, alicerces fundamentais a qualquer tentativa de compreender a teoria da desconsideração da personalidade jurídica.

Na sequência, a teoria da desconsideração da personalidade jurídica é analisada ao longo do tempo, especificamente em seus desdobramentos objetivo e subjetivo, por se entender sejam os aspectos mais relevantes à sua aplicação na seara falimentar.

A responsabilização dos sócios de responsabilidade limitada na falência da sociedade empresária constitui tema central, porque a partir dele serão feitas considerações sobre a pertinência da desconsideração da personalidade jurídica e da extensão dos efeitos da falência, institutos muitas vezes tratados sem maiores diferenciações.

Por fim, os caminhos da jurisprudência e algumas proposições para a reflexão lúcida da aplicação da desconsideração da personalidade jurídica na falência serão apresentadas, na tentativa de aliar a evolução histórica do instituto à realidade econômica atual.

II. A RECUPERAÇÃO DA ESSÊNCIA DAS IDEIAS DE PERSONALIDADE JURÍDICA E DE LIMITAÇÃO DE RESPONSABILIDADE

Todas as vezes em que se fala em desconsideração da personalidade jurídica, a primeira observação é a de que, a regra, é a separação entre as personalidades jurídica e dos sócios, como se essa frase, por si só, servisse como argumento a sustentar a excepcionalidade da aplicação da teoria da desconsideração da personalidade.

Por outro lado, paira no mundo jurídico, em maior ou menor grau, a depender do bem tutelado – direito do trabalhador, direito do consumidor, direito ao meio ambiente –, a impressão de que, na prática e ao final das contas, não existem interesses e relações que não digam respeito unicamente aos homens, de modo que sustentar a prevalência da personalidade jurídica em detrimento desses bens jurídicos seria o mesmo que privilegiar os sócios da sociedade empresária envolvida.

Estaria, como afirmara Fabio Konder Comparato, o conceito de pessoa jurídica em plena crise? De um lado, a acusação de essencialismo dos conceitos teóricos do instituto e de outro o crescente e muitas vezes festejado afastamento da separação patrimonial, sempre em nome da equidade e da defesa de bens jurídicos caros à sociedade.[3]

Some-se a isso um norte que deve inexoravelmente ser considerado nessa seara, qual seja, o custo agregado à desconstrução das ideias de personalidade jurídica e de limitação de responsabilidade.

Recuperar a essência das ideias de personalidade jurídica e de limitação de responsabilidade, talvez seja reconhecer, tal como fizera Tullio Ascarelli, que a pessoa

---

3 Nesse aspecto, vale o alerta de Fabio Konder Comparato: "Submetida aos ataques radicais do positivismo e do nominalismo, o conceito de pessoa jurídica – ninguém mais o nega – está em plena crise. No plano teórico, rejeitam-se as explicações tradicionais do instituto, consideradas mais ou menos viciadas de "essencialismo". No campo das soluções problemáticas, avulta a corrente propugnadora do afastamento da separação patrimonial, conforme as circunstâncias, em nome da equidade" (*O poder de controle na sociedade anônima*. 6ª edição. Rio de Janeiro: Gen/Forense, 2014, p. 279.

jurídica designa apenas um complexo de normas jurídicas voltadas a um mesmo centro de imputação, a acentuar seu valor instrumental, porque direcionadas, em última instância, aos homens que compõem essa pessoa jurídica.[4] E, nessa toada, compreender a importância de sua manutenção como instrumento de segurança jurídica para o tráfego mercantil. Do contrário, estar-se-ia a aumentar custos de transação, a partir da desconsideração de um instituto criado justamente para facilitar o desenvolvimento da atividade econômica.[5]

Nessa linha, não se pode olvidar o fato de que a construção jurídica da personalização tem escopo bastante objetivo, qual seja, imprimir autonomia patrimonial, limitação ou mesmo exclusão de responsabilidades individuais, somado ao interesse público, ou seja, para muito além do interesse dos sócios, extrai-se um interesse próprio ligado à organização da pessoa jurídica.[6]

Assim, a essência da ideia de personalidade jurídica está intimamente ligada ao reconhecimento de sua importância social ou função pública,[7] para abarcar todos os seus tipos. Pensada particularmente na sociedade empresária, é possível acrescer, ao lado da limitação de responsabilidade, vocação nata ao estímulo do ingresso de novos agentes no mercado, ao empreendedorismo e ao desenvolvimento da circulação de riquezas, sem desconsiderar a redução dos custos de transação.

Desse modo, adotada qualquer que seja a corrente doutrinária sobre a desconsideração da personalidade jurídica, o alerta que se faz desde logo é o de que a *mo-*

---

4 ASCARELLI, Tullio. *Saggi di Diritto Commerciale*. Milão: Giuffrè, 1955, p. 168. Essa ideia é desenvolvida de forma mais aprofundada em COMPARATO, Fabio Konder; SALOMÃO FILHO, Calixto. *O poder de controle na sociedade anônima*. 6ª edição. Rio de Janeiro: Gen/Forense, 2014, p. 291 e ss.

5 Como destaca Leonardo Netto Parentoni: "Por tudo isso se afirma que incertezas quanto ao alcance e aos fundamentos da responsabilidade limitada podem comprometer o funcionamento do mercado, prejudicando o desenvolvimento econômico e social do País" (*Desconsideração contemporânea da personalidade jurídica: dogmática e análise científica da jurisprudência brasileira*. São Paulo: Quartier Latin, 2014, p. 46)

6 Como destaca com propriedade Calixto Salomão Filho: "A lição do mundo antigo e medieval é que, se a atribuição de personalidade jurídica confere inegavelmente poder de organização das relações jurídicas e sociais, então deve ser justificada por uma correspondente propensão à organização verdadeira dessas relações e não ao seu aproveitamento no interesse particular. Daí a ligação entre personificação jurídica e função pública. Essa lição seria infelizmente esquecida pelos modernos (*O poder de controle na sociedade anônima*. 6ª edição. Rio de Janeiro: Gen/Forense, 2014, p. 301).

7 Não só pode deixar de mencionar, sobre o tema, as lições de Sylvio Marcondes Machado, em seu clássico Limitação da responsabilidade de comerciante individual. São Paulo, 1956, p. 172: "Para satisfação dos interesses individuais, o Direito reconhece no homem a subjetividade jurídica, que designa com o termo pessoa; à vista dos interesses coletivos e sociais, atribui essa subjetividade à organização unitária de pessoas e meios, ordenada para a sua satisfação, e que designa com o termo pessoa jurídica. Esta é, assim, um meio capaz de realizar a infinita variedade dos interesses sociais alcançando os fins, sempre humanos, que excedam a esfera individual, para abranger coletividades de todo gênero, das mais restritas às mais vastas e complexas."

dalidade contemporânea[8] reconhecida nos últimos anos no cenário brasileiro, com a dispensa de maiores digressões sobre os pressupostos para a desconsideração, em benefício de uma ponderação de valores que envolve o respeito à limitação de responsabilidade ou seu afastamento em prol de determinados interesses, como a parte vulnerável, ou mesmo um raciocínio econômico, a partir de um juízo de eficiência ou ineficiência da limitação de responsabilidade, deve ser aplicada com cautela.

Isso porque, decisões calcadas no reconhecimento de que a sociedade empresária se utilizou da externalização ilícita de riscos ou usufruiu da limitação de responsabilidade sem respeitar seus condicionantes (*free rider*) ou mesmo fundamentá-las em um juízo de eficiência econômica sobre o respeito ou não da limitação de responsabilidade exigem elementos que nem sempre são trazidos aos julgamentos.

A presunção da ocorrências dessas *hipóteses autorizadoras* acaba por afastar, muitas vezes quase completamente, a essência das noções de personalidade jurídica e limitação de responsabilidade, e gera efeitos colaterais desse *exagero* no uso da desconsideração da personalidade jurídica, como a descaracterização da própria teoria como técnica de punição ao mau uso da limitação de responsabilidade patrimonial, conforme as circunstâncias de cada caso concreto; estímulo subliminar à conduta desidiosa dos sócios e administradores; encarecimento de produto e/ou serviços, transferindo este custo extra para sujeitos vulneráveis, como empregados e consumidores; criação de barreira ao ingresso de novos agentes no mercado, desestimulando o empreendedorismo, o que causa prejuízo à livre iniciativa e à livre concorrência; fomento do êxodo empresarial, desindustrialização e desestímulo ao investimento estrangeiro no País; assim como mostra-se antagônico com as regras da falência.[9]

Com esse primeiro alerta, é possível passar à análise da teoria da desconsideração da personalidade jurídica e sua evolução doutrinária, como suporte ao estudo de sua aplicação na falência.

III. A TEORIA DA DESCONSIDERAÇÃO DA PERSONALIDADE JURÍDICA

O conceito da doutrina que hoje chamamos de "desconsideração da personalidade jurídica" e que se encontra positivada em diversos diplomas legais, com destaque para o Código Civil de 2002, em seu artigo 50, e no artigo 28 do Código de Defesa do Consumidor, como já afirmado acima, foi pioneiramente introduzido no Brasil por Rubens Requião, valendo como dado histórico retomar a primeira apresentação do tema por esse autor:

---

8 Utiliza-se aqui a expressão modalidade contemporânea, nos moldes sugeridos por Leonardo Netto Parentoni, em sua brilhante tese de doutoramento na Universidade de São Paulo, na qual aborda, com maestria, os caminhos da desconsideração da personalidade jurídica na dogmática e na jurisprudência brasileiras (Desconsideração contemporânea da personalidade jurídica: dogmática e análise científica da jurisprudência brasileira. São Paulo: Quartier Latin, 2014).

9 Esses efeitos colaterais do exagero no uso da desconsideração contemporânea são sintetizados por Leonardo Netto Parentoni (*Desconsideração contemporânea da personalidade jurídica: dogmática e análise científica da jurisprudência brasileira*. São Paulo: Quartier Latin, 2014, p. 186).

> A doutrina desenvolvida pelos tribunais norte-americanos, da qual partiu o Prof. Rolf Serick para compará-la com a moderna jurisprudência dos tribunais alemães, visa impedir a fraude ou abuso através do uso da personalidade jurídica, e é conhecida pela designação *disregard of legal entity* ou também pela *lifting the corporate veil*. Com permissão dos mais versados no idioma inglês, acreditamos que não pecaríamos se traduzíssemos as expressões referidas como *desconsideração da personalidade jurídica*, correspondente à versão espanhola que lhe deu o Prof. Polo Diez, ou seja, *desestimación de la personalidad juridica*. *Lifting the corporate veil* seria o *levantamento ou descerramento do véu corporativo*, ou *da personalidade jurídica*.[10]

Prossegue o mesmo autor, esclarecendo que a doutrina da desconsideração da personalidade jurídica não anula a personalidade jurídica, mas apenas a desconsidera em um caso concreto, como uma espécie de declaração de ineficácia especial da personalidade jurídica em relação a determinados efeitos, prosseguindo hígida para os demais.[11]

A propósito, sugeria Rubens Requião que a redação do artigo 48 do projeto de Código Civil, à época destinado à positivação da teoria da desconsideração da personalidade jurídica, assim fosse redigido:

> A pessoa jurídica não pode ser desviada dos fins que determinam a sua constituição, para servir de instrumento ou cobertura à prática de atos ilícitos ou abusivos de sócios. Neste caso, o juiz, desconsiderando a existência da personalidade jurídica, a pedido do credor do sócio, poderá permitir a efetivação de sua responsabilidade sobre os bens incorporados na sociedade para a sua participação no capital social.[12]

Superada a fase de tramitação do Projeto de Lei, foi promulgado o Código Civil em 2002, com a seguinte redação do artigo 50, destinado, finalmente, à inserção da teoria da desconsideração da personalidade jurídica no direito civil pátrio:

> Em caso de abuso da personalidade jurídica, caracterizado pelo desvio de finalidade, ou pela confusão patrimonial, pode o juiz decidir, a requerimento da parte, ou do Ministério Público quando lhe couber intervir no processo, que os efeitos de certas e determinadas relações de obrigações sejam estendidos aos bens particulares dos administradores ou sócios da pessoa jurídica.

---

10 REQUIÃO, Rubens. Abuso de direito e fraude através da personalidade jurídica (*"Disregard doctrine"*). *In: Aspectos modernos de direito comercial*. 1º volume. 2ª edição. São Paulo: Editora Saraiva, 1988, p. 67-84, p. 69.

11 *Op. cit.*, p. 69.

12 REQUIÃO, Rubens. Dissertação crítica ao Projeto de Código Civil. *Aspectos modernos de direito comercial*. 1º volume. 2ª edição. São Paulo: Editora Saraiva, 1988, p. 205-250, p. 220.

A teoria da desconsideração da personalidade jurídica, inicialmente concebida a partir dos ensinamento de Rolf Serick, foi sendo alterada, podendo-se destacar os estudos formulados por Müller-Freienfels, no ano de 1957, nos quais se adotou uma teoria embasada em centros de imputação e não em uma ideia unitária, tal como concebida pelo primeiro.[13]

Para essa teoria, a superação da separação patrimonial depende da análise do caso concreto e da aferição do objetivo do legislador ao prever determinada disciplina, em uma verdadeira espécie de técnica legislativa.[14]

Nesse cenário, é possível reconhecer a existência de duas correntes doutrinárias sobre os elementos autorizadores da desconsideração da personalidade jurídica, sintetizadas em uma corrente subjetiva e uma objetiva.

A primeira, pioneiramente trazida por Rubens Requião, centrada na possibilidade de aplicação da desconsideração nos casos de fraude ou abuso de direito, a perquirir, portanto, elementos subjetivos em seus fundamentos.

A segunda, calcada em aspectos funcionais, a permitir a desconsideração em hipóteses nas quais se extraia a inadequação da pessoa jurídica aos fins para os quais a lei admitiu sua criação, ou seja, as razões que a autorizam estão na causa do negócio e não no comportamento das pessoas.[15]

Nesse breve estudo não se optou por adotar as chamadas *teorias maior e menor da desconsideração da personalidade jurídica*, diante dos objetivos aqui propostos, ou seja, a análise da teoria da *disregard of legal entity* na falência, o que impôs se reconhecesse que a dicotomia entre corrente objetiva e subjetiva se coaduna com os aspectos práticos encontrados na falência.

IV. A RESPONSABILIDADE DOS SÓCIOS DE RESPONSABILIDADE LIMITADA NA FALÊNCIA DA SOCIEDADE EMPRESÁRIA

A Lei nº 11.101/05 é bastante clara ao dispor, já em seu artigo 1º, que disciplina a recuperação judicial, a recuperação extrajudicial e a falência do *empresário e da sociedade empresária*, doravante referidos simplesmente como devedor. Em outras palavras, o sócio da sociedade empresária não é atingido pela falência ou recuperação, ao menos em sua integralidade, na medida em que algumas consequências e deveres lhe são impostos a partir da decretação da falência, mas nenhum de conteúdo patrimonial.

---

13 COMPARATO, Fabio Konder; SALOMÃO FILHO, Calixto. *O poder de controle na sociedade anônima*. 6ª edição. Rio de Janeiro: Gen/Forense, 2014, p. 394-395.

14 Op. cit., p. 394-395.

15 Cf. BOITEUX, Fernando Netto. A extensão da falência às sociedades coligadas, na jurisprudência do Superior Tribunal de Justiça. In: DE LUCCA, Newton; VASCONCELOS, Miguel Pestana de (Coord.). Falência, Insolvência e Recuperação de Empresas: estudos luso-brasileiros. São Paulo: Quartier Latin, 2015, p. 176/199.

Nos artigos 81 e 82, a Lei nº 11.101/05, de maneira mais específica, trouxe previsão quanto à responsabilidade dos sócios ilimitada ou limitadamente responsáveis.

Assim, segundo o artigo 81, a decisão que decreta a falência da sociedade com sócios ilimitadamente responsáveis também acarreta a falência destes, que ficam sujeitos aos mesmos efeitos jurídicos produzidos em relação à sociedade falida e, por isso, deverão ser citados para apresentar contestação, se assim o desejarem.

Nesse caso, ainda que se possa criticar a opção legislativa por retomar o sistema adotado anteriormente ao Decreto-Lei nº 7.661/45, não há maiores reflexos na desconsideração da personalidade jurídica, até porque desnecessária, dada a possibilidade de responsabilização direta dos sócios nesse caso. Além disso, os tipos societários de responsabilidade ilimitada são adotados raramente na prática, de modo que a grande questão que se põe está relacionada aos tipos societários de responsabilidade limitada – entenda-se às sociedades limitadas e às sociedades anônimas.

Por outro lado, o artigo 82 dispõe que a responsabilidade pessoal dos sócios de responsabilidade limitada, dos controladores e dos administradores da sociedade falida, estabelecida nas respectivas leis, será apurada no próprio juízo da falência, independentemente da realização do ativo e da prova da sua insuficiência para cobrir o passivo, observado o procedimento ordinário previsto no Código de Processo Civil.

É preciso lembrar que a esmagadora maioria de casos de falência envolve sociedades limitadas e anônimas, ou seja, tipos societários de responsabilidade limitada. Da mesma forma, a desconsideração da personalidade jurídica ocorre nas falências envolvendo esses tipos societários, como já pontuado acima.

Sustenta-se que as hipóteses de responsabilização dos sócios previstas no artigo 82 decorrem do descumprimento de seus deveres sociais, que não se confundem com a extensão dos efeitos da falência.

Desse modo, conveniente que se buscassem primeiro essa responsabilização para, só então, optar-se por medidas excepcionais, cuja responsabilidade patrimonial é secundária, como a desconsideração da personalidade jurídica.

Esse o norte proposto desde logo, na medida que se percebe uma clara tendência da jurisprudência em privilegiar medidas supostamente mais eficientes como a desconsideração da personalidade jurídica, em detrimento da responsabilização dos sócios nos moldes das legislações específicas, com destaque para o Código Civil, em matéria de sociedade limitada, e para a Lei nº 6.404/76, e, relação à responsabilização de acionistas, administradores e controladores, na sociedade anônima.

V. A DESCONSIDERAÇÃO DA PERSONALIDADE JURÍDICA, A EXTENSÃO DOS EFEITOS DA FALÊNCIA E A RESPONSABILIDADE DOS SÓCIOS NA FALÊNCIA: FACES DE UMA MESMA MOEDA?

A desconsideração da personalidade jurídica, a extensão dos efeitos da falência e a responsabilidade dos sócios na falência comumente são tratadas de forma conjunta, sem que se possa extrair exatamente onde termina uma e começa a outra. O objetivo de atingir o patrimônio dos sócios ganha tal relevo que na maior parte das vezes as decisões parecerem confirmar a velha ideia de que os fins justificam os meios. Portanto, a indagação feita no título deste item não é à toa.

Ao longo deste estudo foi possível concluir pela existência de dois aspectos da desconsideração da personalidade jurídica: subjetivo e objetivo.

O desvio de finalidade, tipicamente encontrado em situações de abuso de direito e fraudes em geral, por certo, abarca esse aspecto subjetivo da teoria e muitas vezes serve de fundamento à desconsideração da personalidade jurídica na falência.

A confusão patrimonial, por sua vez, conforta a detecção de hipóteses de inadequação da pessoa jurídica aos fins para os quais a lei admitiu sua criação, a ressaltar aspectos objetivos que justificam, na falência, a desconsideração da personalidade jurídica.

Em ambos os casos, é possível sustentar a aplicação do artigo 50 do Código Civil.

No entanto, a desconsideração da personalidade jurídica constitui responsabilidade patrimonial secundária do sócio por dívidas da sociedade empresária, o que impõe se observe o benefício de ordem, nos moldes do artigo 1.024 do Código Civil, ao dispor que os bens particulares dos sócios não podem ser executados por dívidas da sociedade, senão depois de executados os bens sociais, confirmado pelo artigo 795 do Código de Processo Civil, segundo o qual os bens particulares dos sócios não respondem pelas dívidas da sociedade, senão nos casos previstos em lei, ao passo que o sócio réu, quando responsável pelo pagamento da dívida da sociedade, tem o direito de exigir que primeiro sejam excutidos os bens da sociedade.

Por esse contexto, já se percebe que a desconsideração da personalidade jurídica na falência não pode ser adotada de forma singela, sem maiores digressões sobre o estado de insolvência instaurado.

A pertinência da medida na falência, ao contrário do que se pode imaginar, nem sempre é harmônica com o processo concursal. Indagações como a extensão da responsabilidade dos sócios em relação ao passivo da falida; a prévia realização do ativo para excussão dos bens sócios; e a demonstração da insuficiência de bens da falida devem ser apresentadas.

Além disso, não se pode desconsiderar a existência de outros mecanismos eficientes para perseguir o patrimônio desviado da sociedade empresária falida, previstos expressamente na Lei nº 11.101/05, como a declaração de ineficácia objetiva (artigo 129) e subjetiva (ação revocatória do artigo 130), e mesmo a responsabilização dos sócios de responsabilidade limitada, nos moldes do artigo 82, todos mecanismos eficientes e específicos para o estado de insolvência instaurado, em detrimento à aplicação indiscriminada da desconsideração da personalidade jurídica na falência. A prevalência da regra especial sobre a geral encontra morada nesse tema e apresenta benefícios evidentes.

Nesse sentido, os atos elencados no artigo 129 poderão ser declarados ineficazes em relação à massa falida, tenha ou não o contratante conhecimento do estado de crise econômico-financeira do devedor, seja ou não intenção deste fraudar credores.

O elemento subjetivo, portanto, sequer é exigido, cabendo acrescentar que, na prática, muitos casos de desconsideração da personalidade jurídica envolvem bens desviados do patrimônio da falida, seja por meio da prática de atos a título gratuito, seja por meio da venda ou transferência de estabelecimento feita sem o consentimento expresso ou o pagamento de todos os credores.

A opção pela ineficácia apresenta-se muito menos burocrática, destacando que a possibilidade de ser declarada de ofício pelo juiz, alegada em defesa ou pleiteada mediante ação própria ou incidentalmente no curso do processo.

Para os casos de fraude, a ação revocatória constitui medida eficiente, a possibilitar sejam *revogáveis*[16] os atos praticados com a intenção de prejudicar credores, provando-se o conluio fraudulento entre o devedor e o terceiro que com ele contratar e o efetivo prejuízo sofrido pela massa falida.

A consequência da sentença de procedência da ação revocatória é o retorno dos bens à massa falida em espécie, com todos os acessórios, ou o valor de mercado, acrescidos das perdas e danos, lembrando-se, ainda, que reconhecida a ineficácia ou julgada procedente a ação revocatória, as partes retornarão ao estado anterior, e o contratante de boa-fé terá direito à restituição dos bens ou valores entregues ao devedor.

Os efeitos do reconhecimento da ineficácia ou procedência da ação revocatória, portanto, são específicos para determinado ato, assim como a teoria da desconsideração da personalidade jurídica não anula a personalidade jurídica, mas apenas a desconsidera em um caso concreto, como uma espécie de declaração de ineficácia especial da personalidade jurídica em relação a determinados efeitos, prosseguindo hígida para os demais. Logo, sopesar a pertinência de uma ou outra medida parece fundamental para obtenção do melhor resultado no contexto concursal.

A ação de responsabilização dos sócios de responsabilidade limitada, da mesma forma, constitui mecanismo possível para atingir os bens dos sócios da falida, ao lado da ação de integralização.

Assim, independentemente da realização do ativo ou de prova da sua insuficiência para cobrir o passivo, pode ser proposta ação de responsabilidade contra os sócios de responsabilidade limitada, que responderá pessoalmente pela prática de ato ilícito, nas hipóteses em que participa de deliberação infringente da lei ou do contrato social (art. 1.080, CC); o acionista de sociedade anônima pode ser responsabilizado pessoalmente nos casos previstos nos artigos 10 e 201, § 1º, da Lei nº 6.404/76; os administradores das sociedades empresárias respondem, também pessoalmente, quando descumprirem o seu dever de diligência, em prejuízo da sociedade (art. 1.011, CC); já o administrador de sociedade anônima, será responsabilizado quando incorrer em ato ilícito (art. 158 da Lei nº 6.404/76); e, finalmente, o controlador da companhia responde quando abusar de seu poder de controle (art. 117 da Lei nº 6.404/76).[17] Há, ainda,

16 Ou revocáveis, no sentido de voltar ao status anterior, para se adotar termo mais técnico, sem prejuízo do teor do artigo 130 da Lei nº 11.101/05.

17 Cf. MARINONI, Luiz Guilherme; MITIDIERO, Daniel. Comentário ao artigo 82 da Lei nº 11.101/05. *In:* CORRÊA-LIMA, Osmar Brina; CORRÊA LIMA, Sérgio Mourão (Coord.). *Comentários à Nova Lei de Falência e Recuperação de Empresas*. Rio de Janeiro: Gen/Forense, 2009, p. 527-528.

a previsão da ação de integralização que tutela a obrigação decorrente da subscrição de cotas sociais e que também reverterá em benefício da massa falida.

O caminho da desconsideração na falência pode parecer mais curto, o que nem sempre é verdadeiro, na medida em que diversas são as cautelas em seu procedimento, com a ampla garantia do contraditório, situações que, aliadas às inúmeras possibilidades recursais, podem não trazer a eficiência esperada.

A ação de responsabilidade, embora prossiga no rito das ações ordinárias, permite a concessão de tutelas de urgência, liminarmente, a garantir que não sejam os bens desviados durante seu processamento. Portanto, constitui medida eficiente que poderia ser melhor manejada, em detrimento da desconsideração da personalidade jurídica na falência.

Não se perca de vista que, nos casos de responsabilização dos sócios de responsabilidade limitada acima previstos, a responsabilidade patrimonial decorre de previsões legais expressas. Portanto, não se pode partir para a responsabilização patrimonial secundária, como a desconsideração da personalidade jurídica, quando existem possibilidades de responsabilização previstas em lei a perseguir.

Por outro lado, nas hipóteses de grupos societários, surge a necessidade de análise do cabimento da extensão dos efeitos da falência, o que acresce outras nuances ao tema da desconsideração da personalidade jurídica na falência.

Como se tem percebido ao longo do tempo, a predominância das formações unissocietárias[18] sede espaço a outras formas de estrutura organizativa da empresa, como o fenômeno dos grupos de sociedades. A economia global está indissociavelmente ligada ao fenômeno dos grupos de sociedades[19] ou à chamada "empresa de grupo",[20] considerada, em contornos bastante sintéticos, uma técnica de organização jurídica da empresa moderna, a partir de um conjunto de sociedades empresárias que, embora mantenham formalmente sua autonomia jurídica, subordinam-se a uma direção econômica unitária, exercida por uma outra sociedade.[21]

---

18 Fabio Konder Comparato, ainda nos anos 70, já apresentada reflexão nesse sentido, como se pode extrair de sua Aspectos jurídicos da macro-empresa. São Paulo: Ed. Revista dos Tribunais, 1970, p. 4-7, assim como em Os grupos societários na nova lei de sociedade por ações. Revista de Direito Mercantil, Industrial, Econômico e Financeiro, São Paulo, nº 23/24, p. 91, 1976.

19 Sobre os grupos societários no sistema italiano ver GALGANO, Francesco. *Tratatto di diritto civile.* 2. ed. Padova: CEDAM, 2010. v. 4, p. 709 e ss.

20 Termo utilizado por José Engrácia Antunes in Estrutura e responsabilidade da empresa: o moderno paradoxo regulatório. Revista Direito GV, São Paulo, v. 1, nº 2, p. 29-68, jun./dez. 2005.

21 Nesse sentido, ANTUNES, José Engrácia. Estrutura e responsabilidade da empresa: o moderno paradoxo regulatório. *Revista Direito GV,* São Paulo, v. 1, nº 2, p. 29-68, jun./dez. 2005, p. 35. Síntese apresentada por DEZEM, Renata Mota Maciel Madeira. *A extensão da competência do juízo da recuperação judicial.* Tese (Doutorado em Direito) – Programa de Pós-Graduação em Direito, Faculdade de Direito, Universidade de São Paulo, São Paulo, 2016, p. 226.

No Brasil, é possível diferenciar os chamados grupos societários de direito, regulados nos artigos 265[22] a 277 da Lei nº 6.404/76 (LSA), dos grupos societários de fato, os quais, embora não expressamente mencionados na Lei, são regulados por meio das regras que tratam das sociedades coligadas, controladoras e controladas, constantes do capítulo XX, assim como, do capítulo XXII, que trata dos consórcios, podem-se extrair regras sobre os chamados grupos de coordenação.[23]

Infelizmente, se os grupos societários se tornaram uma realidade na prática, o mesmo não pode ser dito de sua regulamentação, na medida em que a teoria clássica do direito societário, que tinha como norte a ideia de separação patrimonial, mostrou-se insuficiente para lidar com os problemas surgidos no contexto dos grupos.[24]

Instaura-se, então, um paradoxo: se tratado o grupo de sociedades como um conjunto de sociedades, que devem ser vistas em sua individualidade, sem qualquer aspecto relacionado a condição de agrupamento que as une, do ponto de vista econômico podem não surtir os efeitos esperados ou mesmo fomentar fraudes, mas, por outro lado, o caminho também não parece ser o da completa desconsideração da personalidade jurídica das sociedades que formam o grupo.[25]

Na tentativa de resolver esse dilema, diversos são os modelos de regulação jurídica dos grupos societários,[26] destacando-se que, no Brasil, como já mencionado, optou-se pela dicotomia entre grupos de direito e grupos de fato. Os primeiros, na prática, são ignorados na realidade econômica, tanto que grandes empresas brasilei-

---

22 Cf. "Art. 265. A sociedade controladora e suas controladas podem constituir, nos termos deste Capítulo, grupo de sociedades, mediante convenção pela qual se obriguem a combinar recursos ou esforços para a realização dos respectivos objetos, ou a participar de atividades ou empreendimentos comuns. § 1º A sociedade controladora, ou de comando do grupo, deve ser brasileira, e exercer, direta ou indiretamente, e de modo permanente, o controle das sociedades filiadas, como titular de direitos de sócio ou acionista, ou mediante acordo com outros sócios ou acionistas. § 2º A participação recíproca das sociedades do grupo obedecerá ao disposto no artigo 244."

23 Cf. DEZEM, Renata Mota Maciel Madeira. A extensão da competência do juízo da recuperação judicial. Tese (Doutorado em Direito) – Programa de Pós-Graduação em Direito, Faculdade de Direito, Universidade de São Paulo, São Paulo, 2016, p. 226. Acrescente-se, ainda, que o sistema da Lei nº 6.404/76 é abordado de forma bastante elucidativa por Fabio Konder Comparato in Os grupos societários na nova lei de sociedade por ações. Revista de Direito Mercantil, Industrial, Econômico e Financeiro, São Paulo, nº 23/24, p. 91-107, 1976, p. 91-107.

24 Sobre a responsabilidade no contexto dos grupos societários é analisada por José Engrácia Antunes in The liability of polycorporate enterprises. Conn. J. Int'l L., v. 13, p. 197, 1998-1999.

25 Nesse sentido CAMPANA FILHO, Paulo Fernando. A recuperação judicial de grupos societários multinacionais: contribuições para o desenvolvimento de um sistema jurídico brasileiro a partir do direito comparado. 2013. Tese (Doutorado) – Programa de Pós-Graduação em Direito, Faculdade de Direito, Universidade de São Paulo, São Paulo, 2013, p. 22-23.

26 Sobre os modelos de regulação jurídica dos grupos ver ANTUNES, José Engrácia. The liability of polycorporate enterprises, cit., p. 197; Id. Estrutura e responsabilidade da empresa: o moderno paradoxo regulatório, cit., p. 35; CAMPANA FILHO, Paulo Fernando. A recuperação judicial de grupos societários multinacionais: contribuições para o desenvolvimento de um sistema jurídico brasileiro a partir do direito comparado, cit., p. 24-37.

ras se constituem sob a forma de grupos societários de fato,[27] enquanto os segundos não receberam o devido tratamento legislativo.[28]

Esse contexto nebuloso pode ser transportado para o direito concursal,[29] na medida em que não há regras expressas para aplicação nos casos de falência e recuperação judicial,[30] situação que, muitas vezes, é tratada por meio da utilização indiscriminada do instituto da desconsideração da personalidade jurídica, sobretudo na falência.[31]

Não se pode desconsiderar que certa confusão patrimonial é inerente a todo grupo econômico, mostrando-se praticamente inevitável que ocorram transferências de ativos de uma sociedade para outra, ou mesmo a distribuição de lucros e prejuízos.[32] Por isso, a opção pela extensão dos efeitos da falência deve sopesar elementos relacionados ao contexto da relação concursal instaurada, o que permitirá extrair qual será o melhor caminho, lembrando-se que nem sempre a busca de bens ou a responsabilização das sociedades empresárias que integram o grupo societário da falida serão o melhor caminho para a satisfação dos credores.[33]

Da mesma forma, soluções simplistas no sentido de que a falência de uma das empresas do grupo impõe a extensão às demais mostra-se completamente divorciada

---

27 CAMPANA FILHO, Paulo Fernando. *A recuperação judicial de grupos societários multinacionais*: contribuições para o desenvolvimento de um sistema jurídico brasileiro a partir do direito comparado, cit., p. 42. Por outro lado, CEREZETTI, Sheila Christina Neder. Grupos de sociedades e recuperação judicial: o indispensável encontro entre direito societário, processual e concursal. In: YARSHELL, Flavio Luiz; PEREIRA, Guilherme Setoguti (Coords.). *Processo societário II*. São Paulo: Quartier Latin, 2015. p. 735-789, p. 739 traz dados que apontam para uma maior utilização dos grupos de direito do que a doutrina costuma mencionar, embora reconheça que não tiveram o destaque esperado pelo legislador ao prevê-los.

28 É preciso lembrar que, ao lado da Lei nº 6.404/76, o Código Civil, nos artigos 1.097 a 1.101, estendeu às limitadas a disciplina dos grupos societários. Na legislação esparsa, ainda, podem ser encontradas regras tratando dos grupos societários, como ocorre na CLT, no artigo 2º, § 2º, e no Código de Defesa do Consumidor, no artigo 28, embora nessas normas a confusão sobre o que sejam grupos societários ou grupos econômicos persista.

29 A questão não é exclusiva no direito brasileiro, destacando-se a preocupação italiana sobre o conceito de grupo na disciplina da *amministrazione straordinaria della grandi imprese in crisi*. Nesse sentido, ver LIBONATI, Berardino. *Scritti giuridici*. Milano: Giuffrè, 2013. v. 2., p. 699 e ss.

30 Um estudo da jurisprudência sobre grupos empresariais em matéria de insolvência pode ser obtido em SICA, Ligia Paula P. Pinto. A disciplina dos grupos empresariais e a Lei de Recuperação de Empresas em crise e Falências: um convite a jurisprudência. In: CEREZETTI, Sheila C. Neder; MAFFIOLETTI, Emanuelle Urbano (Coords.). Dez anos da Lei nº 11.101/2005. São Paulo: Almedina, 2015. p. 103-135.

31 Cf. DEZEM, Renata Mota Maciel Madeira. *A extensão da competência do juízo da recuperação judicial*. Tese (Doutorado em Direito) – Programa de Pós-Graduação em Direito, Faculdade de Direito, Universidade de São Paulo, São Paulo, 2016, p. 227.

32 COMPARATO, Fabio Konder; SALOMÃO FILHO, Calixto. *O poder de controle na sociedade anônima*. 6ª edição. Rio de Janeiro: Gen/Forense, 2014, p. 429.

33 Nesse sentido, ver LOBO, Jorge. A extensão da falência por abuso de controle. In: TOLEDO, Paulo Fernando Campos Salles; SATIRO, Francisco. Direito das empresas em crise: problemas e soluções. São Paulo: Quartier Latin, 2012, p.141-172.

da realidade, lembrando-se que os grupos foram criados justamente para racionalizar a exploração empresarial, elevando o lucro e reduzindo o custo de produção,[34] o que não é vedado pelo sistema jurídico.

Por outro lado, a formação de grupos societários muitas vezes é cenário fértil para fraudes e abuso de direito, de onde se extrai a grande incidência de decisões de desconsideração da personalidade jurídica.[35]

Não há dúvidas de que o manto da personalidade jurídica, nesses casos, não pode amparar fraudes.

Nesse sentido, a adoção da teoria ou mesmo a consideração de que se tratariam as sociedades coligadas uma verdadeira unidade econômica para responsabilizar todas as sociedades empresárias envolvidas deve prevalecer.[36]

Em síntese, a busca pela adequação do direito à realidade econômica deve ser constante, o que impõe que a personalidade jurídica seja considerada em sua dimensão verdadeira, ou seja, "como técnica, meramente relativa, de separação de patrimônios, e não como entidade metafísica de valor absoluto", para utilizar literalmente as palavras de Fabio Konder Comparato.[37]

Assim, é possível reconhecer que a desconsideração da personalidade jurídica, a extensão dos efeitos da falência e a responsabilidade dos sócios na falência sejam faces de uma mesma moeda, desde que observada a natureza da responsabilidade patrimonial de cada uma dessas medidas.

Portanto, o primeiro norte deve ser a responsabilização patrimonial dos sócios de responsabilidade limitada, por descumprimento de deveres legais, o que pode ser obtido a partir das ações de responsabilidade acima referidas. Não parece técnico, desse modo, fundamentar decisões de desconsideração da personalidade jurídica ou de extensão de efeitos na falência, com base em fatos que justificam a responsabilização dos sócios por meio de ações próprias e expressamente previstas nas legislações que regulamentam os tipos societários.

A questão não é desconsiderar a instrumentalidade das formas, frise-se desde logo, mas reconhecer a existência de regulamentação própria no âmbito do direito

---

34 COMPARATO, Fabio Konder; SALOMÃO FILHO, Calixto. O poder de controle na sociedade anônima. 6ª edição. Rio de Janeiro: Gen/Forense, 2014, p. 428.

35 Sobre o tema, ver REQUIÃO, Rubens. A desconsideração da personalidade jurídica no agrupamento de empresas. In: Aspectos modernos de direito comercial. 1º volume. 2ª edição. São Paulo: Editora Saraiva, 1988, p. 283-298.

36 Essa é a solução apontada por Tullio Ascarelli: "Mas a coligação entre as sociedades pode facultar fraudes que afetem os direitos de terceiros credores, seja por meio de típicos atos de fraude contra credores – sujeitos, portanto, às normas da ação pauliana – seja por meio do recurso à distinção jurídica entre as várias sociedades, para ilidir a observância de determinados compromissos – e, então, neste caso, à vista da fraude, cumprirá atender à existência da coligação e à consequente unidade econômica das sociedades coligadas" (*Problemas das sociedades anônimas e Direito Comparado*. São Paulo: Saraiva, 1946, p. 540.

37 COMPARATO, Fabio Konder; SALOMÃO FILHO, Calixto. O poder de controle na sociedade anônima. 6ª edição. Rio de Janeiro: Gen/Forense, 2014, p. 438.

material, a fundamentar a responsabilização dos sócios de responsabilidade limitada, em detrimento da utilização dos pressupostos para a desconsideração da personalidade jurídica.

Em segundo lugar, ausentes causas que justifiquem a aplicação do artigo 82 da Lei nº 11.101/05, pode ser apreciada a pertinência da desconsideração da personalidade jurídica na falência, ou mesmo a extensão dos efeitos da falência. De qualquer modo, o olhar não pode estar voltado exclusivamente a aspectos subjetivos ou objetivos que justifiquem a desconsideração, como abuso, fraude e confusão patrimonial.

A análise do contexto de insolvência e da relação concursal instaurada é fundamental, de onde se podem sugerir, para além dos pressupostos que justifiquem a desconsideração da personalidade jurídica, juízos de valoração, por exemplo, quanto ao grau de satisfação dos credores com ou sem a desconsideração da personalidade jurídica ou a extensão dos efeitos da falência; a preservação da empresa (atividade), em um ou em outro caso; a economia processual ou a complexidade de processar diversas falências coligadas por meio da extensão; consolidação substancial ou material de ativos e passivo das falidas, entre outros.

VI. CAMINHOS DA JURISPRUDÊNCIA E ALGUMAS PROPOSIÇÕES PARA A REFLEXÃO LÚCIDA DO TEMA

Rubens Requião, ao expor a teoria da desconsideração da personalidade jurídica advertia que os tribunais estadunidenses, assim como os alemães aplicavam-na com muita cautela e em caráter excepcional, razão pela qual "não se transformou, nas várias décadas em que tem sido usada, numa panaceia, aplicável ao talante de paixões, dúvidas e interesses momentâneos e menos graves".[38]

Infelizmente, não é o que verificamos no cenário jurisprudencial brasileiro, ainda que se constate uma reflexão sobre o que o Superior Tribunal de Justiça chegou a denominar "era da desconsideração da pessoa jurídica",[39] em um claro movimento de

38 *Op. cit.*, 78.

39 Nesse sentido: PROCESSO CIVIL E TRIBUTÁRIO – ANTECIPAÇÃO DA TUTELA – PROGRAMA DE RECUPERAÇÃO FISCAL – REFIS – CONSÓRCIO DE EMPREGADORES RURAIS – ADESÃO – POSSIBILIDADE – CARÁTER SOCIAL DÚPLICE DO PROGRAMA – IMPOSSIBILIDADE DE LACUNAS NO ORDENAMENTO JURÍDICO – INTERPRETAÇÃO E INTEGRAÇÃO DA LEGISLAÇÃO TRIBUTÁRIA – CTN, ART. 108. 1. Consórcio de Produtores Rurais criado e reconhecido pelo Ministério do Trabalho como instrumento de otimização das relações com os trabalhadores rurais. Técnica que viabiliza a atividade para todos os consorciados, mercê da regularização das carteiras de trabalho dos trabalhadores. Obtenção de CEI junto ao INSS como grupo de produtores rurais pessoas físicas. A Responsabilidade do Consórcio para com as contribuições previdenciárias, implica em reconhecer-lhe aptidão para beneficiar-se do programa REFIS, muito embora não seja pessoa jurídica.

Na era da "desconsideração da pessoa jurídica" e do reconhecimento da legitimatio ad causam às entidades representativas de interesses difusos, representaria excesso de formalismo negar ao Consórcio reconhecido pelo Ministério do Trabalho a assemelhação às pessoas jurídicas para fins de admissão no REFIS, maxime porque, essa opção encerra promessa de cumprimento das

readequação do alcance e dos limites de sua aplicação, a evitar a superutilização do instituto da desconsideração da personalidade jurídica.[40]

O que se quer dizer com isso é que a aplicação da desconsideração da personalidade jurídica na falência nem sempre é necessária, na medida em que existem vários outros meios de atingir o patrimônio dos sócios, a partir da própria ordenação jurídica prevista para a insolvência.

A desconsideração da personalidade, a extensão dos efeitos da falência e a responsabilização dos sócios não podem ser tratados da mesma forma. O que é mais grave, a aplicação dos requisitos da desconsideração da personalidade jurídica, sem o cuidado com o contexto da insolvência, pode ser ainda mais prejudicial aos credores.[41]

Respeitada a boa intenção, parece um equívoco voltar os olhos apenas à fraude, ao abuso de direito ou à confusão patrimonial para fundamentar decisões de desconsideração da personalidade jurídica ou de extensão dos efeitos da falência, em prejuízo do sistema de insolvência existente, quando há outros instrumentos eficientes para atingir o patrimônio dos sócios.

Nesse sentido, obviamente os credores esperam ter como garantia de seus créditos o patrimônio da devedora, visto isoladamente, sem qualquer interferência do passivo de outras sociedades que integrem um mesmo grupo ou que apresentem coincidência de quadro societário.

Assim, uma decisão pela extensão dos efeitos da falência, por exemplo, não pode perder de vista a afetação não apenas do patrimônio de outra sociedade empresária, mas, também, de seu passivo, o que, em muitos casos, pode colocar os credores da falida originária em posição de desvantagem ao contexto anterior à decisão de extensão dos efeitos da falência.

Uma reflexão lúcida sobre o tema impõe que o contexto de insolvência e da relação concursal instaurada sejam considerados, o que, como já mencionado acima, pode sugerir, para além da verificação dos pressupostos que justifiquem a desconsideração da personalidade jurídica, juízos de valoração sobre o grau de satisfação dos

---

obrigações tributárias. 2. Acórdão recorrido que, confirmando decisão singular, concedeu a antecipação da tutela e determinou a inclusão junto ao denominado "Programa de Recuperação Fiscal – REFIS" de consórcio de empregadores rurais, equiparando-o in casu a pessoa jurídica. 3. Possibilidade de interpretação extensiva da legislação que dispõe sobre o ingresso junto ao REFIS, permitindo aos consórcios equiparação às pessoas jurídicas. 4. Natureza dúplice das disposições que disciplinam o REFIS que fomentam o adimplemento das obrigações tributárias e permitem ao Estado o recebimento, mesmo que parcelado, de seus créditos fiscais.

5. Recurso Especial conhecido e improvido. (REsp 413.865/PR, Rel. Ministro LUIZ FUX, PRIMEIRA TURMA, julgado em 26/11/2002, DJ 19/12/2002, p. 338)

---

40 PARENTONI, Leonardo Netto. Desconsideração contemporânea da personalidade jurídica: dogmática e análise científica da jurisprudência brasileira. São Paulo: Quartier Latin, 2014, p. 186.

41 A jurisprudência do STJ sobre o tema é vasta, podendo-se citar: AgRg no REsp 1229579/MG, Rel. Ministro RAUL ARAÚJO, QUARTA TURMA, julgado em 18/12/2012, DJe 08/02/2013, REsp 1259018/SP, Rel. Ministra NANCY ANDRIGHI, TERCEIRA TURMA, julgado em 09/08/2011, DJe 25/08/2011.

credores, a preservação da empresa (atividade), a economia processual ou a complexidade de processar diversas falências coligadas por meio da extensão, e a pertinência de eventual consolidação substancial ou material de ativos e passivo das falidas.

VII. CONCLUSÃO

Na conclusão, do mesmo modo com que percorremos o tema, não será possível afastar-se das lições do saudoso homenageado, que já alertava:

> É preciso, para a invocação exata e adequada da doutrina, repelir a ideia preconcebida dos que estão imbuídos do fetichismo da intocabilidade da pessoa jurídica, que não pode ser equiparada tão insolitamente à pessoa humana no desfrute dos direitos incontestáveis da personalidade; mas também não devemos imaginar que a penetração do véu da personalidade jurídica e a desconsideração da pessoa jurídica se torne instrumento dócil nas mãos inábeis dos que, levados ao exagero, acabassem por destruir o instituto da pessoa jurídica, construído através dos séculos pelo talento dos juristas dos povos civilizados, em cuja galeria sempre há de ser iluminada a imagem genial de Teixeira de Freitas, que, no século passado, precedendo a muitos, fixou em nosso direito a doutrina da personalidade jurídica.[42]

Roga-se por mãos cada vez mais hábeis a conduzir a teoria da desconsideração da personalidade jurídica por caminhos menos tortuosos e cada vez mais alinhados ao escopo do direito falimentar brasileiro.

Fica assim prestada a nossa mais sincera homenagem ao saudoso professor Rubens Requião, a quem tanto ficamos, evidentemente, devendo... Sabemos que ela é singela demais se comparada ao calibre intelectual do homenageado. Como se tal não bastasse, ela se revela igualmente serôdia, pois deveríamos tê-la feito quando o querido professor ainda estava vivo entre nós... Resta-nos o consolo, porém, de carregarmos dentro de nós tudo aquilo que aprendemos com ele, consolando-nos com a sábia passagem de Guimarães Rosa, segundo a qual *"não morrem os mortos, que, nos vivos, vivem."*

VIII. BIBLIOGRAFIA

ANTUNES, José Engrácia. Estrutura e responsabilidade da empresa: o moderno paradoxo regulatório. *Revista Direito GV*, São Paulo, v. 1, nº 2, p. 29-68, jun./dez. 2005.

______. The liability of polycorporate enterprises. *Conn. J. Int'l L.*, v. 13, 1998-1999.

42 REQUIÃO, Rubens. Abuso de direito e fraude através da personalidade jurídica ("Disregard doctrine"). In: Aspectos modernos de direito comercial. 1º volume. 2ª edição. São Paulo: Editora Saraiva, 1988, p. 67-84, p. 84.

ASCARELLI, Tullio. *Problemas das sociedades anônimas e Direito Comparado*. São Paulo: Saraiva, 1946.

__________. *Saggi di Diritto Commerciale*. Milão: Giuffrè, 1955.

LIBONATI, Berardino. *Scritti giuridici*. Milano: Giuffrè, 2013. v. 2.

BOITEUX, Fernando Netto. A extensão da falência às sociedades coligadas, na jurisprudência do Superior Tribunal de Justiça. *In:* DE LUCCA, Newton; VASCONCELOS, Miguel Pestana de (Coord.). *Falência, Insolvência e Recuperação de Empresas: estudos luso-brasileiros*. São Paulo: Quartier Latin, 2015, p. 176/199.

CAMPANA FILHO, Paulo Fernando. *A recuperação judicial de grupos societários multinacionais*: contribuições para o desenvolvimento de um sistema jurídico brasileiro a partir do direito comparado. 2013. Tese (Doutorado) – Programa de Pós-Graduação em Direito, Faculdade de Direito, Universidade de São Paulo, São Paulo, 2013.

CEREZETTI, Sheila Christina Neder. Grupos de sociedades e recuperação judicial: o indispensável encontro entre direito societário, processual e concursal. In: YARSHELL, Flavio Luiz; PEREIRA, Guilherme Setoguti (Coords.). *Processo societário II*. São Paulo: Quartier Latin, 2015. p. 735-789.

COMPARATO, Fábio Konder. *Aspectos jurídicos da macro-empresa*. São Paulo: Ed. Revista dos Tribunais, 1970.

______. Os grupos societários na nova lei de sociedade por ações. *Revista de Direito Mercantil, Industrial, Econômico e Financeiro*, São Paulo, nº 23/24, p. 91-107, 1976.

COMPARATO, Fabio Konder; SALOMÃO FILHO, Calixto. *O poder de controle na sociedade anônima*. 6ª edição. Rio de Janeiro: Gen/Forense, 2014.

DEZEM, Renata Mota Maciel Madeira. *A extensão da competência do juízo da recuperação judicial*. Tese (Doutorado em Direito) – Programa de Pós-Graduação em Direito, Faculdade de Direito, Universidade de São Paulo, São Paulo, 2016.

GALGANO, Francesco. *Tratatto di diritto civile*. 2. ed. Padova: CEDAM, 2010. v. 4.

LOBO, Jorge. A extensão da falência por abuso de controle. *In:* TOLEDO, Paulo Fernando Campos Salles; SATIRO, Francisco. *Direito das empresas em crise: problemas e soluções*. São Paulo: Quartier Latin, 2012, p.141-172.

MARCONDES MACHADO, Sylvio. *Limitação da responsabilidade de comerciante individual*. São Paulo, 1956.

MARINONI, Luiz Guilherme; MITIDIERO, Daniel. Comentário ao artigo 82 da Lei nº 11.101/05. *In:* CORRÊA-LIMA, Osmar Brina; CORRÊA LIMA, Sérgio Mourão (Coord.). *Comentários à Nova Lei de Falência e Recuperação de Empresas*. Rio de Janeiro: Gen/Forense, 2009.

PARENTONI, Leonardo Netto. *Desconsideração contemporânea da personalidade jurídica: dogmática e análise científica da jurisprudência brasileira*. São Paulo: Quartier Latin, 2014.

REQUIÃO, Rubens. *Aspectos modernos de direito comercial*. 1º volume. 2ª edição. São Paulo: Editora Saraiva, 1988.

__________. Abuso de direito e fraude através da personalidade jurídica (*"Disregard doctrine"*). *In: Aspectos modernos de direito comercial*. 1º volume. 2ª edição. São Paulo: Editora Saraiva, 1988, p. 67-84.

__________. Dissertação crítica ao Projeto de Código Civil. *Aspectos modernos de direito comercial*. 1º volume. 2ª edição. São Paulo: Editora Saraiva, 1988, p. 205-250.

__________. A desconsideração da personalidade jurídica no agrupamento de empresas. *In: Aspectos modernos de direito comercial*. 1º volume. 2ª edição. São Paulo: Editora Saraiva, 1988, p. 283-298.

SICA, Ligia Paula P. Pinto. A disciplina dos grupos empresariais e a Lei de Recuperação de Empresas em crise e Falências: um convite a jurisprudência. In: CEREZETTI, Sheila C. Neder; MAFFIOLETTI, Emanuelle Urbano (Coords.). *Dez anos da Lei nº 11.101/*2005. São Paulo: Almedina, 2015. p. 103-135.

DESCONSIDERAÇÃO DA PERSONALIDADE JURÍDICA: ANÁLISE FUNCIONALISTA

Raquel Sztajn

INTRODUÇÃO

Quando o professor Rubens Requião incluiu a técnica da desconsideração da personalidade jurídica de sociedades, reconhecida nos Estados Unidos da América, no Curso de Direito Comercial, há de ter sido considerado inovador audacioso ao trazer a possibilidade de cobrar de acionistas obrigações contraídas por sociedades anônimas, afastando, dessa forma, a regra da limitação da responsabilidade tão valorizada por investidores.

Nada obstante a previsão do parágrafo 2º. ao artigo 2º. da Consolidação das Leis do Trabalho, de 1943, a desconsideração da personalidade jurídica de sociedades era "instituto" estranho ao direito comercial. Não imaginava o insigne jurista que o tema ganhasse a atenção da doutrina e de parte da jurisprudência ao final dos anos 90 do século passado, fomentando discussões novas que passam, agora, pela desconsideração inversa ou reversa.

Originária de sistema da *common Law,* a desconsideração da personalidade jurídica é recepcionada em microssistemas como o Código de Defesa do Consumidor, de 1988, (art. 28) que, tal como os empregados, é visto como parte vulnerável nas relações contratuais. A lei consumerista, a par de imputar responsabilidades solidárias a sócios e administradores, de forma equivocada, inclui a falência como base para desconsiderar a personalidade jurídica que inexiste nesse patrimônio.

A desconsideração aparece, ainda, no direito tributário visando à tutela de interesse público; a técnica, mesmo antes de se tornar norma geral, fora adotada em legislações especiais com função própria, a tutela de interesses de terceiros tem, no emprego da desconsideração, o que em Teoria dos Jogos se denomina ameaça crível. Ou seja, não utilize um benefício legal para obter vantagens em detrimento de terceiros.

Assim é que, quando da "atualização" do direito das obrigações, Lei 10.406/2002 – Código Civil Brasileiro – no artigo 50, positiva a desconsideração da personalidade jurídica no que, talvez, se possa considerar estratégia de política legislativa visando a inibir comportamentos oportunistas: abstenha-se ou serás punido.

Como instrumento de política pública, será que crescente recurso à regra da desconsideração da personalidade jurídica não produzirá o que estudiosos do Direito deixaram de parte? Ou será que a limitação da responsabilidade de acionistas e cotistas está vias de extinção, como apregoam alguns? Recorrendo-se à denominada desconsideração inversa, quando a sociedade responde por obrigações de sócio a separação patrimonial sobreviverá?

A questão que se põe tem relação direta com o beneficio da separação patrimonial: combinação de alocação de riscos e limitação da responsabilidade.[1]

Jonathan Macey e Joshua Mitts, em artigo denominado *Real Justifications for Piercing the Corporate Veil*[2] sugerem que a desconsideração da personalidade jurídica de sociedades visa a atingir três metas de politicas públicas, a saber: a) fim regulatório; b) evitar que acionistas se beneficiem utilizando informações imprecisas; e c) promover valores presentes na falência mediante resolução eficiente de um patrimônio desequilibrado.

PATRIMÔNIO – ESPÉCIES

Patrimônio, complexo de posições jurídicas, ativas e passivas, avaliáveis em dinheiro e atribuídas a uma pessoa. Cada pessoa tem um patrimônio e cada patrimônio um titular; não há pessoa, sujeito de direito com mais de um patrimônio assim como não há patrimônio sem titular.

Desejável que as posições jurídicas ativas e passivas sejam congruentes, preferencialmente que os ativos superem os passivos, a fim de evitar a falência ou insolvência civil, institutos que "punem" aqueles que não respeitam a regra social: sabe-se que o crédito depende da equação ativo > passivo. Eventual descasamento de fluxo de caixa (insolvência) sem insolvabilidade o que não impõe sanção grave ao agente econômico.

Patrimônio é uma universalidade de direito que pode ser dividido em autônomo, separado e de afetação, cada tipo regido por normas específicas.

Patrimônio autônomo é como se define o conjunto de direitos e obrigações sem que haja uma pessoa natural ao qual seja associado. Assim, por exemplo, Fundo de Garantia por Tempo de Serviço (FGTS), em que os recursos (ativos) provenientes de contribuições patronais, são depositados em instituição bancária (Caixa Econômica) que os administra aplicando-os em financiamento habitacional, mediante cobrança de juros. Contudo os recursos que compõem o FGTS devem ser destinados aos empregados que, em caso de demissão, ou outras alternativas previstas em lei. O FGTS substitui a antiga multa rescisória por despedida sem justa causa, constituindo-se, pois, em forma de poupança compulsória que recai sobre os empregadores.

Espécie de condomínio obrigatório o FGTS que tem dupla função: espécie de seguro para os trabalhadores que poderá ser utilizado em caso de doença, afastamen-

1 Bainbridge, Stephen M./Henderson, M. Todd: *Asset Partitioning, Limited Liability and Veil Piercing*; Anker-Sorensen, Linn: *Financial Engineering as an Additional Veil for the Corporate Group* – disponível em SSRN.com

2 Disponível em SSRN.com

to ou aposentadoria e, na medida em que atuarialmente se considera que "saques" ocorrerão no médio/longo prazos, é meio de financiamento direcionado pelo governo.

Da mesma forma são patrimônios autônomos os recursos destinados à previdência complementar e os prêmios pagos a título de seguro às sociedades seguradoras e, em larga medida, os das sociedades por ações abertas, notadamente quando há larga dispersão da base acionária.

Os valores transferidos por agentes econômicos para a constituição dessa espécie de patrimônio são aglutinados em um único "fundo" administrado por um agente que tem deveres fiduciários e deve geri-los de forma a beneficiar as pessoas que contribuíram ou eventualmente as por elas indicadas. Patrimônios autônomos são criados por lei com função e fim determinados e não podem ser objeto de pretensão de credores de qualquer dos contribuintes/beneficiários.

Patrimônio separado é como se denomina o conjunto de bens de um titular que garantem determinadas e expressas obrigações; esse conjunto forma um núcleo que integra (direitos e obrigações) o patrimônio geral do titular, mas "segregado" pela ligação de "garantia" de obrigações conferindo a credor(es) preferência na sua excussão perante os demais credores em caso de inadimplemento da obrigação garantida.

Pode-se considerar patrimônio separado o montante de recursos pagos por adquirentes de unidades condominiais à construtora/incorporadora, a título de parcelas do preço, cujos recursos têm como destinação o pagamento das despesas incorridas com a edificação do imóvel. Os recursos não podem ser utilizados para solver obrigações que tenham como origem a edificação de outro imóvel. A regra visa a inibir o uso indiscriminado das parcelas referentes ao pagamento de unidades de um edifício para quitar dívidas (mesmo as trabalhistas) originadas de outro empreendimento.

Da mesma forma a Empresa Individual de Responsabilidade Limitada (EIRELI), segundo artigo 980-A do Código Civil Brasileiro, conforme alteração pela Lei n. 12.441, de 11 de julho de 2011, constitui patrimônio separado, tal como ocorria, antes de 1916, com as sociedades em nome coletivo, por exemplo.

Teria sido mais simples, ao invés da EIRELI, recepcionar a sociedade unipessoal, com estrutura da anônima, separando, efetivamente, patrimônios. EIRELI não é pessoa jurídica como pretendem alguns e sugerir possa ser desconsiderada sua "personalidade jurídica", inexistente, insiste-se, ignorando regras expressas e cogentes de teoria geral do Direito.

Patrimônio de afetação resulta de vínculo que unifica os elementos patrimoniais para a consecução de um fim. Ao afetar – destinar determinados ativos a um uso específico –, os bens conferidos devem ser utilizados na consecução do fim determinado pelo instituidor, mesmo que administrados por terceiro(s). Frequente que os patrimônios de afetação sejam destinados a fundações ou institutos que ganham personalidade jurídica, facilitando, dessa forma, a clara segregação das posições jurídicas.

A tipologia patrimonial evidencia que, embora interesse às pessoas separar patrimônios, isto nem sempre é fácil. Solução simples é criar um sujeito de direito o que, desvinculando-se bens e direitos de um titular, atribuindo-os a outro, induz a pensar-se em autonomia e alocação de riscos mais claramente determinada.

Da perspectiva histórica a limitação da responsabilidade no exercício de atividades econômicas era reconhecida em Roma; as *societas* e *societas publicanorum,* consideradas por alguns doutrinadores a origem remota das atuais companhias, ligação longínqua e imperfeita.

Fruto de demandas históricas, notadamente nos séculos 18 e 19, a limitação de responsabilidade se consolida mediante separação patrimonial derivada de outorgas reais, privilégio que facilitou a organização das companhias de navegação e o crescimento do comércio internacional.

Ainda que as modernas companhias não se assemelhem às estruturadas no período das grandes navegações, o reconhecimento da separação patrimonial pelas obrigações sociais foi, à época, vital para garantir a reunião de volumosas somas de recursos necessárias para armar os navios utilizados nas expedições marítimas.

À falta dessa garantia os empreendimentos não prosperariam. Ao limitar as obrigações dos muitos investidores ao investimento feito em busca de ganhos, permitiu a especulação pois, ao investir em atividade arriscada, eventual solidariedade pelas perdas inibiria aplicações e inviabilizaria os empreendimentos.

A Coroa autorizava a criação das companhias de navegação e garantia a limitação da responsabilidade dos investidores; separando patrimônios viabilizavam-se empreendimentos em que os riscos não se restringiam a intempéries; a pirataria e morte por inanição ou doenças e, sabia-se, que os lucros da comercialização de especiarias e outros produtos (além da conquista de territórios) nem sempre eram concretizados. Azares da atividade.

PESSOA JURÍDICA COMO SUJEITO DE DIREITO: FUNÇÃO ECONÔMICO-JURÍDICA E ALOCAÇÃO DE RISCOS

Pessoa jurídica, *personne morale, legal entity* ou *corporate entity,* ficção jurídica, fruto da engenhosidade humana, reconhecida como sujeito de direito, tem importante função social, sendo o instituto jurídico fruto de instituição social voltado para reduzir custos de transação, termo empregado no sentido coaseano, que pode ser o fundamento sócio-econômico-jurídico que explica/justifica o reconhecimento da pessoa jurídica como sujeito de direito.

Pessoa, sujeito de direito é, para Francesco Carnelutti, o elo entre o elemento econômico (interesses) e o jurídico ou legal (direitos subjetivos), abrangendo tanto as pessoas naturais individualmente, quanto coletividades resultantes da união de várias pessoas que agem cooperativamente como se fossem uma unidade. Tal concepção dá suporte à relação biunívoca entre sujeito de direito e patrimônio, fazendo da pessoa jurídica o instrumento ideal para equacionar questões econômicas.

Francesco Ferrara propõe a teoria formalista ou da Realidade Técnica considerando que o termo "pessoa" tem três significados: o biológico que remete ao ser racional, o filosófico que leva em conta a perseguição de objetivos, e o legal, que resulta de reconhecimento do Direito. Assim a pessoa jurídica nada mais é do que um estado, uma vestimenta que cobre coletividades ou organizações precipuamente para que possam, em conjunto, exercer atividade econômica.

Segundo Friederich Carl von Savigny, conceito aqui adotado, pessoa jurídica é ficção legal, criada artificialmente para ser titular de bens e direitos do que emergem a personificação. Escopo dessa ficção jurídica é, mediante o reconhecimento de um titular imaterial, sem existência física, separar patrimônios e, dessa forma, segregar riscos. Kelsen entende que a pessoa jurídica (ficção legal), tal como as pessoas naturais, é centro de imputação de direitos e deveres/obrigações por força de normas legais o que redunda, muitas vezes, no que Tullio Ascarelli denominou de antropomorfismo.

A função econômico-jurídica da personificação como forma de separar bens foi adotada pela

Igreja Católica que e ela recorria evitar a confusão de bens de titularidade da Igreja com os de titularidade de seus membros. Diz-se, até, que a proibição de casamento de padres e freiras serve para evitar que potenciais herdeiros necessários (filhos), disputem bens recebidos por essas pessoas em partilha ou doação que, com a morte do titular, reverteriam para a Igreja.

A separação patrimonial como forma de segregação de riscos e limitação de responsabilidades, tem longa história nas atividades econômicas, notadamente quando os investimentos financeiros são elevados e os riscos se aproximam da incerteza. As companhias de navegação da Idade Média, criadas mediante autorização do soberano são o mais claro exemplo do que se afirma. Tais empreendimentos exigiam vastas somas de recursos financeiros para viabilizar as expedições marítimas e, para tanto, foi preciso encontrar instrumento que atraísse *'investidores/ especuladores"* em busca de lucros. A aceitação do risco marítimo sem limitar a responsabilidade por eventuais fracassos se consuma com a separação patrimonial e a imputação de riscos apenas ao novo sujeito de direito, isolando, protegendo ativos não direcionados à atividade daqueles investidos no empreendimento. O resultado atendeu tanto os credores pessoais dos investidores quanto estes na medida em que os recursos aplicados no financiamento das expedições eram o limite da responsabilidade assumida.

Por isso se buscam instrumentos para que a pessoa jurídica cumpra sua função e não seja usada para que, valendo-se da separação patrimonial e limitação da responsabilidade, se transfiram riscos assumidos pelo agente a terceiros que, nem sempre, têm informação suficiente para se prevenir.

A separação patrimonial incentiva o exercício de atividades econômicas que envolvam riscos mediante a blindagem de certos bens que ficam fora do alcance de determinados credores. A separação patrimonial forma uma espécie de escudo para bens não destinados à atividade que se tornam "imunes" às pretensões de credores daquela atividade.

Desde sua origem sociedades por ações têm na separação entre ativos da sociedade e os de seus membros, com a consequente limitação da responsabilidade destes pelas obrigações sociais o efeito de delimitar sobre que bens podem recair as pretensões de credores sociais, que têm preferência na satisfação de seus créditos sobre os bens da sociedade, e credores pessoais dos sócios cuja prioridade recai sobre os bens particulares dos sócios.

A segregação de riscos é perseguida por agentes econômicos, particularmente em face de uma combinação entre elevados montantes de recursos e riscos próximos da incerteza necessários para viabilizar empreendimentos de natureza econômica. Exemplo são as companhias de navegação da Idade Média.

Note-se que os tipos mais antigos de sociedades comerciais previam, sempre, a existência de responsabilidade solidária, embora subsidiária, de ao menos um de entre seus membros pelas obrigações da sociedade. E, por óbvio, nenhum dos tipos era personificado.

A separação patrimonial e a imputação de riscos a um novo agente econômico, isolaria, protegendo-os, os ativos não direcionados à atividade daqueles investidos no empreendimento. Por isso que, quando os empreendimentos exigiam vastas somas de recursos financeiros, surge a necessidade de modelar estrutura que limite a responsabilidade individual de sorte a atrair 'investidores/especuladores". Aceitar riscos sem limitar a responsabilidade seria inviável. Assim a coroa forneceu solução: autorização para organizar o empreendimento mediante garantia da limitação da responsabilidade de investidores, permitindo, dessa forma, o crescimento econômico e a criação de riquezas.

O privilégio da separação patrimonial foi, ao depois, recepcionado nas legislações nacionais, poderia ter como fundamento negociações entre partes tal como se dá com a estipulação de preferencias creditórias? Os custos associados a essa alternativa podem ser tais que tornariam as negociações inviáveis. Sob a perspectiva de custos sociais, seria viável a negociação desse benefício ou os custos de transação, no sentido que Coase dá à expressão, tornariam a tarefa impossível? Se este for o sentimento das coletividades, cabe ao legislador modelar normas que reduzam as fricções reduzindo os custos de transação e estimulando a criação de riqueza e bem-estar.

Atribui-se, legalmente, às associações/sociedades, natureza de sujeito de direito a fim de viessem a cumprir a função social desejada com redução de custos de transação.

Mas, o cumprimento da função sócio-econômica pelas pessoas jurídicas, tendo em vista que a separação patrimonial e a limitação da responsabilidade dos membros pelas obrigações da pessoa ficta, não deve servir ao oportunismo mediante transferência dos riscos que deveriam ser suportados pelo sujeito de direito e, subsidiariamente, por quem o criou, a terceiros.

A limitação da responsabilidade em função da separação de patrimônios pode ser analisada tanto como estímulo a investimentos quanto privilégio do qual pode resultar a externalização de riscos que deveriam ser internalizados.

Peculiarmente o direito brasileiro, a partir do Código Civil de 1916, confere personalidade jurídica a todas as sociedades cujos instrumentos de constituição sejam levados a registro, diversamente do que se dá em outros países em que apenas as anônimas e limitadas são personificadas.

Prevista no Código Comercial de 1850, arts. 295 a 299, a sociedade por ações só ganha espaço na vida econômica com a aprovação do Decreto n. 2627, de 1940. Ao mesmo tempo em que o tipo mais bem estruturado desperta interesse, cria preocupação quanto a eventual não integralização do capital social e possível desvio de finalidade (mau uso) da sociedade em prejuízo para credores e alguns acionistas.

Nada obstante, por criar um patrimônio autônomo, definir limitação da responsabilidade dos acionistas após a integralização das ações subscritas, o tipo permitia tanto a captação de recursos da poupança popular quanto a constituição de sociedades familiares ensejando a separação entre bens pessoais da família e aqueles de titularidade da pessoa jurídica.

O escudo da personificação (separação de patrimônios) associado à limitação da responsabilidade, com as características atuais, aparece no *Code de Commerce* de 1807, seguido pela legislação alemã de 1843 e no *Allgemeines Deutsches Handelsgesetzbuch* (ADHGB), de 1861. Na Inglaterra, o *Limited Liability Act* de 1855, e o *Joint Stock Companies Act*, de 1856, tornaram a limitação da responsabilidade das anônimas, regra geral.

A esta se segue a sociedade por cotas de responsabilidade limitada, atual sociedade por cotas, oriunda do direito alemão. Em 1919 aprova-se o Decreto n. 3.708, que recepciona, no sistema societário brasileiro, esse novo tipo de sociedade. Esse tipo, uma espécie de anônima fechada e menos formal, os sócios quotistas eram limitadamente responsáveis pelas obrigações sociais desde que o capital estivesse totalmente integralizado, caso contrário a responsabilidade recais sobre todos e não apenas do(s) inadimplente(s).

A criação desse tipo societário na Alemanha justificou-se por facilitar o empreendedorismo por conta da limitação da responsabilidade pessoal dos sócios pelas obrigações da sociedade, com a redução das exigências prevista para as anônimas.

Fran Martins, comercialista cearense, entendia que, uma vez que a limitação da responsabilidade dos sócios dar-se-ia apenas com a integralização do capital social, o benefício seria afastado se, ou quando, prejuízos impactassem negativamente o capital social previsto no instrumento de contrato. A maioria da doutrina não-acatou essa posição talvez, porque, intuitivamente, se soubesse que o capital social não constitui a garantia dos credores, que está representada no balanço contábil, sob a rubrica patrimônio líquido.

A esse respeito veja-se o artigo *Capitale sociale, informazione contabile e sistema del netto: una risposta a Francesco Denozza,* Jonathan Macey e Luca Enriques,[3] em que os autores discutem atribuir ao capital social função de garantia de credores, na linha então sustentada por Fran Martins com o que não concordam.

Oportunismo e carona (*free riding)* devem ser inibidos e, para tanto, no caso de pessoa jurídica, recorre-se à desconsideração da sua personalidade, *disregard of legal entity,* ou *piercing the corporate veil,* técnica criada por magistrados norte-americanos para inibir e punir o mau uso do benefício legal, quando da tentativa de ocultação de bens portanto a atenção inicial incidia recaia sobre as *one man corporations,* anônimas unipessoais, notadamente em casos de subcapitalização.

3 Disponível em SSRN.com

Escopo da técnica era impor responsabilidade pessoal a pessoas abrigadas sob o véu da personalidade jurídica. Casos de fraude, falsa representação ou ilegalidade, deram origem à doutrina do *alter ego* segundo a qual a sociedade, sujeito de direito, é mera fachada para as manifestações volitivas de quem a comande. Outra hipótese é a do controle baseado em fraude ou ilícito, ou ainda, se tal controle é fonte de prejuízos para os credores. A subcapitalização, quando o montante do capital social é, claramente, inferior ao que seria necessário para implementar a atividade, é outro fator considerado para levantar o véu.

As discussões sobre a materialidade da criação de *corporations* se puseram, inicialmente, em países que reconhecem as sociedades unipessoais: entende-se que, ao transferir ativos em montante insuficiente para o exercício da atividade à *corporation*, riscos que deveriam ser assumidos pelo empreendedor eram externalizados e recairiam sobre os credores. Em face disso era necessário estabelecer alguma forma de: a desconsideração da personalidade jurídica, o levantamento do véu atrás do qual se oculta o oportunista que, desta forma é penalizado foi o meio encontrado.

Ao reconhecer o "nascimento" de um sujeito de direito imaterial (sociedades, associações e fundações), a opção de política legislativa atribui à "inovação" função econômica vital em regimes capitalistas: alocar riscos e permitir a blindagem de certos bens (ativos) de riscos gerados pelo exercício da atividade que se quer estimula. À falta de regras claras, de limites, a tomada de riscos de perda poderia ser imposta a terceiros o que tornaria o crédito mais difícil, oneroso, resultando em menor criação de riqueza.

As discussões partem da premissa de que o ordenamento jurídico, as instituições sociais, não pode facilitar oportunismos que levarão à quebra de confiança com maior dificuldade na concessão de crédito – que se tornaria mais caro e raro – permitindo a transferência de riscos aceitos pelos empreendedores que exercem atividade econômica aos credores da atividade mediante uso do instituto jurídico, personificação.

As cortes norte-americanas focam os resultados econômico-financeiros quando terceiros credores são adversamente afetados por decisões administrativas e/ou oportunistas, o que inclui a desconsideração da personalidade jurídica de subsidiárias administradas pela controladora. Quanto a grupos societários, se houver suspeita de que o arranjo visa a atingir credores, as cortes optam por tratar o grupo como unidade.

Na Alemanha foram desenvolvidas várias teorias no inicio dos anos 1920 para fins de levantamento do véu da personalidade jurídica baseadas no poder que a sociedade controladora exerce sobre a controlada. Atualmente os acionistas podem ser responsabilizados se sua interferência ocasionar a liquidação (destruição) da anônima. O tipo societário deve ter capital adequado ao tipo de atividade a ser exercido que, se forem mal utilizados pela controladora, garantem aos acionistas minoritários da controlada alguma compensação no procedimento de insolvência.

Se a lei concede benefícios visando a estimular atividades econômicas, como admitir abuso ou mau uso disso? Uso indevido da separação patrimonial é ético? Até onde é razoável manter a limitação da responsabilidade dos sócios pelas obrigações sociais? Essas são as questões atuais ligadas à desconsideração da personalidade jurídica de sociedades.

O legislador brasileiro de 2002, no artigo 50 do CCB,[4] define limites para o recurso à desconsideração como se a personificação fosse privilégio. As hipóteses são: abuso caracterizado por desvio de finalidade ou confusão patrimonial, não muito diferente do que se dá nos Estados Unidos da América, em que se considera a pessoa jurídica como *alter ego,* instrumento, ou fraude para a desconsideração da pessoa jurídica e a consequente supressão da limitação de responsabilidade, mediante uma espécie de fusão dos patrimônios anteriormente distintos.

Assim como a falência e a insolvência civil são institutos destinados a estimular as pessoas a manterem equilibradas as posições jurídicas ativas e passivas em seu patrimônio, admitindo-se eventual descasamento de fluxos de caixa, isto é, falta de liquidez para solver obrigações desde que as posições ativas superem as passivas, a desconsideração visa a prevenir o uso indevido do benefício da separação patrimonial com limitação de responsabilidade para obtenção de vantagens em detrimento de terceiros.

Afinal o beneficio econômico da alocação de riscos, substrato da personificação de "patrimônios" (lembre-se que a regra era, cada pessoa tem um patrimônio e que não há patrimônio sem titular), não tem como função estimular a transferência de riscos de forma arbitrária a credores. A falência ou insolvência civil, institutos que visam a estimular a congruência econômico-financeira entre ativos e passivos, evidencia que cada sujeito de direito capaz deve administrar a relação direitos *x* obrigações tendo como limite a igualdade entre ativos e passivos.

O caso clássico, citado pela doutrina, originário do direito inglês, no qual a Corte optou por privilegiar a forma sobre a materialidade da operação, é *Solomon v. Solomon.* Comerciante individual Solomon, constituiu uma *corporation* tendo como acionistas ele, a esposa e os filhos, perfazendo a exigência de sete (7) membros. Requisito formal cumprido segue-se a transferência para a companhia da atividade que Solomon, até então, exercia individualmente.

Acionista majoritário, Solomon aprova a contratação de empréstimo feito por ele à sociedade, operação em que se previu cláusula de prioridade (garantia) de liquidação da obrigação. Os demais créditos existentes à época, que sofreriam os efeitos de eventual desequilíbrio patrimonial adverso da sociedade, experimentaram piora (agravamento) na hipótese de iliquidez ou insolvência da companhia em virtude da prioridade do crédito de Solomon.

Consumado o risco – insolvência – os credores arguem, perante o Judiciário inglês, confusão patrimonial argumentando que a prioridade creditória não deveria ser aceita, argumento que, em primeira instância, foi acolhido. Em grau de recurso a Corte rejeitou a pretensão considerando que a constituição da sociedade e a concessão do

---

4 *"Em caso de abuso da personalidade jurídica, caracterizado pelo desvio de finalidade, ou pela confusão patrimonial, pode o juiz decidir, a requerimento da parte, ou do Ministério Público quando lhe couber intervir no processo, que os efeitos de certas e determinadas relações de obrigações sejam estendidos aos bens particulares dos administradores ou sócios da pessoa jurídica".*

empréstimo preenchiam as exigências legais, atendo-se, claramente, aos aspectos formais das operações e ignorando o uso oportunista de instituto jurídico. Nem mesmo as preferências creditórias que Solomon se auto atribuiu foram consideradas danosas possivelmente. Nota-se que, na segunda metade dos anos 1800, não se discutia *insider information* nem assimetria informacional.

Entende-se, atualmente, que a personificação das sociedades não deve configurar privilégio legal irrestrito quanto à limitação da responsabilidade dos membros sem o que os credores ficariam submetidos ao poder discricionário dos sócios.

O que se visa com a aplicação da técnica da desconsideração da personalidade jurídica, o levantamento do véu, não significa a "morte", da pessoa ficta, sua liquidação; constitui punição àquele que, mediante a separação patrimonial legal, a use para obter vantagens a que, de outra forma, não teria acesso.

Nesse sentido o artigo 50 do Código Civil Brasileiro, o legislador remete à confusão patrimonial ou ao desvio de finalidade em *"certas e determinadas relações de obrigações".* Que relações obrigacionais estariam abrangidas pela sanção? Uma vez que inexiste no Brasil a *one man corporation,* a desconsideração é aplicada a relações entre a pessoa jurídica e terceiros. Sócios e/ou associados, escudados pela personificação, não seriam partes legítimas nessas relações mas, poderão, em determinadas circunstancias ter seus bens pessoas sujeitos à constrição para solver obrigações da pessoa jurídica.

Sociedade é contrato plurilateral e de execução continuada. A tipologia societária prevê responsabilidade solidária de um, alguns ou todos os sócios, no caso das sociedades de origem mais antiga, ou nenhuma responsabilidade após a integralização do capital subscrito nas anônimas e responsabilidade solidária até a integralização do total do capital social nas limitadas.

Considerando que é um negócio de estrutura aberta, o contrato de sociedade permite a variação de membros seja mediante a substituição de sócios seja mediante o aumento ou redução do número. A substituição pode resultar de cessão de participação e a redução de mediante retirada ou recesso, uma espécie de "venda" da cota de capital até então detida. Essas mudanças alteram a estrutura interna da sociedade sem efeitos sobre as relações externas.

A par de liquidação compulsória em virtude de falência, a sociedade pode ser dissolvida e liquidada por decisão dos seus membros. Nos dois casos apuram-se ativos e passivos, os credores são pagos e o saldo remanescente, se houver, será restituído a quem seja sócio de acordo com sua participação no capital social.

Dissolvida a sociedade por decisão dos membros e liquidado o passivo, a pessoa jurídica deixa de existir. Como desconsiderar a personalidade jurídica de um sujeito inexistente?

A pergunta foi respondida em acordão do Superior Tribunal de Justiça no Recurso Especial 1.526.287/SP, com relatoria da Ministra Nancy Andrighi. Por unanimidade de votos dos Ministros presentes, alterou-se decisão do Tribunal de Justiça de São Paulo, que ao tratar de dissolução irregular da sociedade empresária devedora, sem regular processo de liquidação, entendera ter havido abuso da personalidade jurídica e, dessa forma, o patrimônio dos sócios seria o único destino possível dos bens desaparecidos do ativo da sociedade, o que configuraria confusão patrimonial.

Parte inferior do formulário

O STJ entendeu não estarem presentes os pressupostos para a desconsideração da personalidade jurídica, segundo regra do artigo 50 do Código Civil, pois a norma requer a utilização da sociedade como instrumento de fraude contra credores ou abuso de direito com violação da lei ou do contrato social. Apenas nessas hipóteses a desconsideração da personalidade jurídica se justifica como medida excepcional.

"Para a aplicação da teoria maior da desconsideração da personalidade jurídica exige-se a comprovação de que a sociedade era utilizada de forma dolosa pelos sócios como mero instrumento para dissimular a prática de lesões aos direitos de credores ou terceiros – seja pelo desrespeito intencional à lei ou ao contrato social, seja pela inexistência fática de separação patrimonial –, o que deve ser demonstrado mediante prova concreta e verificado por meio de decisão fundamentada", defendeu a relatora.

Inexistindo prova de abuso da abuso da personalidade jurídica praticado dolosamente pelos sócios da pessoa jurídica executada ou dada a inexistência de separação fática entre seus patrimônios, a ministra aceitou o pedido para negar a desconsideração.

Tal entendimento deve aplicar-se, com os mesmos fundamentos, a sócio que se desligue da sociedade seja por cessão da participação, seja por recesso. O prazo prescricional para eventual alegação de confusão patrimonial ou abuso da personalidade jurídica para configurar responsabilidade solidária pelas obrigações sociais parece, segundo o acordão citado, ser desnecessário.

Entretanto, a partir da data de arquivamento (registro) da alteração contratual no registro competente, meio de informação aos credores sociais, o prazo prescricional deve ser o previsto no Código Civil pena de a desconsideração da personalidade jurídica da sociedade impor a quem não é mais sócio da pessoa jurídica responsabilidade solidária pelas obrigações sociais fora do enquadramento legal.

O CCB, no parágrafo único ao art. 1.003 fixa o prazo de dois anos após o que o cedente (retirante) estará isento de qualquer responsabilidade.[5] Ao fixar o lapso temporal o legislador há de ter levado em conta que a atividade social continua mesmo com a alteração do quadro societário e que muitas decisões produzem efeito em tempo futuro. Assim, a janela para que se pleiteie o compartilhamento da responsabilidade dá segurança a credores sociais e membros, fazendo com que a cessão de participa-

5 Art. 1.003. A cessão total ou parcial de quota, sem a correspondente modificação do contrato social com o consentimento dos demais sócios, não terá eficácia quanto a estes e à sociedade. Parágrafo único. Até dois anos depois de averbada a modificação do contrato, responde o cedente solidariamente com o cessionário, perante a sociedade e terceiros, pelas obrigações que tinha como sócio.

ções não seja, de imediato, fator de exclusão de responsabilidade por efeitos futuros originados anteriormente.

A previsão legal do art. 1003 do CCB, para sociedades, reflete política pública que visa a eliminar incertezas quanto a responsabilidades subsidiárias por obrigações sociais. Assemelha-se, em certa medida, a herdeiros que não responderão por obrigações do *de cujus* caso ultrapassem seu quinhão na herança; o patrimônio separado é preservado no interesse de credores e herdeiros.

As regras especiais relativas a obrigações trabalhistas, fiscais e consumeristas que dispõem sobre a desconsideração, são anteriores ao Código Civil lançando dúvida quanto à aplicação das regras de prescrição na hipótese de alteração do quadro societário?

As responsabilidades de sócios por obrigações sociais prescrevem dois anos após a alteração contratual em que se consume a retirada de um ou alguns sócios. Ou seja, há prescrição ou preempção para invocar a desconsideração da personalidade jurídica em face de alterações do quadro societário?

Se a limitação de responsabilidade de acionistas/cotistas por obrigações da sociedade de que sejam sócios, tem função de política pública, atrair a poupança privada para atividades econômicas em que risco e incertezas se mesclam, mas que podem gerar efeitos benéficos para a comunidade, é preciso, igualmente, que se tenha presente, ao aplicar a norma, o fato de que mudanças no quadro societário são recorrentes e, sem lapso temporal claro para que se "convoquem" antigos membros para arcarem com ônus imputáveis ao exercício da atividade, poder-se-á, no longo prazo, destruir o ímpeto para assumir riscos.

Aplicam-se essas ponderações a casos de abuso da personalidade jurídica, de seu mau uso, desvio de finalidade continuados? Aos sócios que mantiverem o vinculo societário, mesmo os ingressantes, devem responder solidariamente pelas obrigações societárias. O que se pondera é que a criação de incertezas quanto ao prazo dentro do qual responderão solidariamente pelas obrigações da pessoa jurídica após deixarem de serem membros da sociedade não pode ser indeterminado sob pena de se inibir a atividade econômica, efeito de todo indesejável.

O exagero do recurso à desconsideração da personalidade jurídica em que alterações do quadro associativo são afastadas, poderá ter, como efeito de segunda ordem, à falta de observância de algum prazo prescricional, especialmente sem que se demonstre dolo ou fraude, que possam alcançar os antigos membros, a redução de investimentos na atividade empresarial.

Se inicialmente a técnica da desconsideração da personalidade jurídica focava as sociedades unipessoais, caso em que não há alteração do quadro societário, a segregação de ativos poderia impor riscos social e eticamente indesejáveis aos credores se as sociedades carecessem de recursos para exercerem regularmente a atividade visada, o *under capitalization* do direito anglo-norte-americano.

Nesses casos a insolvência da pessoa jurídica a imporia perdas aos credores sociais enquanto o único acionista preservava seus bens pessoais que estariam fora do alcance desses credores. Isso explica a doutrina do *alter ego* segundo a qual a separação patrimonial não poderia ser mantida pois a *corporation* era uma forma de projeção da pessoa natural.

A tutela do crédito, afastando oportunismos, adotada pelas cortes norte-americanas, não prevista em normas de direito positivo, está na base da teoria da desconsideração da personalidade jurídica: desestimular oportunismos, *free riding,* e dar aos credores instrumento para a defesa de seus direitos alcançando bens de titularidade de quem se vale de um instituto jurídico para fins aos quais ele não se presta.

Pessoas jurídicas, *"seres"* imateriais, não são dotadas de órgãos como cérebro, coração, pulmões, são presentadas, segundo Pontes de Miranda, por seres humanos conquanto as decisões sejam imputadas ao sujeito de direito ficto, este deve cumprir à função jurídico-econômica para a qual foi criado. Valer-se da separação patrimonial para fins de limitação da responsabilidade de forma oportunista implica ação culposa sendo o levantamento do véu que encobre os bens particulares de sócios/administradores, alternativa à ação de responsabilidade civil, por exemplo.

Benefício econômico para a alocação de riscos, a personificação de *"patrimônios"* (a regra é, cada pessoa tem um patrimônio e não há patrimônio sem titular), não deve facilitar oportunismos cuja consequência será a quebra de confiança e maiores dificuldades na concessão de crédito – que se torna mais caro e raro -. Este um dos fundamentos da desconsideração da personalidade jurídica de sociedades, tutela do crédito. Tutela esta que o Direito Comercial reconhece em vários tipos societários em a garantia das obrigações originadas pelo exercício da atividade mercantil aparece na solidariedade, ainda que subsidiária, de sócios, um, alguns ou todos, segundo tenham, ou não, poder de administração da sociedade. O patrimônio social, nesses tipos, tem natureza de patrimônio separado: os ativos destinados ao exercício da atividade comercial não se confundem com os de titularidade dos sócios de sorte que credores sociais devem, primeiramente, esgotar os ativos da sociedade para só então, exercer pretensão sobre os bens particulares dos sócios, uma garantia *"secundária".* Dessa perspectiva de tutela do crédito, a desconsideração da personalidade jurídica desestimula oportunismos da mesma forma que a responsabilidade subsidiária de sócios.

Mais recentemente a doutrina tem tratado da desconsideração inversa ou *reverse veil piercing,* definida como a não observância da separação patrimonial para impor à sociedade responsabilidade por obrigações do controlador.

Ainda uma vez a noção de confusão patrimonial explica a desconsideração inversa no que se assemelha à ideia de política pública em que se retorna à questão da unidade, conhecido como teste da realidade econômica.

A ocultação de bens, criação de escudo para obter vantagem recorrendo a institutos jurídicos, espelha, na melhor das hipóteses, desvio de finalidade. Nesse sentido a 3ª Turma do Superior Tribunal de Justiça, ao negar provimento a recurso especial de sócio majoritário de uma sociedade sediada no Mato Grosso do Sul, em virtude de ação de cobrança em que o controlador fora condenado a pagar cerca de R$ 19 mil, em valores de 1995, a um credor. Inexistindo bem a penhorar a fim de garantir a dívida em ação de execução de título judicial contra o devedor, decisão interlocutória determinou a desconsideração inversa da personalidade jurídica da empresa, cujos sócios são apenas o devedor e sua esposa. O capital social de R$ 5.000,00 (cinco mil reais), parece ínfimo para o exercício de atividade real pelo que se determinou a penhora de automóvel de propriedade da sociedade.

O Mmo. Juiz baseou-se na confusão patrimonial, ao observar que o veículo tinha a sociedade como titular sendo, porém, utilizado apenas para fins particulares do sócio majoritário. A sentença foi confirmada pelo Tribunal dando lugar a recurso para o STJ. A 3ª Turma, em decisão unânime, negou provimento ao recurso especial, mantendo a decisão do Tribunal de Justiça do Mato Grosso do Sul. A ministra Nancy Andrighi, relatora do caso, considerou que, se a finalidade da regra da teoria da desconsideração da personalidade jurídica é combater a utilização indevida do ente societário por seus sócios, é possível a desconsideração inversa.

A engenharia jurídica associada à econômico-financeira deve observar limites para evitar abusos. Michael J. Gaerytner, em artigo intitulado *Reverse Piercing the Corporate Veil: Should Corporation Owners Have it Both Ways?*, discute recurso à criação de múltiplas sociedades personificadas e a aplicação de desconsideração a grupos de sociedades quando a engenharia jurídica não se justifica operacionalmente.

Conclui o autor que é preciso afastar conceitos e visões antigas privilegiando-se o atual, a realidade dos mercados em que percebe que os interesses dos acionistas (ao menos os dos controladores) e os das sociedades de que participam, tendem a se confundir.

A criatividade dos agentes econômicos buscando subtrair-se de comandos normativos que lhes parecem incompatíveis com o mundo em que atuam faz da engenharia jurídica uma ferramenta importante. A avaliação das inovações há de considerar o futuro e não o passado, o pragmatismo ao invés de se restringir ao dogmatismo.

Pensada para evitar oportunismos e internalizar riscos de empreendimentos negociais, a desconsideração da personalidade jurídica não é remédio para todos os males e deve ser aplicada de forma criteriosa para não aumentar custos de transação.

CONCLUSÃO

A personalidade jurídica, criação do Direito, combina liberdade de iniciativa, direitos e obrigações entre membros que devem estar previstas em lei, no instrumento de contrato ou estatuto social o que garante que as obrigações negociadas serão cumpridas sem o que faltará legitimidade para a perseguição do objeto social.

A limitação da responsabilidade de sócios em determinados tipos societários, prevista em lei, é um privilégio em face do qual não se admitem abusos ou uso fraudulento. A desconsideração da personalidade jurídica traz à luz a responsabilidade perante terceiros em razão de uso indevido de um benefício legal, o beneficio econômico da alocação de riscos cuja função não é facilitar nem estimular a transferência de riscos, de forma arbitrária, a terceiros credores.

A legislação trabalhista, ao disciplinar a responsabilidade solidária remete a grupos econômicos e não prevê que sócios sejam diretamente responsabilizados. Curiosamente esse amálgama de patrimônios pode ter como efeito (externalidade) impor que o ônus seja distribuído entre todos os empregados das sociedades grupadas. Ao invés de segregar riscos promove sua dispersão alcançando as demais sociedades afetando além dos empregadores, os trabalhadores de outras sociedades.

Se a personificação de sociedades, notadamente nos tipos limitada ou anônima, tem dupla função – a separação ou alocação de riscos que beneficia investidores e a blindagem de ativos que integram patrimônios pessoais dos membros de riscos gerados pelo exercício de atividades econômicas, o escudo patrimonial deve ser utilizado de forma correta em que a boa-fé prevaleça. Isso explica porque apenas a sociedade por ações – e mais recentemente a limitada – sejam os únicos tipos personificados em vários ordenamentos jurídicos. Sinalizar aos credores que há limites para a garantia creditória representada pelo patrimônio líquido da sociedade.

Para Macey e Mitts a desconsideração da personalidade jurídica tem na eficiência econômica seu pilar, fator que deve ser considerado pelo Judiciário pois o fundamento para a desconsideração deve balancear a limitação de responsabilidade (de certos tipos societários no caso do Brasil) e a Justiça.

Ainda que a constituição de sociedades se dê tendo como fim a limitação de responsabilidade de investidores, antes de determinar a desconsideração da personalidade jurídica magistrados devem avaliar a existência ou comprovação de fraude a credores. Funcionalmente a desconsideração da personalidade jurídica atua como instrumento de punição ao oportunismo, a condutas social e eticamente reprováveis.

Cuidados devem ser adotados na aplicação da norma do artigo 50 do CCB, particularmente em face de alteração do quadro societário sem observar o prazo prescricional previsto no mesmo diploma legal quando à continuidade da vinculação de sócios por obrigações sociais existentes até o momento da retirada ou de cláusula contratual que expressamente exclua essa responsabilidade solidária. Finalmente a desconsideração da personalidade jurídica não deve alcançar administradores não sócios que, no exercício de seus mandatos, pautem suas condutas dentro dos parâmetros da *business jugement rule*.

Aplicar a desconsideração da personalidade jurídica para "punir" pessoas que, por terem agido corretamente, se presumiam isentas de responsabilidade solidária por obrigações sociais constitui, entendo, uso indevido ou, até mesmo, abusivo do instituto, cuja função promocional, inibir o aproveitamento de beneficio legal impondo prejuízos a terceiros é o que o justifica.

Supondo que, a fim de tutelar terceiros – vulneráveis, ou não, gera-se insegurança jurídica que tende a estimular oportunismos, tão nefasto quanto o dos que se valem da política pública de limitação da responsabilidade destinada a facilitar investimentos em atividades produtivas.

Análise funcional do instituto da desconsideração da personalidade jurídica dá suporte à modelagem de limites, como, aliás, o Superior Tribunal de Justiça vem reconhecendo.

O *FACTORING* NA JURISPRUDÊNCIA DO SUPERIOR TRIBUNAL DE JUSTIÇA

Ricardo Villas Bôas Cueva

INTRODUÇÃO

A despeito de sua importância econômica para o financiamento das atividades empresariais, o *factoring* ainda não recebeu no Brasil, a exemplo do que ocorre em vários países, disciplina legal adequada. Daí a especial relevância da doutrina e da jurisprudência para a definição dos contornos do instituto.

É certo que a Lei nº 8.981/1995, ao tratar da incidência de imposto de renda, definiu-o, em seu art. 36, XV, como a "prestação cumulativa e contínua de serviços de assessoria creditícia, mercadológica, gestão de crédito, seleção e riscos, administração de contas a pagar e a receber, compras de direitos creditórios resultantes de vendas mercantis a prazo ou de prestação de serviços (*factoring*)", mas o dispositivo foi revogado, encontrando-se a mesma definição no art. 15, § 1º, III, "d", da Lei nº 9.249/1995, ainda em vigor.

A lista anexa à Lei Complementar nº 116/2003, que enumera os serviços sobre os quais incide o Imposto sobre Serviços de Qualquer Natureza (ISS) refere-se ao *factoring* nos itens 10.04 e 17.23, que alude ao serviço de "assessoria, análise, avaliação, atendimento, consulta, cadastro, seleção, gerenciamento de informações, administração de contas a receber ou a pagar e em geral, relacionados a operações de faturização (*factoring*)".

Vários projetos de lei foram submetidos ao Congresso, dentre eles o que trata do novo Código Comercial, mas não foram até o momento aprovados.

Na doutrina, o *factoring* é caracterizado como contrato atípico, que pressupõe uma cessão de créditos, sem se limitar a ela, pois envolve a prestação de serviços. Assim, "tanto a efetiva prestação de serviços pelo faturizador, quanto a assunção do risco de insolvência dos créditos cedidos são elementos essenciais do contrato. Ausentes tais aspectos, o negócio jurídico realizado pelas partes pode ser ainda válido, mas de *factoring* não se trata". O *factoring* distingue-se do desconto bancário em dois pontos: "i) a responsabilidade sobre o pagamento dos créditos, que permanece com cedente – no desconto, há direito de regresso contra o cedente, que inexiste no *factoring*; ii) a prestação de serviços ao credor original, que não existe na operação de desconto".[1]

---

1 Ivo Waisberg, "Factoring", *in* Contratos Mercantis, Coord. Modesto Carvalhosa, São Paulo, RT, 2016 (Coleção Tratado de Direito Empresarial, v. 4, pp. 227-237).

No presente artigo procura-se, singelamente, comentar precedentes do STJ nos quais algumas das principais questões acerca do fomento mercantil são debatidas, a saber, a natureza da atividade de *factoring*, a aplicabilidade do CDC, a possibilidade de pedido de falência com base em nota promissória emitida em decorrência de contrato de *factoring*, a oponibilidade de exceções pessoais à faturizadora e a inexistência de direito de regresso da faturizadora perante a faturizada. No último tópico, aborda-se acórdão da Quarta Turma, da lavra do Ministro Luis Felipe Salomão, no qual se admite entendimento divergente da jurisprudência pacificada nessa Corte, no sentido de que o *factoring* possa se valer dos direitos assegurados pelo direito cambiário, sem descaracterizá-lo.

NATUREZA DA ATIVIDADE

A natureza da atividade de fomento comercial foi bem definida no REsp nº 119.705/RS, rel. Min. Waldemar Zveiter, onde sedimentou-se que o *factoring* não pode ser confundido com a atividade típica das instituições financeiras, pois seus negócios não comportam direito de regresso, nem aval ou endosso. Não se aplicam às empresas de *factoring* os juros permitidos às instituições financeiras, sendo certo que somente estas, que dependem de autorização governamental para intermediar recursos, podem efetuar empréstimos ou descontos, a teor do art. 17 da Lei nº 4.595/1964.

O *factoring*, diz o voto condutor, é contrato comercial atípico, "praticado por empresas comerciais que, nessa cessão de crédito, não têm direito de regresso contra o cedente. Enfim, trata-se de contrato por meio do qual um comerciante cede a outrem os créditos correspondentes às suas atividades, total ou parcialmente, recebendo, em contra-partida, remuneração consistente em desconto sobre os respectivos valores".

Em seu voto-vista, o Min. Menezes Direito ressalta que a operação de *factoring* "está diretamente relacionada com a compra de títulos para cobrança. Dá-se, na verdade, uma transferência do título emitido pela vendedora para a empresa de *factoring*, pagando esta o valor do título, descontada uma certa quantia, que é a remuneração pela transação". Não há falar, portanto, em juro, mas em preço.

O voto-vista relembra estudo de Newton de Lucca, de 1986, que trata da Circular nº 703/1982, do Banco Central do Brasil, a qual excluía do sistema financeiro o **maturity factoring** – modalidade que não comporta financiamento da atividade mercantil, mas sua gestão –, enquanto considerava que o **conventional factoring** configuraria atividade privativa de instituição financeira.

Também se encontra no voto-vista a lição de Arnoldo Wald, para quem, com o tempo, o Banco Central passou a admitir que "tais operações não eram necessariamente de natureza financeira, dentro dos limites em que a empresa de *factoring* não captava recursos de depositantes".

Anota-se, ainda, que a Lei nº 8.981/1995 definiu *factoring* como "a prestação cumulativa e contínua de serviços de assessoria creditícia, mercadológica, gestão de crédito, seleção e riscos, administração de conta a pagar e a receber, compras de direitos creditórios resultantes de vendas mercantis a prazo ou de prestação de serviços" (art. 28, § 1º, alínea "c", item 4).

Em outro julgado importante, a Terceira Turma do STJ decidiu, no REsp nº 489.658/RS, rel. Min. Barros Monteiro, que a taxa de juros cobrada por empresas de *factoring*, por não integrarem o Sistema Financeiro Nacional, deve obedecer à limitação prevista no art. 1º do Decreto nº 22.626/1933. Entendeu-se também ser descabida a cobrança de comissão de permanência e da capitalização mensal dos juros.

Já no REsp nº 623.691/RS, rel. Min. Cesar Asfor Rocha, concluiu a Quarta Turma do STJ que a empresa de *factoring* deve obedecer aos limites traçados pela lei da usura, quanto à taxa de juros e aos juros moratórios, ainda que seja vinculada a instituição financeira.

No REsp nº 1.048.341/RS, rel. Min. Aldir Passarinho, ficou assentado que, "inexistindo pedido ou recurso, é vedado ao órgão julgador conhecer de ofício de questão referente a direito patrimonial, a saber, a descaracterização do contrato de '**factoring**', que deve ser excluída do âmbito do julgado, conforme pacificado pela e. Segunda Seção, quando do julgamento do REsp nº 541.153/RS, Rel. Min. Cesar Asfor Rocha, unânime, julgado em 08.06.2005, DJU de 14.09.2005".

APLICABILIDADE DO CÓDIGO DE DEFESA DO CONSUMIDOR

Quanto à incidência do Código de Defesa do Consumidor aos contratos de *factoring*, vale destacar o REsp nº 329.935/MG, rel. Min. Menezes Direito, no qual se distingue tais contratos dos contratos de financiamento entre a empresa faturizadora e o adquirente do bem. Veja-se a ementa:

> ***"Código de Defesa do Consumidor: artigos 3°, § 2°, e 6°, V. Factoring. Contrato de financiamento entre a empresa faturizadora e a adquirente do bem. Reajustamento pela variação cambial. Precedente da Corte.***
> *1. O contrato de financiamento entre a empresa faturizadora e a adquirente do bem, distinto do contrato de* ***factoring****, está alcançado pelo art. 3°, § 2°, do Código de Defesa do Consumidor.*
> *2. A brusca variação da cotação do dólar, na oportunidade de que cuida o presente feito, configura fato superveniente forte o suficiente para provocar a incidência do art. 6°, V, do Código de Defesa do Consumidor, configurada a onerosidade excessiva.*
> *3. Recurso especial não conhecido."*

O relator reconhece que a

> *"(...) construção apresentada é engenhosa. De fato, na faturização existe mesmo uma administração de créditos, uma relação entre o factor e a empresa faturizada. Há, portanto, um verdadeiro contrato de serviço entre as duas empresas. Ocorre que se o contrato de faturização se dá entre a faturizadora e o empresário, faturizado, casos há em que, nitidamente, outra relação jurídica nasce entre a empresa faturizadora e o adquirente do bem, o qual passa a responder pela dívida perante a empresa faturizadora que,*

por seu turno, responde pelo contrato de financiamento àquele. Tanto assim é que o contrato, dito de assunção parcial de dívidas e obrigações, novação e outras avenças é feito diretamente entre a empresa de faturização e o devedor adquirente, que recebe o financiamento daquela para pagamento de acordo com o contratado".

Também destacou que

"(...) a relação entre a empresa de factoring e a faturizada configura serviço de administração de crédito e outros. Todavia, a faturizadora pode, como no caso, e tal é inquestionável, realizar um contrato de financiamento com a adquirente do bem, distinto, portanto, do contrato de factoring propriamente dito. É uma outra relação jurídica e nesta há, de fato, contrato de financiamento, com indicação de reajuste de parcelas. E este contrato de financiamento entre a faturizadora e a compradora do bem configura uma relação de consumo, provocando a incidência do art. 3º, § 2º, do Código de Defesa do Consumidor".

Por outro lado, no REsp nº 938.979/DF, rel. Min. Luis Felipe Salomão, foi afastada a aplicação do CDC diante da verificação de que a

"(...) recorrida não é destinatária final, tampouco se insere em situação de vulnerabilidade, porquanto não se apresenta como sujeito mais fraco, com necessidade de proteção estatal, mas como sociedade empresária que, por meio da pactuação livremente firmada com a recorrida, obtém capital de giro para operação de sua atividade empresarial, não havendo, no caso, relação de consumo".

PEDIDO DE FALÊNCIA COM BASE EM NOTA PROMISSÓRIA EMITIDA EM DECORRÊNCIA DE CONTRATO DE *FACTORING*. POSSIBILIDADE

No REsp nº 330.014/SP, rel. Min. Menezes Direito, a Terceira Turma do STJ reconheceu a possibilidade de pedido de falência, pois, conquanto seja

*"(...) evidente que na faturização a relação jurídica, em tese, estaria esgotada quando a empresa de **factoring** compra os títulos e ganha por isso uma determinada remuneração, assumindo os riscos pelo recebimento dos mesmos. Mas, pode ocorrer que o próprio cedente seja o responsável pela impossibilidade do agir da empresa de **factoring**, assim, por exemplo, quando aceita a devolução da mercadoria objeto do título negociado com a empresa de **factoring**, tornando-o inexistente".*

No caso, o tribunal de origem havia constatado existir demonstração satisfatória da causa da criação da cártula, qual seja, a recompra do valor das mercadorias restituídas, em suporte ao título que lastreou o pedido de falência, não tendo a ré, ademais, provado que a nota promissória foi emitida em branco.

Do mesmo modo, no REsp nº 419.718/SP, rel. Min. Humberto Gomes de Barros, decidiu a Terceira Turma do STJ:

> "- *Nota promissória emitida para o resgate de duplicatas frias objeto de* factoring. *Tal promissória é título hábil para instruir pedido de falência.*
> - *É lícita a recompra de títulos 'frios' transferidos em operação de* factoring".

Exceções pessoais do devedor. Oponibilidade à faturizadora. Direito de regresso.

No REsp nº 992.421/RS, rel. Min. Humberto Gomes de Barros, rel. p/ acórdão Min. João Otávio de Noronha, ficou assentado que "o contrato de *factoring* convencional é aquele que encerra a seguinte operação: a empresa-cliente transfere, mediante uma venda cujo pagamento dá-se à vista, para a empresa especializada em fomento mercantil, os créditos derivados do exercício da sua atividade empresarial na relação comercial com a sua própria clientela – os sacados, que são os devedores na transação mercantil. Nada obstante os títulos vendidos serem endossados à compradora, não há por que falar em direito de regresso contra o cedente em razão do seguinte: (a) a transferência do título é definitiva, uma vez que feita sob o lastro da compra e venda de bem imobiliário, exonerando-se o endossante/cedente de responder pela satisfação do crédito; e (b) o risco assumido pelo faturizador é inerente à atividade por ele desenvolvida, ressalvada a hipótese de ajustes diversos no contrato firmado entres as partes".

O voto-condutor ressalva que seria possível cogitar, diante da falta de disciplina legal do *factoring,* de cláusula que obrigue o endossante a garantir o pagamento do título, mas tal questão atrairia a análise de outras, tais como a responsabilidade ser solidária ou subsidiária, não suscitada nos autos.

Já no REsp nº 629.421/MG, rel. Min. Antonio Carlos Ferreira, a Quarta Turma do STJ decidiu que as exceções pessoais originariamente oponíveis à faturizada passaram a ser oponíveis à faturizadora em vista de cessão de crédito, cujo instrumento vincula expressamente as notas promissórias a compromisso de compra e venda de imóvel, que foi rescindido por culpa do faturizado, como se vê da ementa:

> "1. A celebração de contrato de factoring dá origem a duas relações, a saber: (i) faturizadora (cessionária) e faturizado (cedente) e (ii) faturizadora, como nova credora, que assume os mesmos direitos e obrigações do cedente/sub-rogante, e devedor originário, o qual permanece com os mesmos direitos e obrigações, agora perante a faturizadora.
> 2. Cedidas mediante factoring ('Termo de Particular de Cessão de Crédito') as notas promissórias emitidas em garantia de 'Contrato de Compromisso de Compra e Venda de Imóvel' e sub-rogados todos os direitos e obrigações contratuais, as exceções pessoais originariamente oponíveis pelos compradores/devedores ao vendedor/faturizado passam a ser oponíveis à faturizadora, nova credora.

> 3. No caso concreto, verificada na instância ordinária, com base nas provas dos autos, a inviabilização do cumprimento do 'Contrato de Compromisso de Compra e Venda de Imóvel' por culpa do vendedor originário (faturizado), não havendo mais como entregar o imóvel aos compradores/devedores, cabe (i) rescindir o referido contrato, (ii) desconstituir as respectivas notas promissórias dadas em garantia, e (iii) impedir que os efeitos obrigacionais do 'Termo Particular de Cessão de Crédito' (factoring) atinjam os compradores/devedores.
> 4. Observando-se a necessidade de que tudo volte ao status quo ante, cabe à faturizadora restituir aos compradores/devedores, autores desta ação, as importâncias que recebeu após a cessão das notas promissórias dadas em garantia ao 'Contrato de Compromisso de Compra e Venda de Imóvel'.
> 4. Recurso especial desprovido".

Em seu voto, o relator citou precedentes quanto à oponibilidade das exceções pessoais à faturizadora: REsp nº 151.322/RS, rel. Min. Ari Pargendler; REsp nº 469.051/RS, rel. Min. Ruy Rosado de Aguiar; REsp nº 434.433/MG, rel. Min. Aldir Passarinho Junior, e AgRg no Ag nº 1.115.325/RS, rel. Min. Maria Isabel Gallotti.

No REsp nº 1.289.995/PE, rel. Min. Luis Felipe Salomão, reafirmou-se que a faturizadora não tem direito de regresso contra a faturizada por se tratar de risco inerente ao contrato de fomento mercantil. Conquanto a faturizada não responda pela solvência do título, em se tratando de cessão de crédito *pro soluto*, responde pela existência do crédito, como se observa da seguinte ementa:

> "DIREITO CIVIL E EMPRESARIAL. CONTRATO DE FACTORING. CESSÃO DE CRÉDITO PRO SOLUTO. ARTS. 295 E 296 DO CÓDIGO CIVIL. GARANTIA DA EXISTÊNCIA DO CRÉDITO CEDIDO. DIREITO DE REGRESSO DA FACTORING RECONHECIDO.
> 1. Em regra, a empresa de factoring não tem direito de regresso contra a faturizada - com base no inadimplemento dos títulos transferidos -, haja vista que esse risco é da essência do contrato de factoring. Essa impossibilidade de regresso decorre do fato de que a faturizada não garante a solvência do título, o qual, muito pelo contrário, é garantido exatamente pela empresa de factoring.
> 2. Essa característica, todavia, não afasta a responsabilidade da cedente em relação à existência do crédito, pois tal garantia é própria da cessão de crédito comum - pro soluto. É por isso que a doutrina, de forma uníssona, afirma que no contrato de factoring e na cessão de crédito ordinária, a faturizada/cedente não garante a solvência do crédito, mas a sua existência sim. Nesse passo, o direito de regresso da factoring contra a faturizada deve ser reconhecido quando estiver em questão não um mero inadimplemento, mas a própria existência do crédito.
> 3. No caso, da moldura fática incontroversa nos autos, fica claro que as duplicatas que ensejaram o processo executivo são desprovidas de causa –

> 'frias' –, e tal circunstância consubstancia vício de existência dos créditos cedidos - e não mero inadimplemento -, o que gera a responsabilidade regressiva da cedente perante a cessionária.
> 4. Recurso especial provido."

O relator realça que a doutrina é praticamente unânime no sentido de que a empresa de *factoring* não tem direito de regresso contra faturizada, pois o risco é da essência desse contrato, sendo essa a principal diferença entre o *factoring* e o desconto bancário. E prossegue:

> "Com efeito, a impossibilidade de regresso em contrato de fomento mercantil decorre do fato de que a faturizada não garante a solvência do título, o qual, muito pelo contrário, é garantido exatamente pela empresa de factoring.
> De fato, com a compra dos títulos, encerra-se a relação jurídica existente entre os contratantes concretamente no tocante ao adimplemento do crédito transferido. Opera-se, nesse caso, uma cessão de crédito pro soluto, mostrando-se imprópria e contrária à natureza do pacto a inserção de cláusula pro solvendo, mediante a qual seria mantida a relação originária quanto ao adimplemento do crédito cedido, passando a ser garantidora a faturizada, o que autorizaria a ação regressiva.
> Tal circunstância, todavia, não tem o alcance de afastar toda e qualquer responsabilidade da cedente em relação à existência do crédito, haja vista que tal garantia é própria da cessão de crédito comum - pro soluto.
> É por isso que a doutrina, de forma uníssona, afirma que no contrato de factoring e na cessão de crédito ordinária a faturizada/cedente não garante a solvência do crédito, mas a sua existência sim.
> A título de exemplo, a faturizada não se responsabilizaria perante o faturizador pelo pagamento de duplicata sacada regularmente, na hipótese de inadimplemento do sacado. Obrigar-se-ia, porém, por duplicata fria, sacada fraudulentamente, sem causa legítima subjacente.
> Cuida-se, na verdade, de expressa disposição legal, nos termos do que dispõem os arts. 295 e 296 do Código Civil de 2002:
> Art. 295. Na cessão por título oneroso, o cedente, ainda que não se responsabilize, fica responsável ao cessionário pela existência do crédito ao tempo em que lhe cedeu; a mesma responsabilidade lhe cabe nas cessões por título gratuito, se tiver procedido de má-fé.
> Art. 296. Salvo estipulação em contrário, o cedente não responde pela solvência do devedor.
> (...)
> Deveras, parece claro que a própria higidez do negócio jurídico depende da existência de crédito, porquanto não se pode vender, por exemplo, um crédito que pereceu ou que nunca existiu, ou que não pertence ao vendedor ou mesmo um crédito forjado por expedientes fraudulentos.

> Nesse passo, o direito de regresso da factoring contra a faturizada deve ser garantido quando estiver em questão não um mero inadimplemento, mas a própria existência do crédito.
> Na verdade, penso que não reconhecer tal responsabilidade quando o cedente vende crédito inexistente ou ilegítimo representa compactuar com a fraude e a má-fé".

No mesmo sentido, pode-se lembrar o REsp nº 949.360/RN e o AgRg no REsp nº 1.361.311/MG, ambos de relatoria do Min. Antonio Carlos Ferreira, bem como o REsp nº 1.439.749/RS, rel. Min. João Otávio de Noronha, no qual se reafirmou que

> "(...) no contrato de factoring, em que há profundo envolvimento entre faturizada e faturizadora e amplo conhecimento sobre a situação jurídica dos créditos objeto de negociação, a transferência desses créditos não se opera por simples endosso, mas por cessão de crédito, hipótese que se subordina à disciplina do art. 294 do Código Civil. A faturizadora, a quem as duplicatas aceitas foram endossadas por força do contrato de cessão de crédito, não ocupa a posição de terceiro de boa-fé imune às exceções pessoais dos devedores das cártulas".

Vale também citar o AgRg no REsp nº 1.477.400/ES, rel. Min. Moura Ribeiro, no qual se registrou que, "em se tratando de cessão de título de crédito mediante *factoring*, as exceções pessoais originalmente oponíveis pelo devedor ao faturizado passam a ser oponíveis à faturizadora, nova credora".

RESPONSABILIDADE DO ESCRITÓRIO DE *FACTORING* PELO APONTAMENTO EM ÓRGÃO DOS SISTEMAS DE PROTEÇÃO AO CRÉDITO

O REsp nº 1.236.701/MG, rel. Min. Luis Felipe Salomão, pode ser um ponto de inflexão na jurisprudência, já que aponta para um novo entendimento, segundo o qual o endosso é aplicável ao *factoring*, não sendo possível restringir os direitos assegurados pelo direito cambiário.

Fundando-se na doutrina de Rubens Requião, que acentua ser do mais relevante interesse social assegurar ampla circulação aos títulos de crédito, com a adequada proteção dos terceiros de boa-fé por meio da inoponiblidade das exceções fundadas no direito pessoal, o voto-condutor relembra os princípios do direito cambiário e ressalta que o cheque endossado – exceto quando contenha a cláusula "não à ordem", hipótese em que o título somente se transfere pela forma da cessão de crédito – confere, em benefício do endossatário, os efeitos da cessão de crédito, sem dever, contudo, observar a forma necessária à cessão de crédito, disciplinada no Código Civil.

Após afastar a aplicação do art. 290 do Código Civil, que havia sido invocado pelas instâncias de origem para negar os feitos de cessão de crédito do endosso do cheque "à ordem", o relator passa a examinar se é cabível a responsabilização da empresa de *factoring* pela negativação do nome da recorrida em vista da devolução do cheque, pelo banco sacado, por falta de fundos. Citando decisão do Pleno do Supremo Tribunal Federal na ACO nº 1.048 QO, rel. Min. Celso de Mello, segundo a qual o princípio da reserva de lei atua como limitação constitucional ao poder do Estado, inclusive em sua função jurisdicional, que não pode restringir ou criar direitos sob pena de invadir domínio reservado à lei em sentido formal, procura demonstrar que a atividade de fomento mercantil envolve a compra e venda de créditos por preço ajustado entre as partes e que a alienação desses direitos creditórios representados por títulos de crédito se dá mediante endosso.

O voto-condutor invoca, ainda, precedente da Primeira Seção do STJ, no EREsp nº 1.236.002/ES, rel. Min. Napoleão Nunes Maia Filho, no qual se firmou o entendimento de que as empresas de *factoring* não precisam ser registradas em conselhos regionais de administração, por desenvolverem atividades de natureza eminentemente mercantil que não abrangem necessariamente gestões estratégicas, técnicas e programas de execução voltados a um objetivo e ao desenvolvimento da empresa, mas à aquisição de crédito a prazo, o que nem sequer responsabiliza a empresa-cliente (solidária ou subsidiariamente) pela solvabilidade dos efetivos devedores dos créditos vendidos.

Consoante o relator, não se pode exigir, sem base legal, que a empresa de *factoring*, endossatária de cheque "à ordem", deva se acautelar mediante notificação a emitente ou pesquisa acerca de ação judicial, mesmo tendo adquirido o crédito por meio de endosso, pois isso implicaria restrição de direitos assegurados em lei, em violação de regras, institutos e princípios do direito cambiário e até mesmo de direitos fundamentais.

Com esses fundamentos, foi provido o recurso especial para julgar improcedente o pedido de indenização por danos morais ajuizado contra empresa de *factoring*.

CONSIDERAÇÕES FINAIS

A prevalecer o novo entendimento manifestado pela Quarta Turma do STJ no REsp nº 1.236.701/MG, haverá profunda transformação na jurisprudência que conforma o *factoring* no Brasil. Segundo o entendimento dominante, a utilização de endosso não desnatura o *factoring,* mas as transferências de títulos são tratadas como cessões de crédito em vista dos elementos essenciais do contrato de fomento mercantil e da unicidade da relação entre faturizador e faturizada. O preço cobrado por aquele, que pode selecionar os créditos que adquire, deve refletir o risco de inadimplemento. Daí porque não se admite o direito de regresso, que desfiguraria o *factoring*, transformando-o em desconto ou mútuo. A ser assim, inexistindo qualquer serviço essencial à caracterização do *factoring,* o valor cobrado, confundindo-se com juros, não poderia exceder os juros legalmente permitidos a entes não integrantes do sistema financeiro nacional.

ASPECTO PECULIAR DA REFORMA DA LEI DA REPRESENTAÇÃO COMERCIAL

Rubens Edmundo Requião

Os representantes comerciais porfiaram na organização legal da sua profissão e no assentamento das suas bases contratuais.

Desde sempre lutaram para que certas práticas erguidas no dia a dia da profissão fossem fixadas em lei. Buscavam estabilidade no seu modo de vida, segurança jurídica, por via de sua organização formal e apanágio da exclusividade de suas relações profissionais.

O regime contratual privado que regia o seu estatuto, então não fixado no direito objetivo, era forjado no calor gerado pela natural fricção própria do dia a dia do exercício do contrato e dos interesses, nem sempre convergentes, do representante e do representado.

As enormes distâncias do Brasil continental, a incrível dificuldade de comunicação, apenas remediadas a partir da metade do século passado, impunham ao comércio e à indústria o lançamento de espécie de batedores, que prospectassem as oportunidades de negócios em regiões, as quais, apesar de tudo, incrementavam a sua economia e seu corpo populacional. Estes batedores foram corporificados pelos representantes comerciais, que batiam o terreno, o mercado, oferecendo bens ou mercadorias ou recolhendo propostas de contratos de venda ou de fornecimento.

A luta descrita tomou fôlego com a criação de diversos pequenos sindicatos estaduais que passaram a organizar e liderar no rumo necessário para chegar ao *status* legal da atividade jurídica e econômica que exerciam. Em 1949, a II Conferência Nacional das Classes Produtoras culminou com a expedição de diversas propostas e resoluções, destacando-se dentre estas a dirigida à Comissão que projetava um novo Código Comercial, sugerindo se inserisse o novo instituto da representação comercial no texto de seu trabalho. Sem resultados visíveis, impacientes, os líderes da classe encaminharam ao Congresso Nacional um anteprojeto, que tomou a designação de Projeto 1.171/49, na Câmara Federal. Nenhum resultado. O tema é retomado em 1.961, com o Projeto 2.794/61, subscrito pelo Deputado Barbosa Lima Sobrinho, que aprovado tomou no Senado a designação de Substitutivo 38/63, apresentado pelo Senador Eurico Resende. Surpresa geral: o veto integral ao projeto. Motivo: o tratamento trabalhista imprimido à regulamentação então discutida. Solução: a pressurosa promessa de apresentação, pelo Executivo Federal, de projeto que melhor retratasse o perfil então já conhecido da representação comercial autônoma, dotado de viés liberal. Ao fim e ao cabo surgiu a Lei nº 4.886 em 9 de dezembro de 1.965, que concretou enfim o estatuto jurídico da atividade. Ela se organizou com estrutura profissional pela criação do Conselho Federal dos Representantes Comerciais e seus derivados, os Conselhos Regionais. Consagrou também as regras básicas do contrato regulando a relação de intermediação. Enorme avanço foi alcançado, dado o precedente vazio institucional.

Aquietaram-se os representantes comerciais? Não. O trato diário com a nova lei revelou suas insuficiências e omissões, erguendo-se então inúmeras vozes reclamando correções, desta feita tratadas em foros mais especializados, como o colégio dos consultores jurídicos dos Conselhos Regionais, que se reunindo periodicamente, foi esboçando propostas suplementares à Lei nº 4.8867/65. Tratou-se, então, de balizar uma série de ideias e orienta-las num texto que traísse seu objetivo legiferante. Dentre uma série variada de temas destacava-se a presunção de exclusividade de zona, em favor do representante. Sempre fora o desejo da classe, frustrado desde a Lei nº 4.886/65, que abruptamente condicionava a exclusividade à manifestação expressa e afirmativa do contrato. As ideias elencadas naqueles estudos prévios em grande medida foram adotadas e constam no texto da Lei nº 8.420, de 8 de maio de 1992. Mas, nova frustração. A novata lei abraçava a propósito daquele tema uma tortuosa redação, que induziu aos interpretes a conclusão que a presunção de exclusividade só se manifestaria em casos muito estritos. Não era norma aberta, abrangente. Encetaram-se novas articulações para levar ao Congresso Nacional anteprojeto que regulasse a exclusividade perseguida, de modo claro, direto, abrangente. A iniciativa ficou na incipiência. É que em 10 de janeiro de 2002 publicava-se o novo Código Civil, Lei nº 10.406, que, regulando o contrato de agência – título consagrado no direito estrangeiro e substituto da denominação "representação comercial"- estabeleceu aquela presunção de modo completo, com efeito bilateral, afastável apenas por declaração escrita das partes.

Foi neste panorama, caracterizado pela renitência do poder legislativo, que a prática comercial e o legislador brasileiro delineou o seu conceito do contrato de representação comercial: *Exerce a representação comercial autônoma a pessoa jurídica ou a pessoa física, sem relação de emprego, que desempenha, em caráter não eventual por conta de uma ou mais pessoas, a mediação para a realização de negócios mercantis, agenciando propostas ou pedidos, para transmiti-los aos representados, praticando ou não atos relacionados com a execução dos negócios* (art. 1º da Lei nº 4.886/65) (gn). Foi secundado pelo Código Civil de 2002, que, no art. 710, dita: *Pelo contrato de agência, uma pessoa assume em caráter não eventual e sem vínculo de dependência, a obrigação de promover, à conta de outra, mediante retribuição, a realização de certos negócios, em zona determinada, caracterizando-se a distribuição quando o agente tiver à sua disposição a coisa a ser negociada.* (gn) Este conceito não se distancia daqueles adotados pela legislação de outros países, como a Alemanha e a Itália. Nesta última, por seu Código Civil, que sintetiza o direito comparado, traduz a ideia de que se configura a agência, ou para nós a representação comercial, quando *assume uma parte, estavelmente, o encargo de promover, por conta da outra, contra retribuição, a conclusão de contratos numa zona determinada.*

Modernamente o conceito se cristaliza na Diretiva 653/CEE, do Conselho da Comunidade Econômica Europeia, publicada em 18 de dezembro de 1986, que visa harmonizar as legislações internas de seus países membros a respeito do contrato de agência: *agente comercial é a pessoa que, como intermediário independente, é encarregada a título permanente, quer de negociar a venda ou a compra de mercadorias para uma outra pessoa, adiante designada "comitente", quer de negociar e concluir tais operações em nome e por conta do comitente* (gn). Por isso, por exemplo, a legislação portuguesa (Decreto Lei nº 178, de 13-7-1983) sobre o contrato de agência sofre alteração com a edição do Decreto-Lei nº 118/93, para expender a definição do contrato como: *Agência é o contrato pelo qual uma das partes se obriga a promover por conta de outra a celebração de contratos, de modo autônomo e estável e mediante retribuição, podendo-lhe ser atribuída certa zona ou determinado círculo de clientes.*

Em todos estes conceitos ressuma a ideia da exclusividade, elemento básico para se alcançar o requisito da estabilidade, próprio da agencia ou representação comercial, que só se implementa a pleno quando se propicia a continuidade dos contatos, intermediações e negócios. Somam-se a ele, em análise, o *profissionalismo* (caracterizado pela natural permanência ou estabilidade da atividade), a *autonomia* (dada a ausência de subordinação jurídica simbolizada na liberdade de emprego de tempo e itinerários), a *onerosidade (*agente merece retribuição por seu trabalho, meio de vida).

Estes atributos do contrato de representação – o profissionalismo, a autonomia, a onerosidade, a estabilidade ou permanência – formam um conjunto, um encadeamento, que leva, numa operação lógica e consequente, ao direito de exclusividade em prol do representante comercial. As várias legislações insistem na condição de *permanente* e *estável do núcleo (a mediação) do contrato de representação comercial.* Sendo atividade profissional – no sentido de que o representante dela retira os meios de sua subsistência – e por isso mesmo estável-, é-lhe indispensável que tenha garantida a continuidade, sem interferência da própria representada ou de terceiros a mando ou conivência desta; sendo atividade autônoma, sujeita aos humores do mercado, tem que lhe servir a regularidade e continuidade dos tratos; tendo resultado econômico, a mesma estabilidade e continuidade e autonomia exigem que se lhe garanta esta onerosidade. Tudo isto explica a porfia descrita encetada pelos representantes, perseguindo a exclusividade em seu favor. Esta é um atributo natural do contrato. Ela opera como poderoso estímulo à atuação do representante, seguro do resultado econômico de seu trabalho. É claro que o representante comercial, profissional, controlando seus negócios, e firme na sua habilidade, poderá dispensar a exclusividade. Mas será ato voluntário, infenso a comando legal.

Em suma, disso tudo assoma o conceito de exclusividade, funcionando como tela de fundo, a moldar o bordado jurídico que compõe o contrato de representação comercial. O Código Civil do país, no art. 711 viu isso.

Mas para efeito do presente estudo, cumpre regredir no tempo, para historiar o determinado na Lei nº 4 886/65, que seu art. 31 registrou:

> *Prevendo o contrato de representação comercial a exclusividade de zona ou zonas, ou se este for omisso, fará jus o representante à comissão pelos*

> *negócios aí realizados, ainda que diretamente pelo representado ou por intermédio de terceiros.* (gn)

Para em seguida acrescentar no seu parágrafo único:

> *A exclusividade de representação não se presume, na ausência de ajustes expressos.*

Lembremos que agora examina-se o tema sob o estreito ângulo do texto da Lei nº 4.886/65, com suas alterações, sem considerar o efeito do Código Civil, que causou verdadeira revolução no aspecto, pelo art. 711, consequentemente, convém acentuar que o contrato de representação comercial, bilateral e oneroso, no regime da Lei nº 4.886/65, contempla a **exclusividade de zona**, **em favor do representante**, garantindo a este o monopólio das mediações dos negócios que a representada venha a conquistar no setor definido (de modo geográfico ou em círculo empresarial, setorial ou pessoal, considerada a posição do cliente), impedindo a atuação de terceiros ou de prepostos desta última. Esta se obriga a garantir tal prerrogativa, sob pena de ter que pagar ao primeiro as comissões decorrentes dos negócios desviados, mesmo que já as tenha pago aos terceiros ou prepostos. Prevendo o contrato a exclusividade de zona, a zona fechada, monopolizada pelo representante comercial, nada para discutir**. Mas se nada dispuser o contrato, se presume a exclusividade, a zona fechada.**

Por outro lado, há a **exclusividade de representação, que beneficiará a representada**, interessada em ter sob seu controle um representante comercial privativo, restrito, seja para limitar o acesso de curiosos sobre seus negócios, seja para preservar segredos industriais, seja para, em aspecto menos nobre, fiscalizar de modo mais direto o desempenho do representante. Mas esta exclusividade de **representação** em favor da representada tem que ser expressa, **pois não se presume**.

Na primeira versão do nosso "Nova Regulamentação da Representação Comercial Autônoma", pag. 72 (editora JM Livraria Jurídica, 1993) produzida no calor da sanção da então nova Lei nº 8.420/92, procuramos demonstrar que o dispositivo do caput do art. 31, com sua nova redação, se destinava a regular a situação daquelas negociações – derivadas dos contratos representação comercial – envolvidas por sistemas de compras centralizados, em que o cliente, contatado por representante comercial com atuação geográfica correspondente ao escritório de compras central do cliente, formula a proposta de compra de produtos afinal vendidos, seguido de distribuição direta desde o fabricante ou distribuidor para a rede comercial do cliente, estabelecimento a estabelecimento, de ampla geografia, acabando esta entrega por afetar então a zona quiçá fechada de outro representante. Note-se que o artigo 31 não se dedicou a uma direta regulação do conceito de representação comercial exclusiva, mas tratou de definir os efeitos desta mesma exclusividade numa situação peculiar (reitere-se: a centralização da compra agenciada com a efetiva distribuição realizado pelo representado seguida da tradição descentralizada). Ou seja, regulou o crédito de comissões pela compra centralizada e tradição dispersada que alcançasse outra zona, de outro representante, garantido assim o respeito ao contrato de representação comercial atuante neste último setor. Esta é uma das vertentes do conceito.

Mas surge o parágrafo único, que manteve a redação original da Lei nº 4.886/65, impondo um requisito formal para estabelecer a **exclusividade de representação, ou seja, o monopólio da ação do representante comercial num setor definido**: eis **o ajuste expresso**, afastando a presunção.

Daí o esforço de análise para aplacar uma possível antinomia entre os dispositivos, apontando-se para solução do impasse – entre a *garantia da exclusividade de zona* e a exigência de *ajuste expresso para a representação exclusiva* – a efetividade da presunção de garantia em razão de **contrato escrito omisso** a respeito da garantia de zona. Tentando ser mais claro, só haveria exclusividade de zona no caso do contrato escrito de representação comercial que fosse omisso quanto a esta cláusula contratual.

O fato real que envolve a questão, e independente das mazelas legislativas, é que a vida jurídica ou econômica se desenvolve continuamente, forçando ao conhecedor de leis, desavisado ou precipitado, legalista ou liberal, e aos próprios sujeitos dos contratos e atos jurídicos, a rever continuadamente os conceitos que utilizam e as interpretações que fazem.

Por isso é de se atentar que, com a interpretação combinada do *caput* e parágrafo do art. 31 pode se induzir o interprete a considerar que se há exigência de expressa determinação da *exclusividade de representação* (que favorece o representado), e não a exigindo para o caso de *exclusividade de zona* (que favorece o representante), *presume-se que esta está atuante*, em razão da sua natural existência, em consonância com espírito do contrato de representação que a impõe dada a natureza das obrigações que gera: a permanência e continuidade da relação, sua extensão no tempo *et al* como já exposto.

Na verdade, na época da publicação da Lei nº 8.420/92 tomou-se como sinônimas as expressões exclusividade de zona e exclusividade de representação, pois assim o entendiam os intérpretes da lei e os operadores do contrato.

Este tema e as nuances que ele encerra, geradas pela continuada e natural fricção do mundo negocial e jurídico, tem conduzido os operadores do direito ao exame mais aprofundado das implicações do suposto conflito entre as normas referidas, tudo muita vez qualificado pelo detalhamento determinado pelas agitações do foro judicial.

Tudo isso para dizer que se tem arguido que o *caput* do art. 31 se refere especificamente à exclusividade de zona, em consonância com o que acima se expos.

Em contrapartida o seu parágrafo único enfoca o interesse da representação exclusiva, ângulo apreciado do ponto de vista do representado.

É comum a expressão de que o legislador atira no que vê e acerta no que não viu, a atestar a força da perquirição, da pesquisa, do estudo dos efeitos da lei, do seu alcance, do teste no cadinho das disputas negociais ou judiciais. Por outro lado, é também conhecida a regra de interpretação de que o legislador não utiliza palavras inúteis. Todas terão seu destino e efeitos.

No caso, a análise meditada do texto do art. 31 e seu parágrafo aponta realmente para a **presunção da exclusividade** em favor do representante comercial **na zona que**

lhe é delegada, quando o contrato nada define sobre a existência ou não da exclusividade. **Simplesmente a presume**, considerando a menção da lei direta à zona. Não é palavra inútil, e, pois, depreende-se que o legislador quis utilizá-la especialmente, com o fito de prestigiar o representante comercial dentro de sua zona de atuação.

Já a **exclusividade da representação – (**reitere-se, que se dá em favor da representada vinculando o agent**e)** – no teor do parágrafo 1º do art. 31 – nunca será presumida. Esta dependerá de ajuste expresso, direto, no contratado. Aqui também a palavra não é inútil, e por isso designa especialmente a representação da tomadora, representada, para determinar a solução legal no aspecto estrito do conceito.

Tudo isso mostra que o legislador, na confusa redação que acabou por imprimir ao conjunto do art. 31 e seu parágrafo único realizou uma distinção quanto à exclusividade. De fato, distanciou-se do exame convencional do texto da lei, que via a exclusividade de zona e a exclusividade de representação como sinônimos. Partindo de uma ideia de conjunto contratual, de associação, para esboçar a exclusividade de *zona/representação*, acabou por dissocia-los, regulando de modo diferente a *exclusividade de zona* e a *exclusividade de representação.* Para a primeira impôs a presunção favorável ao representante comercial, como acima mostrado; para a segunda, exigiu a expressa fixação. O representante comercial assim se vê duplamente protegido: terá *zona exclusiva*, se não for *afastada expressamente* pelo contrato escrito; não sofrerá *monopólio de sua atividade*, se não for *estipulada de modo expresso a exclusividade de representação.*

Sendo assim não há como negar que pelo conteúdo do art. 31, caput e parágrafo único da Lei nº 4886/65, em sua redação determinada pela Lei nº 8420/92, a zona ou o campo de atuação do representante comercial seja geográfico ou de círculo empresarial, setorial, pessoal, está sob a proteção da exclusividade.

Nessa sorte, os contratos de representação comercial celebrados entre **8 de maio de 1.992**, data da sanção da Lei nº 8.420/92 que alterou a Lei nº 4886/65 e **11 de janeiro de 2.003** (art.8º § 1º da Lei Complementar nº 95, de 26.2.98, na redação da Lei Complementar nº 107, de 26.4.01), data do início da vigência do Código Civil, Lei nº 10.406/2002, estão cobertos pela exclusividade de zona, em benefício do representante comercial, de tal sorte que seu setor de ação será fechado, impedindo que a representada, seus prepostos, ou terceiros a seu mando ou não, atuem no campo determinado. Esta vantagem somente será afastada por via escrita que contenha declaração expressa neste sentido.

Os contratos celebrados antes da vigência da Lei nº 8.420/92 não estarão cobertos por aquele benefício. Os celebrados após 11 de janeiro de 2.003 estarão sob a égide do novo Código Civil que expressamente estabelece a exclusividade de parte a parte, se não for excluída de modo expresso por qualquer destas.

A violação da exclusividade implicará no pagamento da comissão decorrente dos negócios concluídos dentro da zona fechada, o que terá repercussão em indenização por rompimento injusto do contrato por parte da representada e indenização de aviso prévio.

A DESCONSIDERAÇÃO DA PESSOA JURÍDICA: DE REQUIÃO AOS NOSSOS DIAS

Ruy Rosado de Aguiar Júnior

Resumo: A homenagem. A doutrina anterior a 2002. O novo Código Civil e seu Projeto. As teorias. A convivência das duas posições. Não se aplica a dpj. As normas especiais. A desconsideração inversa. A dpj e os grupos societários. Legitimidade para decidir sobre a dpj. Efeito. Decadência. Entendimentos contrários. Dpj e a despersonalização da pessoa. Precedentes do STJ. Enunciados das Jornadas. O procedimento. Projetos de lei. Projeto do Novo Código Comercial. Considerações finais.

A HOMENAGEM

1. Para homenagear Rubens Requião, pensei: nada seria mais significativo do que repassar o trajeto da teoria da desconsideração da pessoa jurídica, com base na seminal conferência que o Mestre proferiu na Faculdade de Direito da Universidade do Paraná – berço de muitos e ilustrados juristas – e publicada na *Revista dos Tribunais*, vol. 410, de dezembro de 1969, p. 12-24.[1]

2. Diante do dilema de respeitar o entendimento corrente de absoluta distinção entre a pessoa jurídica e seus componentes (art. 20 do Código Civil de l906: "As pessoas jurídicas têm existência distinta da dos seus membros.), e, de outro lado, inconformado com a injustiça que muita vez decorre de sua aplicação, Requião recebeu com aplauso dois livros que tratavam da desconsideração: do Prof. Piero Verrucoli, da Universidade de Piza, *Il superamento dela Personalità Giuridica delle Società di Capitali nella Common Law e nella Civil Law*, e do Prof. Rolf Serick, da Universidade de Tubingen, traduzida pelo Prof. José Puig Brutau, da Universidade de Barcelona, *Aparencia y Realidad en las Sociedades Mercantiles – El Abuso del Derecho por medio de la Perona Jurídica*.

1 "Abuso de direito e fraude através da personalidade jurídica". O texto foi republicado no livro do Prof. Rubens Requião, Aspectos Modernos do Direito Comercial, São Paulo: Saraiva, 1977. p. 67.

No livro de Serick estão os quatro princípios segundo os quais se deva aplicar a teoria da desconsideração da pessoa jurídica (dpj, reproduzidos no trabalho de João Casillo (item IV).[2]

O tema da aula magna, com aquela especificidade, foi pela primeira vez abordado no Brasil.[3] Nela, Requião sustentou a tese de compatibilidade da nova teoria com o nosso ordenamento jurídico, pois "[...] quando o Estado concede e reconhece às sociedades a personificação segundo as regras normativas, pode ao mesmo tempo determinar os limites dessa concessão", e citou leis então vigentes sobre a responsabilidade dos administradores de sociedades por quotas e sociedades por ações. Desde logo traçou as linhas básicas do instituto, que até hoje permanecem: não visa a anular a personalidade jurídica,[4] deve ser aplicada com extrema cautela e em casos excepcio-

---

2 "Primero principio – Si la estructura formal de la persona jurídica se utiliza de manera abusiva, el juez podrá descartarla para que fracase el resultado contrario al Derecho que se persigue, para lo cual prescindirá de la regla fundamental que establece una radical separación entre la sociedad y los socios. Existe un abuso cuando con ayuda de la persona jurídica se trata de burlar una ley, de quebrantar obligaciones contractuales o de perjudicar fraudulentamente a terceras. Por tanto, sólo procederá invocar que existe un atentado contra la buenafe, como razón justificativa de que se prescinda de la forma de la persona jurídica, cuando concurren las supuestos del abuso que han sido señalados (pp. 241-242).
Segundo principio – No basta alegar que si no se descarta la forma de la persona jurídica no podrá lograrse la finalidad de una norma o de un negocio jurídico. Sin embargo, cuando se trate de la eficacia de una regla del Derecho de Sociedades de valor tan fundamental que no deba encontrar obstáculos ni de manera indirecta, la regla general formulada en el párrafo anterior debe sufrir una excepción. (p. 246).
Tercero principio – Las normas que se fundan en cualidades o capacidades humanas o que consideran valores humanos también deben aplicarse a las personas jurídicas cuando la finalidad de la norma corresponda a la de esta clase de personas. En este caso podrá penetrarse hasta los hombres situados detrás de la persona jurídica para comprobar si concurre la hipótesis de que depende la eficacia de la norma (pp. 251-252).
Cuarto principio – Si la forma de la persona jurídica se utiliza para ocultar que de hecho existe identidad entre las personas que intervienen en un acto determinado, podrá quedar descartada la forma de dicha persona cuando la norma que se deba aplicar presuponga que la identidad o diversidad de s sujetos interesados no es puramente nominal, sino verdaderamente efectiva (p. 256)." (CASILLO, João. Desconsideração da pessoa jurídica. *Revista dos tribunais,* São Paulo, ano 68, v. 528, p. 24-40, out. 1979.)

3 Em 1962, o voto vencido do Des. Bandeira de Melo registrava, ao tratar de negócio fiduciário pelo qual, de modo indireto, objetivava frustrar a aplicação da lei: "Se esses credores provarem que a pessoa jurídica não passa de uma projeção do próprio sócio, que está sendo executado, possível se torna, em ação executiva contra este, penhorar-se não só os seus direitos e ações, como também os bens dessa pessoa jurídica fictícia, de patrimônio fiduciário" (SÃO PAULO. Tribunal de Justiça. Apelação Cível nº 105.835, de 29.3.1962. Relator Des. Bonfim Pontes. Vencido, Des. O. A. Bandeira de Mello, publicado na *Revista dos Tribunais*, ano 53, v. 343, maio de 1964, p. 181).

4 Para superar a alegação de que a lesão acarretaria a nulidade do ato, e não apenas a sua ineficácia, o ilustre Prof. Juan Dobson invoca a lei argentina que permite atribuir aos atos proibidos outra sanção prevista em lei, que não a nulidade (DOBSON, Juan M. *El abuso de la personalidad jurídica*: en el derecho privado. Buenos Aires: Depalma, 1985. p. 415).

nais, visando a impedir a fraude e o abuso de direito. Sustentou, portanto, as ideias da corrente subjetivista.

3. Os tribunais passaram a dar atenção ao tema. Em acórdão do Segundo Tribunal de Alçada de São Paulo, de 4.11.1975, o Relator Lair Loureiro observou:

> Por isso é que a doutrina vem pacientemente formulando princípios, que de tempos para cá se cristalizaram na teoria do 'superamento da personalidade jurídica', segundo a qual é desconsiderada essa personalidade, em termos de serem então responsabilizados os seus integrantes que praticaram aqueles abusos. Entre nós, pode-se citar o Prof. Ruben Requião, que desenvolve a matéria em excelente artigo intitulado *Abuso de direito e fraude através da personalidade jurídica*, publicado no vol. 410 da RT, p. 12.[5]

Antes do Código Civil, encontramos: ac. do TJMG, na RT 511/199, de janeiro de 1980; TJMT, na *Revista do Tribunais* 578, de 1983; do TJRS, da RT 592/172 e na RJTJRS 115/301 e 118/258, acórdãos de lavra do então Des Athos Gusmão Carneiro. No STJ: REsp. 86.502/SP, de 26.08.1996, o primeiro julgado sobre o tema naquele Tribunal, Quarta Turma, da minha relatoria; Resp. 63.652/SP, de 21.8.2000; Resp. 252,759/SP, de 27.11.2000; Resp. 256.292/MG, de 25.9.2000.

A DOUTRINA ANTERIOR A 2002

4. Na década de 70, o Prof. Fabio Konder Comparato tratara do tema na sua tese de concurso, *O Poder de Controle na Sociedade Anônima*. Ao justificar, para a dpj, os pressupostos da confusão patrimonial e do desvio de finalidade, depois incluídos na sua proposta legislativa, escreveu:

> Essa separação patrimonial é estabelecida para a consecução do objeto social, expresso no contrato ou nos estatutos. A sua manutenção, por conseguinte, só se justifica pela permanência desse escopo, de sua utilidade e da possibilidade de sua realização.[6]

O verdadeiro critério da desconsideração está ligado à interpretação funcional do instituto, e não propriamente ao abuso ou à fraude, que pode não existir, ou seja:

---

5 SÃO PAULO. 2º Tribunal de Alçada Cível. Apelação Cível, nº 35.462. Primeira Câmara. Relator: Lair Loureiro. Acórdão de 4 nov. 1975. Publicado na Revista dos Tribunais, ano 65, v. 484, de fevereiro de 1976. p. 149.

6 COMPARATO, Fábio Konder; SALOMÃO FILHO, Calixto. *O poder de controle na sociedade anônima*. 4. ed. Rio de Janeiro: Forense, 2005. p. 351.

> A desconsideração da personificação jurídica é operada como consequência de um desvio de função, ou disfunção, resultante sem dúvida, no mais das vezes, de abuso ou fraude, mas que nem sempre constitui um ato ilícito. [7]

SUSTENTOU A TESE OBJETIVISTA

5. Nessa mesma época, o Prof. J. Lamartine Corrêa de Oliveira publicou *A Dupla Crise da Pessoa Jurídica*. Obra monumental, em que definiu o abuso do direito da personalidade:

> A verificação da resposta à seguinte pergunta: no caso em exame, foi realmente a pessoa jurídica que agiu, ou foi ela mero instrumento nas mãos de outras pessoas, físicas ou jurídicas? É exatamente porque nossa conclusão quanto à essência da pessoa jurídica se dirige a uma postura de realismo moderado que essa pergunta tem sentido. Se é, em verdade, uma outra pessoa que está a agir, utilizando a pessoa jurídica como escudo, e se esta utilização da pessoa jurídica, fora de sua função, que está tornando possível o resultado contrário à lei, ao contrato, ou às coordenadas axiológicas fundamentais da ordem jurídica (bons costumes, ordem pública), é necessário fazer com que a imputação se faça com predomínio da realidade sobre a aparência.[8]

E mais adiante, o prof. Lamartine considerou:

> [...] para que se possa falar de verdadeira técnica desconsiderante, em tema de responsabilidade, será necessária a presença do princípio da subsidiariedade, explicitado à luz de uma concepção dualista de obrigação: responsabilidade subsidiária por dívida alheia, [razão pela qual] não podem ser entendidos como verdadeiros casos de desconsideração todos aqueles casos de mera imputação do ato [...] quando se aplique a noção de imputação, a responsabilidade não será dominada pelo princípio da subsidiariedade, essencial nos autênticos casos de desconsideração, em que se supõe a prévia demonstração da insolvência do primeiramente responsável.[9]

---

7 COMPARATO, Fábio Konder; SALOMÃO FILHO, Calixto. *O poder de controle na sociedade anônima*. 4. ed. Rio de Janeiro: Forense, 2005. p. 356.

8 OLIVEIRA, José Lamartine Corrêa de. *A dupla crise da pessoa jurídica*. São Paulo: Saraiva, 1979. p. 613.

9 OLIVEIRA, José Lamartine Corrêa de. *A dupla crise da pessoa jurídica*. São Paulo: Saraiva, 1979. p. 610-611.

O Prof. João Casillo, da mesma Faculdade de Direito do Prof. Rubens Requião,[10] contribuiu com o artigo *Desconsideração da Pessoa Jurídica*. Comparou o desenvolvimento da teoria em diversos países da Europa e concluiu pela sua aplicação no Brasil, ainda antes do Novo Código Civil. Escreveu:

> [...] quando se fala em dpj é porque a própria entidade é que foi desviada da rota traçada pela lei ou pelo contrato. A sociedade é utilizada em seu todo para mascarar uma situação, ela serve como um véu, para encobrir uma realidade.[11]

Com isso distinguiu a dpj da sanção legalmente imposta a administradores e sócios que agem ilicitamente.

6. Na década de 80, o Prof. Marçal Justen Filho, também da Faculdade de Direito do Paraná, publicou *Desconsideração da Personalidade Societária no Direito Brasileiro*.[12] Examinou o tema sob o aspecto da crise de função da personalidade,[13] que ficara encoberto pelo enfoque absolutista dado à pessoa jurídica, com atributos do ser humano, quando, na verdade, o regime jurídico aplicável a uns e outros é diferente.[14] A teoria foi construída valendo-se de casos concretos, para afastar a incidência da regra geral.[15] Prof. Justen não aceita que se considerem princípios e vinculações éticas internas para as pessoas jurídicas; esse exame deve ser feito sob aspecto externo, tendo em vista o resultado, que pode estar em desacordo com a ordem jurídica.[16] [17] A dpj leva à inefi-

---

10 CASILLO, João. Desconsideração da pessoa jurídica. *Revista dos Tribunais*, São Paulo, ano 68, v. 528, p. 24-40, out. 1979.

11 CASILLO, João. Desconsideração da pessoa jurídica. *Revista dos Tribunais*, São Paulo, ano 68, v. 528, p. 24-40, out. 1979.

12 JUSTEN FILHO, Marçal. *Desconsideração da personalidade societária no direito brasileiro.* São Paulo: Revista do Tribunais, 1987. Na sua definição, "[...] 'desconsideração' corresponde à ignorância ou não aplicação, para casos concretos, do regime jurídico estabelecido como regra para situações de que participe uma sociedade personificada (pessoa jurídica)". (p. 67). Atua no plano da eficácia (p. 83).

13 JUSTEN FILHO, Marçal. *Desconsideração da personalidade societária no direito brasileiro.* São Paulo: Revista do Tribunais, 1987. p. 17.

14 JUSTEN FILHO, Marçal. *Desconsideração da personalidade societária no direito brasileiro.* São Paulo: Revista do Tribunais, 1987. p. 45.

15 JUSTEN FILHO, Marçal. *Desconsideração da personalidade societária no direito brasileiro*. São Paulo: Revista do Tribunais, 1987. p. 53.

16 JUSTEN FILHO, Marçal. *Desconsideração da personalidade societária no direito brasileiro*. São Paulo: Revista do Tribunais, 1987. p. 96.

17 "Por isso, a desconsideração só pode decorrer da contradição entre os resultados visualizados como desejáveis pelo ordenamento jurídico e os resultados que seriam atingidos se mantida a incidência do regime jurídico personificado." (JUSTEN FILHO, Marçal. *Desconsideração da personalidade societária no direito brasileiro*. São Paulo: Revista do Tribunais, 1987. p. 97.).

cácia da personificação; o abuso consiste na utilização anormal e surpreendente da pessoa jurídica, com sacrifício do interesse alheio. Afasta, como pressuposto da desconsideração, a confusão patrimonial, fator que depois veio a ser incluído na redação do art. 50 do Código Civil.

7. Em 1988, o Prof. Luiz Roldão escreveu extenso estudo sobre a dpj, com apreciação dos sistemas jurídicos estrangeiros, da doutrina brasileira, da jurisprudência até então, e concluiu:

> Vê-se, pois, que a jurisprudência, sob os mais diversos fundamentos, controle da sociedade, fraude à lei, ao contratante e aos credores, abuso de direito, tem posto à margem a personalidade da pessoa jurídica, para permitir a responsabilização do sócio, que, atrás dela, dominando-a ou utilizando-a, se esconde, em ordem a evitar resultados injustos e danosos.[18]

O autor, porém, inclui no âmbito da dpj os casos de imputação direta a sócio ou administrador, citando o CTN, art. 134 e 135; art. 158 da Lei 6.40476 (S.A); Lei 4.591/64 (incorporador); arts. 36 e 40 da Lei 6.024/74 (intervenção e liquidação extrajudicial); art. 34 da Le 4595/64 (instituições financeiras); art. 2º, § 2º da CLT.

8. O muito ilustre Dr. Luiz Gastão Paes de Barros Leães, em parecer assinado em 1992, admitiu a incidência da teoria da dpj, nos seguintes termos:

> Em suma, a técnica da desconsideração da pessoa jurídica – ou seja, a suspensão episódica da eficácia da personalização – se impõe, quando se verifica que a personalidade jurídica foi utilizada como instrumento para a realização – de fraude ou abuso de direito. [...] Desconsiderar a personalidade jurídica da sociedade significa atribuir responsabilidade subsidiária ao sócio por atos da sociedade e vice-versa [...].[19]

O NOVO CÓDIGO CIVIL E SEU PROJETO

9. Em 1975, circulou o Projeto do Código Civil (PL 634/1975), que propunha:[20]

> **Art. 48.** A pessoa jurídica não pode ser desviada dos fins estabelecidos no ato constitutivo, para servir de instrumento ou cobertura à prática de atos ilícitos, ou abusivos, caso em que poderá o juiz, a requerimento de qualquer

---

18 GOMES. Luiz Roldão de Freitas. Desconsideração da personalidade jurídica. In: MENDES, Gilmar Ferreira; STOCO, Rui (Org.). *Direito civil*: parte geral: pessoas e domicílio: aspectos gerais, pessoas naturais, pessoas jurídicas, domicílio. São Paulo: Revista dos Tribunais, 2011. v. 3. (Doutrinas essenciais). p. 1056.

19 LEÃES, Luiz Gastão Paes de Barros. *Pareceres*. São Paulo: Singular, 2004. v. 1. p. 378.

20 Diário do Congresso Nacional, 13 de junho de 1975 (sexta-feira), Suplemento (B) ao nº. 061.

> dos sócios ou do Ministério Público, decretar a exclusão do sócio responsável, ou, tais sejam as circunstâncias, a dissolução da entidade.
> **Parágrafo único.** Nesse caso, sem prejuízo de outras sanções cabíveis, responderão, conjuntamente com os da pessoa jurídica, os bens pessoais do administrador ou representante que dela se houver utilizado de maneira fraudulenta ou abusiva, salvo se norma especial determinar a responsabilidade solidária de todos os membros da administração.

10. Quando se discutia na Câmara dos Deputados o Projeto do Código Civil, o Prof. Requião participou de audiência pública na Comissão Especial e propôs nova redação ao projetado art. 48, sugerindo:

> **Art. 48.** A pessoa jurídica não pode ser desviada dos fins que determinam a sua constituição, para servir de instrumento ou cobertura à prática de atos ilícitos ou abusivos de sócio. Neste caso, o juiz, desconsiderando a existência da personalidade jurídica, a pedido do credor do sócio, poderá permitir a efetivação de sua responsabilidade sobre os bens incorporados na sociedade para sua participação no capital social.[21]

As duas propostas tinham sérias deficiências. A primeira previa consequências impróprias para a teoria da dpj, com a exclusão do sócio ou a dissolução da sociedade. A segunda, embora não mais referisse a dissolução da sociedade, limitava o uso da dpj apenas para a chamada dpj inversa, permitindo ao credor do sócio a cobrança da dívida sobre bens da sociedade. Nada dispunha sobre a possibilidade de responsabilizar o sócio pelas dívidas da sociedade, que é a situação mais ocorrente.

No desenvolvimento dos trabalhos legislativos, participou o Prof. Fabio Konder Comparato. Na Memória Legislativa do Código Civil, trabalho coordenado pela competente Bibliotecária Edilenice Passos e por João Alberto de Oliveira Lima, constou a Emenda de Relator-Geral n. 375-R, assinada pelo saudoso Senador Josaphat Marinho, cujo texto corresponde ao atual art. 50 do Código Civil. Na justificativa, o Senador lembrou a lição de Rubens Requião, que propugnava pela limitação do efeito da providência apenas à declaração de ineficácia da personalidade jurídica, e assim fundamentou a nova redação:

> Consultamos um estudioso da matéria, com trabalho já publicado, professor Fabio Konder Comparato, submetendo-lhe esboço do dispositivo. Assinalando, também, a necessidade de diferençar despersonalização e desconsideração[22], o ilustre professor concorreu, valiosamente, para a con-

---

21 REQUIÃO, Rubens. Projeto de Código Civil: apreciaçao crítica sobre a parte geral do livro I – das obrigações. *Revista dos Tribunais*, São Paulo, ano 64, v. 477, p. 11-27, jul. p. 11.

22 "Importa, no entanto, distinguir entre despersonalização e desconsideração (relativa) da personalidade jurídica. Na primeira, a pessoa coletiva desparece como sujeito autônomo, em razão da

> figuração tentada. Acentuou, inclusive, que "a causa da desconsideração da personalidade jurídica não é, apenas, o desvio dos fins estabelecidos no contrato social ou nos atos constitutivos. O abuso pode também consistir na confusão entre o patrimônio social e o dos sócios ou administradores ainda que mantida a mesma atividade prevista, estatutária ou contratualmente". Justificou a menção, no texto, ao Ministério Público, visto que "ele pode intervir no processo sem ser parte". Buscando contornos claros, ressaltou: "É preciso deixar bem caracterizado o fato de que os efeitos da desconsideração da personalidade jurídica são meramente patrimoniais e sempre relativos a obrigações determinadas, pois a pessoa jurídica não entra em liquidação [...]. Em conclusão, observou: "Finalmente, na fórmula sugerida – extensão dos efeitos obrigacionais aos bens particulares dos administradores ou sócios da pessoa jurídica – visa a superar a discussão sobre se esta responde ou não, conjuntamente com os sócios ou administradores. Na prática, como é óbvio, recorre-se à superação da personalidade porque os bens da pessoa jurídica não bastam para satisfazer a obrigação".[23]

Houve aí ampliação dos pressupostos (abuso da personalidade por desvio de finalidade e confusão patrimonial), com possibilidade de atingir os bens dos sócios ou administradores por dívidas da sociedade.

Na tramitação em Segundo Turno na Câmara dos Deputados, sendo Relator Geral o Deputado Ricardo Fiuza, o texto foi mantido, com alteração da posição de uma vírgula.

AS TEORIAS

11. O instituto tem sido conceituado sob duas visões.

A *subjetivista*, que tem por pressuposto o abuso ou a fraude: "A teoria da desconsideração autoriza o juiz a ignorar a autonomia patrimonial da pessoa jurídica sempre que ocorre um uso abusivo ou fraudulento desta autonomia".[24]

O Prof. Fabio Ulhoa Coelho esclareceu, no artigo *Teoria maior e teoria menor da desconsideração*, que formulara, na primeira edição do seu *Curso de Direito Comercial*, em 1999, a tese da existência de duas teorias da dpj: a teoria maior, extraída das li-

falta original ou superveniente das suas condições de existência, como, por exemplo, a invalidade do contato social ou a dissolução da sociedade. Na segunda, subsiste o princípio da autonomia subjetiva da pessoa coletiva, distinta da pessoa de seus sócios ou componentes; mas essa distinção é afastada, provisoriamente e tão-só para o caso concreto." (COMPARATO, Fábio Konder; SALOMÃO FILHO, Calixto. *O poder de controle na sociedade anônima*. 4. ed. Rio de Janeiro: Forense, 2005. p. 353.).

23 PASSOS, Edilenice; LIMA, João Alberto de Oliveira (Coord.). *Memória Legislativa do Código Civil*. Brasília: Senado Federal, 2012. p. 15.

24 COELHO. Fábio Ulhoa. Lineamentos da teoria da desconsideração da pessoa jurídica. *Revista do Advogado*, São Paulo, nº 36, p. 38-44, mar. 1992. p. 40.

ções de Serick, aplicável quando caracterizada a fraude ou o abuso na manipulação da forma da pessoa jurídica; a teoria menor, que teria por "[...] pressuposto simplesmente o desatendimento de crédito titularizado perante a sociedade, em razão de insolvabilidade ou falência desta".[25]

Nesse artigo, o prestigiado professor faz a distinção entre credores negociais e não negociais, observando que a lei fiscal, a legislação previdenciária do INSS, e a Justiça do Trabalho, a legislação consumerista e a da proteção à concorrência (credores de obrigações não negociáveis; credores não empresários) autorizam a responsabilização direta de sócios, a evidenciar a tendência de preservar a autonomia patrimonial às obrigações de sociedade empresária perante outros empresários. Nas obrigações não negociáveis (ex. ato ilícito), "não se pode afastar a responsabilidade dos sócios"; nas negociáveis, poderá haver dpj apenas quando houver o uso abusivo ou fraudulento da autonomia do patrimônio personificado. A quebra do princípio da autonomia patrimonial nessas duas hipóteses, segundo Coelho:

> [...] ainda estaria atendendo, de modo adequado, à finalidade de estímulo aos investimentos. Como, no entanto, a responsabilização dos sócios se tem verificado também em casos em que não há tais pressupostos, extrapolando os limites da desconsideração e contrariando a lei, corroem-se induvidosamente as bases do instituto.[26]

12. *A objetivista*, sustentada por Fabio Konder Comparato, atenta para o desvio de finalidade e confusão patrimonial.

Escreveu o Prof. Comparato:

> A dpj é operada como consequência de um desvio de função, ou disfunção, resultante sem dúvida, no mais das vezes, de abuso ou fraude, mas que nem sempre constitui um ato ilícito. Daí por que não se deve cogitar da sanção de invalidade, pela inadequação de sua excessiva amplitude, e sim de ineficácia relativa.[27]

---

25 COELHO, Fábio Ulhoa. A teoria maior e a teoria menor da desconsideração. *Revista de Direito Bancário e do Mercado de Capitais*, São Paulo, v. 17, nº 65, p. 21-30, jul./set. 2014. p. 21.

26 Ao considerar a personificação da sociedade e a responsabilidade dos sócios, o autor traz a ideia de Posner, expoente da análise econômica do direito, no sentido de que a personificação é um contrato *standard*, que define as responsabilidades; sem ele, os contratantes deveriam estabelecer caso a caso as cláusulas de responsabilidade, o que ficaria de logo definido com a aceitação da personificação e da autonomia do patrimônio da sociedade. (COELHO, Fábio Ulhoa. A teoria maior e a teoria menor da desconsideração. *Revista de Direito Bancário e do Mercado de Capitais*, São Paulo, v. 17, nº 65, p. 21-30, jul./set. 2014. nº 4.).

27 COMPARATO, Fábio Konder; SALOMÃO FILHO, Calixto. *O poder de controle na sociedade anônima*. 4. ed. Rio de Janeiro: Forense, 2005. p. 356.

O "abuso" que consta do texto seria a figura descrita no art. 187 do Código Civil, de elementos estritamente objetivos: exceder os limites impostos pelo fim econômico e social (do direito), a boa-fé e os bons costumes.[28]

O art. 50 incide no caso de "certas obrigações", que podem ter origem contratual ou extracontratual, mas sempre de ordem patrimonial.

O texto vigente é o seguinte:

> "Art. 50. Em caso de abuso de personalidade jurídica caracterizada pelo desvio de finalidade, ou pela confusão patrimonial, pode o juiz decidir, a requerimento da parte, ou do Ministério Público quando lhe couber intervir no processo, que os efeitos de certas e determinadas relações de obrigações sejam estendidos aos bens particulares dos administradores ou sócios da pessoa jurídica."

AINDA AS TEORIAS

13. Segundo Fábio Ulhoa Coelho:

> [...] pressuposto inafastável da dpj é a ocorrência da fraude por meio da separação patrimonial. Não basta qualquer fraude, mas exige-se especificamente a manipulação da autonomia patrimonial. Tampouco é suficiente a simples insolvência da pessoa jurídica [...]. O pressuposto da desconsideração é a ocorrência de fraude perpetrada com o uso da autonomia patrimonial da pessoa jurídica. Esta, que é a formulação mais corrente da teoria, dá, pois, relevo à presença de elemento subjetivo. Fabio Konder Comparato propôs uma formulação diversa, em que os pressupostos da desconsideração da autonomia da sociedade são objetivos, como a confusão patrimonial ou o desaparecimento do objeto social. Por essa razão é possível chamar a primeira de concepção subjetivista, e esta última de concepção objetivista da teoria da dpj.[29]

O ilustre Min. Luis Felipe Salomão, em sede doutrinária, afirma que "[...] adota-se no âmbito de aplicação prática no direito brasileiro, a 'teoria maior' da dpj, que exige a ocorrência objetiva e subjetiva de alguns requisitos para sua configuração".[30]

---

28 AGUIAR JÚNIOR, Ruy Rosado de. Projeto do Código Civil: as obrigações e os contratos. *Revista dos Tribunais*, São Paulo, ano 89, v. 775, p. 18-31, maio 2000. p. 23.

29 COELHO, Fábio Ulhoa. *Manual de direito comercial*: direito de empresa. 28. ed. rev., atual. e ampl. São Paulo: Revista dos Tribunais, 2016. p. 125.

30 SALOMÃO, Luis Felipe; SANTOS, Paulo Penalva. *Recuperação judicial, extrajudicial e falência*: teoria e prática. 2. tir. Rio de Janeiro: Forense, 2012. p. 104.

Mais adiante, enfrentando a controvérsia sobre os requisitos necessários para a caracterização da dpj, cita jurisprudência que exige a prova do abuso ou da fraude (Resp. 228357/Terceira Turma, ac. de 2.2.2004; Resp. 370.068/GO, Terceira Turma, ac. de 14.3.2005; Resp. 1141447/SP, Terceira Turma). Lembra, logo após, lição de Fabio Konder Comparato, transcrita acima, n. 12.

Prof. Marlon Tomazette classifica as teorias em teoria maior (não basta o descumprimento, "[...] é necessário que tal descumprimento decorra do desvirtuamento da sua função"; teoria maior subjetiva (o pressuposto é o desvio da função que se constata na fraude e no abuso de direito relativos à autonomia patrimonial); teoria maior objetiva (é a confusão patrimonial o requisito primordial da dpj) teoria menor (basta o não pagamento de um crédito para se aplicar a dpj).[31] O autor entende que "[...] a fraude e o abuso de direito relacionados à autonomia patrimonial são os fundamentos básicos da aplicação da desconsideração".[32] Analisando o art. 50 do Código Civil, considera que não basta a concepção objetiva, pois a confusão patrimonial é apenas um meio de comprovar o abuso da personalidade.[33]

A CONVIVÊNCIA DAS DUAS POSIÇÕES

14. Sustenta-se que as duas soluções convivem, e podem servir de fundamento para a incidência da dpj, conforme o caso concreto. Depois de historiar as duas correntes, o ilustre Prof. Gustavo Tepedino lembrou:

> Por outro lado, não raro ambas as teorias – objetiva e subjetiva – têm sido adotadas conjuntamente. Sustenta-se, em doutrina, a atribuição de um adequado elastério ao instituto, porquanto se contemplou não apenas a hipótese do abuso (teoria subjetiva) mas também a confusão patrimonial.[34]

Segundo Couto Silva:

> A coexistência de ambas as concepções é possível, completando uma a outra, pois a concepção objetivista não abrange todos os casos possíveis

31 TOMAZETTE, Marlon. *Curso de direito empresarial*: teoria geral e direito societário. 7. ed. rev., atual. e ampl. São Paulo: Atlas, 2016. v. 1. p. 254 e seguintes.

32 TOMAZETTE, Marlon. *Curso de direito empresarial*: teoria geral e direito societário. 7. ed. rev., atual. e ampl. São Paulo: Atlas, 2016. v. 1. p. 255.

33 TOMAZETTE, Marlon. *Curso de direito empresarial*: teoria geral e direito societário. 7. ed. rev., atual. e ampl. São Paulo: Atlas, 2016. v. 1. p. 273.

34 TEPEDINO, Gustavo. Notas sobre a desconsideração da personalidade jurídica. *RTDC*: *Revista Trimestral de Direito Civil*, Rio de Janeiro, v. 8, nº 30, p. 53-77, abr./jun. 2007. p. 60.

de aplicação da teoria, devendo-se socorrer da concepção subjetivista que pode atingir maior número de hipóteses de aplicação da teoria.[35]

João Batista Lopes encontra no art. 50 as duas posições, a subjetiva (abuso) e a objetiva (confusão patrimonial): "Emprestou-se, assim, adequado elastério ao instituto, porquanto se contemplou não apenas a hipótese de abuso (teoria subjetiva) mas também a confusão patrimonial".[36]

O ilustrado Prof. Márcio Souza Guimarães, com competente atuação nas varas de falência e recuperação judicial do Rio de Janeiro, também reúne as duas teses:

> Apesar de a novel legislação (referia-se ao Código Civil de 2002) fazer alusão ao abuso da personalidade jurídica, caracterizado pelo desvio de finalidade ou pela confusão patrimonial, não haverá modificação no cenário contemporâneo, sendo o abuso da personalidade jurídica o cerne do instituto, restando clarificado que o desvio de finalidade e a confusão patrimonial são exemplificativos.[37]

NÃO SE APLICA A DPJ

15. A dpj não se aplica sempre que o ato puder ser impugnado por outras vias legalmente estabelecidas. Assim, a responsabilidade dos sócios e administradores, prevista na legislação societária, permite a imputação direta do ato ilícito e de seu efeito diretamente ao responsável, sem necessidade de recurso à dpj, de aplicação excepcional e extraordinária. Isso porque o ato da pessoa jurídica deve ser considerado lícito, para ensejar a dpj.[38] A dpj decorre de desvio da própria pessoa jurídica, e não de seu sócio ou administrador, hipótese na qual estes responderão direta e pessoalmente pelo dano.[39] O ato definido como *ultra vires* não conduz à dpj. É preciso que seja subsidiária a responsabilidade que se vai atribuir àquele contra quem é deferida a dpj; logo, se for direta, não há espaço para a dpj.

---

35 SILVA, Alexandre Couto. Desconsideração da Personalidade Jurídica no Código Civil. In: RODRIGUES, Frederico Viana (Coord.). *Direito de empresa no novo Código Civil*. Rio de Janeiro: Forense, 2004. p. 451.

36 LOPES. João Batista. Desconsideração da personalidade jurídica no novo Código Civil. *Revista dos Tribunais*, São Paulo, ano 92, v. 818, p. 36-46, dez. 2003. p. 36.

37 GUIMARÃES, Marcio Souza. Aspectos modernos da teoria da desconsideração da personalidade jurídica. *Revista da EMERJ*, Rio de Janeiro, v. 7, nº 25, p. 229-243 2004. p. 235.

38 COELHO. Fábio Ulhoa. Lineamentos da teoria da desconsideração da pessoa jurídica. *Revista do Advogado*, São Paulo, nº 36, p. 38-44, mar. 1992. p. 43.

39 "Apenas se cogita da dpj quando a prática do ato for formalmente lícita, associada a ato abusivo ou à fraude, já que tanto a ilicitude quanto a má administração acarretarão consequências específicas diretamente em face do responsável." TEPEDINO, Gustavo. Notas sobre a desconsideração da personalidade jurídica. *RTDC*: *Revista Trimestral de Direito Civil*, Rio de Janeiro, v. 8, nº 30, p. 53-77, abr./jun. 2007. p. 62.

Conforme Couto Silva:

> Os atos dos administradores serão *ultra vires* quando estiverem em desacordo com a atividade e o fim da empresa; quando incorrerem em violação do contrato ou dos estatutos sociais; ou quando não forem expressamente autorizados pelos estatutos por serem dispensáveis à realização do objeto social. No caso dos atos *ultra vires*, os terceiros de boa-fé que contrataram e sofreram prejuízos terão como válidos esses atos, respondendo a sociedade perante terceiros de boa-fé, e o administrador perante a sociedade.[40] [41]

Assim, apesar de pensamento corrente, a dpj não está nos casos em que a lei atribui diretamente a pessoas naturais a responsabilidade pela prática de atos danosos.[42]

AS NORMAS ESPECIAIS

16. O art. 28 do Código de Defesa do Consumidor imputa a responsabilidade diretamente às pessoas que arrola:

> Art. 28. O juiz poderá desconsiderar a personalidade jurídica da sociedade quando, em detrimento do consumidor, houver abuso de direito, excesso de poder, infração da lei, fato ou ato ilícito ou violação dos estatutos ou contrato social. A desconsideração também será efetivada quando houver falência, estado de insolvência, encerramento ou inatividade da pessoa jurídica provocados por má administração.

---

40 SILVA, Alexandre Couto. Desconsideração da Personalidade jurídica: limites para sua aplicação. *Revista dos Tribunais*. São Paulo, ano 89, v. 780, p. 47-58, out. 2000. p. 47.

41 "A teoria *ultra vires* está fundamentada na noção de objeto social, que, para Valverde, engloba tanto a atividade, que é o ramo empresarial da sociedade, quanto o fim, que é o lucro. Para Barbi Filho, ao se admitir a existência desses dois elementos dentro da noção de objeto social, será *ultra vires* o ato praticado pelo administrador em desacordo com esses elementos, ao mesmo tempo ou apenas com um deles. Serão também *ultra vires* os atos de qualquer natureza vedados nos estatutos ou contratos sociais e aqueles que não estão expressamente autorizados pelos estatutos por serem dispensáveis à realização do objeto social. Aqueles que de boa-fé sofrerem prejuízos terão como válidos esses atos. Deve-se salientar que a sociedade responderá perante terceiro de boa-fé e o administrador responderá perante a sociedade." (SILVA, Alexandre Couto. Desconsideração da Personalidade Jurídica no Código Civil. In: RODRIGUES, Frederico Viana (Coord.). *Direito de empresa no novo Código Civil*. Rio de Janeiro: Forense, 2004. p. 441).

42 "Os arts. 117 e 158 da Lei 6.404/1976, e art. 135 da Lei 5.175/1966 (CTN), são exemplos de dispositivos que preveem a responsabilidade civil simples de sócios e administradores." (CORRÊA JR., Gilberto Deon; MOTTIN, Gabriela Weirich. A desconsideração da personalidade jurídica no ordenamento jurídico brasileiro. Revista do Ministério Público do Rio Grande do Sul, Porto Alegre, nº 62, nov. 2008 – abr. 2009. p.122).

> § 1° (Vetado).
> § 2° As sociedades integrantes dos grupos societários e as sociedades controladas, são subsidiariamente responsáveis pelas obrigações decorrentes deste código.
> § 3° As sociedades consorciadas são solidariamente responsáveis pelas obrigações decorrentes deste código.
> § 4° As sociedades coligadas só responderão por culpa.
> § 5° Também poderá ser desconsiderada a pessoa jurídica sempre que sua personalidade for, de alguma forma, obstáculo ao ressarcimento de prejuízos causados aos consumidores.

17. Segundo Sztajn:

> A perplexidade do intérprete na avaliação do art. 28 deverá ser desfeita na medida em que os tribunais passem a aplicar a norma, dando-lhe construção prática. Se, porém, a dpj, medida excepcional, for utilizada irrestritamente, corre-se o risco de perder um instrumento valioso na apreciação das razões que levam à constituição de sociedades em que o sócio alcança a limitação de sua responsabilidade patrimonial no exercício conjunto de atividades econômicas.[43]

A ilustrada Profa. Ada Pellegrini Grinover, uma das autoras do Código de Defesa do Consumidor, também recomenda a obediência aos princípios da dpj, para a aplicação do art. 28:

> Mesmo nos casos em que a legislação – como no caso da tutela do consumidor e mesmo do meio ambiente – sugere que a desconsideração posa ser feita pela simples insuficiência do patrimônio daquele que, no plano material, ostenta a qualidade de devedor (titular passivo da obrigação), ainda nesses casos a mais autorizada doutrina salienta que a interpretação de tais dispositivos só pode e deve ser feita à luz de todo o arcabouço doutrinário que preparou a incorporação da regra pelo sistema positivo e, assim e de volta ao início, a dpj deve ser vista como medida excepcional.[44]

O STJ, no Resp. 279.273/SP, Terceira Turma, ac. de 24.10.2006, decidiu o caso do Shopping Center de Osasco. O Tribunal, por maioria, aplicou a teoria menor para fazer incidir o art. 28, § 5º, do Código de Defesa do Consumidor, responsabilizando os

---

43 SZTAJN, Rachel. Desconsideração da Personalidade Jurídica. *Revista de Direito do Consumidor*, São Paulo, nº 2, p. 67-75, jun. 1992. p. 67.

44 GRINOVER, Alda Pellegrini. A desconsideração da pessoa jurídica: aspectos de direito material e processual. *Revista Jurídica*, São Paulo, v. 52, nº 320, p. 7-21, jun. 2004. p. 17.

sócios. O voto vencido, porém, afirmou que a incidência do § 5º está condicionada aos requisitos do *caput* do art. 28.[45]

O art. 28 do Código de Defesa do Consumidor tem sido objeto de críticas da doutrina, afirmando-se que apenas o *caput* prevê hipótese de dpj, enquanto os parágrafos 2º, 3º e 4º seriam o desvirtuamento do instituto.[46]

O § 5º tem sido especialmente analisado, a começar pelo Resp. 279.273/SP. Naquele julgado, a maioria da Terceira Turma do STJ optou pela teoria menor, aplicando a dpj mediante "a mera prova da insolvência da pessoa jurídica" (voto vencedor da Min. Nancy Andrighi), tese defendida pela doutrina consumerista, acentuando o princípio da defesa do consumidor.[47]

Gustavo Tepedino entende que, depois do Código Civil (art. 50):

> [...] apenas se afigura possível desconsiderar a pessoa jurídica, atingindo o patrimônio do sócio ou administrador que praticou ato fraudulento, por meio de controle social, sendo, igualmente imperativo que haja demonstração de fraude, abuso de direito ou confusão patrimonial.[48]

18. A Lei 12.529, de 30 de novembro de 2011, que estrutura o sistema brasileiro da concorrência, no seu art. 34 admite a dpj "quando houver da parte deste (o responsável) abuso de direito, excesso de poder, infração da lei, fato ou ato ilícito ou violação dos estatutos ou contrato social". O parágrafo único do artigo estende a possibilidade da dpj "quando houver falência, estado de insolvência, encerramento ou inatividade da pessoa jurídica provocados por má administração".

Como se vê, a Lei 12.529/2011 autoriza a dpj nos mesmos termos do art. 28 do Código de Defesa do Consumidor. Tomazette informa que não se tem notícia de sua aplicação pelo CADE. Os arts. 32 e 33 estabelecem a responsabilidade solidária de

---

45 BRASIL. Superior Tribunal de Justiça. *Recurso Especial nº 279.273 – SP*. Terceira Turma. Recorrente: B Sete Participações S/A e outros. Recorrente: Marcelo Marinho de Andrade Zanotto e outros. Relator: Ministro Ari Pargendler (autor do voto vencido). Relatora para acórdão: Ministra Nancy Andrighi. Acórdão de 4 dez. 2003.

46 CORRÊA JR., Gilberto Deon; MOTTIN, Gabriela Weirich. A desconsideração da personalidade jurídica no ordenamento jurídico brasileiro. *Revista do Ministério Público do Rio Grande do Sul*, Porto Alegre, nº 62, nov. 2008 – abr. 2009. p. 123.

47 A eminente Des. Cristina Teresa GAULIA, magistrada exemplar, sustenta que a dpj é um dever do juiz, "[...] sempre que o mesmo se defrontar com obstáculo ao ressarcimento do consumidor criado pela personalidade jurídica do fornecedor". (A desconsideração da personalidade jurídica no Código de Defesa do Consumidor. *Revista de Direito do Consumidor*, São Paulo, nº 43, p. 158-177, jul./set. 2002. p. 158). Também RIZZATTO NUNES autoriza a incidência da dpj independentemente de fraude ou infração à lei (NUNES, Luiz Antonio Rizzatto. *Comentários ao Código de Defesa do Consumidor*. 3. ed. rev. e atual. São Paulo: Saraiva, 2007. p. 357).

48 TEPEDINO, Gustavo. Notas sobre a desconsideração da personalidade jurídica. *RTDC: Revista Trimestral de Direito Civil*, Rio de Janeiro, v. 8, nº 30, p. 53-77, abr./jun. 2007. p. 68.

dirigentes, administradores e integrantes do mesmo grupo econômico,[49] a dispensar da dpj.

19. Lei 9.605, de 12.2.1998, sobre o meio ambiente, reproduz, no seu art. 4º o texto do § 5º do art. 28 do Código de Defesa do Consumidor. Reza o art. 4º: "Poderá ser desconsiderada a pessoa jurídica sempre que sua personalidade for obstáculo ao ressarcimento de prejuízos causados à qualidade do meio ambiente". Deon e Mottin observam que:

> [...] a interpretação deste artigo deve ser cautelosa, devendo-se definir os exatos limites da expressão 'obstáculo para ressarcimento de prejuízos causados', em proteção e em consonância com a regra da autonomia patrimonial entre pessoa natural e jurídica, prevista atualmente na legislação civil.[50]

20. Os arts. 134 e 135 do CTN atribuem responsabilidade pessoal e direta às pessoas que menciona, de sorte que a ação contra elas independe de desconsideração da pessoa jurídica, uma vez demonstrados o excesso de poderes ou a infração à lei, ao contrato social ou aos estatutos.[51]

21. No Direito do Trabalho (art. 2º da CLT) tem sido aplicada a teoria menor, que permite o acesso aos bens dos sócios do devedor independente de pesquisar outros elementos além da insolvência do devedor (TRT.1, AgPet. 102978201105010003, Terceira Turma, de 4.6.2012; também: TRT.2 – Ap. 004540011200650020078, 8ª. Turma, ac. de 4.2.2014).

Sobre esse ponto, Corrêa e Mottin disseram que a dpj, objetivando apenas a proteção do trabalhador, desconhece os princípios do direito civil e comercial. Invocam a lição de Fabio Ulhoa Coelho, que só admite a superação do princípio da autonomia patrimonial, quando necessária à repressão de fraudes e à coibição do mau uso da pessoa jurídica.[52]

---

49 TOMAZETTE, Marlon. *Curso de direito empresarial*: teoria geral e direito societário. 7. ed. rev., atual. e ampl. São Paulo: Atlas, 2016. v. 1. p. 271.

50 CORRÊA JR., Gilberto Deon; MOTTIN, Gabriela Weirich. A desconsideração da personalidade jurídica no ordenamento jurídico brasileiro. *Revista do Ministério Público do Rio Grande do Sul*, Porto Alegre, nº 62, nov. 2008 – abr. 2009. p. 119.

51 SILVA, Alexandre Alberto Teodoro. *A desconsideração da personalidade jurídica no direito tributário*. São Paulo: Quartier Latin, 2007. p. 230.

52 CORRÊA JR., Gilberto Deon; MOTTIN, Gabriela Weirich. A desconsideração da personalidade jurídica no ordenamento jurídico brasileiro. *Revista do Ministério Público do Rio Grande do Sul*, Porto Alegre, nº 62, nov. 2008 – abr. 2009. p. 126.
COELHO, Fábio Ulhoa Coelho. *Curso de direito comercial*: teoria geral das sociedades: a sociedade anônima: a sociedade limitada e outros temas. 6. ed., rev. e atual. São Paulo: *Revista dos Tribunais*, 2002. v. 2. p. 54.

22. O art. 82 da Lei 11.101/2005, Lei de Falência, prevê o caso de responsabilidade pessoal dos sócios de responsabilidade limitada, dos controladores e dos administradores da sociedade falida, a ser examinada ade acordo com a legislação societária. Não é caso de dpj, mas de imputação direta.

23. Lei 9.847/99, trata da distribuição de combustíveis e, no seu art. 18, § 3º, reza:

> Poderá ser desconsiderada a personalidade jurídica da sociedade sempre que esta constituir obstáculo ao ressarcimento dos prejuízos causados ao abastecimento nacional de combustíveis ou ao Sistema nacional de estoques de combustíveis.[53]

A maioria entende que se trata de aplicação da teoria menor. Tomazette sustenta que não há espaço para a aplicação dessa teoria, apenas a permissão para a dpj, se houver uso indevido da autonomia patrimonial.[54]

24. A Lei 12.846, de 1º de agosto de 2013, Lei Anticorrupção, atribui responsabilidade objetiva à pessoa jurídica, e subjetiva a seus administradores, pela prática de atos contra a administração pública (art. 2º, art. 3º, § 2º). O seu art. 14 tem o seguinte teor:

> A personalidade jurídica poderá ser desconsiderada sempre que utilizada como abuso do direito para facilitar, encobrir ou dissimular a prática dos atos ilícitos previstos nesta lei ou para provocar confusão patrimonial, sendo estendidos todos os efeitos das sanções aplicadas à pessoa jurídica aos seus administradores e sócios com poderes de administração, observados o contraditório e a ampla defesa.[55]

Essa disposição se aplica para o procedimento administrativo e suas punições. A regra foi criticada pelo Mestre Modesto Carvalhosa, por entender que a pessoa jurídica é a principal visada no procedimento destinado a apurar e punir atos de corrupção da administração pública, pelo que não poderia ser desconsiderada a pj, pois com isso o procedimento perde o seu objeto. O artigo ainda padece de séria crítica ao atribuir a competência para a desconsideração à autoridade administrativa, quando essa decisão cabe exclusivamente ao Judiciário.[56] A apuração dos danos

---

53 BRASIL. *Lei nº 9.847, de 26 de outubro de 1999*. Disponível em: <http://www.planalto.gov.br/ccivil_03/leis/L9847.htm>. Acesso em: 10 abr. 2017.

54 TOMAZETTE, Marlon. *Curso de direito empresarial*: teoria geral e direito societário. 7. ed. rev., atual. e ampl. São Paulo: Atlas, 2016. v. 1. p. 272.

55 BRASIL. *Lei nº 12.846, de 1º de agosto de 2013*. Disponível em: <http://www.planalto.gov.br/ccivil_03/_ato2011-2014/2013/lei/l12846.htm>. Acesso em: 10 abr. 2017.

56 CARVALHOSA. Modesto. Considerações sobre a lei anticorrupção das pessoas jurídicas. São Paulo: *Revista dos Tribunais*, p 363.

na esfera judicial está prevista no art. 18, sem referência à dpj, que se rege pelo art. 50 do Código Civil.

25. A Lei 13.303, de 30.6.2016, dispõe sobre o estatuto jurídico da empresa pública, da sociedade de economia mista e de suas subsidiárias. O acionista controlador (art. 15) assim como o administrador (art. 16) estão submetidos às regras da Lei 6.404/76.Isto é, são casos de responsabilidade direta da pessoa física.

26. Ao comentar três desses diplomas (art. 28 do Código de Defesa do Consumidor; art. 18 da Lei 8884/94, Lei Antitruste; e a Lei 9605/98, sobre o meio ambiente), Lucila de Oliveira Carvalho registra que tais disposições extrapolaram os simples casos de dpj por abuso e fraude à lei, devendo tais disposições ser interpretadas conforme o disposto no art.50 do Código Civil, cabendo aos tribunais, em cada caso, cuidar de defender o interesse do terceiro de boa-fé e, de outro lado, preservar a personalidade jurídica da sociedade.[57]

A DESCONSIDERAÇÃO INVERSA

27. Denomina-se desconsideração inversa a dpj que atinge os bens da pessoa jurídica por dívida particular do sócio. Os termos amplos do art. 50 do Código Civil permitem a sua aplicação, o que ocorre principalmente no campo do direito de família, na separação do casal ou nas ações de alimentos. Nessas hipóteses, a transferência de patrimônio à pessoa jurídica pode ser a burla da obrigação do cônjuge.[58]

Desconsideração indireta é o título atribuído por Márcio Guimarães ao capítulo em que estuda a dpj em uma constelação de sociedades: controlada, subsidiária, coligada, integrante de grupo ou consórcio.[59]

A DPJ E OS GRUPOS SOCIETÁRIOS

28. Segundo Limborço:

> Particularmente na área de direito societário, arestos esparsos têm-se referido à *disregard doctrine*, sobretudo quando se cogita dos poderes da *hol-*

57 CARVALHO, Lucila de Oliveira. A administração da sociedade limitada e o novo Código Civil. In: RODRIGUES, Frederico Viana (Coord.). *Direito de empresa no novo Código Civil*. Rio de Janeiro: Forense, 2004. p. 245-246.

58 GUIMARÃES, Marcio Souza. Aspectos modernos da teoria da desconsideração da personalidade jurídica. *Revista da EMERJ*, Rio de Janeiro, v. 7, nº 25, p. 229-243 2004. p. 240.
- TEPEDINO, Gustavo. Notas sobre a desconsideração da personalidade jurídica. *RTDC*: *Revista Trimestral de Direito Civil*, Rio de Janeiro, v. 8, nº 30, p. 53-77, abr./jun. 2007. p. 69.

59 GUIMARÃES, Marcio Souza. Aspectos modernos da teoria da desconsideração da personalidade jurídica. *Revista da EMERJ*, Rio de Janeiro, v. 7, nº 25, p. 229-243 2004. p. 241.

> *ding* em relação às subsidiárias. Essas referências à *disregard doctrine*, em tais casos, são impróprias, porque a *holding*, detendo o controle acionário das subsidiárias, delibera por elas, sem que isso possa ser considerado genericamente como despersonalização delas. Pelo menos, é o que se infere, segundo a sistematização da *disregard doctrine* nos Estados Unidos da América. E como essa doutrina não está expressamente adotada no Brasil (o artigo é de 1984), a orientação deve vir de onde ela é aplicada.[60]

Suzy Koury discorre sobre grupos de sociedades e a dpj. Faz a distinção entre grupos de fato (sociedades coligadas, controladoras e controladas) e grupos de direito (controladoras e controladas, com convenção levada a registro – situação pouco comum); grupos de coordenação (consórcios – art. 278), e grupos de subordinação, estes constituídos por convenção.[61]

Sobre a aplicação da dpj, sua lição é favorável:

(a) não comunga do entendimento de Limborço, cita os arts. 116 e 117 da Lei 6.404, invoca a autoridade de Justen Filho e conclui:

> Trata-se de hipótese de desconsideração da personalidade jurídica, pois o legislador subestima a personalidade jurídica da sociedade, para penetrar-lhe o substrato e, verificando a existência de interesse comum entre ela e o controlador, que pode ser uma outra sociedade, formando-se assim um grupo, afirma haver aí abuso de poder de controle, responsabilizando o controlador.[62]

(b) segundo a mesma jurista, na hipótese §1º do art. 141 da Lei 11.101, de 9.2.2005, que regula a recuperação e a falência, aplica-se a dpj quando parentes ou sócios adquirem bens na arrematação de bens da devedora (sabendo-se que a regra geral é a de aquisição livre de qualquer ônus - art. 141, §2º);[63]

(c) também se aplica a dpj aos grupos de sociedade por dívidas tributárias, e com isso afasta o argumento de que o princípio da legalidade impediria responsabilizar terceiro.[64]

---

60 LIMBORÇO, Lauro. Disregard of legal entity. In: MENDES, Gilmar Ferreira; STOCO, Rui (Org.). *Direito civil*: parte geral: pessoas e domicílio: aspectos gerais, pessoas naturais, pessoas jurídicas, domicílio. São Paulo: *Revista dos Tribunais*, 2011. v. 3. (Doutrinas essenciais). p. 1006, nº 2.1.

61 KOURY, Susy Elizabeth Cavalcante. *A desconsideração da personalidade jurídica*: disregard doctrine e os grupos de empresas. 3. ed. rev., atual. e ampl. Rio de Janeiro: Forense, 2011.

62 KOURY, Susy Elizabeth Cavalcante. *A desconsideração da personalidade jurídica*: disregard doctrine e os grupos de empresas. 3. ed. rev., atual. e ampl. Rio de Janeiro: Forense, 2011. p. 141.

63 KOURY, Susy Elizabeth Cavalcante. *A desconsideração da personalidade jurídica*: disregard doctrine e os grupos de empresas. 3. ed. rev., atual. e ampl. Rio de Janeiro: Forense, 2011. p. 147.

64 KOURY, Susy Elizabeth Cavalcante. *A desconsideração da personalidade jurídica*: disregard doctrine e os grupos de empresas. 3. ed. rev., atual. e ampl. Rio de Janeiro: Forense, 2011. p. 149.

De entendimento diferente, Alexandre Couto Silva cita a lição de Luciano Amaro (*Desconsideração da pessoa jurídica no Código de Defesa do Consumidor. Revista Ajuris*, n 20, p. 73), para quem é desnecessário aplicar a teoria da dpj no âmbito das sociedades anônimas quando:

> [...] a lei cuida de responsabilidade solidária, ou subsidiária, ou pessoal dos sócios, por obrigação da pessoa jurídica, ou quando ela proíbe que certas operações, vedadas aos sócios, sejam praticadas pela pessoa jurídica, não é preciso desconsiderar a empresa para imputar as obrigações aos sócios, pois, mesmo considerada a pessoa jurídica, a implicação ou responsabilidade do sócio já decorre do preceito legal.[65]

Silva registra a controvérsia existente sobre o tema, citando a posição contrária de Justen Filho,[66] mas conclui que os arts. 116, 117 e 146 da Lei das S.A. "[...] não possuem qualquer relação com a teoria da dpj".[67]

LEGITIMIDADE PARA DECIDIR SOBRE A DPJ

29. Partindo da premissa de que a dpj é providência extraordinária, deferida excepcionalmente ao juiz, presentes os requisitos legais, o Prof. Gustavo Tepedino afirma que o disposto no art. 50 do Código Civil:

> [...] colide com a pretensão de autoridades administrativas, no plano do direito tributário, de desconsiderar a pessoa jurídica [...]. A dpj consubstancia-se em expediente excepcional atribuído ao juiz, a requerimento da parte ou do MP, não podendo ser determinado por autoridade fazendária.[68]

O ilustre mestre admite a atuação da autoridade fiscal, com base no art. 116, parágrafo único do CTN, na hipótese de uma dissimulação, quando o fiscal está "diante de uma farsa". A mesma restrição deve ser estendida à atuação do Auditor Fiscal da Previdência.[69]

---

65 SILVA, Alexandre Couto. Desconsideração da Personalidade Jurídica no Código Civil. In: RODRIGUES, Frederico Viana (Coord.). *Direito de empresa no novo Código Civil*. Rio de Janeiro: Forense, 2004. p. 440.

66 JUSTEN FILHO, Marçal. *Desconsideração da personalidade societária no direito brasileiro*. São Paulo: *Revista do Tribunais*, 1987. p. 148-151.

67 SILVA, Alexandre Couto. Desconsideração da Personalidade Jurídica no Código Civil. In: RODRIGUES, Frederico Viana (Coord.). *Direito de empresa no novo Código Civil*. Rio de Janeiro: Forense, 2004. p. 441.

68 TEPEDINO, Gustavo. Notas sobre a desconsideração da personalidade jurídica. *RTDC*: *Revista Trimestral de Direito Civil*, Rio de Janeiro, v. 8, nº 30, p. 53-77, abr./jun. 2007.

69 TEPEDINO, Gustavo. Notas sobre a desconsideração da personalidade jurídica. RTDC: *Revista Trimestral de Direito Civil*, Rio de Janeiro, v. 8, nº 30, p. 53-77, abr./jun. 2007. p. 72-75.

EFEITO

30. A dpj permite afastar a personificação, sem extinguir a pessoa jurídica, para autorizar a constrição de bens do sócio ou administrador, ou para atingir os bens da pessoa jurídica, por dívida do sócio, ou de outra empresa do grupo. A dpj não permite o ataque aos bens de todos os sócios ou de todo o patrimônio da sociedade, mas apenas daqueles sócios que participaram ou se beneficiaram do abuso ou da fraude, e apenas aqueles bens que foram indevidamente desviados para compor fraudulentamente o patrimônio da sociedade. O STJ já decidiu: "Os efeitos da dpj somente alcançam os sócios participantes da conduta ilícita ou que dela se beneficiaram, ainda que se trate de sócio majoritário ou controlador".[70]

Conforme Lamartine: "A subsidiariedade é essencial aos autênticos casos de desconsideração, em que se supõe a prévia demonstração da insolvência do primariamente responsável".[71]

DECADÊNCIA

31. O direito de requerer a desconsideração é potestativo, e por isso sujeito a prazo decadencial. Não existe previsão legal estabelecendo esse tempo, pelo que tem sido afirmado que, sem lei, "[...] prevalece a regra geral de inesgotabilidade ou da perpetuidade, segundo a qual os direitos não se extinguem pelo não uso".[72]

Ocorre que, nesses casos, assim como acontece com a resolução dos contratos (que também é um direito potestativo, sem previsão de prazo decadencial), o devedor não pode ficar indefinidamente sujeito a ser surpreendido com a citação para pagar uma dívida por dpj. Imaginemos a situação de um administrador ou de um conselheiro de S.A. há muito afastado da empresa, que vem a ter seus bens penhorados por dívida cujo crédito tinha sua pretensão prescrita. Ora, se o credor já não pode agir contra o seu devedor, com muito mais razão não poderá executar o terceiro, atingido pela dpj. Aplica-se aqui a mesma regra para o direito potestativo de resolução, solução preconizada por Pontes de Miranda:

> Se o credor não mais podia cobrar, não mais pode pedir a resolução ou a resilição por inadimplemento porque o réu não mais tem a obrigação de prestar, embora deva.[73]

---

70 BRASIL. Superior Tribunal de Justiça. *Recurso Especial nº 1.325.663 – SP*. Terceira Turma. Recorrente: Morocó Participações e Comércio S/A. Recorrido: Riprauto Veículos Ltda – Massa Falida. Relatora: Ministra Nancy Andrighi. Acórdão de 11 jun. 2013.

71 OLIVEIRA, José Lamartine Corrêa de. *A dupla crise da pessoa jurídica*. São Paulo: Saraiva, 1979. p. 611.

72 BRASIL. Superior Tribunal de Justiça. Recurso Especial nº 131.2591 – RS. Quarta Turma. Recorrente: Eaton Holding S/A. Recorrido: Raysul Comércio E Serviços Tecnológicos Ltda. Relator: Ministro Luis Felipe Salomão. Acórdão de 11 jun. 2013.

73 PONTES DE MIRANDA, Francisco Cavalcanti. *Tratado de direito privado*: parte especial. Atualizado por Nelson Nery Jr. [e] Rosa Maria de Andrade Nery. São Paulo: *Revista dos Tribunais*, 2012. t. 25. (Coleção Tratado de Direito Privado). p. 365.

Estando prescrito o direito de crédito, não cabe requerer a dpj, pelo que este direito potestativo se extingue porque lhe falta um elemento de suporte.

ENTENDIMENTOS CONTRÁRIOS À FIGURA

32. Muitas vozes respeitáveis levantam-se contra o instituto da dpj, ou exigem sua restrição a lindes estreitos. A primeira delas foi de Pontes de Miranda, que atribui a *disregard of legal entity* à influência do capitalismo cego.[74]

Rachel Sztajn, depois de lembrar que a nossa experiência judicial apenas registra ações de dpj envolvendo sociedades, e nenhum outro tipo de entidade coletiva, e de observar a inexistência de regras precisas sobre os casos de dpj, assim critica o uso que está sendo feito:

> Considerando o risco empresarial que tal norma impõe aos empresários, é de se indagar se ainda vale a pena, sem seguro e sem repasse para os preços e, portanto, para o próprio consumidor, exercer atividade econômica no país. Os benefícios da limitação da responsabilidade, construídos ao longo de muito tempo, desapareceram de uma penada. Concluindo, mesmo sem análise de decisões de juízes que determinaram a liquidação das sociedades ao aplicarem a doutrina da dpj, é importante ressaltar que a dpj constitui forma de desincentivar o exercício de atividades muito arriscadas e em detrimento dos credores. Corresponde à regra de ilimitação de responsabilidade patrimonial dos gerentes nas sociedades primitivas, representando freio ao poder 'sem responsabilidade'.[75]

Luiz Eduardo Martins Ferreira, consultor da Bovespa, relata os efeitos que decorre da dpj, com o bloqueio eletrônico de contas-correntes bancárias, de investimento ou de custódia:

> Conselheiros de administração e diretores de grandes empresas, inclusive de companhias abertas, têm tido suas contas bloqueadas sem que tivessem tido qualquer participação no fato que deu origem ao bloqueio. Muitos deles já deixaram as empresas há muito tempo e volta e meia são surpreendidos [...]. Esse bloqueio indevido atinge também os fundos de pensão, o próprio BNDES e os fundos de *private equity ou venture capital*, que indicam conselheiros de administração e diretores para as empresas onde colocam

74 PONTES DE MIRANDA, Francisco Cavalcanti. *Tratado de direito privado*: parte especial. Atualizado por Alfredo de Assis Gonçalves Neto. São Paulo: *Revista dos Tribunais*, 2012. t. 50. (Coleção Tratado de Direito Privado). p. 323, §5.

75 SZTAJN, Rachel. Sobre a Desconsideração da personalidade jurídica. In: MENDES, Gilmar Ferreira; STOCO, Rui (Org.). *Direito civil*: parte geral: pessoas e domicílio: aspectos gerais, pessoas naturais, pessoas jurídicas, domicílio. São Paulo: *Revista dos Tribunais*, 2011. v. 3. (Doutrinas essenciais). p. 1239.

> capital [...]. A permanecer a situação atual de uso inadequado – e até mesmo abusivo – da decretação da dpj, uma pergunta surge de imediato: quem vai querer ser conselheiro ou diretor? É claro que há um seguro que cobre este tipo de risco legal, o chamado D&O (*directors and officers*), cujo custo, variável de acordo com o risco segurado, é pago pela empresa, onerando-a.[76]

Ana Caroline Ceolin reclama:

> De fato, nota-se que os pretórios brasileiros estão transformando a doutrina da desconsideração numa verdadeira panaceia, em que é possível solucionar todos os problemas advindos da pessoa jurídica com o simples afastamento de sua personalidade perante o caso concreto. O que se vislumbra é um festival de equívocos e abusos que levarão, em última análise, a um desvirtuamento da pessoa jurídica e ensejarão, por conseguinte, prejuízos de ordem econômica e social para o país.[77]

Marcio Tadeu Guimarães Nunes criticou o instituto em aprofundado estudo. Escreveu: "A teoria da dpj não é necessária, tanto do ponto de vista econômico quanto do jurídico",[78] e enumera as diversas respostas que o sistema já dá para a situações de crise da pessoa jurídica: abuso de direito, simulação, negócio jurídico indireto, fraude em suas diversas espécies, teoria da aparência, teoria *ultra vires*, função social do contrato, boa-fé, etc.

O Prof. Lamartine, ao comentar a lição de Serick, observou que ela compreendia:

> [...] casos perfeitamente remediáveis pela terapêutica clássica de Direito Civil. Exemplos dessa terapêutica clássica são encontráveis nos casos de invocação da teoria da aparência, da incidência das regras sobre simulação ou desse caso particular de abuso de direito que é o comportamento contraditório (*venire contra factum proprium*)[79]

Mas o Mestre paranaense concluiu:

> Resta a pergunta: apesar de todas as soluções ditas clássicas, não restará um resíduo de verdadeiros casos de desconsideração? Acreditamos que

---

76 FERREIRA, Luiz Eduardo Martins. Desconsideração da personalidade jurídica: uso e abuso. *Revista de Direito Bancário e do Mercado de Capitais*, São Paulo, v. 11, nº 41, p. 127-132, jul./set. 2008. p. 127.

77 CEOLIN, Ana Caroline Santos. *Abusos na aplicação da teoria da desconsideração da pessoa jurídica*. Belo Horizonte: Del Rey, 2002. p. XIV.

78 NUNES, Márcio Tadeu Guimarães. *Desconstruindo a desconsideração da personalidade jurídica*. São Paulo: Quartier Latin, 2007. p. 47.

79 OLIVEIRA, José Lamartine Corrêa de. *A dupla crise da pessoa jurídica*. São Paulo: Saraiva, 1979. p. 610.

> sim. E é principalmente para a solução desse resíduo não solucionável que ganha relevo o esquema subjetivista de Serick.[80]

Marcio Tadeu invoca a lição do Prof. Stephen Brainbridge, da Universidade da Califórnia:

> The standards by which veil piercing is effected are vague, leaving judges with great discretion. The result has been uncertainty and lack of predictability, increasing transaction costs for small business. At the same time, however, there is no evidence that veil piercing has been rigorously applied to effect socially beneficial policy outcomes. Judges typically seem to be concerned more with the facts and equities of the specific case at bar than with the implications of personal shareholder liability for society at large Veil piercing thus has costs, but no social pay-off.[81]

33. Mas, de outro lado, a doutrina tem acentuado que o instituto da dpj não se destina a enfraquecer a teoria da pessoa jurídica, ao contrário, a preserva e fortalece:

> **34.** A teoria da dpj não é uma elaboração doutrinária na perspectiva do questionamento daquele instituto. Muito pelo contrário, a teoria de desconsideração visa, mesmo, ao aperfeiçoamento da disciplina da pessoa jurídica, de forma a compatibilizar a sua importância para o sistema econômico existente e a coibição das fraudes e abusos que, através dela, são praticados.[82]

DPJ E DESPERSONALIZAÇÃO DA PESSOA

35. A dpj não se confunde com a despersonalização da pj, nesta:

> [...] a pessoa jurídica desaparece como sujeito autônomo, em razão da falta original ou superveniente das suas condições de existência, como, por exemplo, a invalidade do contrato social ou a dissolução da sociedade. Na segunda – a desconsideração - subsiste o princípio da autonomia subjetiva da pessoa coletiva, distinta da pessoa de seus sócios ou componente. Mas essa distinção é afastada, provisoriamente e tão só para o caso concreto.[83]

---

80 OLIVEIRA, José Lamartine Corrêa de. *A dupla crise da pessoa jurídica*. São Paulo: Saraiva, 1979. p. 612.

81 BRAINDBRIDGE, Stephen M. Abolishing Veil Piercing. *The Journal of Corporation Law*, Los Angeles, Vol. 26, No. 3, pp. 470-535, Spring 2001. p. 481. Disponível em: <https://papers.ssrn.com/sol3/papers.cfm?abstract_id=291060>. Acesso em: 10 abr. 2017.

82 COELHO, Fábio Ulhoa. Lineamentos da teoria da desconsideração da pessoa jurídica. *Revista do Advogado*, São Paulo, nº 36, p. 38-44, mar. 1992. p. 39.

83 COMPARATO, Fábio Konder. *O poder de controle na sociedade anônima*. 2. ed. São Paulo: *Revista dos Tribunais*, 1977. p. 283.

36. Precedentes do STJ

Resp. 158.051/RJ. Quarta Turma, ac. de 22.9.1998. Caso Bateau Mouche. Cabimento da dpj por abuso de direito, fraude à lei, com prejuízo de terceiros.[84]

Resp. 418.385/SP. Quarta Turma, ac. de 21.6.2007. Decretada a dpj por fraude na dação em pagamento, em prejuízo do patrimônio da massa falida.[85]

RMS 12872/SP. Terceira Turma, ac. de 16.12.2002. Pertencendo a falida a grupo de sociedades, com estrutura apenas formal é legítima a desconsideração para que os efeitos da falência alcancem as demais. (Citado no Resp. 767921/RJ, Primeira Turma, ac. de 16.8.2005).[86]

Resp. 744.107/SP. Quarta Turma, ac. de 20.5.2008. Não se decreta a dpj se não demonstrados atos fraudulentos, confusão patrimonial ou desvio de finalidade.[87]

Resp. 647.493/SC. Segunda Turma, ac. de 22.5.2007. Não decretada a dpj por falta de prova do abuso, por não se constituir a personificação obstáculo à reparação ambiental, sem demonstração de que os sócios têm maior poder de insolvência.[88]

Resp. 279.273/SP. Terceira Turma, ac. de 24.10.2006. Usa-se a teoria menor para aplicação do art. 28, §5º, do Código de Defesa do Consumidor. Voto vencido: A incidência do §5º está condicionada aos requisitos do *caput* do art. 28.[89]

Resp. 282.266/RJ. Terceira Turma, ac. de 11.4.2002. O credor não pode, previamente, promover ação para dpj, dirigindo a ação diretamente contra os sócios.[90]

---

84 BRASIL. Superior Tribunal de Justiça. Recurso Especial nº 158.051 – RJ. Quarta Turma. Recorrente: União e Ramon Rodriguez Crespo e outros. Recorrido: Boris Jaime Lerner e outro. Relator: Ministro Barros Monteiro. Acórdão de 22 set. 1998.

85 BRASIL. Superior Tribunal de Justiça. *Recurso Especial nº 418.385 – SP*. Quarta Turma. Recorrente: Market Consultoria em Leilões S/C Ltda e outro. Recorrido: Barnet Indústria e Comércio S/A – Massa Falida. Relator: Ministro Aldir Passarinho Junior. Acórdão de 19 jun. 2007.

86 BRASIL. Superior Tribunal de Justiça. *Recurso Ordinário em Mandado de Segurança nº 12.872 – SP*. Terceira Turma. Recorrente: KL Instrumentos de Precisão Ltda. Recorrido: Masternivest Investimentos Ltda. Relatora: Ministra Nancy Andrighi. Acórdão de 24 jun. 2004.

87 BRASIL. Superior Tribunal de Justiça. *Recurso Especial nº 744.107 – SP*. Quarta Turma. Recorrente: Áurea Administração e Participações S/A. Recorrido: São Paulo Transporte S/A. Relator: Ministro Fernando Gonçalves. Acórdão de 20 maio 2008.

88 BRASIL. Superior Tribunal de Justiça. *Recurso Especial nº 647.493 – SC*. Segunda Turma. Recorrentes: União; Companhia Siderúrgica Nacional – CSN; Companhia Carbonífera Urussanga e outros; Carbonífera Metropolitana S/A.; Ministério Público Federal. Recorridos: Os Mesmos; Augusto Baptista Pereira – Espólio Repr. Por: Helena Baptista Pereira Estrázulas – Inventariante; Nova Próspera Mineração S/A.; Fábio Augusto Ronchi; João Zanette e outros; Estado de Santa Catarina; Sebastião Netto Campos e outros. Relator: Ministro João Otávio de Noronha. Acórdão de 22 maio 2007.

89 BRASIL. Superior Tribunal de Justiça. *Recurso Especial nº 279.273 – SP*. Terceira Turma. Recorrente: B Sete Participações S/A e outros. Recorrente: Marcelo Marinho de Andrade Zanotto e outros. Relator: Ministro Ari Pargendler. Relatora para acórdão: Ministra Nancy Andrighi. Acórdão de 4 dez. 2003.

90 BRASIL. Superior Tribunal de Justiça. *Recurso Especial nº 282.266 – RJ*. Terceira Turma. Recorrente: Sílvia Klein. Recorrido: Leny Corrêa Cabral. Relator: Ministro Ari Pargendler. Acórdão de 18 abr. 2002.

RMS 14.168/SP. Terceira Turma, ac. de 30.4.2002. Pertencendo a falida a grupo de sociedades, com estrutura meramente formal, é legítima a dpj, verificados os pressupostos.[91]

Resp. 786.345/SP. Terceira Turma, ac. de 26.11.2008. A dpj de S.A. ou de sociedade limitada atinge só administrador e sócio gerente, não o acionista ou sócio.[92]

AgRgAresp. 794.237/SP. Segunda Turma, ac. de 22.3.16. Aplica-se quando a pessoa jurídica tenha sido instrumento para fins fraudulentos, mediante o desvio de finalidade ou confusão patrimonial.[93]

AgRg Aresp. 831.748/SC. 4ª. Turma, ac. de 7.3.16. Aceita-se a teoria maior. A dpj exige abuso de personalidade, como excesso de mandato, desvio de finalidade (ato intencional para fraudar terceiros), ou confusão patrimonial.[94]

Aresp. 588.587/RS. Quarta Turma, ac. de 22.6.15. A mera inadimplência não enseja dpj.[95]

AgRgAgRgAresp 334.883/RJ. Terceira Turma. ac. de 18.2.16. É possível a dpj conforme a teoria maior (art. 50 do Código Civil).[96]

AgRgResp. 1.498.568/SP. Terceira Turma, ac. de 14.12.2015. Encerramento das atividades e dissolução da sociedade, ainda que irregulares, não são causas para a dpj. (Idem: AgRg Aresp. 757873/PR. Ac. de 3.2.16; idem: AgRgAgAresp. 547.92, Quarta Turma, ac. de 1.10.15; idem: Eresp. 1.306.553/SC, Segunda Seção, ac. de 10.12.14); idem: AgRgSresp. 622.972/SC, Terceira Turma, ac. de 31.8.15; idem: AgRgResp. 1386576/SC, Terceira Turma, ac. de 25.5.2015).[97]

---

91 BRASIL. Superior Tribunal de Justiça. *Recurso Ordinário em Mandado de Segurança nº 14.168 – SP*. Terceira Turma. Recorrente: DCI Editora Jornalística Ltda. Recorrido: Transpev Transportes de Valores e Segurança Ltda. Relatora: Ministra Nancy Andrighi. Acórdão de 30 abr. 2002.

92 BRASIL. Superior Tribunal de Justiça. Recurso Especial nº 786.345 – SP. Terceira Turma. Recorrente: Georgina Ilona Irma Zolcsak Molnar. Recorrido: Enco Zolcsak Equipamentos Industriais Ltda. – Massa Falida. Relator: Ministro Humberto Gomes de Barros. Relator para acórdão: Ministro Ari Pargendler. Acórdão de 21 ago. 2008.

93 BRASIL. Superior Tribunal de Justiça. *Agravo Regimental no Agravo em Recurso Especial nº 794.237 – SP*. Segunda Turma. Agravante: Dersa Desenvolvimento Rodoviário SA. Agravado: Retimplast Indústria e Comércio de Plásticos. Relator: Ministro Mauro Campbell Marques. Acórdão de 15 mar. 2016.

94 BRASIL. Superior Tribunal de Justiça. *Agravo Regimental no Agravo em Recurso Especial nº 831.748 – SC*. Quarta Turma. Agravante: Cooperativa Regional Auriverde. Agravado: Triângulo Comércio de Alimentos Ltda. Relator: Ministro Raul Araújo. Acórdão de 23 fev. 2016.

95 BRASIL. Superior Tribunal de Justiça. Agravo Regimental no Agravo em Recurso Especial nº 588.587 – RS. Quarta Turma. Agravante: Master Cópias e Encadernações Ltda. Agravado: Publiguias Editora Ltda. Relator: Ministro Raul Araújo. Acórdão de 22 jun. 2015.

96 BRASIL. Superior Tribunal de Justiça. *Agravo Regimental no Agravo Regimental no Agravo em Recurso Especial nº 334.883 – RJ*. Terceira Turma. Agravante: Star One S/A. Agravado: José Alberto Fonseca Guimarães. Relator: Ministro João Otávio de Noronha. Acórdão de 4 fev. 2016.

97 BRASIL. Superior Tribunal de Justiça. *Agravo Regimental no Recurso Especial nº 1.498.568 – SP*. Terceira Turma. Agravantes: Ana Paula Ruggieri Baiochi; Daniela Ruggieri Baiochi; Ricardo Ruggieri Baiochi. Agravado: Wes Têxtil Ltda. Relator: Ministro João Otávio de Noronha. Acórdão de 3 dez. 2015.

Resp. 970.635/SP. Terceira Turma, ac. de 10.11.2009. A mudança de endereço e inexistência de bens não justificam dpj.[98]

Resp. 1.141.447/SP. Terceira Turma, ac. de 8.2.2011. Exigência de dois requisitos, objetivo e subjetivo, para aplicação da dpj.[99]

Eresp. 1.306.553/SC. da Segunda Seção, rel. Min. Maria Isabel Gallotti, ac. de 10.12.2014:

> Tratando-se de regra de exceção, de restrição ao princípio da autonomia patrimonial da pessoa jurídica, a interpretação que melhor se coaduna com o art. 50 do Código Civil é a que relega a aplicação a casos extremos, em que a pessoa jurídica tenha sido instrumento para fins fraudulentos, configurado mediante o desvio da finalidade institucional ou a confusão patrimonial.[100]

37. Enunciados das Jornadas de Direito Civil[101]

a) I Jornada de Direito Civil:

7 – Art. 50: Só se aplica a desconsideração da personalidade jurídica quando houver a prática de ato irregular e, limitadamente, aos administradores ou sócios que nela hajam incorrido.

51 – Art. 50: A teoria da desconsideração da personalidade jurídica – disregard doctrine – fica positivada no novo Código Civil, mantidos os parâmetros existentes nos microssistemas legais e na construção jurídica sobre o tema.

b) III Jornada de Direito Civil:

146 – Art. 50: Nas relações civis, interpretam-se restritivamente os parâmetros de desconsideração da personalidade jurídica previstos no art. 50 (desvio de finalidade social ou confusão patrimonial). (Este Enunciado não prejudica o Enunciado n. 7).

c) IV Jornada de Direito Civil:

281 – Art. 50: A aplicação da teoria da desconsideração, descrita no art. 50 do Código Civil, prescinde da demonstração de insolvência da pessoa jurídica.

283 – Art. 50: É cabível a desconsideração da personalidade jurídica denominada

---

98 BRASIL. Superior Tribunal de Justiça. *Recurso Especial nº 970.635 – SP*. Terceira Turma. Recorrente: Fermatic Indústria e Comércio de Máquinas Ltda. Recorrido: New Bel Representações Comerciais Ltda. Relatora: Ministra Nancy Andrighi. Acórdão de 10 nov. 2009.

99 BRASIL. Superior Tribunal de Justiça. *Recurso Especial nº 1.141.447 – SP*. Terceira Turma. Recorrente: Ino Serviços Especializados de Telecomunicações Ltda. Recorrido: Ondafone Sistemas de Comunicação S/C Ltda. Relator: Ministro Sidnei Beneti. Acórdão de 8 fev. 2011.

100 BRASIL. Superior Tribunal de Justiça. *Embargos de Divergência em Recurso Especial n 1.306.553 – SC*. Segunda Seção. Embargante: Comércio de Carnes Vale Verde Ltda. e outros. Embargado: Frigorífico Rost S/A. Relatora: Ministra Maria Isabel Gallotti. Acórdão de 10 dez. 2014.

101 JORNADAS de Direito Civil I, III, IV e V: enunciados aprovados. Brasília: Conselho da Justiça Federal, Centro de Estudos Judiciários, 2012.

"inversa" para alcançar bens de sócio que se valeu da pessoa jurídica para ocultar ou desviar bens pessoais, com prejuízo a terceiros.

285 – Art. 50: A teoria da desconsideração, prevista no art. 50 do Código Civil, pode ser invocada pela pessoa jurídica, em seu favor.

d) V Jornada de Direito Civil

406 – Art. 50: A desconsideração da personalidade jurídica alcança os grupos de sociedade quando estiverem presentes os pressupostos do art. 50 do Código Civil e houver prejuízo para os credores até o limite transferido entre as sociedades.

O PROCEDIMENTO

38. O Novo Código de Processo Civil abriu espaço e regulou o procedimento relativo à dpj, direta ou inversa (art. 133, §2º), tratando-o como um incidente do processo, cabível em qualquer fase do processo de conhecimento, cumprimento de sentença ou execução de título extrajudicial (art. 134). O requerimento pode ser formulado pela parte ou pelo MP, quando lhe couber intervir no processo (art. 133), com a demonstração dos pressupostos específicos para a dpj (art. 134, §4º). Instaurado o incidente, o processo será suspenso (§3º), salvo se o requerimento de dpj tenha sido feito já na petição inicial (§2º). Haverá instrução, com citação do requerido, garantida a ampla defesa (arts. 135 e 136). A procedência do incidente implicará a ineficácia da alienação ou da oneração dos bens, em relação ao requerente (art.137).

As disposições no novo Código de Processo Civil têm muitos méritos: (a) regulam ambas as modalidades de desconsideração (direta e inversa); (b) exigem que o requerente demonstre a causa específica do pedido de dpj, o que limita a investigação e aponta para o autor do ato impugnado; (c) superam antiga controvérsia sobre o momento oportuno para o requerimento da dpj, que pode acontecer em qualquer fase; (d) mas exigem a consequente suspensão do processo, com a instauração da fase instrutória e oportunidade ampla de defesa; (e) consagram a ideia de que se cuida apenas de ineficácia do ato impugnado.

PROJETOS DE LEI

39. Tramita no Congresso Nacional o Projeto de Lei PLC 69/2014 (Projeto n. 3401/2008, na origem), apresentado pelo Deputado Federal Bruno Araújo, aproveitando anterior projeto de 2003, de autoria do saudoso Deputado Ricardo Fiúza, de 2003, que regula o procedimento processual relativo à dpj.

O relevante nele é o disposto no art. 2º:

> Art. 2º A parte que postular a desconsideração da personalidade jurídica ou a responsabilidade pessoal de membros, de instituidores, de sócios ou de administradores por obrigações da pessoa jurídica indicará, necessária e objetivamente, em requerimento específico, quais os atos por eles praticados

> que ensejariam a respectiva responsabilização, na forma da lei específica, o mesmo devendo fazer o Ministério Público nos casos em que lhe couber intervir no processo.
> Parágrafo único. O não atendimento das condições estabelecidas no caput ensejará o indeferimento liminar do pleito pelo juiz.

O IASP solicitou dos seus ilustres associados, Flavio Yarschell e Renan Thamay, pareceres sobre o projeto de lei. O primeiro concluiu pela inoportunidade, o segundo por substanciais alterações.

Diante da publicação do novo Código de Processo Civil, que dedicou uma secção para tratar do "Incidente de desconsideração da pessoa jurídica", consagrando os principais enunciados processuais, inclusive sobre os requisitos da petição inicial e garantia de defesa, parece realmente inconveniente a edição de lei para tratar do mesmo assunto, antes que se tenha experiência sobre a regulação constante do Código de Processo Civil, de recente vigência.

PROJETO DO NOVO CÓDIGO COMERCIAL

40. Tramita no Congresso Nacional o PL 1.572/2011, de autoria do Deputado Federal Vicente Cândido, com o texto de lavra do Prof. Fábio Ulhoa Coelho, que dispensou uma Seção para a figura da dpj:

> Art. 128. Em caso de fraude perpetrada por meio da autonomia patrimonial da sociedade empresária, o juiz poderá ignorar a personalidade jurídica própria desta para imputar a responsabilidade ao sócio ou administrador.
> Parágrafo único. A confusão patrimonial ou o desvio de finalidade importam a presunção relativa de fraude.
> Art. 129. A simples insuficiência de bens no patrimônio da sociedade empresária para a satisfação de direito de credor não autoriza a desconsideração de sua personalidade jurídica.

Os arts. 130 e 131 regulam o procedimento, com garantia à ampla defesa e ao contraditório.

O projeto põe na fraude o fundamento para a dpj, utilizando os conceitos de confusão patrimonial e de desvio de finalidade como presunção *hominis,* indiciadores da fraude.

A regra do art. 129, que seria posterior às existentes sobre o ponto e acolhedoras da dpj em caso de simples insolvência, deverá servir para a interpretação da legislação esparsa. Não seria caso de revogação daquelas normas, que tratam de situações específicas.

41. CONSIDERAÇÕES FINAIS

1. A leitura dessas manifestações legislativas, doutrinárias e dos Tribunais põe em evidência a importância do tema que foi introduzido no Brasil pela palestra do Prof. Rubens Requião, homenageado neste livro.

Poucos institutos mereceram tantos estudos e suscitaram tantas controvérsias, de imediata aceitação por Juízes e Tribunais, com inúmeros julgados e diferentes fundamentações.

2. São espécies de dpj: a direta, com a desconsideração da pessoa jurídica para atingir o patrimônio individual do sócio ou administrador, ou mesmo de outra pessoa jurídica; a inversa, com a desconsideração da pessoa jurídica para atingir o seu patrimônio, por dívida individual do sócio ou administrador; a indireta, dpj por dívida de outra empresa.

3. Duas as correntes de sustentação da dpj: a subjetiva, que tem o abuso de direito ou a fraude como razão para a dpj; a objetiva, que se ampara nos fatos do desvio da finalidade da pessoa jurídica ou na confusão patrimonial.

A teoria também tem sido classificada em: teoria maior, que exige a presença dos elementos consagrados pela teoria subjetiva ou pela objetiva, e a teoria menor, que se satisfaz com a insolvência do devedor.

4. A legislação esparsa, tal como o Código de Defesa do Consumidor, a Lei Antitruste, a de proteção ao meio ambiente, satisfazem-se com a insolvência. Mas no primeiro caso, acredito que a incidência da dpj prevista no § 5º do art. 28, deve ser harmonizada com os pressupostos do *caput* desse artigo, como constou de voto vencido no STJ, do Min. Ari Pargendler. Nos demais, cumpre interpretar os dispositivos de algum modo associando-o aos requisitos do art. 50 do Código Civil.

5. A maioria da doutrina e dos julgados no STJ tem reiteradamente mencionado a fraude ou o abuso para fundamentar a dpj, sem negar, porém, o enunciado do art. 50. Isso me permite concluir que o art. 50 não exclui a ideia subjetiva, apenas explicita que o abuso a que se refere o início daquele preceito corresponde presumidamente ao desvio de finalidade e à confusão patrimonial, sem excluir outras ocorrências. Isto é, as duas vertentes se aproximam e convivem, suprindo cada uma a deficiência de suporte fático da outra. Esta parece a feliz contribuição do Projeto do Código Comercial, ora em tramitação no Congresso Nacional, que tem o desvio e a confusão como fatos presuntivos do abuso, elemento subjetivo.

6. A orientação jurisprudencial predominante no STJ, firmada em embargos de divergência julgado pela Segunda Seção, tem a dpj como remédio excepcional, restrita aos casos de abuso, fraude, desvio da personalidade ou confusão patrimonial.

7. Cumpre diferençar os casos de (a) desconsideração, pelos quais a transposição da responsabilidade decorre de decisão judicial, diante das circunstâncias do caso concreto e atendidos os pressupostos, da (b) responsabilidade transubjetiva, determinada por lei, que imputa diretamente a terceira pessoa a responsabilidade pelo ato de outrem, caso denominado de imputação, como acontece com a responsabilidade do pai pelo ato do filho, do preponente pelo ato do preposto, da sociedade pelo ato do administrador ou do sócio, e assim por diante.

Sempre que a lei atribui diretamente a responsabilidade pela obrigação a uma determinada pessoa, sócio, administrador, sociedade coligada, não cabe invocar a dpj.

8. A dpj está hoje regulada no Código de Processo Civil, tratada como um incidente, com legitimidade deferida apenas a quem é parte, ou ao MP quando houver de intervir, a ser instaurado em qualquer fase do processo, desde a petição inicial, com garantia de ampla defesa.

9. Não cabe ação prévia, para desconstituir a pessoa jurídica, como preparatória de futura ação.

10. É do juiz a competência para reconhecer a existência dos pressupostos da dpj. A lei fiscal e a lei previdenciária atribuem excepcionalmente ao administrador desconsiderar a simulação. O juiz não age de ofício.

11. Os pressupostos da dpj devem estar individualizados e provados nos autos. O ônus da prova é do credor.

12. O efeito da decisão proferida no incidente é apenas a de ineficácia do ato impugnado e atinge apenas o seu autor.

13. O pedido de dpj está fundado em um direito potestativo, para o qual não cabe atribuir prescrição, e para o qual a lei não marcou prazo decadencial. Mesmo assim, a dpj não pode ser perpétua, devendo extinguir-se com a prescrição da pretensão do crédito em relação àquele cujo patrimônio será atingido com a dpj.

14. Até 2002, a preferência era pela pacífica aceitação da teoria subjetiva, de acordo com as conclusões de Serick. Sobrevindo o novo Código Civil, que aceitou a redação com nítido caráter objetivista, esta ideia passou a permear muitas manifestações. Mas posso concluir que ainda há de se encontrar no elemento subjetivo o real fundamento da dpj, considerando que um dos objetivos da sua aplicação será preservar a integridade da empresa e a moralidade dos negócios, o que se apreende mediante uma ponderação de valores.

15. A desconsideração da pessoa jurídica é instrumento útil para reparação do dano produzido pelo comportamento fraudulento de quem indevidamente se utilizou da pessoa jurídica para prejudicar terceiro de boa-fé. Usada com critério, medida excepcional que é, pode prestar bons serviços à sanidade do mercado e à realização da justiça material do caso.

16. O nosso direito, de inspiração continental, tem história diferente do anglo-americano.

Fundados principalmente em precedentes e em regras não escritas, os tribunais americanos e ingleses há mais de um século permitem que o credor invista diretamente contra a pessoa do sócio da sociedade comercial, construindo uma doutrina que hoje está consagrada como a *disregard doctrine*. Menos preocupado com o formalismo legislativo e amparado na *equity*, o juiz do direito anglo-americano admitiu a possibilidade de desconsiderar a pessoa jurídica sempre que presentes certos pressupostos.

O primeiro caso de desconsideração da pessoa jurídica (além de um anterior, ocorrido no início dos oitocentos, nos EEUU, com o Juiz Marshal, mas que não se presta bem á definição do instituto) aconteceu na Inglaterra, em 1897, no caso Salomon x Salomon & Cia, em que as instâncias ordinárias desconsideraram a pessoa jurídica para responsabilizar o sócio majoritário pelas dívidas da companhia, uma vez que ele, sócio majoritário, integralizara suas quotas com seu fundo de comércio e ficara credor, com garantia, pelo valor excedente; insolvente a companhia, os credores quirografários não puderam cobrar suas dívidas porque o sócio tinha preferência e terminou por receber todo o patrimônio. A Câmara dos Lordes cassou a decisão inferior, entendendo que a sociedade fora bem constituída e não havia irregularidade que justificasse a desconsideração.

Depois disso, nos EEUU muitos foram os casos em que se constatou desvio de função da pessoa jurídica, a justificar a intervenção sobre o patrimônio dos sócios.

Com essa experiência, na década de 50, Rolf Serick apresentou sua tese acadêmica ("Forma jurídica e realidade nas sociedades mercantis"), sistematizando a figura da desconsideração de acordo com os precedentes, que aconteceram nas seguintes hipóteses: fraude à lei; fraude a obrigações contratuais; fraude contra credores com a transferência de bens do devedor para a sociedade; fraude na relação entre sociedades coligadas. Nesses casos, teria havido a utilização abusiva (abuso de direito) da estrutura formal da pessoa jurídica para fins ilícitos (seus quatro princípios estão enumerados acima).

18. A dpj não se confunde com:

a) negócio indireto, aquele em que as partes se propõem a alcançar uma finalidade que não é a típica, segundo a lei, do negócio jurídico escolhido. Assim também haveria a utilização indireta das sociedades: a sociedade é legítima, mas o fim é desviado.

b) a ideia de desvio de função é que está presente tanto na desconsideração como na de abuso de direito, razão pela qual muitos doutrinadores partem do conceito de abuso de direito para estudar a desconsideração. Assim como no abuso, há inicialmente uma situação legítima, mas o exercício do direito (ou da atividade) é que se desvia da finalidade jurídica para vantagem indevida. Juan Dobson entende que o ponto de partida para a desconsideração deve ser o abuso de direito,[102] considera-

102 DOBSON. Juan. El abuso de la personalidad jurídica. Buenos Aires:Depalma, 1985, p. ss e seguintes. STJ. Resp. 86.502/SP, QUARTA TURMA, ac. de 26.8.96.

do abuso tirar proveito de uma situação não fraudulentamente criada, que permite conseguir vantagens indevidas. Mas, adverte o ilustre professor argentino, a doutrina da desconsideração não se funda exclusivamente na ideia de abuso porque algumas de suas hipóteses não cabem na de abuso. Assim, posso lembrar como exemplos: atribuir à sociedade a nacionalidade das pessoas que dominam o capital, para impedir que certas áreas sensíveis sejam dominadas por estrangeiros; desconsiderar a pessoa jurídica para proteger interesses dos sócios, etc.

19. Enumero duas espécies de abuso da pessoa jurídica:

(I) Abuso da situação jurídica de criar uma pessoa jurídica (abuso de personificação). Ocorre quando a constituição é feita com o propósito ilícito (caso do engenheiro proibido de exercer a profissão; casos de proibição de concorrência, etc). A significar que o abuso pode estar presente não apenas no exercício de um direito, mas também quando existente a situação jurídica, antes de constituída a pessoa jurídica.

(II) Abuso ao fazer atuar a pessoa jurídica: a sociedade está bem constituída, mas no seu exercício serve para atender ao interesse do sócio, não da sociedade, interesse que ele de outro modo não poderia satisfazer.

O NOVO CÓDIGO DE PROCESSO CIVIL E A AÇÃO DE DISSOLUÇÃO PARCIAL PARA RESOLUÇÃO DE SOCIEDADE EMPRESARIAL OU SIMPLES

Sandro Mansur Gibran

A LIBERDADE CONTRATUAL E A CONSTITUCIONALIZAÇÃO DO DIREITO PRIVADO

Os Códigos de Lei brasileiros editados nos Séculos XIX e XX[1] consagraram o modelo produtivo baseado na propriedade privada e na liberdade de iniciativa, afinal, a prospecção de desenvolvimento do país tinha por referência a atividade mercantil e o fortalecimento da indústria nacional.

Esta expectativa de enriquecimento do Estado, como não poderia deixar de ser, acabou por justificar a interpretação parcial da liberdade de iniciativa, da função da propriedade e da autonomia da vontade e estes princípios, sob compreensão viciada, permeavam toda a matéria negocial e obrigacional de então.

O Liberalismo Econômico[2], impulsionado pela expansão dos meios de produção e o decorrente objetivo latente do empresariado em conquistar novos mercados, todavia sob a concepção de vínculo contratual centrado no valor da vontade, oportunizou flagrante desequilíbrio em favor destes detentores do poder econômico, dentre os quais, aliás, pode-se incluir o próprio Estado brasileiro.

Diante dos constantes reclamos de equidade para as relações estabelecidas, do apelo coletivo de respeito à dignidade humana e de resgate do modelo de Estado Democrático de Direito, sobreveio a Constituição da República Federativa do Brasil de 1988.

De fato, esta Constituição positivou direitos de efetiva proteção à dignidade da pessoa humana, como a garantia à educação, à cultura, ao desporto, à ciência, à tec-

---

1 Como o Código Civil brasileiro, de 01º de janeiro de 1916 (Lei nº 3071), e o Código Comercial brasileiro, de 25 de junho de 1850 (Lei nº 556) (este ainda parcialmente vigente), dentre outros.

2 A Revolução Industrial consolidou a sociedade burguesa liberal capitalista, baseada na igualdade jurídica entre os homens, na livre-iniciativa e na empresa privada. Sob este contexto, surge o liberalismo econômico, marcado pelo fim da intervenção direta do Estado na produção e na distribuição das riquezas. No Estado liberal não existem medidas protecionistas ou de monopólio: há a defesa da livre concorrência e a abertura ao mercado externo. Dentre os seus defensores destacam-se Adam Smith, Thomas Malthus, David Ricardo, James Mill, Nassau Senior (*in* FÉDER, João. **Estado sem poder.** São Paulo: Max Limonad, 1997).

nologia, à comunicação social, ao meio ambiente, ao pluralismo político, dentre tantos outros.

O contexto dos tumultuados Séculos XIX e XX e a complexa exigência constitucional de tutela e de garantia de direitos fundamentais ao Estado repercutiram, pela ordem jurídica, aos institutos jurídicos do Direito Civil.

A Lei nº 10.406, de 10/01/2002, ao instituir o novo Código Civil brasileiro, iniciou sua parte geral tratando da personalidade, da capacidade e dos direitos da personalidade, destacando, desse modo, pela técnica legislativa, a valorização da pessoa humana para o Direito Civil.

Pelo disposto em seu art. 1º, *"toda pessoa é capaz de direitos e deveres na ordem civil"*. Sob essa base depreende-se que a pessoa humana é sujeito de direito universal, compatibilizando a Lei nº 10.406/2002 à Constituição, cujo art. 1º, inciso III, eleva a dignidade da pessoa humana a fundamento da República Federativa do Brasil.

Uma vez que os direitos de personalidade estão destacados e priorizados como base geral do Código Civil brasileiro e que a dignidade da pessoa humana é um dos princípios fundamentais do Estado Democrático de Direito, tem-se que a integridade humana é essencial para a compreensão do Direito Civil e aplicação dos seus concernentes institutos, como a concepção de empresário, de sociedades empresárias, de estabelecimento empresarial etc..

Destaque-se que antes mesmo destas mudanças incidentais ao Direito Civil brasileiro, a defesa dos considerados consumidores já havia sido elevada ao *status* de direito fundamental pela Constituição de 1988, haja vista o disposto em seu art. 5º, XXXII,[3] essencial que é para manutenção da ordem econômica.[4] No entanto, somente com a edição da Lei nº 8.078, de 11 de setembro de 1990 - do Código de Defesa do Consumidor -, é que se estabeleceram instrumentos viáveis à garantia constitucional de efetiva proteção. Deu-se aqui o rompimento da dogmática de supremacia da vontade inerente à liberdade de contratar (teoria tradicional das obrigações estabelecida com fulcro no Código Civil de 1916), quando se tratando de relações de consumo.

O Código de Defesa do Consumidor se destina à *"proteção e defesa do consumidor"*,[5] conceitua os sujeitos desta relação, bem como o que se entende por produto e serviço, como devem ser oferecidos ou prestados e suas repercussões. Pelo disposto no art. 170 da Constituição, a defesa do consumidor é também fundamento jurídico da ordem econômica; em outras palavras, o consumidor, objeto dessa proteção constitucional, é considerado agente econômico.

É inegável que alguma interferência do Poder Público é, portanto, muitas vezes fundamental para o desenvolvimento da Economia e perfeito cumprimento dos di-

---

3 Art. 5º, inciso XXXII: "o Estado promoverá, na forma da lei, a defesa do consumidor".

4 Art. 170, V, da Constituição.

5 Art. 1º do Código de Defesa do Consumidor: "O presente Código estabelece normas de proteção e defesa do consumidor, de ordem pública e interesse social, nos termos dos arts. 5º, inciso XXXII, 170, inciso V, da Constituição Federal e artigo 48 de suas Disposições Transitórias."

reitos individuais e difusos. O funcionamento do regime liberal pressupunha certa igualdade em mercado, requerendo também uma competição equilibrada. Em outras palavras, a prática de um liberalismo absoluto poderia ser eficaz para uma Economia com muitos competidores essencialmente em pé de igualdade mas apresenta pouca relevância em um sistema cujas decisões de uns poucos conglomerados e as do Governo afetam a renda e as oportunidades de emprego de todos os cidadãos.

Com respaldo constitucional admitiu-se, então, a intervenção do Estado na seara antes disciplinada, exclusivamente, pelo Direito Civil e Comercial, para ajustar a vontade dos contratantes a um interesse maior de ordem econômica. A partir deste escopo, verificou-se, é verdade, uma gradativa crescente publicização do Direito Privado para compatibilizá-lo com essa ordem constitucional, moderando o que se concebia por liberdade privada.

Não obstante este poder de intervenção do Estado, a Constituição da República Federativa do Brasil permite ao empreendedor total liberdade em setores estratégicos e de tecnologia avançada: o implemento dos derivados de petróleo, a indústria pesada, os produtos químicos e farmacêuticos, o mercado da informática, o comércio etc. são as instituições privadas que detêm a ciência, as marcas e as patentes ligadas ao exercício da atividade empresarial.

E se não bastasse, o empreendedor é ainda o responsável pela organização do trabalho assalariado, pelos bens e serviços de consumo que garantem a subsistência humana, sem contar que a maior parte das receitas fiscais que possibilitam a gestão pública provém diretamente da atividade privada.

Verifica-se, portanto, que mesmo aquelas funções propriamente atribuídas ao Estado são indubitavelmente dependentes do empresariado. Não é por acaso que a atividade empresarial é constitucionalmente o meio propulsor da almejada ordem econômica[6], do progresso tecnológico e, por mais antagônico que possa parecer, é ela também quem, consequentemente, promove o bem público.

Sem embargo, a depender da eficácia literal da Lei nº 13.105, de 16 de março de 2015, o denominado novo Código de Processo Civil brasileiro, toda esta autonomia funcional constitucionalmente até então autorizada ao empresariado, pode ser ao menos sob alguns aspectos minorada.

Sabe-se da experiência histórica que os processos de regulamentação advêm da necessidade social de coibir ou dirigir determinada ação da vida em sociedade

A crítica recorrente é que o novo Código de Processo Civil brasileiro, ao invés de apenas tratar de normas de natureza essencialmente procedimental, optou por também intervir em questões atinentes ao direito societário, inclusive para contrariar normas de Direito Civil e orientação jurisprudencial já pacífica sobre a matéria.

Então, para este estudo, exclusivamente no que se refere à legitimidade ativa para a formulação do pedido de ação de dissolução parcial para resolução de socieda-

---

6 Afinal, a ordem econômica de que trata o art. 170 da Constituição é fundada na valorização do trabalho e na livre iniciativa; ou seja: na atividade empresarial.

de empresarial ou simples[7], muitos questionamentos e incertezas sobrevêm pois, até a superveniência do novo Código de Processo Civil, aquilo que os sócios tinham entre si contratado, quando da formação da sociedade, da pessoa jurídica, prevaleceria mesmo sobre a vontade do espólio ou dos sucessores de um sócio posteriormente falecido.

Tem-se que além da valorização do ato jurídico perfeito, da liberdade de contratar, da proteção à vontade privada dos sócios, do *affectio societatis*, o Código Civil brasileiro prestigia a preservação da atividade empresarial ou mesmo aquela inerente à sociedade de natureza simples (que exerce profissão intelectual, por conseguinte).

Sob estes fundamentos se justifica a análise do disposto nos arts. 599, I[8], e 600[9] do novo Código de Processo Civil, uma vez que eles fundamentam o pedido de ação de dissolução parcial para resolução de sociedade empresarial ou simples por espólio ou sucessores de sócio falecido, desconsiderando a autonomia da vontade por ele expressa e previamente manifestada, juntamente com os demais sócios, nos atos constitutivos da pessoa jurídica.

AS RELAÇÕES CONTRATUAIS CONSTITUCIONAIS

Diferentemente da concepção clássica e individualista contratual do Código Comercial de 1850 e do Código Civil de 1916, a ordem constitucional econômica de 1988[10] passou a impor que as relações jurídicas fossem estabelecidas de acordo com os ditames da justiça social. O contrato *"deve ser estudado e adaptado à nova reali-*

---

7 O cotejo dos arts. 966, parágrafo único, e 982, também parágrafo único, ambos do Código Civil brasileiro, determina, basicamente, que a sociedade simples é aquela que desenvolve atividade de natureza intelectual (literária, científica ou artística) enquanto que a sociedade empresária e o empresário individual circundam as demais atividades (que não tenham, portanto, natureza intelectual).

8 O art. 599, I, do novo Código de Processo Civil dispõe acerca da possibilidade de formulação de ação de dissolução parcial para resolução de sociedade empresarial ou simples em relação ao sócio falecido, excluído ou que exerceu o direito de retirada ou recesso.

9 O art. 600, por sua vez, informa aqueles que têm legitimidade ativa para a formulação do referido pedido de ação: I - o espólio do sócio falecido, quando a totalidade dos sucessores não ingressar na sociedade; II – pelos sucessores, após concluída a partilha do sócio falecido; III – pela sociedade, se os sócios sobreviventes não admitirem o ingresso do espólio ou dos sucessores do falecido na sociedade, quando esse direito decorrer do contrato social; IV – pelo sócio que exerceu o direito de retirada ou recesso, se não tiver sido providenciada, pelos demais sócios, a alteração contratual consensual formalizando o desligamento, depois de transcorridos 10 (dez) dias do exercício do direito; V – pela sociedade, nos casos em que a lei não autoriza a exclusão extrajudicial; ou VI – pelo sócio excluído. Por fim, o parágrafo único deste artigo ainda esclarece que o cônjuge ou companheiro do sócio cujo casamento, união estável ou convivência terminou poderá requerer a apuração de seus haveres na sociedade, que serão pagos à conta da quota social titulada por este sócio.

10 *Caput* do art. 170 da Constituição.

dade social e econômica, sempre voltado ao século que se abre, e nunca, para aquele que se fecha".[11]

O hermeneuta deve então ter em conta que a atividade empresarial (entenda-se: que a liberdade de iniciativa e de contratar) não prescinde, por exemplo, a soberania, a função social da propriedade, a defesa dos consumidores e do meio ambiente pois eles são, aliás, essenciais para o desenvolvimento econômico do Estado.

Sabe-se, pelo disposto no art. 170 da Constituição, que a liberdade de iniciativa, que a função social da propriedade (e, por conseqüência, de contratar), que a defesa do consumidor, dentro outros, são todos princípios reguladores da ordem econômica.

Não se pode negar que uma economia de mercado sem mecanismos adequados, incapazes de equilibrar os desníveis e desigualdades existentes nas relações contratuais e empresariais, inviabiliza a ordem de "assegurar a todos existência digna, conforme os ditames da justiça social"[12].

Segundo o entendimento de GRAU (2003)[13], o referido art. 170 da Constituição é uma norma-objetivo, ou seja; um preceito a ser alcançado, de segurança jurídica e paz social, e todos os princípios nele expressamente previstos – como a soberania, a livre iniciativa, a função social da propriedade, a defesa do consumidor etc. - devem ser amplamente respeitados como fundamentos da República Federativa do Brasil.[14]

O aplicador da lei não poderá, deste modo, a título de exemplo, sacrificar o interesse do consumidor em defesa da livre concorrência, da propriedade privada, do meio ambiente ou da busca do pleno emprego; nem inversamente preterir estes últimos valores ou interesses em prol da defesa do consumidor, até porque estes mesmos princípios são também garantias e direitos fundamentais individuais, coletivos e sociais, conforme o disposto nos artigos 5º e 6º da Constituição.

Destaque-se, ainda, que é característica essencial destes princípios o caráter programático para, por meio da realização de uma política pública, oportunizar a geração de normas jurídicas capazes de efetivar estes mesmos preceitos. Como não poderia deixar de ser, o legislador ou a administração pública não pode editar norma conflitante com o ideal de ordem econômica, aliás; os Poderes Públicos[15] têm o dever de desenvolverem, juntos, coordenadamente, este objetivo de justiça social.

---

11 NALIN, Paulo. **Do contrato:** conceito pós-moderno em busca de sua formulação na perspectiva civil-constitucional. 2ª ed.. Curitiba: Juruá, 2006, p. 122.

12 Art. 170, *caput*, da Constituição.

13 GRAU, Eros Roberto. **A ordem econômica na constituição de 1988.** 8ª ed.. São Paulo: Malheiros, 2003, p. 57.

14 Art. 1º da Constituição. Apesar de não constarem expressamente previstos no art. 1º da Constituição, os princípios da *função social da propriedade* e da *defesa do consumidor* são subsumidos pelo fundamento *dignidade da pessoa humana*. Não há dignidade ao consumidor indefeso. Tão pouco haverá dignidade quando a propriedade é utilizada em prejuízo da pessoa humana, da coletividade.

15 Vale lembrar que os princípios constitucionais são vinculantes para as 3 (três) esferas de organização política federativa: submetem-se a eles as autoridades da União, Estados e Municípios (os Poderes Legislativo, Executivo e Judiciário).

Por se tratarem de garantias essenciais ao desenvolvimento econômico brasileiro, a não observância destes princípios configura ora uma inconstitucionalidade comissiva, ora uma omissiva e ambas podem ser sanadas, em tese, pela atuação do Poder Judiciário.

Ocorre que esta inconstitucionalidade comissiva, de regra, é de difícil verificação e solução à magistratura, por incapacidade de ordem técnica; a avaliação do julgador dar-se-ia por meio dos seus conhecimentos de natureza econômica e não daqueles que envolvem os aspectos positivados de competência e de forma jurídica, únicos critérios geralmente considerados ao dizer-se o Direito. A formação dos profissionais do Poder Judiciário – entenda-se: juízes, promotores, advogados etc. - não parece ser suficiente para este tipo de análise. Por conseguinte, com exceção das hipóteses de evidente e grave lesão ao interesse social, verifica-se que a garantia de declaração de inconstitucionalidade de determinado ato, de determinada relação civil ou de consumo, é ainda pouca, insuficiente e não atende às necessidades coletivas da sociedade moderna.[16]

Esta mesma dificuldade de tutela dos princípios programáticos acontece quando constatada situação de inconstitucionalidade omissiva. Nem se diga que haveria a prestação jurisdicional na possibilidade de impetração de um mandado de injunção[17]: este *writ* é limitado à hipótese de carência de normas que tornem *"inviável o exercício dos direitos e liberdades constitucionais e das prerrogativas inerentes à nacionalidade, à soberania e à cidadania"*.

Acrescente-se, conforme anteriormente aludido, que o caráter programático dos princípios que fundamentam a almejada ordem econômica (norma-objetivo[18]) implicaria na execução de uma vasta política pública de ação[19], fiscalização, punição, responsabilização civil e não de um direito subjetivo fundamental, não se perfazendo, tão-somente, mediante a edição de normas.

A partir da interpretação literal do art. 170 da Constituição é possível detalhar o conteúdo da livre iniciativa associado diretamente à propriedade privada[20], açambar-

---

16 Conforme o art. 81 do Código de Defesa do Consumidor, a tutela da segurança nas relações de consumo é aquela legitimamente esperada, ampla, não hermética, pois existem muitos produtos e serviços perigosos, nocivos à saúde, disponibilizados ao mercado de consumo.
O art. 421 do Código Civil, por sua vez, estabelece como limite à liberdade de contratar o atendimento à *função social do contrato*. Neste sentido, NALIN (2006) esclarece que *"a percepção da tutela do interesse social pelo contrato interprivado parece ter sido a força motriz que inspirou os redatores do Código Civil, na parte referente às Obrigações, o que foi mantido nas suas seguidas alterações legislativas. Função social do contrato se dá em nível de socialidade do Direito, em idêntico sentido ao que passa na propriedade"* (NALIN, Paulo. **Do contrato:** conceito pós-moderno em busca de sua formulação na perspectiva civil-constitucional. 2ª ed.. Curitiba: Juruá, 2006, p. 227).

17 Constituição, art. 5, LXXI: "conceder-se-á mandado de injunção sempre que a falta de norma regulamentadora torne inviável o exercício dos direitos e liberdades constitucionais e das prerrogativas inerentes à nacionalidade, à soberania e à cidadania".

18 Art. 170 da Constituição.

19 Art. 1º e art. 4º do Código de Defesa do Consumidor.

20 Art. 170, II, da Constituição.

cando, deste modo, a liberdade de empresa[21], de lucro[22] e de contratar. Saliente-se, novamente, que este mesmo princípio é condicionado ao fim público expressamente destacado no *caput* do artigo supracitado (qual seja: a justiça social).

No intuito de que "os ditames da justiça social" sejam assegurados, para garantir a "todos existência digna", a Constituição estabelece diversas medidas destinadas a neutralizar ou reduzir as distorções que possam advir do abuso de liberdade de iniciativa, no exercício da atividade privada.[23]

Neste sentido, MOREIRA NETO (1989) esclarece que:

> O princípio da liberdade de iniciativa tempera-se pelo da iniciativa suplementar do Estado; o princípio da liberdade de empresa corrige-se com o da definição da função social da empresa; o princípio da liberdade de lucro, bem como o da liberdade de competição, moderam-se com o da repressão do poder econômico; o princípio da liberdade de contratação limita-se pela aplicação dos princípios de valorização do trabalho e da harmonia e da solidariedade entre as categorias sociais de produção; e, finalmente, o princípio da propriedade privada restringe-se com o princípio da função social da propriedade.[24]

Segundo anteriormente explicado, cumpre ao Estado[25] conciliar determinados setores do mercado nacional, valendo-se de política de efetivo planejamento, com vistas a assegurar o bem-estar coletivo, garantindo saúde, habitação, educação, alimentação, urbanização e solução para as questões fundiárias etc., também disciplinando, mediante o exercício do seu poder de polícia, os setores nos quais a atividade econômica, embora exercida pelos agentes privados em regime de competição, deva estar submetida a determinados controles para coibir-se abusos e ineficiências em face da pessoa humana.

Por outro lado, não existe um interesse público abstratamente considerado que deva prevalecer sobre os interesses particulares eventualmente envolvidos. O método regulatório do Estado é bem mais criterioso do que se poderia simplesmente entender da literalidade da *"supremacia do interesse público"*:

> O interesse privado e o interesse público estão de tal forma instituídos pela Constituição que não podem ser separadamente descritos na análise da atividade estatal e de seus fins. [...]. Em vez de uma relação de contradi-

21 Art. 170, parágrafo único, da Constituição.

22 Art. 170, IV, da Constituição.

23 Conforme o art. 173, § 4º, da Constituição: "A lei reprimirá o abuso do poder econômico que vise à dominação dos mercados, à eliminação da concorrência e ao aumento arbitrário dos lucros".

24 MOREIRA NETO, Diogo de Figueiredo. **Ordem econômica e desenvolvimento na constituição de 1988.** Rio de Janeiro: Apec, 1989, p. 28.

25 Por meio de seus 3 (três) Poderes.

> ção entre os interesses privado e público há, em verdade, uma 'conexão estrutural'. [...]. A verificação de que a Administração deve orientar-se sob o influxo de interesses públicos não significa, nem poderia significar, que se estabeleça uma relação de prevalência entre interesses públicos e privados. Interesse público como finalidade fundamental da atividade estatal e supremacia do interesse público sobre o particular não denotam o mesmo significado. O interesse público e os interesses privados não estão principalmente em conflito, como pressupõe uma relação de conflito. (ÁVILA, 1999, p. 111-112).

O Estado, quando regula as atividades econômicas, deve buscar satisfazer os interesses públicos fixados no ordenamento jurídico – não um "interesse público" exclusivo, parcial e teórico, como aquele inerente à própria administração pública, de modo recorrente exclusivamente visionado.

Incompatível, diante dessa realidade, pretender o sacrifício de um interesse em benefício de outro ou falar de primazia de um sobre outro. Interesses em confronto devem ser ponderados, sem que haja sacrifício de algum, tanto quanto possível. Tal análise exige a ampla apreciação de todos os fatores envolvidos, objetivando conciliação e sacrifício mínimo, de acordo com o princípio da impessoalidade imposto para todos os setores da Administração Pública.[26]

DOS DIFERENTES TIPOS SOCIETÁRIOS

Em que pese o empresário individual, definido pelo art. 966[27] do Código Civil brasileiro, e que a empresa individual de responsabilidade limitada (EIRELI), descrita pelo disposto do art. 980-A[28], também do Código Civil brasileiro (com redação dada pela Lei

26 Constituição, art. 37, *caput*.

27 Art. 966 do Código Civil: Considera-se empresário quem exerce profissionalmente atividade econômica organizada para a produção ou a circulação de bens ou de serviços.
Parágrafo único - Não se considera empresário quem exerce profissão intelectual, de natureza científica, literária ou artística, ainda com o concurso de auxiliares ou colaboradores, salvo se o exercício da profissão constituir elemento de empresa.

28 Art. 980-A do Código Civil: A empresa individual de responsabilidade limitada será constituída por uma única pessoa titular da totalidade do capital social, devidamente integralizado, que não será inferior a 100 (cem) vezes o maior salário-mínimo vigente no País.
§1º - O nome empresarial deverá ser formado pela inclusão da expressão "EIRELI" após a firma ou a denominação social da empresa individual de responsabilidade limitada.
§2º - A pessoa natural que constituir empresa individual de responsabilidade limitada somente poderá figurar em uma única empresa dessa modalidade.
§3º - A empresa individual de responsabilidade limitada também poderá resultar da concentração das quotas de outra modalidade societária num único sócio, independentemente das razões que motivaram tal concentração.
§4º - (VETADO).

nº 12.441, de 11 de julho de 2011), tanto contribuam ao desenvolvimento econômico nacional, para o presente estudo, tendo em vista a unipessoalidade própria dos atos constitutivos de ambos, são irrelevantes pois a dissolução parcial para resolução de sociedade empresarial ou simples, tratada pelo Novo Código de Processo Civil, pressupõe a existência de 2 (dois) ou mais sócios.

Mesmo legalmente se exigindo a pluralidade de sócios na constituição das sociedades em nome coletivo[29], da comandita simples[30] e da comandita por ações[31], por serem na realidade inexistentes, não serão igualmente analisadas.

Importantes, valorosas e por serem, enquanto sociedades, quantitativamente as mais expressivas aos objetivos da República Federativa do Brasil[32], delimitar-se-á esta análise crítica ao que representam os contratos de constituição da sociedade simples[33], da sociedade limitada[34] e da sociedade anônima.[35]

Das sociedades regulares em geral, existem aquelas cuja organização, funcionamento e desenvolvimento repousam no interesse fechado (pessoal) de um grupo de sócios, que estabelecem entre si o *affectio societatis*; isto é: a firme intenção de juntos formar e organizar uma pessoa jurídica. São estas as denominadas sociedades de pessoas, como normalmente se estruturam a sociedade limitada e a sociedade simples.

Outras, porém, são constituídas sem atenção à pessoa dos sócios ou às suas características empreendedoras mas ao potencial de investimento de cada qual: sob esta forma societária se desenvolve a sociedade anônima de capital aberto ou companhia, dita sociedade de capital.

Naturalmente ambos os tipos, de pessoas ou de capital, dependem de riqueza para existência e crescimento. Nas sociedades de pessoas a capitalização da pessoa

---

§5º - Poderá ser atribuída à empresa individual de responsabilidade limitada constituída para a prestação de serviços de qualquer natureza a remuneração decorrente da cessão de direitos patrimoniais de autor ou de imagem, nome, marca ou voz de que seja detentor o titular da pessoa jurídica, vinculados à atividade profissional.

§6º - Aplicam-se à empresa individual de responsabilidade limitada, no que couber, as regras previstas para as sociedades limitadas.

---

29 Art. 1039 e seguintes do Código Civil.

30 Art. 1045 e seguintes do Código Civil.

31 Art. 1090 e seguintes do Código Civil.

32 Art. 3º da Constituição: Constituem objetivos fundamentais da República Federativa do Brasil:
I - construir uma sociedade livre, justa e solidária;
II - garantir o desenvolvimento nacional;
III - erradicar a pobreza e a marginalização e reduzir as desigualdades sociais e regionais;
IV - promover o bem de todos, sem preconceitos de origem, raça, sexo, cor, idade e quaisquer outras formas de discriminação.

33 Regulada principalmente pelos arts. 997 a 1038 do Código Civil.

34 Regulada principalmente pelos arts. 1052 a 1087 do Código Civil.

35 Regulada pela Lei nº 6404, de 15 de dezembro de 1976, e pelos arts. 1088 e 1089 do Código Civil.

jurídica fica restrita à capacidade econômica dos sócios açambarcados pelo contrato social. Já no caso das sociedades anônimas esta capitalização pode se dar, dentre outros mecanismos, pela aquisição de ações que conferem aos seus detentores, àqueles que investem suas riquezas na companhia, poderes e vantagens na direção, gestão e eventuais dividendos a serem distribuídos.

A posição de sócio de qualquer sociedade compreende, como direitos essenciais, o de participar dos lucros e do acervo líquido social. Para estes tipos societários, a exceção da sociedade anônima, tais direitos são definidos para cada sócio, assim nomeado e identificado no contrato social, com percentagem ou fração do total do capital social, ou por valor de referência da quota de cada um.

Nas sociedades anônimas os direitos são organizados no estatuto social, em conjuntos padronizados incorporados em valores mobiliários; quais sejam: as ações, que caracterizam a posição do sócio na companhia, sem qualquer identificação de seus subscritores ou adquirentes.

O exercício de voto é o núcleo do poder na sociedade anônima[36] e possibilita a emanação da vontade do acionista, na medida em que configura atributo das ações. A noção de controle societário refere-se necessariamente à capacidade de deliberar na assembléia geral, a qual tem poderes para decidir todos os negócios relativos ao objeto da companhia e tomar as resoluções que julgar convenientes à sua defesa e desenvolvimento.[37] Deste modo, a fonte do poder social é exercido na assembléia geral dos acionistas: quem domina a assembléia geral tem o poder sobre a sociedade anônima.[38]

O primeiro e mais evidente limite ao exercício do poder, em qualquer tipo de sociedade é dado pelos direitos fundamentais do sócio ou do acionista. Aliás, toda organização de poder existe com o fim precípuo de preservar direitos. Na sociedade empresarial ou simples não se pode falar em direitos naturais dos sócios anteriores à constituição da pessoa jurídica por meio do arquivamento do ato constitutivo perante a competente Junta Comercial, Órgão de Classe ou Registro Civil de Pessoas Jurídicas, conforme o caso.[39] Deve-se frisar que, sem o respeito a certas prerrogativas elementares, não há sociedade, pura e simplesmente. Deste modo, pela garantia constitucional da livre iniciativa, o *status socii* supõe o reconhecimento primário de determinados direitos e poderes estabelecidos no contrato ou no estatuto, atos constitutivos estes primordiais pois correspondem ao potencial de existência de uma pessoa jurídica.

A classificação doutrinária das sociedades como sendo de pessoas ou de capital é generalista e comporta alguns esclarecimentos: é sabido que existem sociedades limitadas que, por seu porte, organização, elevado número de sócios e frequentes al-

---

36 Art. 110 da Lei nº 6404/76.

37 Art. 121 da Lei nº 6404/76.

38 Art. 116 da Lei nº 6404/76.

39 As sociedades empresárias regulares têm seus atos constitutivos arquivados na Junta Comercial. As sociedades simples, por sua vez, têm seus atos constitutivos arquivados nos Órgãos de Classe ou no Registro Civil de Pessoas Jurídicas.

terações de quadro societário, acabam por assumir uma estrutura impessoal, idêntica àquela das sociedades anônimas de capital aberto, qualificadas como sociedades de capital.

Por determinação do art. 982, parágrafo único, do Código Civil brasileiro, já a sociedade cooperativa é sempre legalmente declarada como sociedade simples, independentemente de seu objeto. Pela natureza intelectual - portanto, personalíssima - das atividades desenvolvidas pela sociedade simples, sua essência é necessariamente subjetiva, pessoal, uma vez que a produção literária, científica ou artística não pode ser serial ou massificada como aquela decorrente da industrialização, do exercício empresarial.

Dadas estas premissas, é, todavia, inegável o paradoxo que representa ser a cooperativa espécie de sociedade simples: os princípios da mutualidade e da livre adesão de cooperativados são conflitantes com o *affectio societatis* imanente às sociedades de pessoas. Os cooperativados são autônomos reunidos que colaboram entre si – mutuamente - para obter melhores resultados para cada qual. Nas sociedades de pessoas os empreendedores se reúnem para um fim comum: a constituição de uma pessoa jurídica independente, autônoma, que haverá de auferir lucro e distribuir riquezas aos sócios.

Por fim, existem sociedades anônimas de capital fechado, com um número limitado de acionistas que não negociam suas ações em mercado. Estas sociedades anônimas têm perfil que se coaduna com aquelas sociedades doutrinariamente identificadas como de pessoas, admitindo-se, inclusive, o *affectio societatis* entre os acionistas.

De toda esta asserção se compreende que a classificação mais precisa de sociedades como de pessoas ou de capital depende da casuística.

Para as sociedades identificadas como impessoais ou de capital, a sucessão dos sócios não implica em qualquer interferência direta dos herdeiros na gestão da pessoa jurídica. Uma vez que o falecido não tinha poder de gestão, a participação societária herdada não será diferente e os sucessores poderão apenas seguir como investidores da pessoa jurídica constituída ou alienar as suas cotas ou ações para quem bem queiram, sem prévio compromisso ou satisfação para com os sócios remanescentes.

Às sociedades de pessoas é que o novo Código de Processo Civil, pelo disposto nos arts. 599, I, e 600, representa afronta pois pode banalizar o que foi contratado pelos sócios ao tempo da constituição da pessoa jurídica, desconsiderando-se o *pacta sunt servanda*, e despreza o *offectio societatis* necessariamente existente entre os sócios (e dentre eles o que faleceu), vínculo igualmente imprescindível àqueles que juntos se propõem ou se propuseram a empreender.

CONSIDERAÇÕES FINAIS

A mudança de paradigma de defesa do interesse individualista para o cuidado coletivo não poderia deixar de refletir-se também nas relações sociais reguladas pelo Direito. As concepções jurídicas mais tradicionais, concebidas perante uma sociedade quantitativamente diminuta e oligárquica, tinham por foco as situações de confronto entre indivíduos isolados, ou dispostos em seletos grupos bem definidos.

Com inspiração em Montesquieu, do Poder Legislativo se esperava exclusivamente a disciplina; do Poder Judiciário, a declaração dos direitos e obrigações atribuídos em termos bem precisos e a titularidade identificável, fosse único ou inserido em grupo conhecido e delimitado de indivíduos, tanto nas vicissitudes jurídicas propriamente particulares como naquelas situações que envolviam o Poder Público, representado pelo Estado, ele próprio tratado e convertido, pela técnica, em pessoa singular com direitos e deveres.

Não obstante não ser novidade esse viés de interesse difuso e sua notória influência sobretudo na produção legislativa, percebe-se que ainda se faz presente um ranço individualista na análise e na interpretação dos instrumentos ou entre aqueles que exercem o Direito. A tutela que se espera não é mais aquela exclusivamente focada em uma pessoa ou no conjunto restrito do qual ela faça parte, como acontece em um condomínio ou na pluralidade de credores de uma única obrigação.

O Direito é hoje eficaz se principalmente destinado a guardar uma série indeterminada de interessados, aplicado mesmo sem saber quem ou quantos são exatamente os indivíduos efetivamente tutelados, ou que almejam tutela. A partir do momento em que existiram mudanças na concepção da produção que passa a ser em massa, os instrumentos contratuais foram, igualmente, adaptados para o fim de se atender à nova demanda mercadológica, ofertando-se contratos de adesão. Não é objeto deste estudo discutir todas as vicissitudes que decorrem dos contratos de adesão.[40] Entretanto, é a ciência desse modelo massificado e suas inegáveis consequências que motivaram a necessidade da tutela jurisdicional para se atender, também a partir dos contratos, aos anseios coletivos dos cidadãos.

Nessa comunhão indivisível, a satisfação do que diz respeito a um é, necessariamente, a satisfação de todos; em contrapartida, o que é lesão de direito para um também o será à coletividade.

É verdade que as circunstâncias do homem contemporâneo em sociedade são de efeito mundial, maciças, interativas e rapidamente manifestadas pelos meios de comunicação social. Os temas relacionados à defesa do meio ambiente: a proteção da flora e da fauna, a sustentabilidade, o combate à poluição aérea, sonora e visual, a racionalização do desenvolvimento urbanístico, entre outros, são todos de interesse global, ainda que seus impactos sejam limitados, muitas vezes, a pequena área ou a lugar longínquo ou a restrito grupo de pessoas.

Não menos relevantes são as preocupações ligadas aos valores culturais e aos espirituais, como a segurança do acesso às fontes de informação, a difusão desembaraçada de conhecimentos técnicos e científicos, a manutenção de condições favoráveis à liberdade de expressão e de culto, a conservação dos monumentos históricos e artísticos, dentre outros.

40 O surgimento e a evolução do contrato de adesão estão presos à evolução dos fatores econômicos a partir do século XIX. A concepção mística do contrato, presa ao mito iluminista da liberdade e da igualdade dos indivíduos, deu ensejo a que se verificasse um verdadeiro hiato entre ela e a realidade, sujeita diretamente à força do fenômeno econômico. (FONSECA, 1995, p. 33).

Tantos mais direitos e interesses semelhantes seriam acrescidos facilmente à tutela coletiva e não podem, igualmente, ser olvidados da guarda pela ordem jurídica. E, independentemente de existirem ou não legislações expressas de proteção, com fulcro em princípios constitucionais, cumpre à doutrina e, sobretudo, à jurisprudência solucionar eventuais impasses, dizendo o direito, determinando as balizas e apontando as diretrizes à sociedade e ao Estado.

Uma vez que a todos é garantida a vida, a liberdade, a igualdade, a segurança e a propriedade,[41] a viabilidade do dever de proteção e de fiscalização desses direitos, em um Estado democrático, é necessariamente de interesse difuso e haverá de ser exercida pelo Poder Judiciário, haja vista os deveres que lhe são constitucionalmente atribuídos.

Todavia, sob o fundamento dos artigos 173 e 174 da Constituição, impõe-se ao Estado – o que compreende, naturalmente, o Poder Judiciário - que se abstenha de intervir e de pretender regular as atividades que sejam de exclusiva relevância de exploração e de autorregulação da iniciativa privada. Em outras palavras, nos interesses e obrigações próprias da iniciativa privada, o Estado não pode coarctar a liberdade dos agentes econômicos, principalmente aquela de contratar.

A ausência de intervenção nesta seara é constitucionalmente cogente ao Estado democrático de Direito que tem, dentre os fundamentos da República Federativa do Brasil, a livre iniciativa.[42] Dessa forma, apesar de o bem-estar social e coletivo prescindir, para a sua manutenção e eficiência, de interferência do Poder Público, a livre iniciativa, inegavelmente também alicerçada nas demais garantias constitucionais ao desenvolvimento econômico, como regra, não se submete ao controle do Estado (pois a fiscalização, o incentivo e o planejamento são determinantes apenas para o setor público e não para o privado).

Apesar dos quase 30 (trinta) anos de vigência da Constituição de 1988 e do ostensivo processo de redirecionamento da economia brasileira ao objetivo de justiça social e de existência digna ao ser humano, nota-se que a livre iniciativa, símbolo do Estado liberal e dogma do modo de produção capitalista, ainda tem sido frequentemente valorizada de forma equivocada.

Demonstração concreta deste equívoco são os já referidos arts. 599, I, e 600 do novo Código de Processo Civil, tendo em vista que eles autorizam o pedido de ação de dissolução parcial para resolução de sociedade empresarial ou simples por espólio ou por sucessores de sócio falecido, desconsiderando a livre iniciativa; ou seja: a autonomia da vontade pelo falecido expressa e previamente manifestada, juntamente com os demais sócios, nos atos constitutivos da pessoa jurídica.

Em outras palavras, o novo Código de Processo Civil, ao menos nesta situação, está desrespeitando o ato jurídico perfeito contratado entre os sócios, a liberdade de contratar, a proteção à vontade privada dos sócios, o *affectio societatis*, a preservação

---

41 Nos termos do *caput* do art. 5º da Constituição.

42 Art. 1º, IV, da Constituição.

da atividade empresarial ou mesmo aquela inerente à sociedade de natureza simples, dentre outros.

A satisfação dos princípios para a ordem econômica haverá de se traduzir na busca atenta e permanente da conciliação do interesse privado com o público; no atendimento aos reclamos da economia como um todo; na identificação da atividade empresarial com as reivindicações sociais; que a reorganização do Estado brasileiro seja pautada pela ética e boa-fé.

Por fim, uma vez que a livre iniciativa deve ser exercida pelos agentes econômicos atendendo-se ao disposto no art. 170 da Constituição, sendo que dentre tais parâmetros destaca-se a necessária observância à função social da propriedade (inciso III), é de se frisar que estes mesmos agentes econômicos possuem absoluta liberdade de dispor e de contratar, independentemente de intervenção dos Poderes Públicos, quando e se o objeto não contraria nenhum dos demais princípios constitucionalmente reconhecidos como de ordem econômica.

Que realmente prevaleça nestas hipóteses a livre iniciativa dos empreendedores, de modo a ser defeso ao Poder Executivo, ao Poder Legislativo e, principalmente, ao Poder Judiciário a intervenção, pois caracterizar-se-ia excessiva, constitucionalmente desrespeitosa e ineficiente.

REFERÊNCIAS BIBLIOGRÁFICAS

ALVIM, Arruda *et al.*. **Código do consumidor comentado**. 2ª ed.. São Paulo: RT, 1995.

ÁVILA, Humberto Bergmann. Repensando o princípio da supremacia do interesse público sobre o particular. In: SARLET, Ingo Wolfgang. **O direito público em tempos de crise**. Porto Alegre: Livraria do Advogado, 1999.

BARROSO, Luís Roberto. Crise econômica e direito constitucional. **Revista Trimestral de Direito Público,** São Paulo, v. 6, p. 32-63, 1994.

_____. **O direito constitucional e a efetividade das suas normas**: limites e possibilidades da constituição brasileira. Rio de Janeiro: Renovar, 1990

CAGGIANO, Mônica Herman Salem. Código do consumidor – aspectos constitucionais. **Revista dos Tribunais,** São Paulo, v. 666, p. 58-72, abril. 1991.

CATALAN, Marcos. **A morte da culpa na responsabilidade contratual**. São Paulo: Revista dos Tribunais, 2013.

COMPARATO, Fábio Konder. A proteção do consumidor: importante capítulo do direito econômico. **Revista de Direito Mercantil, Industrial, Econômico e Financeiro,** São Paulo, v. 15/16, ano XIII, 1974, p. 89/105.

_____. A proteção do consumidor na constituição brasileira de 1988. **Revista de Direito Mercantil, Industrial, Econômico e Financeiro,** São Paulo, v. 80, p. 66-75, out/dez. 1990.

_____. Função social dos bens de produção. **Revista de Direito Mercantil, Industrial, Econômico e Financeiro,** São Paulo, v. 63, p. 71-79, jul/set. 1986.

DIAS, Sérgio Novais. Empresa – abuso de poder econômico – proteção ao consumidor. **Revista de Direito Mercantil, Industrial, Econômico e Financeiro,** São Paulo, v. 84, p. 19-34, out/dez. 1991.

EFING, Antônio Carlos. **Fundamentos do direito das relações de consumo.** 2ª ed.. Curitiba: Juruá, 2004.

ENGELMANN, Wilson. Direito natural, ética e hermenêutica. Porto Alegre: Livraria do Advogado, 2007.

ENGISCH, Karl. **Introdução ao pensamento jurídico**. Trad. J. Baptista Machado. Lisboa: Fundação Calouste Gulbenkian, 2014.

FACHIN, Luiz Edson. **Direito civil**: sentidos, transformações e fim. Rio de Janeiro. Renovar, 2014.

____. **Teoria crítica do direito civil.** Rio de Janeiro: Renovar, 2000.

FARJAT, Gérard. A noção de direito econômico. **Revista de Direito do Consumidor,** São Paulo, v. 19, p. 25-67, jul/set. 1996.

FÉDER, João. **Estado sem poder.** São Paulo: Max Limonad, 1997.

FERRAJOLI, Luigi. O Estado de Direito entre o passado e o futuro. *In*: ZOLO, Danilo; COSTA, Pietro. **O estado de direito**: história, teoria, crítica. Tradução de Carlo Alberto Dastoli. São Paulo: Martins Fontes, 2006.

FILOMENO, José Geraldo Brito *et al*.. **O código civil e sua interdisciplinaridade:** os reflexos do código civil nos demais ramos do direito. Belo Horizonte: Del Rey, 2004.

FONSECA, João Bosco Leopoldino da. **Cláusulas abusivas nos contratos** . Rio de Janeiro: Forense, 1995, p. 33.

GADAMER, Hans-Georg. Verdade e método. V.I. Petrópolis: Vozes, 2002.

GRAU, Eros Roberto. **A ordem econômica na constituição de 1988.** 8ª ed.. São Paulo: Malheiros, 2003.

LEONARDO, Rodrigo Xavier. **Associações sem fins econômicos.** São Paulo: RT, 2014.

LOBO, Paulo. A constitucionalização do Direito Civil brasileiro. In: Direito Civil contemporâneo: novos problemas à luz da legalidade constitucional: anais do Congresso Internacional de Direito Civil-Constitucional da Cidade do Rio de Janeiro / Gustavo Tepedino, organizador. São Paulo: Atlas, 2008.

MARQUES, Cláudia Lima. **Contratos no código de defesa do consumidor.** São Paulo: RT, 1992.

MARTINS-COSTA, Judith. **A boa-fé no direito privado**: sistema e tópica no processo obrigacional. São Paulo: RT, 1999.

MAXIMILIANO, Carlos. **Hermenêutica e aplicação do direito.** 16ª ed.. Rio de Janeiro: Forense, 1997.

MEDAUAR, Odete. **O direito administrativo em evolução**. São Paulo: Editora RT, 1992.

MOREIRA NETO, Diogo de Figueiredo. **Ordem econômica e desenvolvimento na constituição de 1988.** Rio de Janeiro: Apec, 1989.

NALIN, Paulo. **Do contrato:** conceito pós-moderno em busca de sua formulação na perspectiva civil-constitucional. 2ª ed.. Curitiba: Juruá, 2006.

NERY JÚNIOR, Nelson. Os princípios gerais do código brasileiro de defesa do consumidor. **Revista de Direito do Consumidor,** nº 3, Set/Dez – 1992, p. 44-77.

NORONHA, Fernando. **O direito dos contratos e seus princípios fundamentais.** São Paulo: Saraiva, 1994.

NOVAIS, Alinne Arquette Leite. **A teoria contratual e o código de defesa do consumidor.** São Paulo: RT, 2001.

NUNES, Luiz Antônio Rizzatto. **Comentários ao código de defesa do consumidor.** 2ª ed.. São Paulo: Saraiva, 2005.

NUSDEO, Fabio. Desenvolvimento econômico: um retrospecto e algumas perspectivas. In: SALOMÃO FILHO, Calixto (Coord.). **Regulação e Desenvolvimento** São Paulo: Malheiros, 2002.

OTERO, Paulo. **Vinculação e liberdade de conformação jurídica do sector empresarial do estado**. Coimbra: Coimbra, 1998.

PERLINGIERI, Pietro. **Profili del diritto civile**. Napoli: Edizione Scientifiche Italiene, 1994.

RAWLS, John. **Uma teoria da justiça.** Tradução Almiro Pisetta e Lenita M. R. Esteves. São Paulo: Martins Fontes, 1997

RIBEIRO, Marcia Carla. **Sociedade de economia mista e empresa privada:** estrutura e função. Curitiba: Juruá, 1999.

SILVA, José Afonso da. **Aplicabilidade das normas constitucionais**. 3ª ed. São Paulo: Malheiros, 1998.

STRECK, Lenio Luiz. **Verdade e consenso**: constituição, hermenêutica e teorias discursivas. São Paulo: Saraiva, 2011.

TEPEDINO, Gustavo. O direito civil constitucional e suas perspectivas atuais. In: **Temas de direito civil**. – Tomo III Rio de Janeiro: Renovar, 2009.

VASCONCELOS, Pedro Pais. **Contratos atípicos.** 2ª ed.. Coimbra: Almedina, 2009.

VEIGA, José Eli da. **A emergência socioambiental**. São Paulo: Editora Senac São Paulo, 2007.

ZOLO, Danilo. Teoria e crítica do Estado de Direito. In: ZOLO, Danilo; COSTA, Pietro. **O estado de direito**: história, teoria, crítica. Tradução de Carlo Alberto Dastoli. São Paulo: Martins Fontes, 2006.

Impressão e acabamento:

Grupo Smart Printer
Soluções em impressão